Inovação pelas
PESSOAS

MARCOS VASCONCELLOS

Inovação pelas PESSOAS

ALTA BOOKS
EDITORA
Rio de Janeiro, 2021

Inovação pelas Pessoas

Copyright © 2021 da Starlin Alta Editora e Consultoria Eireli.
ISBN: 978-65-5520-561-9

Todos os direitos estão reservados e protegidos por Lei. Nenhuma parte deste livro, sem autorização prévia por escrito da editora, poderá ser reproduzida ou transmitida. A violação dos Direitos Autorais é crime estabelecido na Lei nº 9.610/98 e com punição de acordo com o artigo 184 do Código Penal.

A editora não se responsabiliza pelo conteúdo da obra, formulada exclusivamente pelo(s) autor(es).

Marcas Registradas: Todos os termos mencionados e reconhecidos como Marca Registrada e/ou Comercial são de responsabilidade de seus proprietários. A editora informa não estar associada a nenhum produto e/ou fornecedor apresentado no livro.

Impresso no Brasil — 1ª Edição, 2021 — Edição revisada conforme o Acordo Ortográfico da Língua Portuguesa de 2009.

Erratas e arquivos de apoio: No site da editora relatamos, com a devida correção, qualquer erro encontrado em nossos livros, bem como disponibilizamos arquivos de apoio se aplicáveis à obra em questão.

Acesse o site www.altabooks.com.br e procure pelo título do livro desejado para ter acesso às erratas, aos arquivos de apoio e/ou a outros conteúdos aplicáveis à obra.

Suporte Técnico: A obra é comercializada na forma em que está, sem direito a suporte técnico ou orientação pessoal/exclusiva ao leitor.

A editora não se responsabiliza pela manutenção, atualização e idioma dos sites referidos pelos autores nesta obra.

Produção Editorial
Editora Alta Books

Gerência Comercial
Daniele Fonseca

Editor de Aquisição
José Rugeri
acquisition@altabooks.com.br

Produtores Editoriais
Illysabelle Trajano
Larissa Lima
Maria de Lourdes Borges
Paulo Gomes
Thiê Alves
Thales Silva

Equipe Ass. Editorial
Brenda Rodrigues
Caroline David
Luana Goulart
Marcelli Ferreira
Mariana Portugal
Raquel Porto

Diretor Editorial
Anderson Vieira

Coordenação Financeira
Solange Souza

Equipe Comercial
Adriana Baricelli
Daiana Costa
Kaique Luiz
Tairone Oliveira
Victor Hugo Morais

Marketing Editorial
Livia Carvalho
Gabriela Carvalho
Thiago Brito
marketing@altabooks.com.br

Atuaram na edição desta obra:

Revisão Gramatical
Alessandro Thomé
Samuri Prezzi

Capa
Joyce Matos

Diagramação
Rita Motta

Dados Internacionais de Catalogação na Publicação (CIP) de acordo com ISBD

V331i	Vasconcellos, Marcos
	Inovação pelas Pessoas: o caminho para o sucesso das organizações / Marcos Augusto de Vasconcellos . - Rio de Janeiro, RJ : Alta Books, 2021. 448 p. ; 17cm x 24cm.
	Inclui índice. ISBN: 978-65-5520-561-9
	1. Administração. 2. Inovação. 3. Organizações. I. Título.
2021-2583	CDD 658.4063 CDU 658.011.4

Elaborado por Vagner Rodolfo da Silva - CRB-8/9410

Ouvidoria: ouvidoria@altabooks.com.br

Editora afiliada à:

Rua Viúva Cláudio, 291 — Bairro Industrial do Jacaré
CEP: 20.970-031 — Rio de Janeiro (RJ)
Tels.: (21) 3278-8069 / 3278-8419
www.altabooks.com.br — altabooks@altabooks.com.br

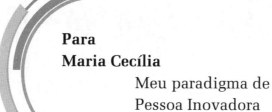

**Para
Maria Cecília**
　　　Meu paradigma de
　　　Pessoa Inovadora

Sumário Resumido

Prefácio...13

Introdução...21

PARTE I
CRIAÇÃO DE CONHECIMENTO E INOVAÇÕES POR PESSOAS E GRUPOS

1 Conhecimento – Conceitos e Tipologias...31

2 Criação de Conhecimento e Aprendizagem..61

3 Gestão da Criação de Conhecimento Organizacional...........................91

4 Gestão da Criação de Conhecimento por Pessoas e Grupos..........119

PARTE II
ESTÍMULO AO ALTO ENVOLVIMENTO

5 Envolvimento e Alto Envolvimento...195

6 Organizações de Alto Envolvimento...253

7 Alto Envolvimento nas Organizações Inovadoras..............................305

8 Sistemas de Ideias...349

Índice...443

Sumário

Prefácio 13

Introdução 21

PARTE I
CRIAÇÃO DE CONHECIMENTO E INOVAÇÕES POR PESSOAS E GRUPOS

1 Conhecimento – Conceitos e Tipologias 31

1.1 Conceitos 31

    Figura 1.1 Conhecimento: Visão Sistêmica. 35

    Quadro 1.1 Teoria do Conhecimento 36

1.2 Tipologias de Conhecimento nas Organizações 42

    a) Classificação de acordo com a Natureza do Conhecimento 42

    b) Classificação de acordo com o Grau de Dificuldade de Articulação 43

    c) Classificação de acordo com o Nível Organizacional 46

    Quadro 1.2 Conhecimentos Científicos e Tecnológicos 51

    Quadro 1.3 Conhecimento Tácito "ainda-não-incorporado" 55

  Referências 57

2 Criação de Conhecimento e Aprendizagem 61

  Conceitos 61

    Quadro 2.1 Níveis de Aprendizagem nas Organizações 64

    Quadro 2.2 Objetivos de Aprendizagem 74

    Quadro 2.3 Organizações que Aprendem (*Learning Organizations*) 80

  Referências 84

3 Gestão da Criação de Conhecimento Organizacional 91

  Conceitos 91

    Quadro 3.1 Ativos de Conhecimento 93

Figura 3.1 Processo de Gestão do Conhecimento. 94

3.1 Aquisição [A] 95

    Quadro 3.2 Elementos de Aprendizagem 96

    Quadro 3.3 Conversão de Conhecimento Tácito em Explícito 98

3.2 Processos cognitivos [C] 102

    Quadro 3.4 Modelo de Organizações como Sistemas Interpretativos 105

3.3 Memória organizacional [M] 107

    Quadro 3.5 Elementos da Cultura Organizacional 111

3.4 Disseminação do conhecimento [D] 113

3.5 Utilização do conhecimento [U] 113

3.6 Realimentação [R] 114

Referências 115

4 Gestão da Criação de Conhecimento por Pessoas e Grupos 119

Introdução — competências 119

    Quadro 4.1 Competências das Organizações Inovadoras 121

4.1 Visão de conhecimento 126

4.2 Espaços de inovação 127

    Quadro 4.2 Diferentes Visões de Espaços de Inovação 131

    Quadro 4.3 Correspondência entre SECI e BA 135

4.3 Pessoas inovadoras 136

    a) "Somos todos inovadores" 136

    b) Comportamento Inovador 137

    c) Componentes do Comportamento Inovador 137

    d) Competências Determinantes do Comportamento Inovador 149

    e) Criatividade 150

    f) Espírito Empreendedor 159

    g) Responsabilidade pelas Inovações 166

    h) Pessoas Inovadoras – Síntese 174

    Quadro 4.4 Desenvolvimento de Inovações: Estágios 176

    Quadro 4.5 Modelo de Jones para Tomada de Decisão Ética nas
        Organizações 181

4.4 Processo de Inovação por Pessoas e Grupos 184

    Figura 4.1 Processo de Inovação por Pessoas e Grupos. 184

4.5 Caminhos da Inovação 185

Referências 187

PARTE II
ESTÍMULO AO ALTO ENVOLVIMENTO

5 Envolvimento e Alto Envolvimento 195

5.1 Natureza das Organizações 195

    Quadro 5.1 Empresa Econômica x Empresa Viva 198

5.2 Motivação, Qualidade de Vida e Humanização do Trabalho (Qd. 5.2) 200

    a) Motivação..200

    c) Humanização do Trabalho 203

    Quadro 5.2 Motivação, Qualidade de Vida e Humanização do Trabalho ... 205

    Quadro 5.3 Trabalho e Qualidade de Vida 216

    Quadro 5.4 Motivação e Responsabilidade 218

5.3 Consideração das Características das Pessoas...222

    Quadro 5.5 Ajuste Pessoa-Organização (P-O Fit) 228

5.4 Envolvimento..237

5.5 Alto Envolvimento..241

Referências 246

6 Organizações de Alto Envolvimento 253

6.1 Natureza das Organizações de Alto Envolvimento 253

6.2 Escola de Relações Humanas 258

6.3 Sistemas Sociotécnicos – SST 259

6.4 Sistema Toyota de Produção – STP 261

    a) Objetivos de Excelência 262

    b) Just-in-Time – JIT 263

    c) Autonomia da Linha de frente...266

    d) Aperfeiçoamento Contínuo (Kaizen) 268

    e) Envolvimento das Pessoas 269

6.5 Gestão da Qualidade Total – TQM...271

    a) Gurus da Qualidade 271

    Quadro 6.1 14 Princípios de Deming para a Transformação da
             Administração 280

    Quadro 6.2 As Doenças Mortais da Administração – Segundo Deming 282

    Quadro 6.3 Ciclo de Deming de Aperfeiçoamento Contínuo – Evolução... 283

    Quadro 6.4 Visão de Ishikawa sobre o CWQC.......................................285

    Quadro 6.5 TQM – Cultura da Qualidade...289

    Quadro 6.6 TQM – Aperfeiçoamento Contínuo 293

6.6 *Empowerment*...295

    a) Conceitos...295

    b) Resultados do *Empowerment* (*Empowered outcomes*)......................297

    c) Processo de *Empowerment* (*Empowering process*). 297

Referências...302

7 Alto Envolvimento nas Organizações Inovadoras 305

7.1 Organizações Inovadoras...305

7.2 Inovação no Local de Trabalho 306

7.3 Inovação com Alto Envolvimento *(HII – High Involvement Innovation)*.....311

    Figura 7.1 Alternativas de Envolvimento..312

7.4 Inovação Gerada pelos Empregados *(EDI – Employee-Driven Innovation)*...314

7.5 Inovação baseada na Prática *(PBI – Practice-Based Innovation)*............321

7.6 Princípios e Práticas de Alto Envolvimento nas Organizações Inovadoras....327

    a) Liderança 328

    b) Meio Inovador Interno 329

    c) Pessoas...331

    d) Processos 335

    e) Resultados..337

        Figura 7.2 Resultados das Práticas de Alto Envolvimento. 337

        Quadro 7.1 Formas de Participação 341

Referências..345

8 Sistemas de Ideias **349**

8.1 Importância dos Sistemas de Ideias..349

    a) O Poder das Ideias da Linha de Frente 350

    b) O Poder do Alto Envolvimento da Linha de Frente......................355

8.2 Origens e Desdobramentos dos Sistemas de Ideias 357

    Quadro 8.1 TWI, USAF e o Sistema de Ideias japonês.........................362

    Quadro 8.2 Sistemas de Ideias: Análise Comparada........................368

8.3 Organizações Guiadas por Ideias 371

    Quadro 8.3 Quatro Caminhos para a Ambidestria............................377

8.4 Características dos Sistemas de Ideias de Alto Desempenho 380

8.5 Gestão dos Sistemas de Ideias..386

    a) A Liderança e os Sistemas de Ideias...386

    b) O Meio Inovador Interno e a Geração de Ideias...........................392

    c) Pessoas – Educação e Treinamento 394

    d) Processos de Criação de Ideias...397

    e) Resultados dos Sistemas de Ideias 402

        Quadro 8.4 Projeto Simplificação: o Sistema de Ideias da Brasilata......406

        Quadro 8.5 Formas de Participação 417

        Quadro 8.6 Estabelecimento de Padrões: Ciclos SCDA e PDCA 419

        Quadro 8.7 Filosofia do Aperfeiçoamento Contínuo: Trazer os

            Problemas à Superfície...420

        Quadro 8.8 Propósito das Organizações 422

8.6 Implantação dos Sistemas de Ideias..430

    Quadro 8.9 Implantação de um Sistema de Ideias: Guia passo a passo 435

Referências..438

Índice **443**

Prefácio

Se alguma coisa deveria ser bem compreendida, são as inovações, afinal, elas acompanham o *Homo sapiens* desde as cavernas e moldaram o mundo em que vivemos. Porém, não é o que ocorre, as inovações ainda são pouco compreendidas para além de seus artefatos, inclusive entre os que as cultuam, como frequentemente se observa em escritos e debates com empresários, dirigentes empresariais e consultores, culto que se manifesta no lema "inovar ou desaparecer". A conhecida metáfora dos cegos diante de um elefante aplica-se aqui perfeitamente. Dada a dimensão do elefante, cada cego o compreende pela parte que suas mãos alcançam: quem tocou na cauda pensou ser uma corda; quem tocou no dorso, uma parede, e assim por diante.

Com a inovação acontece algo semelhante. Por envolver uma diversidade imensa de questões tratadas pelas mais diferentes áreas, profissões e disciplinas (Engenharia, Administração, Economia, Sociologia, Psicologia, Antropologia, Filosofia etc.), cada estudioso ou praticante do assunto tende a se concentrar em algumas poucas questões, para conhecê-las melhor, e, a exemplo do cego diante do elefante, a inovação para ele se reduz às questões consideradas. O resultado é uma visão fragmentada das inovações. Não há nada errado com esse modo de conhecer as coisas, no caso, as inovações. O que hoje se sabe sobre elas veio por meio de incontáveis contribuições, cada qual destacando alguns de seus múltiplos aspectos. Daí a importância deste livro, que tenho a honra de prefaciar, pois ele reúne as contribuições mais relevantes desse vasto campo de conhecimento sob a perspectiva das pessoas em um ambiente organizacional.

O livro que fala de inovações é ele mesmo uma inovação no modo de apresentar esta matéria. Começa discorrendo sobre pessoas, organização e administração, requisitos básicos para poder falar sobre elas com propriedade. Inovação é, antes de tudo, um fato organizacional, ou seja, ocorre em organizações, que, por mais variadas que possam ser, sempre são constituídas por pessoas interagindo com outras e por um sistema de gestão. Tendo isso em mente, o autor do livro percorre uma longa trajetória feita de teorias e práticas diversas a fim de recuperar, atualizar e ampliar as contribuições de estudiosos e praticantes da inovação que colocaram o ser humano como o elemento central das organizações e, consequentemente, das inovações.

Esse percurso contempla as contribuições do Movimento de Relações Humanas e do behaviorismo, que mostraram a importância do modo de tratar as pessoas para o desempenho das organizações; do movimento da qualidade que levou a preocupação com as pessoas ao nível estratégico das organizações ao dar voz aos clientes e trabalhadores; dos estudos sobre clima e cultura organizacionais, temas-chave para entender a organização inovadora e a motivação de seu pessoal para inovar; das teorias do conhecimento à sua gestão; dos estudos sobre competitividade empresarial aos modelos de gestão de alto envolvimento, entre outros. Esses temas, apresentados do ponto de vista das organizações e de sua competitividade, são centrais para entender as inovações e gerenciá-las.

Quando se contempla tantos temas tratados com conceitos e métodos de pesquisa diversos, corre-se o risco de abordá-los de modo ligeiro, superficial. Há até mesmo uma ideia geralmente aceita, e não sem razão, de que, para conhecer algo profundamente, é preciso limitar seu campo de estudo. O professor Marcos consegue, neste livro, a proeza de obter, simultaneamente, abrangência temática com profundidade. Todos os temas apresentados neste livro se baseiam em rigorosa análise das melhores contribuições que o tempo referendou, ou, como se diz no jargão acadêmico, as tornou obras seminais.

É comum que obras escritas com zelo conceitual e rigor técnico sejam de leituras pouco amistosas para os que estão começando a se envolver com o objeto da matéria escrita. O livro do professor Marcos passa longe disso. A leitura é clara, fluida e dá ao leitor a impressão de estar diante do professor em sala de aula. Cada capítulo começa apresentando conceitos iniciais, ou, conforme o caso, recordando conceitos apresentados anteriormente, e, por aproximações sucessivas, vai adensando-o com teorias e relatos de práticas mais elaborados e complexos, sempre acompanhados de exemplos, que alcançam tanto o iniciante nos estudos sobre inovação quanto o especialista.

Tem mais: embora os capítulos sigam uma sequência lógica, cada um pode ser lido separadamente. Um inteligente sistema de referências e remissões permite suprimir as lacunas, caso o leitor encontre alguma.

Um aspecto quase sempre esquecido nos livros sobre inovação é a responsabilidade social e ambiental da organização inovadora. Em geral, esses livros enfatizam somente os resultados positivos desejados. Pouco ou nada dizem a respeito dos resultados não intencionais ou indesejáveis, como poluição, estímulo ao consumismo, desperdícios de recursos naturais etc., e que poderiam ser evitados se organizações se sentissem responsáveis por eles. É muito bem-vinda a seção sobre a responsabilidade das inovações, um assunto muito atual neste momento em que a humanidade se defronta com graves crises sociais e ambientais, como a mudança do clima devido aos gases de efeito estufa emitidos por artefatos humanos, frutos de inovações passadas. O estímulo às inovações responsáveis integra a agenda global pelo desenvolvimento sustentável aprovada por mais de 190 países.

Se tudo isso já não bastasse para recomendar o livro, tem ainda um algo a mais. Encontra-se em andamento a 4ª Revolução Industrial e, com ela, uma leva de inovações digitais de alto desempenho que promoverá profundas transformações sociais, econômicas, geopolíticas, culturais e ambientais, a exemplo do que aconteceu com as revoluções anteriores, cada qual a seu modo. Com a difusão das tecnologias da atual Revolução que incorporam a capacidade cognitiva humana, a fonte de todas as inovações, pergunta-se: qual será o papel dos humanos no futuro pós-revolução? Estarão eles no comando de suas inovações ou a reboque delas? Não há ainda resposta pronta, mas para que elas respondam a favor dos humanos é preciso apostar nas pessoas, como faz este livro. Quem tiver o privilégio de lê-lo saberá por quê.

José Carlos Barbieri

Este livro conta uma história... história que muitos viveram, uma geração inteira do Departamento de Operações — POI — FGV e que foi liderada pelo seu autor, que mostra a busca da compreensão do fenômeno organizacional em sua complexidade moderna.

Era 1998, esta que aqui escreve retornou à FGV a convite do professor Marcos Vasconcellos para fazer parte de "algo" que ainda não era muito claro. Havia uma atmosfera animada no ar, e logo criou-se uma caminhada que durou duas décadas. O professor Marcos, um grande empreendedor de ideias, aglutinava o melhor de muitos professores, estudantes, empresas, doutorandos, pesquisadores, enfim, buscava construir uma linguagem nova para questões que o instigavam — **organizações complexas, inovadoras e humanas**. Estes conceitos estavam longe de estar reunidos e integrados conceitualmente. A tarefa era complexa!

Em 1997, ele havia defendido a monografia *Excelência e Humanização da Produção*. Ali nascia o berço de suas investigações sobre este tema organizacional, que marcaria o futuro do POI e de muitos que participaram dessa travessia. Para o POI, o que sucedeu foi um divisor de águas no departamento, uma abertura na compreensão do fenômeno organizacional em sua complexidade. Havia uma busca por compreender esse fenômeno, e a *Inovação* emerge.

Organizações não poderiam ser apenas competentes, pragmáticas e focadas em resultados. Elas precisariam ser compreendidas em seu aspecto humano, individual e sociocultural. O pragmatismo organizacional em sua geração de resultados não era suficiente. Fazia-se iminente a compreensão da dinâmica interna sociocultural, bem como a humanização do trabalho, adicionado às urgentes demandas do ambiente por inovações. Portanto, demandava uma linguagem que desse conta dos fenômenos desde a Operação — eficiência, eficácia, desempenho, resultados — até aspectos socioculturais de complexidade e Inovação.

Este mundo pragmático e objetivista dos resultados organizacionais estava distante dos aspectos socioculturais, subjetivistas. Estava apartado na própria academia, com linhas epistemológicas diferentes que não se tocavam. Visões de mundo separadas, porém o fenômeno organizacional era um só. Cada abordagem via seu mundo, mas nenhuma dava conta da compreensão do fenômeno por inteiro. A literatura era também separada. Nenhuma incluía o fenômeno organizacional de forma multidisciplinar e sistêmica.

O professor Marcos tinha clareza da caminhada, dos muitos grupos de estudo necessários, das muitas pesquisas a serem executadas, das muitas teses e artigos a serem produzidos e livros a serem publicados. Para endereçar e organizar os muitos esforços e empreendimentos, lançou em 9 de setembro de 1999, ou, como dizia com um leve sorriso, em 9/9/99, o Fórum de Inovação da EAESP–FGV, do qual participavam empresas de primeira grandeza, professores, estudantes, pesquisadores e muitos que durante o transcorrer desse processo se agregaram. Todos cresceram e se beneficiaram do Fórum. Muito se aprendeu!

O Fórum de Inovação era um organismo para tratar das muitas questões de natureza complexa e, com o passar do tempo, integrá-las como em um grande guarda-chuva. Tinha por Missão estimular e viabilizar a geração, sistematização, difusão e aplicação de conhecimentos sobre Organizações Inovadoras.

Na partida, adotou-se o conceito de Organização Inovadora que continha o conceito de inovação tecnológica. Era a busca por compreender o fenômeno em sua dinâmica interna, o ambiente no qual a Inovação ocorria.

Era preciso identificar os fatores que estavam presentes sistematicamente em organizações que inovavam em sua prática empresarial. *Cases* foram escritos, e muitos conceitos foram elaborados como o Meio Inovador Interno e a Dinâmica da Cultura de Inovação, entre outros criados sob a liderança do admirável professor.

Na época, inovações eram, em sua grande maioria, tecnológicas, esse era o paradigma. O Fórum veio para trazer outro olhar, pois sabia-se que se tratava de um fenômeno organizacional mais amplo. Muitas e muitas rodadas de grupos e pesquisas foram brotando, conceitos foram proliferando, livros publicados, metodologias desenvolvidas, sempre com a batuta do professor Marcos. Um novo paradigma estava sendo construído, o da Organização Inovadora.

Organizações competentes não seriam viáveis e possíveis sem a compreensão de sua natureza complexa, sociocultural e humana. Essa integração estava sendo pavimentada, respondendo ao dilema inicial nascido na monografia de 1997.

A herança desse esforço está aqui neste livro, brilhantemente apresentado, solidamente conceituado, legado de um pensador e líder que aqui constrói a produção das ideias que o instigaram desde os primeiros momentos na década de 1990.

Este livro é a pavimentação histórica desse empreendimento em que muitos saborearam uma "brisa do novo", e agora os leitores terão o privilégio e a oportunidade de navegar pelo conteúdo destas páginas em uma viagem guiada pelo professor Marcos Augusto de Vasconcellos.

Silvana Pereira

Conheci o professor Marcos Augusto Vasconcellos em 1996. Fomos convidados para um almoço em um belo restaurante na Alameda Campinas, nos Jardins, por um amigo comum, o brilhante professor Hélio de Paula Leite. Foi um dia em que, inesperadamente, minha vida deu uma grande guinada. Saí de lá convencido a voltar a dar aulas, coisa que não fazia desde meus tempos de aluno da Escola Politécnica, como professor de cursinho. Começava aí uma amizade que dura até hoje. Para apresentar o livro *Inovação pelas Pessoas*, sou obrigado a revelar a forma como vejo seu autor: uma inteligência incomum, com aguda percepção de linhas e entrelinhas para argumentar e estruturar o conhecimento que transmite com clareza em suas aulas e escritos. Com a humildade dos grandes, trabalha com paciência e persistência, até atingir seus objetivos.

Confesso que uma dúvida me assolou quando comecei a ler o texto em que se trata de criação de conhecimento e inovações por pessoas e grupos. Será que com a febre atual de textos e mesmo uso de Inteligência Artificial (IA), não seria extemporâneo o lançamento de um livro que atribui a pessoas o que IA poderá fazer em algum dia no futuro? Sosseguei quando avaliei quando seria esse futuro. Filosofando um pouco, a IA já existe e é praticada em escala crescente, há muitos anos. Inovações mais recente são as máquinas que aprendem. O ponto é a intensidade e a profundidade dessas práticas. Acredito que a distância temporal ainda é imensa, até que o aprendizado das máquinas evolua a tal ponto, que elas poderão decidir empreender, em função de alguma ideia inovadora, delas mesmas. É aí que reside a essência deste livro. A figura central do empreendedorismo e da inovação é o ser humano, indubitavelmente. E assim será ainda por décadas, talvez séculos.

Quando fui aceito como professor no Departamento de Operações da FGV– EAESP, chefiado pelo professor Marcos Augusto Vasconcellos, percebi que tínhamos muitos princípios e valores em comum. Recordo nossas discussões na virada do século sobre a escola humanista da produção, em que defendíamos que melhorias em processos e produtividade só serão realmente exitosas no longo prazo, quando pessoas são envolvidas e prestigiadas como seres pensantes, independentemente de seu grau de escolaridade e de conhecimento formal. Nessa época, era incomum se falar em Inovação e muito menos em Empreendedorismo. E foi então que surgiu o Fórum de Inovação, criação do autor desta obra com os colegas que prefaciam este livro. O Fórum de Inovação foi uma real inovação para a FGV–EAESP. Dele floresceram inúmeros conceitos, estudos, discussões produtivas, mentes mais bem preparadas, cursos, produção acadêmica e, mais importante, enorme impacto nas organizações. Sempre houve extremo cuidado para o uso dessa palavra, para englobar não apenas as empresas, mas também a administração pública e o terceiro setor.

Ainda impactado pela honra de poder expor minhas recordações e comentários sobre o autor e sua obra, manifesto minha certeza de que os conceitos aqui apresentados de forma clara e sistematizada ajudarão o leitor a visualizar melhor os caminhos que levam à inovação em todas suas dimensões.

José Augusto Correa

Como professor da FGV–EAESP, sou colega do professor Marcos desde os anos 1970. Aproximamo-nos muito no início dos anos 1990, e essa aproximação se deu em função de nosso interesse em comum na importância das pessoas na vida das organizações. Constituímos, na época, junto com outros colegas, um centro de estudos denominado "Humanização da Produção".

No final dos anos 1990, o professor Marcos, então chefe do Departamento de Operações da FGV–EAESP, teve a ideia de criar, com a participação de empresas interessadas, um centro de estudos sobre o tema inovação, que na época não tinha o glamour que atualmente tem. Lembro-me de que a primeira reunião com algumas empresas para troca de ideias se deu no dia 9/9/1999. Após alguns encontros coordenados pelo professor Marcos, foi constituído, em 3/5/2000, o Fórum Permanente de Excelência em Inovação (que ficou popularizado como Fórum FGV/Inovação), congregando, além da FGV–EAESP, as empresas Brasilata, Copesul, Embrapa e Monsanto. Entre os objetivos do Fórum estava a construção de modelos de organizações inovadoras, adequados à realidade brasileira.

Os trabalhos se iniciaram com os estudos dos casos das empresas Brasilata e Copesul, que foram publicados em 2003 no primeiro livro do Fórum, *Organizações Inovadoras: estudos e casos brasileiros*, e que se revelou um clássico brasileiro sobre inovação empresarial. Ao longo dos anos, sobre a batuta do professor Marcos, o Fórum realizou inúmeros simpósios sobre inovação, e vários livros e artigos foram publicados. Muitas contribuições foram trazidas para as empresas e para a academia, entre elas, a definição da inovação com o auxílio da equação *Inovação = ideia + ação + resultado*, a conceituação de Meio Inovador Interno, a Inovação Horizontal (a partir de todos os empregados) e o modelo da Roda da Inovação.

Os estudos realizados pelo Fórum permitiram à FGV–EAESP criar disciplinas sobre Inovação em todos os cursos, graduação, especialização e pós-graduação em Administração. Faltava, porém, um livro que, além de consolidar os conceitos, indicasse, de forma explícita, a posição sempre presente do Fórum, da fundamental importância das pessoas nas organizações. Este livro faz isso e facilitará muito o trabalho dos professores, entre os quais me incluo.

Li com especial interesse, e também com sofreguidão, o excelente tratado sobre "Inovação pelas Pessoas". Todos os capítulos abordam de forma excepcional a importância das pessoas para a inovação, porém, como minha especialidade é sistemas de ideias dos empregados, o Capítulo 8 foi o que mais me cativou. Parabéns, professor Marcos, pelo importante registro.

Antonio Carlos Teixeira Álvares

Em 1968, após nos formarmos em engenharia, Marcos no Mackenzie e eu no ITA, nos encontramos no CEAG (Pós-Graduação da Escola de Administração de Empresas de São Paulo). Por coincidência, éramos os mais experientes, não só pela idade, o que nos dava uma vantagem em relação à absorção dos conhecimentos passados.

A experiência anterior e a maturidade alcançada nos deu frutos, uma vez que em 1971 fui convidado pelo professor Wolfgang Schoeps a lecionar cursos na área de Administração da Produção, o mesmo acontecendo com o professor Marcos no ano seguinte.

No Departamento de Produção e Operações Industriais (POI), tivemos a oportunidade não só de consolidar nosso conhecimento como introduzir temas atualizados em um momento em que a gestão de sistemas, otimização de processos e gestão de qualidade se tornaram requisitos indispensáveis para permitir o desenvolvimento das empresas. A fase de humanização da Produção, gestão e otimização de processos se tornou matéria indispensável para o desenvolvimento das empresas.

No período de 1996 a 1999, o professor Marcos foi eleito chefe de departamento, e graças ao seu dinamismo, conhecimento e forma de tratar alunos e professores, tivemos o período mais frutífero vivido nos meus quarenta anos de FGV. Nesse período, não só reforçamos o quadro de professores, contratando especialistas que permitiram que nossos alunos tivessem uma visão mais sistêmica e humanizada, mas também introduzimos novos temas, que permitiram proporcionar uma visão global das gestões empresariais.

Nessa época, também inovamos na FGV, introduzindo um modelo de planejamento estratégico a cada semestre, de maneira a estar sempre na liderança de temas práticos e acadêmicos, permitindo que nossos alunos fossem diferenciados quando de suas futuras contratações. Dentre as realizações capitaneadas pelo professor Marcos, não podemos esquecer a criação do Fórum de Inovação, em maio de 2000, que permitiu uma visão interna de algumas das principais empresas brasileiras, seguindo dia a dia os diversos passos para se transformarem em uma empresa melhor.

Foi uma época extremamente produtiva, em que se procurou trazer ao POI uma visão atualizada dos conceitos de administração e gestão de empresas, onde desenvolvemos cursos na área de produção e qualidade, com enfoque humanístico interagindo com áreas de planejamento estratégico, análise e gestão de processos.

Verificamos agora que, com a realização deste livro, o professor Marcos conseguiu reunir suas riquíssimas experiências passadas como consultor, educador e pesquisador, proporcionando uma visão diferenciada dos diversos processos de transformação organizacional e mudanças comportamentais, que suportarão a nova organização, sua gestão, novos conceitos operacionais e a nova forma de estabelecimento de relações interpessoais.

Paulo Roberto Vampré Hummel

Introdução

Inovação pelas Pessoas reúne dois temas que me são caros desde a década de 1990, quando tive o privilégio de participar de dois movimentos de professores da FGV–EAESP: o Centro de Excelência em Humanização da Produção (CEHP) e o Fórum de Inovação.

O CEHP* despertou minha atenção para a importância do fator humano nas organizações. As organizações, acima de tudo, são comunidades de seres humanos, reunidos em torno de propósitos e valores comuns. Quando a administração deixa de tratar as pessoas como máquinas e passa a acreditar em sua capacidade de pensar, resolver problemas e inovar, torna-se possível criar organizações em que predominam a confiança e o espírito de colaboração. Com esse ambiente, é possível alcançar um duplo sucesso: a organização cumpre seu propósito de próspera longevidade, ao mesmo tempo em que permite que as pessoas — todas as pessoas — se realizem em seu trabalho e tenham uma vida feliz.

---

* O CEHP (Centro de Excelência e Humanização da Produção da FGV–EAESP) foi criado em 1992 por um grupo de professores da GV: Manoel Amiratti Perez, Antônio Carlos Teixeira Álvares, Claude Machline, Haroldo Giacometti, João Mário Csillag, José Roberto Heloani, Leão Roberto Machado de Carvalho, Luiz Carlos Di Serio, Marcos Augusto de Vasconcellos, e Wolfgang Schöeps. Fui seu coordenador nos dois primeiros anos. Um dos objetivos do CEHP era estabelecer uma metodologia de análise que permitisse avaliar o grau de humanização das organizações pesquisadas. Esse foi o objetivo de minha monografia para professor titular, aprovada em 1997.

Com os estudos e os ricos debates do Fórum,* aprendi que a inovação é fator essencial para o sucesso e a sobrevivência de qualquer organização. Não é por acaso que vemos nos jornais, quase todos os dias, notícias de empresas e indústrias que cresceram rapidamente devido a inovações — tecnológicas, organizacionais ou de modelos de negócios. Ou desapareceram, por não terem acompanhado o ritmo de concorrentes e de novos entrantes.

Outro fato inconteste, embora não tão reconhecido, é que as inovações não acontecem espontaneamente — elas são realizadas por pessoas ou por grupos de pessoas. Basicamente, são duas as principais fontes de conhecimento e inovação nas organizações. De um lado, temos as atividades de Ciência e Tecnologia, realizadas nas empresas pelas áreas de P&D e Engenharia. De outro, temos os conhecimentos e as inovações gerados pelas pessoas — e grupos — nos próprios locais de trabalho. Em qualquer hipótese, o motor dos processos de inovação é o fator humano associado. Nos processos tecnológicos, são pessoas que fazem pesquisas, conduzem experimentos e desenvolvem suas aplicações. E nos processos organizacionais, são as pessoas que analisam e solucionam problemas, aperfeiçoam os métodos de trabalho e as rotinas administrativas e criam novos modelos de negócios.

O principal fator de disparidade na capacidade de inovar — tanto em organizações como em nações — é, sem surpresa, a qualidade do fator humano. Essa é a razão de ser deste livro: demonstrar como as organizações podem crescer estimulando a Inovação pelas Pessoas.

Objetivos

1. Inovação é uma ideia que sofreu alguma ação, com resultados positivos para todas as partes interessadas. De acordo com as fontes de ideias e conhecimentos, temos dois tipos básicos de inovação (v. Seção 7.5):

    - A Inovação baseada na Ciência, em que os conhecimentos são adquiridos, ou por atividades próprias de Pesquisa & Desenvolvimento, ou pela absorção de conhecimentos gerados externamente.

    - A Inovação baseada na Prática, em que a criação de conhecimento acontece nos locais de trabalho, a partir das experiências,

---

* O Fórum de Inovação da FGV–EAESP nasceu em 1999, como uma parceria entre a GV e empresas interessadas no tema Inovação: Brasilata, Copesul, Embrapa e Monsanto. Foi criado por um grupo de professores e alunos: Antônio Carlos Teixeira Álvares, Denise Del Prá Machado, Estela Schreiner, José Augusto Corrêa, José Carlos Barbieri, José Tolovi Jr., Marcos Augusto de Vasconcellos, Moysés Simantob, Silvana Pereira, Tales Andreassi. Fui coordenador do Fórum até 2017.

observações e interações que ocorrem nas atividades diárias de todas as pessoas.

Os dois tipos de conhecimentos são importantes, se complementam e se reforçam um ao outro. O conhecimento científico tende a produzir mais inovações disruptivas. O conhecimento das pessoas produz uma grande quantidade de inovações incrementais, que criam o hábito de mudança e podem ser o estopim de mudanças muitas vezes revolucionárias.

Entretanto, os dois tipos de inovação não merecem a mesma atenção da literatura especializada, ou mesmo dos órgãos de divulgação. Se o leitor, por exemplo, consultar o Google com a expressão "Fontes de conhecimento para inovação" (ou o equivalente em inglês), encontrará dezenas de textos, dos quais 90% ou mais dedicados à inovação tecnológica, e muito poucos relacionados com a Inovação pelas Pessoas.

Esses são os dois primeiros objetivos deste livro (primeiros em ordem de apresentação, não de importância):

- Apresentar todos os tipos de conhecimento utilizados nas inovações (v. Cap. 1) e também o processo de gestão desse conhecimento, desde sua aquisição até sua utilização (Cap. 3).

- Destacar a Inovação pelas Pessoas e a sua importância para o sucesso de qualquer organização, tanto no presente como no futuro (Cap. 7).

2. Se a Inovação pelas Pessoas é importante, torna-se importante também entender o que é ou o que torna uma Pessoa Inovadora. É pressuposto que todas as pessoas são inovadoras, desde que estejam capacitadas e motivadas para tanto.

A capacitação de cada pessoa é função dos processos de aprendizagem e criação de conhecimento, seja por iniciativa própria, seja por meio de programas de educação e treinamento proporcionados pela organização.

Essas considerações nos levam a outros dois objetivos:

- Entender o conceito de Pessoa Inovadora e suas competências centrais — criatividade, espírito empreendedor e responsabilidade pela inovação (Cap. 4.).

- Apresentar as visões complementares, dos Modelos de Aprendizagem e Criação de Conhecimento (Cap. 2) e de Programas de Educação e Treinamento adotados pelas organizações.

3. Já a motivação depende de uma série de fatores, entre os quais se incluem:

- O grau em que a organização e o trabalho são humanizados. A organização humanizada se caracteriza pelo respeito incondicional à dignidade humana, pela consideração dos princípios éticos nas tomadas de decisão e pelas relações de longo prazo com todos os *stakeholders*.
- O grau de congruência entre os propósitos e valores da organização com os propósitos e valores dos indivíduos.
- O estímulo dado pela organização ao envolvimento de todas as pessoas, com seu trabalho e com a organização.

Com isso, temos mais dois objetivos:

- Propor uma definição operacional de Organização Humanizada — aquela que oferece a todas as pessoas autonomia para decidir sobre o próprio trabalho, participação nas decisões organizacionais e qualidade de vida no trabalho (Cap.5) [2].
- Apresentar uma visão integrada das teorias e práticas de motivação, que incluem, entre outras: teorias de necessidades, trabalho enriquecido, motivação pela liderança e qualidade de vida no trabalho (Cap. 5).

4. Característica distintiva das organizações de alto desempenho é o alto envolvimento, definido como um estado de alta conexão das pessoas com seu trabalho, que se manifesta pela predisposição a colaborar, dedicação deliberada e persistente e responsabilidade pelo desempenho e pelos resultados (Seção 5.5).

Esse é o foco dos dois últimos objetivos:

- Apresentar uma visão integrada dos modelos, dos princípios e das práticas de alto envolvimento, incluindo sistemas de estímulo ao alto envolvimento (Cap. 5), modelos de organizações de alto envolvimento, antecedentes do alto envolvimento (Escola de Relações Humanas, Sistemas Sociotécnicos, Sistema Toyota de Produção, Gestão da Qualidade Total, *Empowerment*) (Cap. 6) e alto envolvimento com a inovação (Cap. 7).
- Analisar em profundidade os Sistemas de Ideias (tidos com os mais eficazes instrumentos de estímulo à participação), incluindo suas origens e características e as metodologias de Gestão e de Implantação dos Sistemas de Ideias.

5. Em síntese, o propósito deste livro é proporcionar ao leitor uma visão estruturada dos conceitos, modelos, princípios e das práticas recomendados para que uma organização alcance:

- O alto envolvimento de todas as pessoas nos processos de inovação (Pessoas Inovadoras).

- O sucesso no lançamento sistemático e permanente de inovações de todos os tipos (Organizações Inovadoras).

A quem se destina

O livro se destina aos dois públicos: acadêmico e profissional. Ele se destina a:

- Líderes dedicados ao reforço da cultura de alto desempenho — apresenta um amplo roteiro para a jornada de transformação organizacional (baseada na valorização e no alto envolvimento das pessoas).

- Pesquisadores sobre os temas Inovações e Pessoas — apresenta uma abordagem integrada para estudar a Inovação pelas Pessoas. Os dois temas são intensamente pesquisados: a Valorização das Pessoas, desde o advento da Escola de Relações Humanas, e as Inovações nas Organizações, desde pelo menos Schumpeter. A grande maioria das pesquisas, entretanto, é dedicada a tópicos específicos (como Hierarquia de Necessidades, Trabalho Enriquecido, Liderança Mobilizadora, Ajuste Pessoa-Organização, Inovação Incremental, Organizações de Alto Envolvimento, Sistemas de Ideias etc.). É muito difícil encontrar estudos integrando todos os aspectos das Inovações pelas Pessoas. Esta parece ser, de fato, uma nova linha de pesquisa.

- Estudantes e profissionais que precisam aprofundar seus conhecimentos sobre o tema — um guia estruturado para aplicar em seus estudos ou em seu trabalho.

Estrutura

O livro *Inovação pelas Pessoas* está estruturado em duas partes, ambas com quatro capítulos: uma dedicada à Criação de Conhecimento e Inovações por Pessoas e Grupos e outra centrada no Estímulo ao Alto Envolvimento.

O Capítulo 1 trata do conhecimento, a matéria-prima da inovação. Discute o próprio conceito de conhecimento e analisa suas diferentes formas de classificação. Os conhecimentos podem ser científicos, tecnológicos ou por familiaridade; tácitos ou explícitos; individuais, de grupos ou da organização. Todos contribuem para os processos de inovação nas organizações.

O Capítulo 2 analisa os processos, intimamente relacionados, de Criação de Conhecimento e de Aprendizagem. Nas organizações, a aprendizagem ocorre nos três níveis: dos indivíduos, dos grupos e da própria organização. Os três níveis são analisados, com ênfase na Aprendizagem Experimental de Kolb. O capítulo distingue, ainda, os processos de aprendizagem de acordo com seus objetivos — desempenho, mudança ou compreensão. Termina com a análise das Organizações que Aprendem (*Learning Organizations*).

O foco do Capítulo 3 é a Gestão da Criação de Conhecimento Organizacional. Analisa cada um dos subprocessos da Gestão de Conhecimento: Aquisição, Processos Cognitivos, Memória Organizacional, Disseminação, Utilização e Realimentação. A conversão de conhecimento tácito em explícito é discutida nesse capítulo.

O objeto do Capítulo 4 é a Gestão da Criação de Conhecimento por Pessoas e Grupos. São analisados os conceitos, as práticas e as condições relevantes para a criação de conhecimento e inovações pelas pessoas e grupos. Esse capítulo trata com destaque as Pessoas Inovadoras, partindo do pressuposto de que "todas as pessoas são, ou podem vir a ser, inovadoras". Analisa as competências das Pessoas inovadoras (criatividade, espírito empreendedor e responsabilidade) e os estágios do desenvolvimento das inovações (definição de conceitos, desenvolvimento da inovação e validação do Projeto).

O Capítulo 5, que abre a segunda parte, tem por objetivo clarificar os conceitos de Envolvimento e Alto Envolvimento. Apresenta uma revisão das principais teorias referentes à motivação e à Qualidade de Vida no Trabalho, e propõe o conceito de Organização Humanizada — aquela que se pauta por propósitos e princípios éticos, e proporciona aos seus colaboradores autonomia, participação e qualidade de vida no trabalho. Analisa o conceito de "Ajuste Pessoa-Organização" e sua importância para o envolvimento das pessoas e para o sucesso da organização. Termina apresentando os conceitos de Envolvimento e Alto Envolvimento.

O Capítulo 6 apresenta as Organizações de Alto Envolvimento — OAE. Inicia com a recapitulação dos princípios e das práticas propostos por diferentes Modelos de OAEs: Organização de Alto Envolvimento, Administração de Alto Envolvimento, Administração de Alto Comprometimento, Sistemas de Trabalho de Alto Desempenho e Práticas de Trabalho de Alto Desempenho. Apresenta também uma revisão das origens das OAEs, com destaque para Escola de Relações Humanas, Sistemas Sociotécnicos, Sistema Toyota de Produção, Gestão da Qualidade Total e *Empowerment*.

O foco do Capítulo 7 é o Alto Envolvimento nas Organizações Inovadoras. Analisa cada um dos principais modelos existentes atualmente: Inovação no Local de Trabalho, Inovação com Alto Envolvimento, Inovação Gerada pelos Empregados e Inovação baseada na Prática. Termina apresentando todos os modelos apresentados, neste capítulo e no anterior, e identificando os princípios e as práticas mais recomendados para o Alto Envolvimento nas Organizações Inovadoras.

Finalmente, o Capítulo 8 analisa em profundidade os Sistemas de Ideias — talvez o mais importante instrumento de estímulo ao alto envolvimento. Começa destacando o poder das ideias e do alto envolvimento. Continua com uma revisão da história dos Sistemas de Ideias. É fato pouco conhecido que os Sistemas de Ideias nasceram na Inglaterra no final do século XIX, expandiram-se nos Estados Unidos, entraram em declínio na primeira metade do século XX e renasceram no Japão no pós-guerra, graças a instituições americanas (TWI e USAF). O capítulo apresenta as características, tanto das Organizações Guiadas por Ideias como dos Sistemas de Ideias de Alto Desempenho. Conclui com a apresentação de princípios e práticas para a gestão dos Sistemas de Ideias e de roteiro para a implantação desses sistemas.

Uma palavra final de esclarecimento sobre os quadros que aparecem em todos os capítulos: eles são parte integrante do texto de cada capítulo. Não são apêndices. Cada quadro apresenta maiores detalhes sobre algum tema relevante, sem perda de continuidade na leitura do respectivo capítulo.

PARTE I

CRIAÇÃO DE CONHECIMENTO E INOVAÇÕES POR PESSOAS E GRUPOS

CAPÍTULOS

1 Conhecimento — Conceitos e Tipologias 31

2 Gestão do Conhecimento e Aprendizagem 61

3 Gestão da Criação de Conhecimento Organizacional 91

4 Gestão da Criação de Conhecimento por Pessoas e Grupos 119

Conhecimento — Conceitos e Tipologias

Como veremos ao longo deste livro, a inovação começa pela criação de conhecimento. O conhecimento é hoje reconhecido como a força motriz do desenvolvimento (Drucker, 1969; Spence, 2012). O "valor" — para pessoas, empresas e países — é criado pela "produtividade" e pela "inovação", que são aplicações do conhecimento ao trabalho (Drucker, 1993).

1.1 Conceitos

O conceito de Conhecimento é discutido em vários ramos da filosofia (como ontologia, gnosiologia e epistemologia), além de ser essencial aos diversos campos da ciência, incluindo linguística, pedagogia e as ciências sociais e aplicadas. Ao contrário do que poderia se esperar, entretanto, não existe hoje um conceito de conhecimento amplamente aceito (Abhary, 2009a e 2009b), conforme pode ser visto no Item I do **Quadro 1.1**. No entanto, "precisamos contar com uma definição bem formulada de Conhecimento; sem ela, não logramos separar conhecimento de mera opinião, nem apontar e fundamentar os métodos que conduzem à obtenção de conhecimento" (Oliva, 2011).

Na busca de uma definição "operacional" de Conhecimento, relacionamos alguns postulados, formulados por autores de diferentes disciplinas relacionadas com o tema:

i) Relacionados com a Natureza do Conhecimento

- Conhecimento é um processo neurológico que transforma estímulos em sensações (Kuhn, 1962).

- O Conhecimento ocorre quando um indivíduo (ou outra unidade de tomada de decisão) é exposto à existência de uma inovação e ganha um entendimento sobre como ela funciona (Rogers, 1962).

- Conhecimento é um estado mental, tal como crença, desejo, intenção, percepção e sentimento (Williamson, 1995; Nagel, 2013). Obs.: *Este postulado é defendido por praticamente todos os psicólogos, mas não por todos os filósofos* (Nagel, 2013).

- Conhecimento é informação que é relevante, acessível e, ao menos parcialmente, baseada na experiência. Implica em um entendimento de processos, situações e interações. E inclui tanto habilidades como valores (Leonard e Barton, 2014).

ii) Relacionados com as Fontes do Conhecimento

- O Conhecimento é transmitido pela Educação (Kuhn, 1962).

- Não existem fontes supremas de conhecimento. Toda fonte, toda sugestão é bem-vinda (Popper, 1960).

- É somente pela experiência que se colhe informação a respeito do mundo — somente o conhecimento empírico constrói as bases para a ação bem-sucedida (Kaplan, 1964).

- O comportamento e o desempenho de um indivíduo dependem tanto do conhecimento adquirido pela aprendizagem prática e experiência quanto das informações captadas pelos sentidos (Hunt, 2003).

- O Conhecimento pode derivar da ciência, história e educação estruturada, assim como da experiência pessoal e da observação (Leonard e Barton, 2014).

iii) Relacionados com os Processos Cognitivos

- A percepção é de importância fundamental para a ciência (Kaplan, 1964).

- Percepção é a maneira pela qual apreendemos as coisas. Dá-se por meio de duas funções psíquicas: sensação (percepção pelos sentidos) e intuição (percepção pelo inconsciente). São funções irracionais, uma vez que a situação é apreendida diretamente, sem a mediação de um julgamento ou avaliação (Jung, 1921; Lessa, 2016).

- Assim como é bem-vinda, toda fonte, toda sugestão é passível de exame crítico. (...). A pergunta epistemológica adequada não diz respeito às fontes. Em vez disso, perguntamos se a afirmação feita é verdadeira, isto é, se é compatível com a realidade (Popper, 1934).

- O [que nós aceitamos como] conhecimento é o que demonstrou ser, através de tentativas, mais efetivo que seus competidores históricos (Kuhn, 1962).

- Julgamento é o ato pelo qual avaliamos e tiramos conclusões acerca dos fatos percebidos, o que é feito com o uso de outras duas funções psíquicas: pensamento (que estabelece a conexão lógica e conceitual entre os fatos percebidos) e sentimento (que julga, subjetivamente, o valor intrínseco das coisas). Essas funções são consideradas racionais por serem influenciadas pela reflexão, determinando o modo de tomada de decisão (Jung, 1921; Lessa, 2016).

- A memória dos homens e dos animais é o armazenamento e a evocação de informações adquiridas através de experiências. A aquisição de memórias denomina-se aprendizado (...). Não inventamos memórias — elas são fruto do que alguma vez percebemos ou sentimos (Izquierdo, 1989).

iv) Relacionados com os Frutos do Conhecimento

- Conhecimento é informação que modifica algo ou alguém — seja inspirando ação, seja tornando uma pessoa (ou uma instituição) capaz de agir de maneira diferente e mais eficaz (Drucker, 1989).

- O conhecimento afeta fortemente a segurança, a efetividade, o conforto e a satisfação com que os objetivos — de um indivíduo ou de uma organização — são formulados e atingidos. O conhecimento provê ordem a nossa vida, o que nos permite formular objetivos, antecipar e perceber eventos e responder de acordo com as mutáveis necessidades, propósitos e desejos (Hunt, 2003).

- Não é possível medir memórias em forma direta. Só é possível avaliá-las medindo o desempenho em testes de evocação. Nos animais, a evocação se expressa por meio de mudanças comportamentais. No homem, a evocação pode também ser medida através do reconhecimento de pessoas, palavras, lugares ou fatos (Izquierdo, 1989).

v) Relacionados com o Avanço do Conhecimento

- O conhecimento está sujeito a modificações, tanto por meio da educação posterior como pela descoberta de desajustamentos com a natureza (Kuhn, 1962).

- O avanço do conhecimento consiste, sobretudo, na modificação de conhecimentos anteriores. (...). Toda solução de um problema levanta novos problemas não resolvidos. Quanto mais aprendemos sobre o mundo, mais profundo é o nosso saber, mais consciente, específico e articulado torna-se o conhecimento daquilo que não sabemos — o conhecimento da nossa ignorância (Popper, 1934).

- De modo geral, podemos dizer que o conhecimento [teórico] se amplia de duas maneiras: por extensão e por compreensão. O crescimento **por extensão** consiste em transportar uma explicação de um dado aspecto para aspectos vizinhos. No crescimento **por compreensão**, uma explicação parcial de toda uma região é progressivamente melhorada (Kaplan, 1964).

- Nossas percepções dependem tanto das informações recebidas pelos sentidos como do conhecimento que temos e que nos permite interpretá-los (Hunt, 2003).

- Não se pode tomar o fenômeno do conhecer como se houvessem "fatos" ou "objetos" lá fora que alguém capta e introduz na cabeça. A experiência de qualquer coisa lá fora é validada de uma maneira particular pela estrutura humana, que torna possível a "coisa" que surge na descrição. Essa circularidade, esse encadeamento entre ação e experiência, nos diz que **todo ato de conhecer faz surgir um mundo**. (...). O fenômeno do conhecer leva à pergunta que leva ao conhecer (Maturana e Varela, 1984).

vi) Síntese

Com base nas assertivas anteriores, podemos propor uma definição de Conhecimento que seja útil para os objetivos deste capítulo.

Conhecimento é um estado mental que transforma estímulos em mudanças potenciais no comportamento e no desempenho de um indivíduo e que apresenta as seguintes características:

- É cumulativo e enriquecido por estímulos tais como educação, aprendizagem, experiência, observação e informações captadas pelos sentidos.
- Foi (cada estímulo percebido) avaliado, aceito como verdadeiro, retido e disponibilizado na memória, sob diversas formas (sensações, informações, habilidades, entendimento).
- À medida que é ampliado, muda (enriquece) o comportamento, a capacidade de decidir e de se adaptar, e o potencial de desempenho do indivíduo que o adquiriu.
- Está sujeito a modificações, tanto pela substituição como pelo acréscimo de novos elementos. Em qualquer caso, o nível de conhecimento tende a aumentar continuamente, com o patamar alcançado em um momento servindo de ponto de partida para novos avanços.

Essa definição está ilustrada na **Figura 1.1**, que apresenta uma **visão sistêmica do conhecimento**.

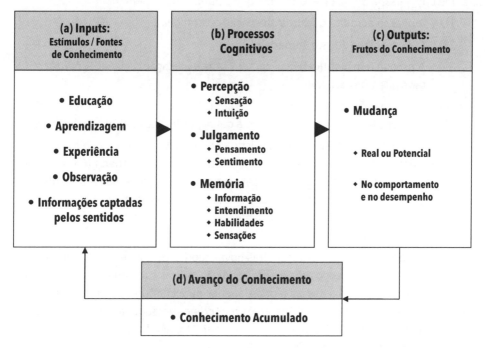

Figura 1.1 • Conhecimento: Visão Sistêmica

Quadro 1.1 • Teoria do Conhecimento — 1/6

O conhecimento é uma questão central da filosofia. Seu conceito vem sendo estudado, debatido e refinado por filósofos de todas as épocas, desde os pré-socráticos, passando por Platão, Aristóteles, Descartes, Spinoza, Locke, Berkeley, Hume, Kant, Wittgenstein, Russell e Popper, entre muitos outros.

Este quadro destaca dois aspectos do conhecimento que são de particular interesse para o estudo da "Criação de Conhecimento por Pessoas e Grupos", a saber: (I) O que é Conhecimento e (II) Tipos de Conhecimento.

I. O que é Conhecimento (1)

1. Platão. No diálogo Teeteto, Platão (c. 369 a.C.) introduziu a definição de conhecimento conhecida como "Crença Verdadeira Justificada" (CVJ). Essa definição, também conhecida como "Definição Tripartite", envolve três condições que devem ser atendidas para que uma pessoa possa dizer que sabe que alguma coisa é verdade:

1ª) A pessoa **acredita** que uma afirmação é verdadeira.

2ª) A afirmação é de fato **verdadeira**.

3ª) A pessoa tem **justificativa** — ou seja, uma explicação racional — para acreditar nessa afirmação.

Embora o diálogo termine sem um consenso sobre o que é uma **justificativa**, a definição CVJ chegou aos tempos modernos como a definição "tradicional" de conhecimento.

2. Gettier. Em relação à definição CVJ, existiu um consenso quase completo até 1963. Nesse ano, Edmund Gettier publicou um artigo de três páginas (Gettier, 1963) com dois contraexemplos lógicos ao conhecimento definido como Crença Verdadeira Justificada. Esses exemplos eram verdadeiros, mas não pelas razões alegadas como evidência para a justificativa. O resultado é uma crença falsamente justificada ou simplesmente um "não conhecimento".

3. Debate atual. Depois de Gettier, muitas novas teorias do conhecimento foram propostas, algumas acrescentando uma quarta condição, outras substituindo a Justificativa por alguma outra coisa. Uma dessas teorias, apenas para citar um exemplo, é a do Confiabilismo, segundo a qual o conhecimento é uma "crença verdadeira adquirida por meio de um processo confiável". O fato é que, até o momento, não foi estabelecido um novo consenso entre os filósofos do conhecimento.

| [Cont.] **Quadro 1.1** • Teoria do Conhecimento | 2/6 |

II. Tipos de Conhecimento

1. Aristóteles[2]. Na *Ética a Nicômaco*, Aristóteles apresenta as cinco "operações da alma" (virtudes intelectuais) envolvidas na descoberta da verdade: **Episteme**, **Technê**, **Sophia**, **Phronesis** e **Nous** (Aristóteles, 350 a.C.).

Episteme significa "ciência" ou "conhecimento científico" — corresponde à expressão rigorosa dos fenômenos ("Aquilo que conhecemos cientificamente não pode ser de outra maneira"). É uma espécie de conhecimento que pode ser ensinado (e aprendido) por demonstração, por argumentação. Exemplo de **episteme** é o conhecimento de teoremas matemáticos.

> **Obs. 1**: A forma verbal de **episteme** se traduz em "**saber**".

> **Obs. 2**: **Episteme** deu origem à palavra **Epistemologia**, que é o estudo do conhecimento científico.

Technê significa artesanato ou arte. Refere-se a "fazer algo". A Technê tem em vista trazer algo à existência. Pode ser um ofício ou uma profissão. E pode ter também o sentido da produção artística, da arte. Em ambos os casos, a língua grega faz pensar em uma produção. **Technê** pode ser entendida como a habilidade ou perícia para produzir alguma coisa, o que envolve ter conhecimento sobre: (a) princípios e padrões em que se baseia essa produção; (b) como aplicá-los; e (c) qual é o grau de precisão esperado. A **Technê** não é, em si, um guia para a ação. Por exemplo, saber como plantar uma determinada cultura não diz se ela deve ser plantada. Entretanto, uma vez decidida a ação, a **Technê** determinará como fazê-lo.

> **Obs.**: **Technê** é a raiz de palavras como **Técnica** e **Tecnologia**.

Sophia significa sabedoria teórica. É a habilidade de pensar bem sobre a natureza do mundo, de raciocinar sobre as verdades universais. **Sophia** envolve o "ter conhecimento de princípios fundamentais" e "saber o que decorre desses princípios". Como "sabedoria teórica", **sophia** pode ser usada como base para a ação, ou pode não ter aplicação prática no momento presente. Em qualquer caso, tem valor como excelência de pensamento.

> **Obs.**: A palavra **Filosofia** é derivada de **philo** (amor a) e **sophia** (sabedoria).

Phronesis significa sabedoria prática. É a capacidade de deliberar corretamente sobre a forma de agir para se atingir um determinado objetivo. Para Aristóteles, **sophia** é a capacidade de "raciocinar sobre verdades universais", ao passo que **phronesis** é a capacidade de "deliberar sobre como atingir um objetivo". Nesse sentido, **phronesis** se distingue da **episteme**, pois esta lida com as "coisas que não podem ser de outra maneira" e não podem, portanto, ser objeto de deliberação.

| [Cont.] **Quadro 1.1** • Teoria do Conhecimento | 3/6 |

[Cont.] II. Tipos de Conhecimento

Nous é um termo filosófico que não tem tradução direta para a língua portuguesa. Significa atividade do intelecto ou da razão, distinta da percepção pelos sentidos. Pode ser traduzido como inteligência, mente, entendimento, compreensão, espírito. É um termo que foi apropriado por diversos filósofos para denominar diferentes conceitos e ideias. Em Platão, **nous** designa a parte racional da alma. Em Aristóteles, refere-se à razão intuitiva, capaz de captar de modo direto os princípios e realidades universais. Para Aristóteles, **nous** é a mais alta atividade da alma humana e representa, acima de tudo, a própria pessoa.

- Relação de **nous** com **sophia**: (1) **Nous** apreende as verdades universais diretamente sem demonstração ou inferência, que são objeto da **sophia**; (2) A sabedoria teórica (**sophia**) conjuga a compreensão intuitiva (**nous**) e o conhecimento científico (**episteme**).

- Relação de **nous** com **phronesis**: O entendimento (**nous**) tem uma função de discernimento, enquanto a **phronesis** tem uma função de comando, a respeito do que se deve ou não fazer.

  Obs.: De **nous** derivam os termos **noese** (captação de uma realidade diretamente pela consciência) e **noema** (produto da inteligência, ideia, concepção, pensamento).

Em síntese, podemos dizer que as cinco "operações da alma" de Aristóteles incluem: uma faculdade distintiva da alma humana (nous); duas "sabedorias", teórica (sophia) e prática (phronesis); e dois tipos de conhecimento, científico (episteme) e de "produção" (technê).

Neste ponto, é importante chamar a atenção para as dificuldades de conversão dos termos gregos para a língua portuguesa. **Nous**, por exemplo, e como foi dito, não tem correspondente em português. Outro exemplo: as traduções para o português de **sophia** e **phronesis** dão a impressão de que há uma entidade, "sabedoria", que se manifesta de duas formas: sabedoria teórica e sabedoria prática. Em grego, aquelas palavras não são relacionadas. Não quer dizer que **sophia** e **phronesis** não tenham nada em comum, apenas que os gregos não concebem essas duas virtudes como sendo duas formas diferentes de uma mesma coisa.

Assim, a síntese apresentada deve ser entendida apenas como uma aproximação, ou simplificação, do pensamento de Aristóteles. De qualquer forma, podemos aceitar que são dois os tipos de conhecimento considerados:

- **Episteme**, que significa "ciência" ou "conhecimento científico".

- **Technê**, que se refere a algum tipo de produção, seja arte ou artesanato.

[Cont.] **Quadro 1.1** • Teoria do Conhecimento	**4/6**

[Cont.] II. Tipos de Conhecimento

1. Russell.[3] Em sua **Teoria do Conhecimento**, Russell distingue dois tipos de conhecimento: Conhecimento das Verdades e Conhecimentos das Coisas.

- **Conhecimento das Verdades**. Corresponde a saber que algo é verdadeiro: saber que o Sol aquece, que Aristóteles foi um filósofo grego etc.

- **Conhecimento das Coisas**. Corresponde a ter conhecimento sobre alguma coisa (por exemplo, pessoas, objetos, locais), seja por experiência pessoal, seja por ser de domínio público. Russell definiu dois tipos de Conhecimento de Coisas: o Conhecimento por Contato e o Conhecimento por Descrição.

- **Conhecimento por Contato**. Esta expressão é a versão mais usual para o português do original **Knowledge by Acquaintance** (outra forma é "Conhecimento por Familiaridade"). *Acquaintance* significa conhecimento pessoal, familiaridade, relações ou experiência direta com pessoas ou com objetos (Webster, 1971).

  Uma pessoa conhece um objeto por contato (*Acquaintance*) quando tem uma relação cognitiva direta com esse objeto, isto é, quando está diretamente inteirada desse objeto, sem a necessidade de intermediação de qualquer processo de inferência ou de qualquer justificativa. Há várias espécies de "coisas" das quais nós podemos ter Conhecimento por Contato, tais como:

  i) Pessoas (alguém conhecido, mas não um amigo chegado).

  ii) Objetos (os deveres de um cargo; os planos de uma equipe ou organização).

  iii) Dados dos sentidos (cores, sons, sabores, texturas, cheiros).

  iv) Dados do "sentido interno" (introspecção): pensamentos, sentimentos, desejos etc.

  v) Memória: Coisas que foram "dados", tanto dos sentidos como da introspecção.

  vi) O próprio EU.

- **Conhecimento por Descrição**. Os objetos que não são conhecidos pela relação de familiaridade são conhecidos por **descrição**. Enquanto o conhecimento por contato é uma espécie de conhecimento pessoal, resultado das próprias experiências de um indivíduo, **Conhecimento por Descrição** é um conhecimento público, que descreve o mundo por meio de declarações (ou "proposições descritivas").

[Cont.] **Quadro 1.1** • Teoria do Conhecimento	5/6

[Cont.] II. Tipos de Conhecimento

Um objeto é conhecido por **descrição** quando sabemos que existe um objeto, e nenhum mais, que tem uma certa propriedade (Russell, 1910; 1912). Em outras palavras, uma coisa é conhecida por **descrição** se pode ser descrita como algo que tem determinadas propriedades. Exemplos de proposição que contêm descrições são:

- $E = mc^2$.
- O átomo de oxigênio tem oito elétrons.
- A Lua gira em torno da Terra.
- *A Comédia Humana* foi escrito por Balzac.
- Bob Dylan ganhou o Prêmio Nobel de Literatura de 2016.
- Mesa é um móvel formado por uma prancha horizontal assentada em um ou mais pés.
- A mesa é um móvel próprio para se sentar ao redor e realizar atividades várias, tais como comer, escrever e jogar.

Para Russell (2012), a maior importância do Conhecimento por Descrição é que nos permite ir além dos limites de nossa experiência.

Debate atual. Aspectos importantes da teoria do conhecimento de Russell — a começar pela própria distinção entre Conhecimento das Coisas e Conhecimento das Verdades — foram objeto de críticas, e estão até hoje em debate. Entretanto, persiste uma concordância generalizada sobre a existência e a importância do **Conhecimento por Contato**, como uma forma de conhecimento direta, não intencional e não dependente de inferências ou de julgamentos.

3. Síntese.[4] Muitas taxonomias são utilizadas, hoje em dia, para a classificação e descrição de diferentes tipos de conhecimento. A mais utilizada, e a mais importante para os propósitos deste capítulo, compreende três categorias principais: Conhecimento Proposicional, Conhecimento por Aptidão e Conhecimento por Contato.

- **Conhecimento Proposicional**. Corresponde à **Episteme** de Aristóteles. É o objeto central dos estudos atuais da epistemologia (estudo do conhecimento). O **Conhecimento Proposicional** é o que está presente quando se trata do conhecimento de um fato ou de uma verdade. É assim chamado porque fatos, situações e estados de coisas são descritos por proposições (verdadeiras). É, portanto, o conhecimento procurado pela ciência quando pretende elaborar proposições verdadeiras sobre qualquer campo de estudo (geografia, matemática, autoconhecimento etc.). Pode ser chamado de "saber-que", pois admite proposições do tipo "tal pessoa (ou grupo)" sabe que "tal fato é verdadeiro".

[Cont.] **Quadro 1.1** • Teoria do Conhecimento	6/6

[Cont.] **II. Tipos de Conhecimento**

- □ Algumas características: Implica exclusivamente atividade intelectual; implica obrigatoriamente o uso da linguagem; é consciente.
- □ Alguns exemplos de proposições verdadeiras são: 2 + 2 = 4; a gravidade existe; Colombo descobriu a América; Montevidéu é a capital do Uruguai; os ovos têm proteínas.

- **Conhecimento por Aptidão**. Corresponde à **Technê** de Aristóteles. É o conhecimento prático, ou conhecimento de atividades, ligado à capacidade, aptidão ou competência para se fazer alguma coisa. "Conhecer", neste caso, é usado com o sentido de "saber fazer" ou "saber como" *(know-how)*.

  - □ Algumas características: Implica sobretudo atividade motora; implica o uso dos sentidos; a linguagem pode estar ausente; é muitas vezes automático e inconsciente.
  - □ Exemplos de "saber como": Falar alemão, tocar violino, apresentar um discurso; andar de bicicleta, dar saltos mortais, dançar; dirigir, cozinhar, consertar calçado, tratar de uma horta, usar uma biblioteca, chegar ao aeroporto, "ler" as horas.

- **Conhecimento por Contato**. Corresponde ao **Knowledge by Acquaintance** de Russell. Também traduzido como **Conhecimento por Familiaridade**. É o conhecimento direto de alguma realidade — pessoas, lugares, estados mentais etc.

  - □ Algumas características: Não implica exclusivamente atividade intelectual; implica o uso dos sentidos; a linguagem pode estar ausente; é consciente.
  - □ Exemplos de Conhecimento por Contato: Conhecer (pessoalmente) o presidente de um país, um antigo professor, uma pessoa pelo nome ou de vista; conhecer (ter visitado) La Paz, o Louvre, o campus de uma Universidade; saber (por experiência própria) o que é medo, amor ou desapontamento.

---

(1) Platão (c. 369 a.C.); Gettier (1963); Pardi (2011); Doyle (2016)
(2) Aristotle (350 a.C.); Aristóteles (350 a.C.); Kussler (2015); Cherubin (2016)
(3) Russell (1910); Russell (1912); Webster (1971); Bar-Elii (1989); Grayling (2002); Silva (2007); DePoe (2016)
(4) Aune (2008); Oliva (2011); Star & Stylianides (2013); Hetherington (2016); Truncellito (2016)

1.2 Tipologias de Conhecimento nas Organizações

Existem atualmente diversas formas de classificação do Conhecimento. Dentre essas, destacamos três, mais diretamente relacionadas com a criação de conhecimento por pessoas e grupos nas organizações. Cada uma classifica os conhecimentos em função de alguma variável (ou dimensão) de interesse:

#	Dimensão	Tipos de Conhecimento
(a)	Natureza do Conhecimento	▪ Conhecimento Científico ▪ Conhecimento Tecnológico ▪ Conhecimento por Familiaridade
(b)	Grau de dificuldade de articulação	▪ Conhecimento Tácito ▪ Conhecimento Explícito
(c)	Nível da entidade criadora de conhecimento	▪ Conhecimento — Nível Individual ▪ Conhecimento — Nível de Grupos ▪ Conhecimento — Nível da Organização

a) Classificação de acordo com a Natureza do Conhecimento

- **Conhecimento Científico**. Corresponde à *episteme* e ao Conhecimento Proposicional (**Quadro 1.1**).

  Ciência, conforme visto no **Quadro 1.2**, é um empreendimento sistemático usado para investigar e buscar explicações satisfatórias sobre como o mundo natural funciona (Popper, 1985; Nickels, 1998; Meichtry, s/d). O método científico consiste no conjunto de técnicas de investigação dos fenômenos, que vão desde a obtenção de dados pela observação e experimentação até a formulação e teste de hipóteses. Para ser reconhecido como científico, um método deve ser baseado em evidências sujeitas a princípios de raciocínio lógico (Glazunov, 2012). Seu produto é o **Conhecimento Científico**, que pode sempre ser modificado à luz de novas evidências.

  As aplicações do Conhecimento Científico ajudam a satisfazer muitas necessidades humanas básicas, como a erradicação de doenças e a adoção de formas limpas de energia. A Ciência apoia a Tecnologia: muitos avanços tecnológicos só são possíveis graças a novos conhecimentos científicos (Quadro 1.2).

- **Conhecimento Tecnológico**. Corresponde à *technê* e ao Conhecimento por Aptidão (**Quadro 1.1**).

  Tecnologia é o subconjunto de conhecimentos que lida com a produção e distribuição de bens e serviços (Fagerberger e Srholec, 2007).

O **Conhecimento Tecnológico** inclui *know-how*, métodos, procedimentos, experiências de sucesso e insucesso, e também dispositivos físicos e equipamentos (Dosi, 1982; 1984). A Tecnologia apoia a Ciência: a experiência prática com novas tecnologias muitas vezes precede o conhecimento científico (Quadro 1.2).

- **Conhecimento por Familiaridade**. Corresponde ao *Knowledge by Acquaintance* de Russell e ao Conhecimento por Contato (**Quadro 1.1**).

O **Conhecimento por Familiaridade** é o conhecimento direto de alguma realidade, adquirido por meio de experiências de primeira mão e interações com pessoas, processos, lugares, estados mentais e outros objetos (Evers, 2004) (**Quadro. 1.1**).

Especificamente no caso do trabalho em equipe, o Conhecimento por Familiaridade inclui, entre outros exemplos:

- Saber os planos da equipe e da organização.
- Saber os deveres do cargo e da função.
- Saber "quem é quem" ("quem detém tal conhecimento", "quem convidar para certa tarefa" etc.).
- Percepções sobre o ambiente de trabalho.
- Percepções sobre a própria e outras redes de trabalho, internas ou externas à organização.

Ainda com referência ao Trabalho em Equipe, a **Familiaridade** (*Acquaintance*) pode moldar a maneira pela qual indivíduos interagem uns com os outros. Reciprocamente, a coletividade* e a interação com outros contribuem positivamente para a formação do Conhecimento por Familiaridade dos indivíduos (Gourlay, 2000).

b) Classificação de acordo com o Grau de Dificuldade de Articulação

- **Conhecimento Explícito (ou Codificado)**. É o que pode ser expresso em linguagem formal — palavras, números e outros símbolos. É objetivo. Pode ser comunicado e compartilhado facilmente, por meio de manuais, especificações, fórmulas científicas, programas de computador, patentes etc. (Nonaka, 1991; Nonaka e Takeuchi, 1995; Dutrénit, 2000; Smith, 2001).
- **Conhecimento Tácito**. É geralmente aceito que a noção de Conhecimento Tácito foi introduzida por Polanyi (1966), o qual tomou

---

* Por "coletividade" podemos entender as Comunidades de Prática e Equipes de Trabalho (equipes de laboratório, de projetos, de produção, de marketing etc.).

como ponto de partida para o estudo do conhecimento humano o fato de que "nós sabemos mais do que podemos dizer". Para esclarecer o sentido dessa frase, Polanyi dá um exemplo: nós somos capazes de reconhecer a fisionomia de uma pessoa, mas não somos capazes de explicar como a reconhecemos. Esse conhecimento que não pode ser posto em palavras é o **Conhecimento Tácito**. Outros exemplos: saber dançar, saber andar de bicicleta etc.

Em termos genéricos, o Conhecimento Tácito é o conhecimento que temos, sabemos que temos, mas não temos como explicá-lo. Para Polanyi, o Conhecimento Tácito não pode ser capturado pela linguagem ou pela matemática: ele só pode ser obtido pela experiência pessoal e pelo envolvimento direto com os objetos.

Nonaka e Takeuchi (1995) introduziram o conceito nos campos da administração em geral e da gestão do conhecimento em particular. Segundo esses autores, o Conhecimento Tácito é um conhecimento pessoal enraizado nas ações e experiências de um indivíduo, difícil de articular em linguagem formal e, portanto, difícil de ser comunicado ou compartilhado com outros.

O Conhecimento Tácito é subjetivo — é o conhecimento que fica "na cabeça" das pessoas, não é encontrado em manuais, livros, bancos de dados ou arquivos. Para transmitir seus conhecimentos tácitos para outros, as pessoas usam metáforas, analogias, demonstrações e histórias.

O Conhecimento Tácito pode ser segmentado em duas dimensões: técnica e cognitiva (Nonaka & Takeuchi, 1995).

A **dimensão técnica** compreende habilidades informais e difíceis de definir, que fazem parte do know-how do indivíduo. Este pode ter grande expertise, resultado de anos de experiência e, ao mesmo tempo, ter dificuldade de articular os princípios técnicos e científicos do que ele sabe. Exemplos:

- Expertise jurídica.
- Saber efetuar vendas "frente a frente" com o consumidor.
- Saber preparar um experimento científico.
- Saber coordenar equipes.
- Saber decidir a qual revista científica submeter um artigo.
- Habilidade de um padeiro para produzir um pão saboroso.
- Intuição de uma enfermeira sobre as condições dos pacientes.
- Saber dublar um filme ou seriado estrangeiro.

A **dimensão cognitiva** corresponde aos modelos mentais — crenças, valores, emoções e percepções —, que são tão enraizados, que são aceitos como naturais e evidentes. Reflete nossa imagem da realidade (o que é) e nossa visão sobre o futuro (o que deveria ser).

Scharmer (2000; 2001; 2009) propõe a existência de dois tipos de Conhecimento Tácito: o **Conhecimento Tácito "Incorporado"** (que corresponde ao conceito que acabamos de examinar) e o **Conhecimento Tácito "Ainda Não Incorporado"**, cujo conceito é apresentado no **Quadro 1.3**.

- **Interdependência entre os Conhecimentos Tácito e Explícito.** Polanyi (1966) considera que não existe uma separação nítida entre os conhecimentos tácito e explícito. Ambos são interdependentes.

Por um lado, o Conhecimento Tácito forma uma parte indispensável de todo o conhecimento. Mesmo que o conhecimento tenha sido articulado em palavras e fórmulas matemáticas, o Conhecimento Explícito depende de ser tacitamente aplicado (Polanyi, 1966).

Por outro, para ser comunicado e compartilhado, o Conhecimento Tácito tem de ser codificado de alguma forma — deve ser convertido em palavras ou números para que qualquer pessoa possa entendê-lo (Nonaka e Takeuchi, 1995). A codificação é a base para que o Conhecimento Tácito possa ser compartilhado (Dutrénit, 2000).

O nível de **subjetividade** (*tacitness*) de um conhecimento e a possibilidade de este ser codificado variam com o tempo: o que não é codificável hoje pode ser tornar mais codificável amanhã. Ao longo do tempo, a quantidade de conhecimento aumenta, novos conhecimentos tácitos são adquiridos, alguns se tornam codificáveis, e a quantidade de conhecimento codificado aumenta (Dutrénit, 2000).

A extensão e o ritmo em que um conhecimento tácito é codificado depende de vários fatores, tais como os custos e benefícios da codificação, a medida em que determinado conhecimento é percebido como importante, o desconhecimento da dimensão tácita de um conhecimento, ou mesmo a negligência de uma empresa em relação à codificação (Cowan e Foray, 1997).

Entretanto, a codificação nunca é completa, e algumas formas de Conhecimento Tácito continuam a desempenhar um papel importante (Cowan e Foray, 1997). Esse componente do conhecimento, que é irredutivelmente tácito, é considerado por muitos autores como o **"conhecimento tácito propriamente dito"**, distinto do conhecimento tácito "fraco", que pode ser tornado explícito com algum esforço ou algum custo.

c) Classificação de acordo com o Nível Organizacional

- **Conhecimento — Nível Individual**. O Conhecimento Individual é moldado por experiências pessoais e reside no cérebro e nas habilidades das pessoas (Lam, 1998; Garcia Muiña, 2016).

  Por um lado, os indivíduos desenvolvem modelos mentais, sistemas de crenças e estruturas de conhecimento que usam para perceber, construir e dar sentido ao seu mundo e para estabelecer perspectivas e tomar decisões sobre quais ações empreender (Lam, 1998; Garcia Muiña, 2016).

  Por outro, adquirem — ou procuram adquirir — habilidades necessárias para sua vida pessoal e profissional, incluindo as habilidades mecânicas, sociais e de tomada de decisões. Nelson e Winter (1982) definem **habilidade** como *a capacidade de ter uma sequência regular de comportamento coordenado, em geral eficiente em relação a seus objetivos, dado o contexto em que normalmente ocorre.* E citam, como exemplos, as capacidades de sacar bem uma bola de tênis, dirigir um automóvel, elaborar um trabalho de carpintaria competente, criar e resolver modelos de programação linear e julgar candidatos a emprego.

  O conhecimento individual é adquirido por meio de:

  a) Educação e informações externas.

  b) Treinamento e experiência no trabalho.

  c) Relações com outros indivíduos, tais como observação de profissionais experientes, interação com pares ou colegas de trabalho, participação em redes profissionais internas e externas à empresa etc.

  Uma característica-chave do conhecimento individual é a **autonomia** na sua aplicação (Lam, 1998). Um indivíduo sem autonomia guardará para si seus conhecimentos, os quais, para todos os efeitos, serão "inexistentes" para a organização.

Outra característica importante é a **mobilidade** — o conhecimento "acompanha" a pessoa, dando origem tanto a eventuais problemas de "evasão de cérebros da organização" (Lam, 1998) como a possíveis oportunidades de "atração de cérebros de fora".

- **Conhecimento — Nível de Grupos**. Os conhecimentos e perspectivas individuais permanecem pessoais, a menos que sejam articulados e amplificados pela interação social (Nonaka, 1994). Esta pode ser estimulada pela formação espontânea de redes informais, como pela criação de "campos de interação" [expressão de Nonaka (1994)], tais como grupos transdisciplinares, comunidades de prática, equipes semiautônomas, equipes de pesquisa e de projetos, grupos de direção e de assessoria etc.

  Um grupo pode ser considerado um sistema aberto, cujos elementos são diferentes indivíduos aptos a criar conhecimento. De modo similar ao indivíduo, o grupo captura conhecimento dos sistemas de nível mais alto (níveis organizacional e inter-organizacional). Além disso, o grupo captura conhecimento de seus membros: observação, imitação e práticas compartilhadas entre os membros do grupo, ao longo do tempo, moldam um corpo de conhecimento tácito compartilhado, que não pertence nem aos membros individuais e nem à organização. Esse corpo de conhecimento tácito compartilhado é específico do grupo (Garcia Muiña, 2016).

  O Conhecimento de Grupo é também adquirido pelo desenvolvimento de competências de equipe, por meio de estratégias tais como OJT (*On-the-job Training*), *Job Rotation*, equipes multidisciplinares, células de trabalho etc.

  Tal como no nível individual, a **autonomia** é uma característica importante do conhecimento em grupo. Grupos sem autonomia, ou não gerarão conhecimento ou não aplicarão e nem transmitirão o conhecimento porventura criado.

  No caso de grupos que ultrapassam as fronteiras da organização, a **permeabilidade** é outra característica importante. De um lado, o grupo pode "importar" conhecimento novo para a organização; de outro, pode deixar "vazar" conhecimento para o exterior.

- **Conhecimento — Nível da Organização**. As organizações não têm cérebro, mas, analogamente aos indivíduos, desenvolvem modelos mentais coletivos, memórias e esquemas interpretativos, que influem nas tomadas de decisões administrativas e nas ações organizacionais (Hedberg, 1981; Lam, 1998; 2005). As memórias das organizações preservam certos comportamentos, mapas mentais, normas e valores ao longo do tempo (Hedberg, 1981). A **cognição** (processo ou faculdade de adquirir conhecimento) organizacional difere da individual porque engloba uma dimensão social (Lam, 1998; 2005).

Evans e Easterby-Smith (2001) identificam **três tipos distintos de conhecimento** no nível das organizações: Sistêmico, Sociopolítico e Estratégico.

- **Conhecimento Sistêmico**. É o conhecimento incorporado em sistemas, políticas, métodos e processos, que determinam como e o que deve ser feito na organização.

  Em sua forma explícita, o Conhecimento Sistêmico é formalmente codificado em procedimentos, práticas e rotinas, e inclui a aquisição e implementação de novas técnicas, tais como CEP (Controle Estatístico de Processos) e modelos diversos de tomada de decisão. Já o Conhecimento Sistêmico Tácito se refere às razões pelas quais as coisas são projetadas desta ou daquela maneira (Evans e Easterby-Smith, 2001).

  O Conhecimento Sistêmico foi primeiro conceituado por Nelson e Winter (1982), que consagraram o termo **rotina** para designar "todos os padrões comportamentais regulares e previsíveis das organizações". Dentro desse conceito, as **rotinas** "incluem características das organizações que variam, desde **rotinas técnicas** bem especificadas (para a produção de coisas, contratações e demissões, encomendas de novos estoques etc.) até as **políticas** (relativas a investimentos, P&D, publicidade etc.) e **estratégias empresariais** (relativas, por exemplo, à diversificação da produção e ao investimento no exterior)". Para esses autores, "a rotinização das atividades de uma organização constitui a forma mais importante de estocagem de seu conhecimento específico — a organização lembra fazendo".

- **Conhecimento Sociopolítico**. É o conhecimento que a organização tem sobre: (*i*) Composição social e política da organização, incluindo suas pessoas, seus papéis e suas responsabilidades; (*ii*) alianças, redes de influência e processos formais e informais de tomada de decisão; e (*iii*) o contexto social mais amplo, em que a organização está inserida, incluindo os ambientes social, cultural e econômico (Evans e Easterby-Smith, 2001). Em sua forma explícita, o Conhecimento Sociopolítico inclui o conhecimento sobre o projeto da organização, as estruturas de decisão formal e os valores expressos da organização. A dimensão tácita se refere aos "mecanismos ocultos" da organização, que incluem o conhecimento sobre "quem é quem", como "realmente" fazer as coisas, que alianças existem e quais suas pessoas-chave, normas de comportamento, valores e crenças que definem a cultura da Organização etc. (Evans e Easterby-Smith, 2001).

- **Conhecimento Estratégico**. É o conhecimento sobre a posição ou contexto da organização, vis-à-vis seu ambiente externo. Inclui sua história, seu status e sua posição na indústria e na sociedade, seus planos estratégicos, competências centrais e posição competitiva (Evans e Easterby-Smith, 2001).

  Em sua forma explícita, o Conhecimento Estratégico inclui os documentos de análise e planejamento estratégico, os relatórios anuais e outros documentos que representam o "mundo oficial". O Conhecimento Estratégico Tácito pode ser definido, de forma geral, como os pressupostos ocultos por trás do mundo oficial. Inclui as lendas, os mitos e as histórias que formaram a organização e sua cultura. Inclui também as competências centrais que definem sua posição diferenciada no mercado (Evans e Easterby-Smith, 2001).

- **Integração dinâmica dos três níveis**. O **Conhecimento Organizacional** pode ser definido como o conjunto de conhecimentos, específicos e úteis à organização, acumulados e disponíveis nos três níveis de criação de conhecimento: indivíduos, grupos e Organização.

  Nonaka (1991) salienta que "um novo conhecimento sempre começa com um indivíduo: um brilhante pesquisador tem um *insight*, que leva a uma nova patente; a intuição de um gerente de marketing de nível médio sobre as tendências de mercado torna-se o fator catalisador para um importante conceito de novos produtos; um trabalhador de chão de fábrica se vale de anos de experiência para introduzir uma inovação no processo de fabricação". Em cada caso, o conhecimento pessoal de um indivíduo é transformado em conhecimento valioso para a organização inteira.

  Entretanto, se não puder ser compartilhado com outros indivíduos e nem transferido para os níveis de grupos e da organização, esse será um conhecimento estéril e produzirá pouco ou nenhum efeito sobre a base de Conhecimento Organizacional (Nonaka e Takeuchi, 1995; Bhatt, 2002).

Os grupos, por sua vez, ocupam uma posição central na estrutura de conhecimento da organização, pois: (*i*) fazem o papel de sedimentar e amplificar os conhecimentos individuais; (*ii*) desenvolvem seus próprios conhecimentos, por meio das atividades intra e intergrupos; e (*iii*) são o principal canal de comunicação entre os níveis dos indivíduos e da organização.

No nível da organização, são adquiridos e acumulados, além de conhecimentos administrativos, os conhecimentos científicos e tecnológicos tratados no capítulo anterior.

Os três níveis não são independentes, mas se integram e interagem de forma dinâmica e contínua (Nonaka e Takeuchi, 1995). O Conhecimento Organizacional depende de indivíduos e grupos para acumular novas experiências, articular ou compartilhar conhecimento com outros e codificar esse conhecimento para que possa ser acessível a outros membros da organização e ser retido na memória organizacional (Zollo e Winter, 2001; Evans e Easterby-Smith, 2001). Já a organização provê o contexto e os recursos que facilitam tanto as atividades dos grupos como o processo de interação entre os indivíduos (Nonaka e Takeuchi, 1995; Nonaka, 1994; Bhatt, 2002).

Quadro 1.2 • Conhecimentos Científicos e Tecnológicos	1/4

Este Quadro apresenta os conceitos mais atuais de Ciência, Tecnologia, Paradigmas e Trajetórias.

Dosi (1982) (1984) desenvolveu os conceitos de Paradigma Tecnológico e Trajetória Tecnológica fazendo um paralelo com as noções de Paradigma Científico e Ciência "Normal", propostas por Kuhn (1962), conforme indicado nas linhas a seguir.

Ciência e Tecnologia

A relação entre Ciência e Tecnologia pode ser vista sob duas óticas. Por um lado, são dois subsistemas que se desenvolveram autonomamente e com um considerável grau de independência um do outro. As próprias comunidades têm objetivos e visões diferentes — enquanto cientistas estão voltados para a descoberta, engenheiros e técnicos estão preocupados com a aplicação prática dos conhecimentos (Freeman e Soete, 1999).

Por outro lado, Ciência e Tecnologia se apoiam mutuamente. Muitos avanços tecnológicos só são possíveis graças a novos conhecimentos científicos, enquanto a experiência prática com novas tecnologias muitas vezes precede o conhecimento científico.

◀ **Ciência.**

Ciência é uma atividade humana, um empreendimento social, um processo usado para investigar e buscar explicações satisfatórias sobre como o mundo natural funciona (Popper, 1985; Meichtry, s/d; Nickels, 1998).

Pretendendo-se que a Ciência nos diga alguma coisa acerca do mundo, ou que tenha interesse prático, ela deve conter, em algum ponto, elementos empíricos. Com efeito, é somente pela experiência que se colhe informação a respeito do mundo (o elemento empírico distingue a ciência da fantasia). A percepção é fundamental para a Ciência (Kaplan, 1964).

Embora não possa jamais alcançar a verdade, o esforço por conhecer e a busca da verdade continuam a ser as razões mais fortes da investigação científica (Popper, 1972).

◀ **Tecnologia.**

Tecnologia é o subconjunto de conhecimentos que lida com a produção e distribuição de bens e serviços (Fagerberg e Srholec, 2007). A Tecnologia é, portanto, específica para produtos e processos específicos. Como tal, se distingue das teorias científicas, que são enunciados universais (Popper, 1972).

O conhecimento tecnológico inclui *know-how*, métodos, procedimentos, experiências de sucesso e insucesso e também, é claro, dispositivos físicos e equipamentos (Dosi, 1982; 1984).

[Cont.] **Quadro 1.2** • Conhecimentos Científicos e Tecnológicos	2/4

[Cont.] Ciência e Tecnologia

Tecnologia também pode ser entendida como um processo, técnica ou metodologia — embarcados em um projeto de produto ou em um processo de manufatura ou serviço — que transformam *inputs* (trabalho, capital, informação, material e energia) em *outputs* de maior valor (Christensen, 1999).

◀ **Ciência, Tecnologia e Desenvolvimento Econômico.**

É fundamental o relacionamento entre o progresso científico, a mudança técnica e o desenvolvimento econômico. Suas mútuas influências foram uma das principais forças motoras da transformação social, ao menos desde o tempo da Revolução Industrial (Dosi, 1984).

Paradigmas Científicos, Ciência "Normal" e Revoluções Científicas

Em *A Estrutura das Revoluções Científicas* (1962), Thomas Kuhn inaugurou uma nova forma de analisar o progresso da ciência, vendo-a não tanto como o acúmulo gradativo de novos conhecimentos, mas mais como um processo contraditório, entremeado de "Paradigmas", "Ciências Normais" e "Revoluções" do pensamento científico.

◀ **Paradigma.**

Paradigmas são realizações científicas universalmente reconhecidas que, durante algum tempo, fornecem problemas e soluções modelares para uma comunidade de praticantes de uma ciência. Um paradigma é um modelo ou padrão aceito.

Um paradigma é aquilo que os membros de uma comunidade partilham, e, inversamente, uma comunidade científica consiste de pessoas que partilham um paradigma (Kuhn, 1962).

◀ **Ciência "Normal".**

"Ciência normal" é a pesquisa firmemente baseada em uma ou mais realizações passadas. Essas realizações são reconhecidas durante algum tempo por alguma comunidade científica específica como proporcionando os fundamentos para sua prática posterior. Essas realizações são os "paradigmas". Em outras palavras, pesquisa normal é aquela associada a algum paradigma. São, portanto, conceitos associados.

A pesquisa científica normal está dirigida para a articulação daqueles fenômenos e teorias já fornecidos pelo paradigma. Não tem como objetivo trazer à tona novas espécies de fenômenos e nem inventar novas teorias (Kuhn, 1962).

◀ **Revoluções Científicas.**

A ciência normal, atividade que consiste em "solucionar quebra-cabeças", é baseada no pressuposto de que a comunidade científica sabe como é o mundo. É um empreendimento altamente cumulativo, extremamente bem-sucedido no que toca ao seu objetivo — a ampliação contínua do alcance e da precisão do conhecimento científico. Em todos esses aspectos, ela se adequa com grande precisão à imagem habitual do trabalho científico.

[Cont.] **Quadro 1.2** • Conhecimentos Científicos e Tecnológicos	3/4

[Cont.] Paradigmas Científicos, Ciência "Normal" e Revoluções Científicas

Contudo, falta aqui um produto comum do empreendimento científico. A ciência normal não se propõe descobrir novidades no terreno dos fatos ou da teoria. Quando é bem-sucedida, não os encontra. Por consequência, a ciência normal frequentemente suprime novidades fundamentais, porque estas subvertem necessariamente seus compromissos básicos.

Não obstante, algumas vezes surgem anomalias que não se ajustam a expectativas "normais". Fenômenos novos e insuspeitados são periodicamente descobertos pela pesquisa científica, e cientistas têm constantemente inventado teorias radicalmente novas.

Desta maneira, a ciência normal se desorienta seguidamente. E quando isso ocorre — isto é, quando os membros da profissão não podem mais se esquivar das anomalias que subvertem a tradição existente da prática científica —, então começam as investigações extraordinárias que finalmente conduzem a profissão a um novo conjunto de compromissos, a uma nova base para a prática da ciência. Esses episódios extraordinários são denominados de **revoluções científicas**. As revoluções científicas são os complementos desintegradores da tradição à qual a atividade da ciência normalmente está ligada (Kuhn, 1962).

◀ **Progresso da Ciência.**

A visão de Kuhn sobre a maneira como progride a ciência pode ser resumida no seguinte esquema aberto (Chalmers, 1976):

pré-ciência ⇨ *ciência normal* ⇨ *crise-revolução* ⇨ *nova ciência normal* ⇨ *nova crise*

Paradigmas Tecnológicos, Trajetórias Tecnológicas e Rupturas Tecnológicas

Partindo da premissa de que os procedimentos e a natureza das "Tecnologias" são, de modo geral, semelhantes àqueles que caracterizam as "Ciências", Giovanni Dosi, em *Technological Paradigms and Technological Trajectories* (1982), propôs um modelo que tenta levar em conta tanto as mudanças contínuas como as descontínuas na Inovação Tecnológica. Esse modelo relaciona os "Paradigmas Tecnológicos" com as "Trajetórias Tecnológicas".

◀ **Paradigma Tecnológico.**

Paradigma Tecnológico é um "modelo" e um "padrão" de solução de problemas tecnológicos *selecionados*, baseados em princípios *selecionados*, derivados das ciências naturais e em tecnologias materiais *selecionadas*. "Selecionados" porque, assim como o paradigma científico determina o campo de investigação, os problemas, os procedimentos e as tarefas, também o faz o "paradigma tecnológico" (Dosi, 1982; 1984).

Um Paradigma Tecnológico incorpora fortes prescrições sobre as direções das mudanças tecnológicas a serem perseguidas e aquelas a serem ignoradas. Exemplos (Dosi, 1982; 1984):

"Necessidades" tecnológicas genéricas	Tecnologias selecionadas pelo Paradigma
Transportar *commodities* e passageiros	Motor de combustão interna
Produzir determinados compostos químicos	Processos petroquímicos
Comutar e amplificar sinais elétricos	Semicondutores

[Cont.] **Quadro 1.2** • Conhecimentos Científicos e Tecnológicos	4/4

[Cont.] Paradigmas Tecnológicos, Trajetórias Tecnológicas e Rupturas Tecnológicas

Os Paradigmas Tecnológicos têm um poderoso **efeito de exclusão**. Os esforços e a imaginação tecnológica dos engenheiros e das respectivas organizações são focados em direções precisas, enquanto estão, por assim dizer, "cegos" para outras possibilidades tecnológicas. Ao mesmo tempo, os Paradigmas Tecnológicos também definem uma certa ideia de "progresso", significando os avanços tecnológicos obtidos dentro dos limites de cada paradigma (Dosi, 1982; 1984).

◀ **Trajetória Tecnológica.**

Trajetória Tecnológica é o padrão de atividade "normal" de resolução de problemas (isto é, do "progresso"), com base em um paradigma tecnológico. A Trajetória Tecnológica constitui um agrupamento (*cluster*) de possíveis direções tecnológicas, cujos limites são definidos pela própria natureza do paradigma. Vale a pena considerar certas características dessas trajetórias tecnológicas, definidas em termos dos paradigmas tecnológicos (Dosi, 1982; 1984):

- **Fronteira Tecnológica** pode ser definida como o mais alto nível alcançado em relação a uma Trajetória Tecnológica, com respeito às dimensões tecnológicas e econômicas relevantes.

- É provável que o "progresso" em uma Trajetória Tecnológica conserve certos aspectos cumulativos. Nesse caso, a probabilidade de futuros avanços também se relaciona com a posição que uma empresa ou um país já ocupam *vis-à-vis* a fronteira tecnológica existente.

A Trajetória Tecnológica mapeia o aperfeiçoamento que os inovadores em uma indústria são capazes de oferecer aos seus mercados, assim como, geração após geração, eles introduzem uma sequência de produtos novos e melhorados (Christensen, 1999).

Quase toda indústria tem uma Trajetória Tecnológica crítica. No negócio da insulina, por exemplo, a Trajetória Tecnológica crítica por décadas foi o aperfeiçoamento das "partes de impureza por milhão". Nas fotocopiadoras, Trajetórias Tecnológicas importantes foram o aperfeiçoamento na replicação da escala de cinza e o número de cópias por minuto. Nos microprocessadores, a Trajetória Tecnológica tem sido o crescimento anual de velocidade, em milhões de instruções por segundo — MIPS (Christensen, 1999).

◀ **Rupturas Tecnológicas.**

O progresso tecnológico se dá por meio de mudanças contínuas e descontínuas. As mudanças contínuas são aquelas relacionadas com o progresso ao longo de uma trajetória definida por um Paradigma Tecnológico. Mudanças descontínuas são associadas à emergência de um novo paradigma (Dosi, 1982).

Ou seja, novos paradigmas representam descontinuidades nas trajetórias de progresso definidas pelos paradigmas anteriores. Elas tendem a redefinir o próprio significado de progresso e a direcionar tecnologias para novas classes de problemas (Christensen, 1997).

Quadro 1.3 • Conhecimento Tácito "Ainda Não Incorporado"(*) | 1/2

Para Scharmer (2000; 2001; 2009), há dois tipos de Conhecimento Tácito, "**Incorporado**" e "**Ainda Não Incorporado**", os quais podem ser associados a diferentes tipos de atividades, como as de artistas, artesãos e administradores.

Tomando a produção artística como exemplo, há três maneiras de olhar para um pintor e sua obra:

i) Apreciar o quadro completo, que é o reflexo explícito do trabalho do artista.

ii) Observar o pintor durante o processo de pintar, o que oferece *insights* sobre o Conhecimento Tácito aplicado ao trabalho.

iii) Observar o pintor momentos antes de começar a movimentar o pincel e as tintas. O artista em frente à tela em branco sente a pintura emergente, muito como Michelangelo em relação à escultura de Davi — "Fiquei um bom tempo olhando o mármore até nele enxergar Davi. Então peguei o martelo e o cinzel e tirei tudo o que não era Davi".

Outro exemplo é o do pão de forma, que também pode ser visto sob três perspectivas:

i) Alguns tipos de informação sobre o pão — como peso, preço e ingredientes — são exemplos de Conhecimento explícito.

ii) Assar e produzir o pão são exemplos de atividades que requerem Conhecimento Tácito (Incorporado) para sua adequada execução.

iii) O conhecimento que habilita um determinado padeiro a inventar o pão de forma, em primeiro lugar, é um exemplo de "Conhecimento Tácito Ainda Não Incorporado".

O mesmo vale para o administrador em busca de vantagens competitivas para sua empresa:

i) Em uma primeira fase (da produção de um bem ou serviço), o foco principal são os produtos e os resultados concretos (explícitos), tais como Qualidade e Confiabilidade.

ii) Na fase seguinte (em que o foco se desloca "corrente acima", para o processo), cresce a importância dos Conhecimentos Tácitos, tanto da equipe técnica (para manter o processo capaz) como dos líderes (para motivar e mobilizar suas equipes). Estes são Conhecimentos Tácitos "em uso", incorporados nas habilidades pessoais e nas práticas do dia a dia, daí serem chamados de "**Conhecimentos Tácitos Incorporados**".

[Cont.] **Quadro 1.3** • Conhecimento Tácito "Ainda Não Incorporado"(*)	**2/2**

iii) Finalmente, a ênfase recai sobre as condições de pensamento que permitem aos líderes sentirem as oportunidades emergentes, antes que elas se manifestem no mercado. Essa espécie de conhecimento pode ser pensada como "Conhecimentos Tácitos que ainda não foram incorporados".

O **Conhecimento Tácito Ainda Não Incorporado** (ou **Conhecimento Autotranscendente**) se encontra em um território de formação de conhecimento que precede — e permite — a evolução dos Conhecimentos Tácitos Incorporados e dos conhecimentos explícitos.

A tabela a seguir apresenta uma comparação sintética entre esses três tipos de conhecimento.

Tipos de Conhecimento	Formas de Conhecimento	Foco
I — Conhecimento Explícito	Conhecimento sobre "coisas"	Realidade observada
II — Conhecimento Tácito Incorporado	Conhecimento sobre "fazer coisas"	Realidade vivida
III — Conhecimento Tácito Ainda Não Incorporado	Conhecimento sobre o "pensamento como origem do fazer coisas"	Realidade emergente — ainda não manifestada

(*) Scharmer (2000; 2001; 2009)

Referências*

ABHARY, K.; et al. **Some Aspects of Defining Knowledge**. Working Paper. University of South Australia, jul. 2009a.

_____. Some Basic Aspects of Knowledge. **Procedia Social and Behavioral Sciences**, 1, 2009b.

AUNE, B. A. **What is Knowledge**. Chapter 1 of "An Empiricist Theory of Knowledge". 2008.

BAR-ELLI, G. Acquaintance, Knowledge and Description in Russell. **The Journal of Bertrand Russell Studies**, vol. 9, 1989.

BHATT, G. D. Management Strategies for Individual Knowledge and Organizational Knowledge. **Journal of Knowledge Management**, vol. 6, n. 1, 2002.

CHALMERS, A. F. **O que é Ciência, afinal?** SP: Brasiliense, 1993 (1976).

COWAN, R.; FORAY, D. The Economics of Codification and the Diffusion of Knowledge. **Industrial and Corporate Change**, vol. 6, n. 3, 1997.

CHRISTENSEN, C. M. **The Innovator's Dilemma**. Boston: Harvard Business School Press, 1997.

_____. **Innovation and the General Manager**. Boston: Irwin/McGraw-Hill, 1999

DePOE, J. M. **Knowledge by Acquaintance and Knowledge by Description**. In: The International Encyclopedia of Philosophy, ISSN 2161-0002, <http://www.iep.utn.edu>, acessado em dez. 2016.

DOSI, G. Technological Paradigms and technological trajectories. **Research Policy**, 11, 1982.

_____ **Mudança Técnica e Transformação Industrial**. Campinas, SP: Editora da Unicamp, 2006 (1984).

DOYLE, R. O. History of the Problem of Knowledge. **The Information Philosopher**. <www.informationphilosopher.com>, acessado em nov. 2016.

DRUCKER, P. F. **Uma Era de Descontinuidade**. RJ: Zahar, 1974 (1969).

_____. **As Novas Realidades**. SP: Pioneira, 1989.

_____. **Sociedade Pós-Capitalista**. SP: Pioneira, 1993.

DUTRÉNIT, G. **Learning and Knowledge Managemrnt in the Firm**. Cheltenham, UK: Edward Elgar, 2000.

_____
* As datas entre parênteses indicam o ano de publicação da primeira edição.

EVANS, N.; EASTERBY-SMITH, M. **Three Types of Organizational Knowledge: Implications for the Tacit-Explicit and Knowledge Creation Debates**. Organizational Learning and Knowledge Management: New Directions. London, 2001.

EVERS, M. **Learning from Design: Facilitating Multidisciplinary Design Teams**. Eburon BV, 2004.

FAGERBERG, J.; SRHOLEC, M. **The Role of "Capabilities" in Development: Why Some Countries Manage to Catch Up while Others Stay Poor**. DIME Working Paper 31, 2007.

FREEMAN, C.; SOETE, L. **A Economia da Inovação Industrial**. Campinas, SP: Editora da Unicamp, 2008 (1999).

GETTIER, E. Is Justified True Belief Knowledge? **Analysis**, vol. 23, n. 6, jun. 1963

GLAZUNOV, N. M. **Foundations of Scientific Research**. Kiev: National Aviation University, e-print, nov. 2012.

GOURLAY, S. **On Some Cracks in the "Engine" of Knowledge-Creation: A Conceptual Critique of Nonaka & Takeuchi's (1995) Model**. British Academy of Management, set. 2000.

GRAYLING, A. C. **Russell: A Very Short Introduction**. Oxford: Oxford University Press, 2002.

HEDBERG, B. **How Organizations Learn and Unlearn**. In: Handbook of Organizational Design (P. Nystrom & W.H. Starbuck, eds.). NY: Oxford University Press, 1981.

HETHERINGTON, S. **Knowledge**. In: The International Encyclopedia of Philosophy, ISSN 2161-0002, <http://www.iep.utn.edu>, acessado em dez. 2016.

HUNT, D. P. The Concept of Knowledge and How to Measure It. **Journal of Intellectual Capital**, vol. 4, n. 1, 2003.

IZQUIERDO, I. **Memórias**. Estudos Avançados USP, vol. 3, n 6, maio-ago. 1989.

JUNG, C. G. **Tipos Psicológicos**. RJ: Vozes, 1971 (1921).

KAPLAN, A. **A Conduta na Pesquisa**. SP: Editora Herder, 1969 (1964).

KUHN, T. S. **A Estrutura das Revoluções Científicas**. SP: Editora Perspectiva, 1991 (1962).

LAM, A. **Tacit Knowledge, Organisational Learning and Innovation: A Societal Perspective**. DRUID Working Paper n. 98-22, out. 1998.

LAM, A. **Organizational Innovation**. In: "The Oxford Handbook of Innovation" (Fagerberg et al., eds). NY: Oxford University Press, 2005.

LEONARD, D.; BARTON, M. **Knowledge and the Management of Creativity and Innovation**. In: "The Oxford Handbook of Innovation Management" (Dodgson *et al.*, eds). NY: Oxford University Press, 2014.

LESSA, E. **A Teoria dos Tipos Psicológicos**. Instituto Junguiano do Rio de Janeiro, <www.jung-rj.com.br>, acessado em out. 2016.

MATURANA, R. M.; VARELA, F.J. **A Árvore do Conhecimento**. SP: Editora Palas Athena, 2001 (1984).

MEICHTRY, Y. J. **The nature of Science and Scientific Knowledge: Implications for Designing a Preservice Elementary Methods Course**. Working Paper. School of Education, Northern Kentucky University, s/d.

MURCHO, D. **O Saber da Filosofia**. In: "Todos os Sonhos do Mundo e outros Ensaios". Lisboa: Edições 70, 2016.

NAGEL, J. **Knowledge as a Mental State**. In: "Oxford Studies of Epistemology, Vol.4" (Gendler & Hawthorne, Eds.). Oxford: Oxford University Press, 2013.

NELSON, R. R.; WINTER, S.G. **Uma Teoria Evolucionária da Mudança Econômica**. Campinas, SP: Editora da Unicamp, 2005 (1982).

NICKELS, M. **The Nature of Modern Science & Scientific Knowledge**. Working Paper. Anthropology Program, Illinois State University, ago. 1998.

NONAKA, I. The Knowledge Creating Company. **HBR**, dez. 1991.

_____. A Dynamic Theory of Organizational Knowledge Creation. **Organization Sciences**, Vol. 5, n. 1, fev. 1994.

NONAKA, I.; TAKEUCHI, H. **The Knowledge-Creating Company**. NY: Oxford University Press, 1995.

OLIVA, A. **Teoria do Conhecimento**. RJ: Zahar, 2011.

PARDI, P. The Knowledge Problem. **Philosophy News**. <www.philosophynews.com>, set. 2011.

PLATÃO. **Teeteto (O Conhecimento)**. Grupo Aerópolis. <http://br.egroups.com/Groups/Aeropolis>. Versão Eletrônica de Domínio Público. Acessado em nov. 2016 (c.369 a. C.).

POLANYI, M. The Logic of Tacit Inference. **Philosophy**, 41 (1), 1966.

POPPER, K. R. **A Lógica da Pesquisa Científica**. SP: Cultrix, 1989, 4ª ed. (1934).

POPPER, K. R. **O objetivo da Ciência** (1957). In: "Textos Escolhidos". RJ: Contraponto; PUC-Rio, 2010 (1985).

RUSSELL, B. Knowledge by Acquaintance and Knowledge by Description. **Proceedings of the Aristotelian Society**, Vol. 11, 1910.

_____. **Knowledge by Acquaintance and Knowledge by Description**. Chapter 5 of "The Problem of Philosophy". Oxford: Oxford University Press, 1912.

SCHARMER, C. O. **Organizing around Not-Yet-Embodied Knowledge**. In: "Knowledge Creation: A Source of Value" (Krogh *et al.*, Eds). NY: Palgrave, 2000.

_____. Self-Transcending Knowledge: Sensing and Organizing around Emerging Opportunities. **Journal of Knowledge Management,** Vol. 5, n. 2, 2001.

_____. **Teoria U: Como Liderar pela Percepção e Realização do Futuro Emergente**. RJ: Elsevier, 2010 (2009).

SILVA, V. R. **Da Teoria Russelliana das Descrições ao Atomismo Lógico do Tractatus de Wittgenstein**. Dissertação de Mestrado. SP: USP, 2007.

SMITH, E. A. The Role of the Tacit and Explicit Knowledge in the Workplace. **Journal of Knowledge Management**, Vol. 5, n. 4, 2001.

SPENCE, M. **The Next Convergence**. NY: Picador, 2012.

STAR, J. R.; STYLIANIDES, G.J. Procedural and Conceptual Knowledge: Exploring the Gap between Knowledge Type and Knowledge Quality. **Canadian Journal of Science, Mathematics and Technology**, 13, n. 2, 2013.

TRUNCELLITO, D. A. **Epistemology**. In: The International Encyclopedia of Philosophy, ISSN 2161-0002, <http://www.iep.utn.edu>, acessado em dez. 2016.

WEBSTER. **Acquaintance**. Webster's Dictionary. Chicago: Britannica, 1971.

WILLIAMSON, T. Is Knowing a State of Mind? **Mind**, New Series, Vol. 104, n. 415, jul. 1995.

ZOLLO, M.; WINTWR, S. G. From Organizational Routines to Dynamic Capabilities. Organizational Science, 2001.

Criação de Conhecimento e Aprendizagem

Conceitos

Criação de Conhecimento é um processo contínuo, que consiste em geração, desenvolvimento, implementação e aplicação de novas ideias, entendimentos e habilidades, resultados estes que representam um enriquecimento significativo em relação ao patamar de conhecimentos pré-existentes (Mitchell e Boyle, 2010). Esta definição pode ser complementada com os seguintes conceitos e considerações:

i) **Abrangência.**

É uma definição suficientemente genérica para poder ser aplicada a qualquer tipo de conhecimento e nível organizacional. Os diferentes tipos de conhecimento foram discutidos no capítulo anterior. O **Quadro 2.1 (Níveis de Aprendizagem nas Organizações)** apresenta as características específicas da aprendizagem em cada um dos níveis organizacionais — dos indivíduos, dos grupos e da própria organização.

ii) **Aquisição de Conhecimento.**

A criação de conhecimentos próprios é um dos caminhos que um sistema (indivíduo, grupo ou organização) pode adotar para a obtenção e acumulação de

61

conhecimentos. A outra alternativa é a aquisição de conhecimentos do ambiente externo. Essas duas estratégias são complementares, e não excludentes.

Em síntese, podemos dizer que a capacidade de obter e acumular conhecimentos (de qualquer tipo) inclui tanto a capacidade de criar novos conhecimentos internamente como a capacidade de assimilar conhecimentos externamente.

iii) Aprendizagem.

Aprendizagem é um processo contínuo, de aquisição de conhecimentos e significados, que se estende por toda a vida. Normalmente implica em uma mudança relativamente permanente no potencial de comportamento — de um indivíduo, grupo ou organização (Gross, 2010).

Já vimos que indivíduos, grupos e organizações vivem em ambientes incertos e mutáveis, aos quais precisam continuamente se adaptar. A aprendizagem é o processo central de adaptação (Kolb, 1984), e é, portanto, essencial para a sobrevivência e prosperidade de qualquer sistema.

Obtenção de conhecimentos e aprendizagem são processos intimamente relacionados (Dutrénit, 2000; Husman, 2001). Em um sentido, a aprendizagem é definida como "um processo de aquisição de conhecimento". Esta definição é adotada por autores de diferentes campos, incluindo a Aprendizagem Experimental (Kolb, 1984), a Gestão de Tecnologia e Inovação (Miller e Morris, 1999; Dodgson et al., 2008; White e Bruton, 2011), a Gestão de Conhecimento nas Organizações (Paavola e Hakkarainen, s/d) e a Neurobiologia (Izquierdo, 1989). No sentido inverso, o conhecimento é entendido como o "resultado da aprendizagem" (Dutrénit, 2000).

Em suma, para entender aprendizagem, precisamos entender a natureza do conhecimento, e vice-versa (Kolb, 1984).

iv) Objetivos de Aprendizagem.

Aprendizagem não se resume à mera acumulação de conhecimentos (Argyris e Schön, 1974). É antes um processo que envolve (de forma consciente ou não):

- Definição de **Objetivos** (derivados do propósito de adaptação).
- Planejamento de ações para obter os resultados desejados.
- Monitoramento para identificação de desvios, entre os resultados efetivos e os pretendidos.
- Investigação sobre as causas dos desvios.
- Revisão das ações para conseguir os **objetivos** definidos.

Os diferentes Objetivos de Aprendizagem são analisados no **Quadro 2.2** (**Objetivos de Aprendizagem**).

v) Aprendizado Intencional e Incidental.

Como visto no **Quadro 2.2**, a aprendizagem — seja em nível individual, de grupos ou da organização – é um processo intencional, orientado para objetivos. Assim entendida, a Aprendizagem Intencional pode ser definida como um processo consciente, contínuo e persistente, de obtenção e aplicação dos conhecimentos necessários para que sejam atingidas as metas estabelecidas, tanto para a melhoria de desempenho como para a criação de novas capacidades.

Cabe lembrar, entretanto, que nem todo aprendizado é consciente e intencional. O aprendizado que ocorre sem uma instrução formal específica ou uma intenção consciente é chamado de Aprendizado Incidental, e pode ser alcançado por diversos caminhos, tais como:

- Pela observação, repetição, interação social e solução de problemas.
- Conversando com colegas ou especialistas sobre o trabalho.
- A partir dos próprios erros e acertos.

O Aprendizado Incidental pode gerar bons frutos, tais como aumento de competências, mudança de atitudes e crescimento das habilidades interpessoais, autoconfiança e autoconsciência. Entretanto, nem todo Aprendizado Incidental é efetivo (assim como nem todas as necessidades de conhecimento de uma organização podem ser atendidas por esse tipo de aprendizagem). Mesmo assim, as organizações podem estimulá-lo, criando um clima favorável ao Aprendizado Incidental (como será visto mais adiante, na seção "Gestão da Criação de Conhecimento").

vi) Organizações que aprendem.

Definimos **"Organização que aprende"** como aquela que promove e pratica, de forma deliberada e sistemática, a aprendizagem em todos os níveis — individual, de grupos e da organização. Suas características são apresentadas no **Quadro 2.3** (**Organizações que Aprendem**).

Uma vez que os processos de "aprendizagem" e de "criação de conhecimento" são intimamente relacionados (ver Item "c" anterior), consideramos equivalentes, para efeito deste texto, as expressões:

- **"Organização que aprende"** [*Learning Organization* (Senge, 2006)].
- **"Organização que cria conhecimento"** [*Knowledge-Creating Company* (Nonaka e Takeuchi, 1995)].

Quadro 2.1 • Níveis de Aprendizagem nas Organizações	1/10

A aprendizagem nas organizações ocorre nos três níveis: dos indivíduos, dos grupos e da própria organização. Embora os princípios e conceitos sejam comuns, cada nível apresenta características próprias, conforme indicado a seguir.

Aprendizagem — Nível Individual

Definição. Do ponto de vista da Aprendizagem Experimental, a aprendizagem é o principal processo de adaptação humana (Kolb, 1984).

"A aprendizagem ocorre em todos os ambientes humanos, das escolas aos locais de trabalho, dos laboratórios de pesquisa aos Conselhos de Administração, nas relações pessoais e na fila da mercearia local. Abrange todos os estágios da vida — da infância à adolescência, à idade madura e à idade avançada. (...). Quando a aprendizagem é assim entendida como um processo adaptativo holístico, ela proporciona pontes conceituais entre situações de vida como escola e trabalho, retratando a aprendizagem como um processo contínuo, ao longo da vida." (Kolb, 1984)

"A aprendizagem não é apenas o resultado da aquisição de conhecimento, é antes um processo holístico de adaptação que envolve o funcionamento integrado de toda a pessoa — pensamento, sentimento, percepção e comportamento" (Kolb e Kolb, 2008).

Processo. O processo de aprendizagem pode ser descrito como um ciclo (Lewin, 1951; Kolb, 1984; Kim, 1993) — ou uma espiral — percorrido por uma pessoa que:

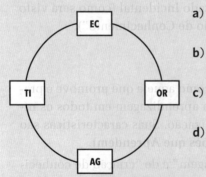

a) Empenha-se em Experiências Concretas para aprender [**EC**].

b) Faz Observações e Reflexões sobre essa experiência [**OR**].

c) Desenvolve conceitos Abstratos e Generalizações com base nessas reflexões [**AG**].

d) Testa Implicações desses conceitos em novas situações, que levam a novas experiências concretas [**TI**].

Modelos similares ao de Lewin foram desenvolvidos por outros expoentes da Aprendizagem Experiencial (Dewey, Piaget, Kolb). Todos compartilham duas características dignas de nota (Kolb, 1984):

[Cont.] **Quadro 2.1** • Níveis de Aprendizagem nas Organizações	2/10
[Cont.] Aprendizagem — Nível Individual	

1ª) A ênfase na experiência concreta para validar e testar conceitos abstratos.

2ª) Métodos como pesquisa-ação e treinamento em laboratório são baseados em processos de realimentação. As informações de *feedback*, sobre desvios dos **objetivos desejados**, proveem a base para um processo contínuo de **ações voltadas para metas** e de avaliações das consequências daquelas ações.

Objetivos. A realização de objetivos está relacionada diretamente com a **motivação** para atingi-los. Ou seja, conhecimento e habilidades são de pouco valor para uma organização se os detentores desses recursos não estiverem motivados a aplicá-los (Chadwick e Raver, 2015).

"Uma teoria motivacional de particular relevância para o estudo da Aprendizagem Organizacional é a Teoria dos Objetivos de Realização — **TOR** (*Achievement Goal Theory* — AGT). Segundo essa teoria, indivíduos com diferentes crenças sobre as habilidades adotam diferentes Orientações para Objetivos — **OO**s (*Goal Orientations* — GOs). As OOs, por sua vez, influenciam como os indivíduos — sozinhos ou coletivamente — abordam, interpretam e respondem a situações e desafios" (Chadwick e Raver, 2015).

As **OO**s são basicamente de dois tipos (McCollum e Kajs, 2007; Chadwick e Raver, 2015):

- Orientações para Objetivos de Desempenho (*Performance* GOs) — adotadas por indivíduos que acreditam que uma habilidade é fixa e não pode ser melhorada por esforço e desejam conseguir julgamentos favoráveis sobre sua própria competência.

- Orientações para Objetivos de Maestria ou Aprendizagem (*Mastery* GOs) — adotadas por indivíduos que acreditam que uma habilidade é dinâmica e passível de melhoramento por meio de esforços e almejam desenvolver competências e aumentar conhecimentos mediante esforços de aprendizagem.

Síntese. Em síntese, podemos dizer que a Aprendizagem Individual é um processo:

- Holístico, de adaptação a partir da experiência e das relações do indivíduo com o ambiente.

- Ativo, contínuo, que se estende por toda a vida.

- Orientado para propósitos e que resulta em mudanças sistemáticas no pensamento e no comportamento de uma pessoa.

[Cont.] **Quadro 2.1** • Níveis de Aprendizagem nas Organizações	**3/10**
Aprendizagem — Nível de Grupos	

Grupos. Grupos são sistemas sociais complexos que apresentam as seguintes características: (a) existem para executar tarefas organizacionais relevantes; (b) são compostos por dois ou mais indivíduos; (c) compartilham um ou mais objetivos em comum; (d) interagem socialmente; (e) realizam tarefas interdependentes; (f) mantêm e administram fronteiras; e (g) estão inseridos em um contexto organizacional, que estabelece fronteiras e restrições ao grupo e influenciam a relação com outras unidades, internas ou externas à organização (Koslowiski e Bell, 2003; Lizeo, 2005).

Conforme visto, a variedade de grupos em uma organização é bastante grande. Todos, entretanto, qualquer que seja sua natureza, tamanho ou composição, têm de lidar com dois conjuntos principais de problemas (Schein, 1989): (1) sobrevivência, crescimento e adaptação ao ambiente; e (2) integração interna que permita o funcionamento diário e a capacidade de adaptação.

Aprendizagem de Grupo. É o processo pelo qual um grupo adquire conhecimento, compartilha esse conhecimento entre seus membros e o aplica de forma a tornar o trabalho mais fácil e efetivo (Lee, 2014).

O aprendizado capacita o grupo a adquirir novas habilidades, aperfeiçoar processos, encontrar novos métodos de trabalho e melhorar seus processos de tomada de decisão (Lizeo, 2005).

Um grupo, portanto, terá "aprendido" quando seus integrantes tiverem se organizado de modo a realizar eficientemente uma dada tarefa (Reis, 1975). Ou, analogamente, a melhorar as condições de sobrevivência e de integração interna.

Processo. Dada sua natureza holística, o processo de aprendizagem pode ser aplicado em todos os níveis da sociedade humana — indivíduos, grupos, organizações e a sociedade como um todo. Assim, o Ciclo de Aprendizagem — utilizado anteriormente para descrever o processo de aprendizagem individual — é válido integralmente para o processo de aprendizagem em grupos (Adams *et al.*, 2004; Kolb e Kolb, 2008).

Por outro lado, os grupos, como sistemas sociais, apresentam características e condições específicas que balizam seu processo de aprendizagem:

a) Para que o aprendizado compartilhado ocorra, deve haver uma história de experiência compartilhada, consubstanciada, por exemplo, por meio de (Schein, 1989):

- sistemas de memória compartilhados, que podem ser de duas categorias: relacionados com a tarefa e relacionados com problemas específicos do trabalho em grupo, como sobrevivência e integração (Edmondson, 2003);

[Cont.] **Quadro 2.1** • Níveis de Aprendizagem nas Organizações	**4/10**
[Cont.] Aprendizagem — Nível de Grupos	

- sistemas mentais compartilhados: sistemas cognitivos que codificam, armazenam, recuperam e comunicam os conhecimentos usados para o trabalho em grupo (Edmondson, 2003).

b) A experiência compartilhada implica em alguma estabilidade dos membros do grupo, a qual, por sua vez, contribui para o aumento — ou, pelo menos, para a não diminuição — de (Schein, 1989):

- maestria na execução do trabalho da equipe, graças ao conhecimento e a experiência acumulados (Edmondson, 2003);

- habilidade de relacionamento e de troca de experiência, graças à maior familiaridade entre os membros da equipe (Edmondson, 2003).

c) Clima e condições psicológicas favoráveis às relações interpessoais, incluindo (Edmondson *et al.*, 2007):

- segurança psicológica: devido a um ambiente em que as pessoas se sentem confortáveis sendo elas próprias (e se expressando como tal);

- confiança interpessoal: expressão de confiança entre partes, expectativa que futuras ações de outros serão favoráveis (ou não prejudiciais) a uma pessoa.

d) Abertura para o compartilhamento de ideias e para o trabalho colaborativo, proporcionado por:

- espaço de conversação, em que as pessoas possam refletir e participar de um "raciocínio em grupo" (Adams, 2004; Senge, 2006);

- sistema de comunicação e linguagem comuns, que levam o aprendizado ao nível intelectual — aos conceitos e pressupostos básicos compartilhados (Schein, 1989).

e) Condições para que o diálogo e o processo de aprendizagem efetivamente ocorram de forma contínua, incluindo:

- clima e relações interpessoais que facilitam o conhecimento mútuo (saber quem sabe o quê) e o entrosamento mútuo (Edmondson, 2003);

- comportamento da liderança, de apoio e orientação ao grupo, tanto na solução de problemas como no estímulo ao diálogo e a níveis mais altos de motivação (Edmondson, 1999; 2003; Hedlund e Österberg, 2013).

Objetivos. A realização de objetivos é, no mínimo, tão importante para a motivação de grupos como para a de indivíduos. Um senso compartilhado de propósito é o que faz com que uma "colação de indivíduos" se torne uma "equipe". Adams *et al.* (2004) assim descrevem esse processo de "transformação":

| [Cont.] **Quadro 2.1** • Níveis de Aprendizagem nas Organizações | **5/10** |

[Cont.] Aprendizagem — Nível de Grupos

"Nos primeiros estágios de desenvolvimento de um grupo, os objetivos e as necessidades pessoais predominam. É uma fase em que os indivíduos estão buscando entender uns aos outros. Somente mais tarde os membros do grupo se tornam uma equipe e focam objetivos coletivos. Esses objetivos, entretanto, são muitas vezes dados ao grupo, fazendo com que este estágio seja marcado por uma pequena autonomia do grupo. Em estágios mais avançados, a equipe emerge como um sistema autônomo, autodirigido, capaz de redefinir seu propósito e refinar seus objetivos."

A Teoria dos Objetivos de Realização se aplica aos grupos tanto quanto aos indivíduos (Chadwick e Raver, 2015). Assim, diferentes grupos adotam diferentes Orientações para Objetivos — **OOs**. Cada **OO** coletiva se manifesta como uma percepção compartilhada sobre os caminhos adequados para que o grupo atinja seus objetivos (Chadwick e Raver, 2015). A mesma classificação de **OOs**, vista para os indivíduos, se aplica aos grupos (McCollum e Kajs, 2007; Chadwick e Raver, 2015):

- Orientações para Objetivos de Desempenho (*Performance* GOs) — adotadas por grupos que desejam aprimorar seu desempenho com as competências atuais.

- Orientações para Objetivos de Maestria (*Mastery* GOs) — adotadas por grupos que almejam criar novas competências e conhecimentos por meio de esforços de aprendizagem.

Síntese. Em síntese, podemos dizer que a Aprendizagem em Grupos é o processo no qual:

- O Grupo adquire e compartilha conhecimento e o aplica no aperfeiçoamento do trabalho.

- São essenciais o diálogo, a confiança mútua e a abertura para as diferenças.

- É orientado para propósitos, o que resulta em aprimoramento das competências atuais e criação de novas competências.

Aprendizagem — Nível da Organização

Considerações iniciais. O conceito de Aprendizagem Organizacional pode ser desenvolvido a partir de três observações clássicas tiradas de estudos organizacionais (Levitt e March, 1988):

- **1ª)** O comportamento de uma organização é baseado em **rotinas** (Nelson e Winter, 1982) [ver **Seção 1.2.c**]. As ações derivam mais de adaptações de procedimentos a situações do que escolhas calculadas (Levitt e March, 1988).

- **2ª)** As ações organizacionais são dependentes da história. As rotinas mudam como resultado da experiência. As mudanças são baseadas mais em interpretações do passado do que em antecipações do futuro — são adaptadas incrementalmente em resposta ao *feedback* sobre os resultados experimentados.

[Cont.] **Quadro 2.1** • Níveis de Aprendizagem nas Organizações	6/10

[Cont.] Aprendizagem — Nível da Organização

3ª) As organizações são orientadas para metas (Simon, 1955). Seu comportamento depende da relação entre os resultados observados e os esperados.

Dentro desse quadro, o Aprendizado Organizacional é visto como um processo baseado em rotinas, dependente da história e orientado para metas (Levitt e March, 1988).

Uma quarta consideração diz respeito à distinção entre o conhecimento organizacional e o conhecimento individual. A este propósito, cabem as seguintes observações:

i) Muitas teorias consideram que a aquisição de conhecimentos só ocorre em nível individual: "O conhecimento é formado por indivíduos" (Kolb, 1984), "As organizações só aprendem por meio de indivíduos que aprendem" (Senge, 2006).

ii) O aprendizado individual, por si só, não garante o aprendizado organizacional, mas este não ocorre sem aquele (Senge, 2006). O aprendizado organizacional — no nível sistêmico — ocorre quando o processo de assimilação permite que o conhecimento individual se torne disponível institucionalmente (Leavitt, 2011).

iii) O conhecimento organizacional não é simplesmente a soma de tudo o que os membros da organização sabem. Antes, é o uso coletivo da capacidade de aprender. O conhecimento organizacional, portanto, é dependente, mas se distingue do conhecimento individual (Dixon, 1994).

iv) Alguns argumentos a favor dessa distinção são:

· O conhecimento adquirido pelos membros nem sempre é absorvido pela organização. Por exemplo, um indivíduo pode aprender como atender melhor a um cliente e não compartilhar esse conhecimento com mais ninguém (Leavitt, 2011).

· Por outro lado, é possível para uma organização aprender sem o aprendizado dos membros individuais. Exemplo: aperfeiçoamentos em processos e materiais que não dependem do aprendizado de todos os membros individuais envolvidos (Leavitt, 2011).

· O aprendizado é um fenômeno em nível sistêmico — o conhecimento permanece (ou pode permanecer) com a organização mesmo que os indivíduos mudem (Nevis *et al.*, 1995).

Aprendizado Organizacional. Podemos agora definir o Aprendizado Organizacional (entendido como o aprendizado no nível da organização) como um processo intencional, baseado na experiência e orientado para metas, cujo resultado é uma mudança no conhecimento — no nível sistêmico — e no potencial de desempenho de uma organização, inclusiva na capacidade de se adaptar e reagir a mudanças.

[Cont.] **Quadro 2.1** • Níveis de Aprendizagem nas Organizações	7/10

[Cont.] **Aprendizagem — Nível da Organização**

Processo. O processo de Aprendizagem Organizacional pode ser descrito como um ciclo (Dixon, 1994; Shehata, 2000) ou uma espiral percorrida por uma organização.

Partindo do Modelo de Aprendizagem Experiencial, de Lewin (1951) e Kolb (1984) [ver "Aprendizagem — Nível Individual"], Nancy Dixon (1994) desenvolveu um **Modelo de Aprendizagem Organizacional**, que também consiste em um ciclo de quatro estágios, a saber (Dixon, 1994; Shehata, 2000):

Estágio 1 — Geração. Participação de todos os membros da organização nos processos contínuos de:

- aquisição de informações externas — de fornecedores, consumidores, novas tecnologias, condições econômicas etc.;
- geração interna de informações e ideias, pela prática diária das atividades da organização (experiência).

Estágio 2 — Integração. Disseminação da informação relevante, garantindo o acesso a todos os membros da organização.

Estágio 3 — Interpretação. O diálogo e a interpretação coletiva proporcionam às pessoas a oportunidade de:

- entender mais claramente a lógica e os pressupostos de novas ideias e conhecimentos;
- aprendizado mútuo, pela troca de experiências e conjugação de diferentes perspectivas. Essas diferenças, de pontos de vista e de formas de interpretar a informação, são consideradas essenciais para o aprendizado organizacional.

Estágio 4 — Ação. O Aprendizado Organizacional se completa com a aplicação do conhecimento criado, o que inclui o "aprender com os resultados" e o "aprender como enfrentar as resistências à mudança". Ou seja, os membros da organização agem coletivamente para aplicar o conhecimento interpretado e para aprender com os resultados.

Os quatro estágios constituem um processo contínuo, com o conhecimento gerado no quarto estágio dando início a um novo Ciclo de Aprendizagem Organizacional. A figura ao lado apresenta o Modelo de Aprendizagem Organizacional (Dixon, 1994) e sua relação com o Modelo de Aprendizagem Experiencial (Lewin, 1951; Kolb, 1984).

É interessante observar que praticamente todos os autores concordam em que o Aprendizado Organizacional progride por meio de uma sucessão de estágios. Entretanto, o mesmo consenso não existe em relação à definição desses estágios. O modelo de Dixon é apenas um entre várias outras formulações. Outros modelos, apenas como exemplos, são:

- Huber (1991): Aquisição de Conhecimento, Distribuição da Informação, Interpretação da Informação, Memória Organizacional.
- Nevis *et al.* (1995): Aquisição de Conhecimento, Compartilhamento de Conhecimento e Utilização do Conhecimento.

| [Cont.] **Quadro 2.1** • Níveis de Aprendizagem nas Organizações | 8/10 |

[Cont.] **Aprendizagem — Nível da Organização**

- Argote e Miron (2011): Criação de Conhecimento, Retenção de Conhecimento (Memória) e Transferência de Conhecimento.

Condições. Pelo exposto, depreende-se que, para que ocorra efetivamente o aprendizado em nível sistêmico, as organizações precisam:

- Estimular e dar sentido ao aprendizado para todas as pessoas da organização, e não apenas para alguns setores ou funções (Shehata, 2000).
- Disseminar a informação relevante e torná-la amplamente acessível (Sherata, 2000).
- Adotar valores que estimulam o diálogo e o aprendizado coletivo, tais como a liberdade de expressão e a abertura para ouvir diferentes perspectivas (Sherata, 2000).
- Prover infraestrutura tecnológica (processos e sistemas de suporte à aquisição, armazenamento e disseminação de informações), para tornar o compartilhamento de conhecimentos mais fácil e "natural" para todas as pessoas, em todos os níveis (Leavitt, 2011).
- Criar e manter mecanismos de feedback, sobre desvios dos objetivos desejados, como base para um processo contínuo de ações voltadas para metas e avaliação das consequências dessas ações (Senge, 2006).

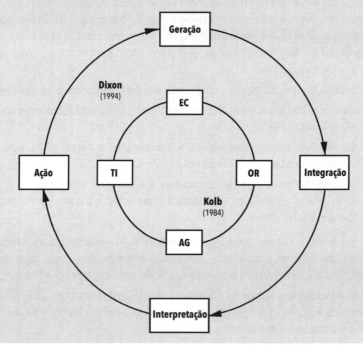

[Cont.] **Quadro 2.1** • Níveis de Aprendizagem nas Organizações	9/10

[Cont.] **Aprendizagem – Nível da Organização**

Objetivos. No que se refere à Realização de Objetivos, pode-se estabelecer analogia entre os processos de aprendizagem individual e organizacional. Como vimos, indivíduos e grupos com diferentes crenças adotam diferentes Orientações para Objetivos — **OOs**. O mesmo ocorre com organizações guiadas por diferentes modelos mentais (ou por diferentes visões estratégicas). As **OOs** organizacionais são basicamente de dois tipos:

- **Orientações para Objetivos de Desempenho** — adotadas por organizações que desejam aprimorar seu desempenho com as competências atuais. O pressuposto é o de estabilidade dos ambientes interno (valores, competências, estratégias) e externo (demandas, tecnologias, concorrência, condições socioeconômicas). O horizonte, portanto, é de curto prazo.

  O objetivo de aprendizagem, neste caso, é o de habilitar as organizações para:

  - detectar e corrigir erros em procedimentos operacionais (Argyris e Schön, 1978; Senge, 2006; Chiva, 2013);

  - refinar e aperfeiçoar as atuais competências, tecnologias e paradigmas, sem entretanto discutir seus pressupostos (Chiva *et al.*, 2010; Chiva, 2013);

  - ser eficiente no atendimento às atuais demandas de mercado (Duncan, 1978; March, 1991).

- **Orientações para Objetivos de Mudança** — adotadas por organizações que desejam criar novas competências e conhecimentos, para enfrentar — ou provocar — mudanças nos ambientes interno e externo. O pressuposto é o de que mudanças podem ocorrer nos ambientes interno e externo, muitas vezes fora do controle da organização. O horizonte de planejamento da aprendizagem é, portanto, de médio e de longo prazo.

  O objetivo de aprendizagem, neste caso, é o de habilitar as organizações para:

  - antecipar, detectar e se adaptar às mudanças do ambiente externo (Duncan, 1978; March, 1991);

  - desenvolver novas competências, tecnologias e paradigmas, adequadas às novas circunstâncias (Chiva *et al.*, 2019; Chiva, 2013);

  - desenvolver novos modelos mentais e estimular a capacidade crítica, para gerar novas estratégias e mudanças nas relações com o ambiente externo (Senge, 2006; Chiva, 2013).

Note-se que o Aprendizado para Desempenho e o Aprendizado para Mudanças são ambos essenciais. Manter o equilíbrio apropriado entre os dois é um fator de primeira importância para a sobrevivência e prosperidade de uma organização (March, 1991).

Diferentes Abordagens sobre os Objetivos. As Orientações para Objetivos são tratadas por muitos autores, que lhes atribuem diferentes denominações e características. Entre as quais, podemos destacar as seguintes.

CRIAÇÃO DE CONHECIMENTO E APRENDIZAGEM · · · 73

[Cont.] **Quadro 2.1** • Níveis de Aprendizagem nas Organizações	**10/10**

[Cont.] **Aprendizagem — Nível da Organização**

- **Orientações para Objetivos de Desempenho:**

  ▫ **Single Loop Learning — SLL** (Aprendizado com Realimentação Simples) — corresponde a adaptações e aperfeiçoamentos do dia a dia, via "aprender fazendo" ou "aprender usando", de forma a realizar os objetivos estabelecidos (Argyris e Schön, 1978).

  ▫ **Adaptive Learning** (Aprendizagem Adaptativa) — corresponde à busca da estabilidade, à manutenção do *status quo* (Senge, 2006).

  ▫ **Exploitation** (Explotação, ou Aproveitamento de Recursos) — apoia-se no conhecimento e nas rotinas existentes. Inclui coisas como refinamento, escolha, produção, eficiência, seleção, implementação, execução (March, 1991).

- **Orientações para Objetivos de Mudança:**

  ▫ **Double Loop Learning — DLL** (Aprendizado com Dupla Realimentação) — processo que questiona e avalia criticamente os pressupostos atuais, abrindo caminho para novas estratégias e competências (Argyris e Schön, 1978).

  ▫ **Generative Learning** (Aprendizagem Generativa) — corresponde à mudança de mentalidade (metanoia), que leva a novas formas de ver o mundo e a novos paradigmas (Senge, 2006).

  ▫ **Exploration** (Exploração, ou Prospecção de Novas Oportunidades) — corresponde à busca de novos conhecimentos e desafios. Inclui coisas como pesquisa, variação, tomada de risco, experimentação, jogo, flexibilidade, descoberta, inovação (March, 1991).

Síntese. Em síntese, podemos dizer que a Aprendizagem Organizacional é um processo:

- intencional, baseado em rotinas, na experiência e dependente da história;

- orientado para propósitos, o que resulta em mudanças no conhecimento e no potencial de desempenho de uma organização, inclusive na capacidade de se adaptar e reagir a mudanças.

Nota sobre o Aprendizado Tecnológico. O Aprendizado Tecnológico, definido como o processo de criar conhecimentos e adquirir capacidades tecnológicas (ver Capítulo anterior, Seção 1.4), pode ser entendido como um caso particular do Aprendizado Organizacional, nos três níveis: individual, de grupos e da organização.

| Quadro 2.2 • Objetivos de Aprendizagem | 1/6 |

Os processos de aprendizagem são caracterizados, basicamente, por três elementos (Argyris e Schön, 1974):

- **Variáveis de Controle** — aquelas que o sistema (indivíduo, grupo ou organização) deve observar ou manter dentro de limites aceitáveis. Ex.: dimensões, parâmetros, regras, objetivos, estratégias, valores.
- **Estratégias de Ação** — planos, projetos e ações utilizados para manter as Variáveis de Controle nas faixas estabelecidas.
- **Consequências** — o que acontece como resultado de uma ação. Podem ser desejadas ou não. No primeiro caso, os resultados estão de acordo com o planejado. No segundo, verifica-se um erro ou desvio entre os resultados efetivos de uma ação e os pretendidos.

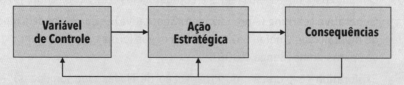

Conforme a relação entre as Consequências e as Variáveis de Controle, podemos ter diferentes categorias de aprendizagem:

- **Os resultados estão de acordo com o desejado.** Neste caso, o aprendizado decorre da melhor compreensão sobre os fatores que contribuem para a estabilidade do sistema. As rotinas existentes não sofrem alterações.
- **Ocorrem desvios entre as consequências reais e as esperadas.** Nesta hipótese, o aprendizado decorre da investigação sobre as causas dos desvios e da revisão das ações para conseguir os resultados desejados. Este é um processo de realimentação, que pode ocorrer em diferentes níveis de complexidade, conforme indicado a seguir.

[Cont.] **Quadro 2.2** • Objetivos de Aprendizagem 2/6

Objetivos de Desempenho

Aprendizado com Realimentação Simples — SLL (*Single Loop Learning*)

SLL: Estamos fazendo certo?

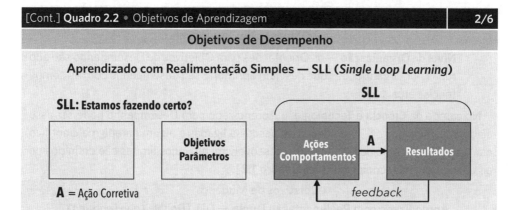

A = Ação Corretiva

No Aprendizado para Desempenho, as Variáveis de Controle são dadas como certas. Objetivos, parâmetros e regras não são questionados (Smith e Argyris, 2001).

O foco está no **refinamento**, na mudança de métodos e melhoria da eficiência para atender aos objetivos atuais (Argyris, 1997; Smith e Argyris, 2001; Cartwright, 2002).

Consiste em correções de erros e mudanças incrementais, adaptações e aperfeiçoamentos do dia a dia, por meio de, por exemplo, "aprender fazendo" e "aprender usando" (Dodgson *et al.*, 2008; Kantamara e Ractham, 2014).

O resultado é o aperfeiçoamento das rotinas existentes (Haddad, 2002). Em muitas situações, especialmente no curto prazo, o Aprendizado para Desempenho pode ser suficiente para manter a trajetória traçada, tanto por indivíduos como por organizações (Robinson, 2014).

Uma analogia pode ser feita entre as "lógicas" do SLL e do termostato: o termostato é ajustado para manter uma dada temperatura. Assim, se estiver calibrado para 20 °C, ele aumentará o calor sempre que a temperatura cair abaixo dos 20 °C, que é seu objetivo. Da mesma forma, o SLL é "calibrado" para manter um dado padrão de desempenho e providencia ações corretivas sempre que encontrar desvios entre os resultados efetivos e os planejados (Argyris, 1991).

O **Quadro 2.1** mostra que a Orientação para Objetivos de Desempenho ocorre nos três níveis. Recapitulando:

- **Nível Individual** — as Orientações para Objetivos de Desempenho (*Performance* GOs) são adotadas por indivíduos que acreditam que uma habilidade é fixa e não pode ser melhorada por esforço e desejam conseguir julgamentos favoráveis sobre a sua própria competência.

- **Nível de Grupos** — as Orientações para Objetivos de Desempenho (*Performance* GOs) são adotadas por grupos que desejam aprimorar seu desempenho com as competências atuais.

| [Cont.] **Quadro 2.2** • Objetivos de Aprendizagem | **3/6** |

[Cont.] Objetivos de Desempenho

- **Nível da Organização** — as Orientações para Objetivos de Desempenho são adotadas por Organizações que desejam aprimorar seu desempenho com as competências atuais.

No campo da **Ciência e Tecnologia**, o Aprendizado para Desempenho pode ser associado à "ciência normal" (atividades de pesquisa ligadas a algum paradigma científico) e à "trajetória tecnológica" (padrão de desenvolvimento cujos limites são definidos por algum paradigma tecnológico) [ver **Quadro 1.2**].

Objetivos de Mudança

Aprendizado com Realimentação Dupla — DLL (*Double Loop Learning*)

DLL: Estamos fazendo as coisas certas?

No Aprendizado para Mudança, as Variáveis de Controle são questionadas e avaliadas criticamente. Os objetivos, as políticas e os parâmetros já não são aceitos como "dados", mas tratados efetivamente como "variáveis", sujeitos a serem modificados (Argyris, 1997; Smith e Argyris, 2001; Cartwright, 2002). Por outro lado, os valores mais profundos — dos indivíduos e das organizações — são aceitos sem discussão.

O foco está no **reprojeto**, na definição de novos objetivos, parâmetros e regras, mais adequados aos propósitos maiores, dos indivíduos e das organizações (Cartwright, 2002; Dodgson, 2008).

Consiste na reformulação das Variáveis de Controle (Objetivos e outras), o que leva a mudanças descontínuas, como, reengenharia de processos e novos comportamentos (Kantamara e Racfham, 2014).

O resultado é a adoção de novas rotinas ou modificação das existentes. A mudança pode não ser sempre necessária, mas a capacidade de repensar e reformular os objetivos e parâmetros atuais é essencial (especialmente no médio e no longo prazos) (Robinson, 2014).

Aqui também cabe a analogia com o termostato: o DLL se refere a modificar padrões de desempenho, assim como o termostato pode ser recalibrado para manter outras temperaturas. Por exemplo, um termostato "inteligente" poderia perguntar "Por que estou ajustado para 20 °C?", e então explorar outras temperaturas que pudessem atingir o objetivo de conforto térmico de forma mais econômica (Argyris, 1991).

[Cont.] **Quadro 2.2** • Objetivos de Aprendizagem	4/6

[Cont.] Objetivos de Mudança

O **Quadro 2.1** mostra que a Orientação para Objetivos de Desempenho ocorre nos três níveis. Recapitulando:

- **Nível Individual** — as Orientações para Objetivos de Maestria ou Aprendizagem (*Mastery GOs*) são adotadas por indivíduos que acreditam que uma habilidade é dinâmica e passível de melhoramento por meio de esforços e almejam desenvolver competências e aumentar conhecimentos mediante esforços de aprendizagem.

- **Nível de Grupos** — as Orientações para Objetivos de Maestria (*Mastery GOs*) são adotadas por grupos que almejam criar novas competências e conhecimentos por meio de esforços de aprendizagem.

- **Nível da Organização** — as **Orientações para Objetivos de Mudança** são adotadas por Organizações que desejam criar novas competências e conhecimentos, para enfrentar — ou provocar — mudanças nos ambientes interno e externo.

No campo da **Ciência e Tecnologia**, o Aprendizado para Mudança pode ser associado às revoluções científicas (atividades de pesquisa que conduzem a novos paradigmas) e às rupturas tecnológicas (que conduzem a descontinuidades nas trajetórias de progresso tecnológico) [ver **Quadro 1.2**].

Objetivos de Compreensão
Aprendizado com Realimentação Tripla — TLL (*Triple Loop Learning*)

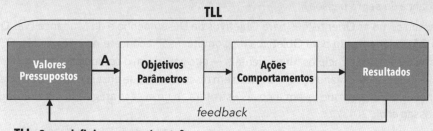

TLL: Como definimos o que é certo?

No Aprendizado para Compreensão, todas as variáveis estão sob exame e sujeitas a mudanças, inclusive os pressupostos e valores mais profundos, de indivíduos e organizações (Tosey *et al.*, 2012).

O foco está na mudança de consciência — sobre o mundo exterior e sobre o próprio ser (Starr e Torbert, 2005).

Consiste na reflexão contínua sobre o processo de aprendizagem, os contextos nos quais a aprendizagem ocorre e os pressupostos e valores que motivam a aprendizagem e influenciam seus resultados (Yuthas *et al.*, 2004; Tosey *at al.*, 2012). A essência do **TLL** pode ser mais bem compreendida por meio do seguinte texto de Peschl (2006):

[Cont.] **Quadro 2.2** • Objetivos de Aprendizagem	5/6

[Cont.] **Objetivos de Compreensão**

"Em geral, o conhecimento é visto como sendo incorporado e pré-estruturado por um determinado Quadro de Referência. É esse quadro que lhe dá significado e estrutura. Normalmente, este *framework* não está explicitamente presente em nossos processos cognitivos. Isso implica em que nós nem sempre temos uma experiência consciente de nossos próprios pressupostos. Esse entendimento pode ser alcançado por um processo de reflexão e avanço para novas maneiras de pensar, que podem levar a mudanças no conjunto de premissas pré-existentes. Cada modificação no Quadro de Referência cria um "espaço de conhecimento" completamente novo, o que torna possível o surgimento de diferentes e inteiramente novas teorias e padrões de interpretação da realidade. O método aplicado nesse processo é basicamente a técnica de reflexão — um processo de questionar radicalmente e consistentemente mudar as premissas, e estudar suas implicações sobre o corpo de conhecimentos." (Peschl, 2006)

O resultado são mudanças profundas, que não acontecem apenas no domínio cognitivo, mas que atingem um nível mais fundamental — um nível existencial que inclui a pessoa (individual ou coletivamente) e suas atitudes, seus valores, hábitos etc. (Peschl, 2006). O Aprendizado para Compreensão corresponde, assim, a uma mudança no **ser** (indivíduo, grupo ou organização), não apenas no fazer (Reynolds, 2014).

A analogia com o termostato agora não é tão evidente, mas podemos pensar em uma pessoa que, adotando novos valores de sustentabilidade, reforme determinadas instalações e crie, com isso, condições para a ventilação natural. Neste caso, o termostato torna-se desnecessário — uma mudança radical (no sistema) que teve origem em uma mudança do **ser** (a pessoa).

Assim como as Orientações para Objetivos de Desempenho e de Mudança (ver **Quadro 2.1**), a Orientação para Objetivos de Compreensão acontece nos três níveis. O **TLL** ocorre quando os princípios fundamentais — que governam o comportamento de indivíduos, grupos e da organização — entram em discussão, o que enseja o desenvolvimento de novos princípios, que levam a novas estruturas e novas estratégias de aprendizagem (Crossan *et al.*, 2013).

Da mesma forma, no campo da **Ciência e Tecnologia**, o Aprendizado para Compreensão pode ser associado à mudança de modelos mentais e pressupostos, que levam a novas direções para o desenvolvimento tecnológico. Dois exemplos que podem ser lembrados são as Inovações Tecnológicas para a Sustentabilidade Ambiental e para a Inclusão Social.

Duas tipologias merecem ser mencionadas pela sua importância no estudo dos Objetivos de Aprendizagem: a de Gregory Bateson (1972), cujo trabalho seminal exerceu uma influência proeminente sobre praticamente todos os autores que se seguiram, e a de C. Otto Scharmer (2007), por apontar novos caminhos, em que o "aprendizado a partir do futuro que emerge" se sobrepõe ao "aprendizado com base na experiência passada". O leitor poderá fazer as analogias com os Objetivos de Desempenho, Mudança e Compreensão vistos antes.

CRIAÇÃO DE CONHECIMENTO E APRENDIZAGEM · · · 79

[Cont.] **Quadro 2.2** • Objetivos de Aprendizagem	**6/6**

Tipologias de Objetivos de Aprendizagem

◀ **Categorias Lógicas de Aprendizagem e Comunicação**

Bateson (1972) propõe as seguintes categorias (ou Níveis de Aprendizagem):

- **Zero Aprendizagem** (*Zero Learning*) — caracterizada pela especificidade da resposta, a qual (certa ou errada) não está sujeita a correção.

- **Aprendizagem I** (*Learning I*) — é uma na especificidade da resposta, pela correção de erros, com a ação corretiva escolhida dentro de um conjunto de alternativas.

- **Aprendizagem II** (*Learning II*) — é uma mudança no processo de Aprendizagem I, isto é, uma mudança corretiva no conjunto das alternativas predefinidas ou uma mudança na própria rotina de trabalho.

- **Aprendizagem III** (*Learning III*) — é uma mudança no processo de Aprendizagem II, isto é, uma mudança corretiva no sistema que define as alternativas de ação.

- **Aprendizagem IV** (*Learning IV*) — seria uma mudança no processo de Aprendizagem III, mas provavelmente não ocorre com nenhum ser vivo na Terra.

◀ **Níveis de Aprendizagem e Mudança**

Com base nos princípios da Teoria U, Scharmer (2007) identifica quatro níveis de aprendizagem e mudança:

- **Nível 1 — Reação** (*Reacting*): consiste em respostas condicionadas aos hábitos e rotinas existentes.

- **Nível 2 — Reprojeto** (*Redesign*): consiste em mudanças nas estruturas e processos subjacentes.

- **Nível 3 — Repensar** (*Reframing*): consiste em mudanças no padrão subjacente de pensamento.

- **Nível 4 — Presença** (*Presencing*): consiste na aprendizagem a partir do futuro que emerge. **Presencing** (*Presence + Sensing*) envolve uma forma particular de compreender e experimentar o momento presente. Denota a capacidade, de indivíduos e entidades coletivas, de se ligar diretamente com um futuro potencialmente superior.

| **Quadro 2.3** • Organizações que Aprendem (*Learning Organizations*) | **1/4** |

Definição. São muitas as definições de "**Organizações que Aprendem**" (*Learning Organizations*), dentre as quais algumas devem ser destacadas:

"Organização que aprende é aquela na qual as pessoas expandem continuamente sua capacidade de criar os resultados que realmente desejam, na qual surgem novos e elevados padrões de raciocínio, onde a aspiração coletiva é libertada e as pessoas aprendem continuamente a aprender em grupo." (Senge, 2006)

"Organização que aprende é uma organização capacitada para criar, adquirir e transferir conhecimentos e modificar o comportamento para refletir os novos conhecimentos e percepções." (Garvin, 1993)

"Organização que aprende é um sistema social cujos membros aprenderam um processo, comum e consciente, para continuamente: (a) gerar, reter e alavancar a aprendizagem individual e coletiva, para melhorar o desempenho do sistema organizacional, de forma importante para todos os *stakeholders*; e (b) monitorar e aperfeiçoar o desempenho." (Drew e Smith, 1995)

"Organização que aprende é uma organização que encontrou um caminho, viável e significativo, para sistematizar o aprendizado organizacional e todas as suas partes componentes." (Teare e Dealtry, 1998)

"A organização que aprende se caracteriza pela aprendizagem contínua para o aperfeiçoamento contínuo e pela capacidade de transformar a si própria." (Marsick e Watkins, 1999).

A essas podemos acrescentar a definição de Nonaka e Takeuchi (1995) para as "**Organizações que criam conhecimento**":

"'Organização que cria conhecimento' (*Knowledge-Creating Company*) é a que consistentemente cria novos conhecimentos, dissemina esses conhecimentos amplamente por toda a organização e prontamente os incorpora em novas tecnologias e novos produtos."

Essas definições são todas convergentes, especialmente no que se refere à orientação para resultados, à participação ampla e à capacidade de transformação. Considerando também o que foi visto no Quadro 2.1, sobre os três níveis de aprendizagem, chegamos à seguinte proposta de definição:

Organização que aprende (Learning Organization) é aquela que promove e pratica, de forma deliberada e sistemática, a aprendizagem em todas as áreas e todos os níveis — individual, de grupos e da organização —, para reforçar sua capacidade de atingir os objetivos desejados, tanto de desempenho como de transformação.

| [Cont.] **Quadro 2.3** • Organizações que Aprendem (*Learning Organizations*) | **2/4** |

Blocos constituintes. Assim como são muitas as definições, são múltiplas as visões sobre o que constitui uma "Organização que aprende", entre as quais podemos destacar as seguintes:

- **Senge** (2006). O que distingue fundamentalmente as organizações que aprendem das demais são certas disciplinas básicas ou "componentes". São elas:

  - **Visão Compartilhada** ou **Objetivo Comum**. Um dos atributos da liderança transformadora é a capacidade de transmitir aos outros a imagem do futuro que se pretende criar. Quando existe um objetivo concreto e legítimo, as pessoas dão tudo de si e aprendem, não por obrigação, mas por livre e espontânea vontade. Um objetivo comum cria uma identidade comum entre pessoas totalmente diferentes. A visão compartilhada propicia o engajamento e o comprometimento em longo prazo.

  - **Modelos Mentais**. "Modelos mentais são ideias profundamente arraigadas, generalizações ou mesmo imagens que influenciam nosso modo de encarar o mundo e nossas atitudes. Tão arraigadas, que muitas vezes não temos consciência de nossos modelos mentais ou das influências que eles exercem sobre nosso comportamento" (Senge, 2006). Os modelos mentais são ativos, eles modelam nosso modo de agir.

  - **Aprendizagem em Grupo**. É o processo de alinhamento (em que as pessoas de um grupo atuam como um todo) e desenvolvimento da capacidade do grupo para criar os resultados desejados. O alinhamento cria uma sinergia, uma direção única para as energias individuais. O Aprendizado em Grupo requer a prática do diálogo (a capacidade de os membros de um grupo não se prenderem a ideias pré-concebidas e participarem de um "raciocínio em grupo"). Pré-requisitos são a abertura (para ouvir ideias uns dos outros) e a confiança mútua.

  - **Maestria Pessoal.** A maestria pessoal vai além das habilidades e competências, além da abertura espiritual. Significa fazer da vida um trabalho criativo, permitindo que uma pessoa viva de acordo com suas mais altas aspirações.

    "A maestria intelectual inclui a paixão pela área de atuação escolhida, com domínio sobre seus pressupostos, substância, relações e linhas de pensamento. É marcada pela compreensão, mais do que a mera posse de conhecimentos, e pelo significado, mais do que seu volume." (Rhodes, 2001)

  - **Pensamento Sistêmico**. É a disciplina que integra as demais disciplinas, fundindo-as em um conjunto coerente de teoria e prática. O pensamento sistêmico é tão mais necessário quanto maior é a complexidade do sistema. O fundamental nesta disciplina é a alavancagem, a descoberta de quais ações e mudanças na estrutura podem trazer resultados significativos e duradouros.

| [Cont.] **Quadro 2.3** • Organizações que Aprendem (*Learning Organizations*) | **3/4** |

"O pensamento sistêmico é a disciplina que se propõe a privilegiar o reconhecimento: (a) do todo, (b) da organização como um sistema aberto, (c) dos padrões de comportamento, (d) das estruturas e inter-relações, (e) dos processos e redes, (f) das causações circulares (laços de *feedback*) e (g) dos processos de mudança." (Andrade *et al.*, 2006).

- **Garvin** (1993). **Competências**. As Organizações que aprendem são competentes em cinco atividades principais:

  - Solução de problemas sistemática. Processo apoiado fortemente na filosofia e nos métodos do Movimento da Qualidade.

  - Experimentação com novas abordagens. Atividade sistemática de pesquisa e teste de novos conhecimentos.

  - Aprendizagem com base na própria experiência e na história passada. As organizações devem revisar seus sucessos e suas falhas, avaliá-los sistematicamente e registrar as lições aprendidas de forma aberta e acessível a todos seus membros.

  - Aprendizagem com a experiência e melhores práticas de outros. Investigação contínua do ambiente externo para ganhar novas perspectivas e assegurar que as melhores práticas da indústria sejam descobertas, analisadas, adotadas e implementadas (*benchmarking*). Mesmo empresas de ramos completamente diferentes podem ser fontes férteis de ideias e catalisadoras para o pensamento criativo.

  - Transferência de conhecimento, de forma rápida e eficiente, por toda a organização. As ideias produzem o máximo de impacto quando são disseminadas amplamente e não ficam restritas a um local ou a poucas pessoas.

- **Garvin** *et al.* (2008). **Blocos Constituintes**. São três fatores gerais, essenciais para a aprendizagem organizacional e para a capacidade de adaptação:

  - **Ambiente** de aprendizagem favorável. Um ambiente que apoia a aprendizagem tem quatro características distintivas: (i) segurança psicológica, (ii) valorização das diferenças, (iii) abertura para novas ideias e (iv) tempo para reflexão.

  - **Processos e Práticas** de aprendizagem sistematizados. Os processos de aprendizagem incluem:

    - **i)** Geração, coleta, interpretação e disseminação de informações.

    - **ii)** Experimentação para desenvolver e testar novos produtos e serviços.

    - **iii)** Inteligência competitiva para rastrear as tendências de competidores, de consumidores e tecnológicas.

CRIAÇÃO DE CONHECIMENTO E APRENDIZAGEM · · · 83

[Cont.] **Quadro 2.3** • Organizações que Aprendem (*Learning Organizations*)	**4/4**

iv) Análise e interpretação sistemáticas para identificar e resolver problemas.

v) Educação e treinamento para todas as pessoas.

□ **Liderança** que promove e estimula a aprendizagem.

Síntese. Em síntese, podemos dizer que as organizações que aprendem se caracterizam por observar os seguintes princípios:

- **No nível organizacional**
  - □ Liderança promotora da aprendizagem.
  - □ Visão compartilhada.
  - □ Pensamento sistêmico.
- **No nível de grupos**
  - □ Aprendizagem em grupos.
- **No nível individual**
  - □ Maestria pessoal.
  - □ Educação e treinamento.
- **Nos três níveis**
  - □ Modelos mentais.
  - □ Ambiente favorável à aprendizagem.
  - □ Processos sistematizados de experimentação e aprendizagem.

Referências

ABHARY, K. *et al.*; **Some Aspects of Defining Knowledge**. Working Paper. University of South Australia, jul. 2009a.

_____. Some Basic Aspects of Knowledge. **Procedia Social and Behavioral Sciences**, 1, 2009b.

ADAMS, A. R.; KAYES, D. C.; KOLB, D. A. **Experiential Learning in Teams**. Working Paper ORBH 12/13/04. Weatherhead School of Management, 2004.

ANDRADE, A. L. *et al.* **Pensamento Sistêmico: Caderno de Campo**. Porto Alegre: Bookman, 2006.

ARGOTE, L.; MIRON-SPEKTOR, E. Organizational Learning: From Experience to Knowledge. **Organization Science**, vol. 22, out. 2011.

ARGYRIS, C. Teaching Smart People How to Learn. **HBR**, maio-jun. 1991.

_____. Double Loop Learning in Organizations. **HBR**, set.-out. 1997.

ARGYRIS, C.; SCHÖN, D. **Theory in Practice: Increasing Professional Effectivenss**. San Francisco: Jossey-Bass, 1974.

_____. **Organizational Learning: Theory, Method and Practice**. Reading, MA: Addison-Wesley, 1978.

AUNE, B. A. **What is Knowledge**. Chapter 1 of "An Empiricist Theory of Knowledge", 2008.

BAR-ELLI, G. Acquaintance, Knowledge and Description in Russell. **The Journal of Bertrand Russell Studies**, vol. 9, 1989.

BATESON, G. **The Logical Categories of Learning and Communication**. In: "Steps to an Ecology of Mind". Northvale, N.J.: Jason Aronson, 1972.

BHATT, G. D. Management Strategies for Individual Knowledge and Organizational Knowledge. **Journal of Knowledge Management**, vol. 6, n. 1, 2002.

CARTWRIGHT, S. Double-Loop Learning: A Concept and Process for Leadership Educators. **Journal of Leadership Education**, vol. 1, n. 1, summer 2002.

CHADWICK, I. C.; RAVER, J. L.; Motivating Organizations to learn: Goal Orientation and its Influence on Organizational Learning. **Journal of Management**, vol. 41, n. 3, mar. 2015.

CHIVA, R. **A Framework for Organizational Learning Types: Generative, Adaptive and Zero Learning**. Working Paper. Universitat Jaume I, Spain, 2013.

CHIVA, R.; GRANDÍO, A.; ALEGRE VIDAL, J. Adaptive and Generative Learning: Implications from Complexity Theories. **International Journal of Management Reviews**, 12 (2), 2010.

COWAN, R.; FORAY, D. The Economics of Codification and the Diffusion of Knowledge. **Industrial and Corporate Change**, vol. 6, n. 3, 1997.

CROSSAN, M. M.; MAURER, C. C.; WHITE, R. E. Multilevel Mechanisms of Organizational Learning. <http://www.olck2013.com/sites/www.olck2013.com/files/download/204.pdf>, acessado em jun. 2017.

DePOE, J. M. **Knowledge by Acquaintance and Knowledge by Description**. In: The International Encyclopedia of Philosophy, ISSN 2161-0002, <http://www.iep.utn.edu>, acessado em dez. 2016.

DIXON, N. M. **The Organizational Learning Cycle**. NY: McGraw-Hill, 1994.

DODGSON, M.; GANN, D.; SALTER, A. **The Management of Technological Innovation**. Oxford: Oxford Univ. Press, 2008.

DOSI, G. Technological Paradigms and technological trajectories. **Research Policy**, 11, 1982.

_____. **Mudança Técnica e Transformação Industrial**. Campinas, SP: Editora da Unicamp, 2006 (1984).

DOYLE, R.O. History of the Problem of Knowledge. **The Information Philosopher**, <www.informationphilosopher.com>, acessado em nov. 2016.

DREW, S.; SMITH, P. The Learning Organization: "Change Proofing" and Strategy. **The Learning Organization**, vol. 2, n. 1, 1995.

DRUCKER, P. F. **Uma Era de Descontinuidade**. RJ: Zahar, 1974 (1969).

_____. **As Novas Realidades**. SP: Pioneira, 1989.

_____. **Sociedade Pós-Capitalista**. SP: Pioneira, 1993.

DUNCAN, R.; WEISS, A. **Organizational Learning: Implications for Organizational Design**. In: "Research in Organizational Behavior" (B. Staw, ed.). Greenwich, Connecticut: JAI Press, 1979.

DUTRÉNIT, G. **Learning and Knowledge Management in the Firm**. Cheltenham, UK: Edward Elgar, 2000.

EDMONDSON, A. C.; Psychological Safety and Learning Behavior in Work Teams. **Administrative Science Quarterly**, vol. 44, n. 2, jun. 1999.

_____. **Psychological Safety, Trust, and Learning in Organizations: a Group-level Lens**. Working Paper. Harvard Business School, maio, 2003.

EDMONDSON, A. C.; DILLON, J. R.; ROLOFF, K. S. **Three Perspectives on Team Learning: Outcome Improvement, Task Mastery , and Group**

Process. In: The Academy of Management Annals, vol. 1 (A. Brief & J. Walsh, eds.), 2007.

EVANS, N. EASTERBY-SMITH, M. **Three Types of Organizational Knowledge: Implications for the Tacit-Explicit and Knowledge Creation Debates**. Organizational Learning and Knowledge Management: New Directions. London, 2001.

EVERS, M. **Learning from Design: Facilitating Multidisciplinary Design Teams**. Eburon BV, 2004.

FAGERBERG, J.; SRHOLEC, M. **The Role of "Capabilities" in Development: Why Some Countries manage to Actch up while Others Stay Poor**. DIME Working Paper 31, 2007.

GARVIN, D. A. Building a Learning Organization. **HBR**, jul.-ago. 1993.

GARVIN, D. A.; EDMONDSON, A. C.; GINO, F. Is Yours a Learning Organization? **HBR**, mar. 2008.

GETTIER, E. Is Justified True Belief Knowledge? **Analysis**, vol. 23, n. 6, jun. 1963.

GLAZUNOV, N. M.; **Foundations of Scientific Research**. Kiev: National Aviation University, e-print, nov. 2012.

GOURLAY, S. **On Some Cracks in the "Engine" of Knowledge-Creation: A Conceptual Critique of Nonaka & Takeuchi's (1995) Model**. British Academy of Management, set. 2000.

GRAYLING, A. C. **Russell: A Very Short Introduction**. Oxford: Oxford University Press, 2002.

GROSS, R. **Psychology: The Science of Mind and Behavior**. London: Hodder Education, 2010.

HADDAD, C. J.; **Managing Technological Change**. Thousand Oaks, CA: SAGE, 2002.

HAHO, P. **Learning Enablers, Learning Outcomes, Learning Paths, and their Relationships in Organizational Learning and Change**. Doctoral Dissertation. University of Oulu, Finland, fev. 2014.

HEDBERG, B. **How Organizations Learn and Unlearn**. In: Handbook of Organizational design (P. Nystrom & W.H. Starbuck, eds.). NY: Oxford University Press, 1981.

HETHERINGTON, S. **Knowledge**. In: The International Encyclopedia of Philosophy, ISSN 2161-0002, <http://www.iep.utn.edu>, acessado em dez. 2016.

HUBER, G. P. Organizational Learning: The Contributing Processes and the Literatures. **Organization Science**, vol. 2, n. 1, fev. 1991.

HUNT, D. P. The Concept of Knowledge and how to Measure it. **Journal of Intellectual Capital**, vol. 4, n. 1, 2003.

HUSMAN, T. B. **Organizational Learning and Knowledge: Designing Efficient Learning Structures**. Working Paper. Centre for Economic and Business Research (CEBR), Denmark, maio 2001.

IZQUIERDO, I. **Memórias**. Estudos Avançados USP, vol. 3, n. 6, maio-ago. 1989.

JUNG, C. G.; **Tipos Psicológicos**. RJ: Vozes, 1971 (1921).

KANTAMARA, P.; RACTHAM, V. V. Single-Loop vs Double-Loop Learning: An Obstacle or a Success Factor for Organizational Learning. **International Journal of Education and Research**, Vol.2, n. 7, jul. 2014.

KAPLAN, A. **A Conduta na Pesquisa**. SP: Editora Herder, 1969 (1964).

KIM, D. H. The Link between Individual and Organizational Learning. **Sloan Management Review**, Fall 1993.

KOLB, D. A. **Experiential Learning**. New Jersey: Prentice Hall, 1984.

KOLB, A. Y.; KOLB, D. A. **Experimental Learning Theory: A Dynamic, Holistic Approach to Management Learning, Education and Development**. In: "Handbook of Management Learning" (Armstrong & Fukami, eds.) London: Sage Publications, 2008.

KOSLOWISKI, S. W. J.; BELL, B. S. **Work Groups and Teams in Organizations**. In: "Handbook of Psychology (Vol.12): Industrial and Organizational Psychology" (Borman et al., eds.). NY: Wiley, 2003.

KUHN, T. S. **A Estrutura das Revoluções Científicas**. SP: Editora Perspectiva, 1991 (1962).

LAM, A.; **Tacit Knowledge, Organizational Learning and Innovation: A Societal Perspective**. DRUID Working Paper n. 98-22, out. 1998.

LAM, A. **Organizational Innovation**. In: "The Oxford Handbook of Innovation" (Fagerberg et al., eds). NY: Oxford University Press, 2005.

LEAVITT, C. C. **A Comparative Analysis of Three Unique Theories of Organizational Learning**. Working Paper. <https://eric.ed.gov>, set. 2011.

LEE, S. **A Review of Team Learning**. Master of Science Thesis, University of Texas at Arlington, maio 2014.

LEONARD, D.; BARTON, M. **Knowledge and the Management of Creativity and Innovation**. In: "The Oxford Handbook of Innovation Management" (Dodgson et al., eds). NY: Oxford University Press, 2014.

LESSA, E. **A Teoria dos Tipos Psicológicos**. Instituto Junguiano do Rio de Janeiro. <www.jung-rj.com.br>. Acessado em out. 2016.

LEVITT, B.; MARCH, J. G. Organizational Learning. **Annual Review of Sociology**, vol. 14, 1988.

LEWIN, K. **Field Theory in Social Sciences**. NY: Harper & Row, 1951.

LIZEO, E. **A Dynamic Model of Group Learning and Effectiveness**. Working Paper. MIT — Sloan, jan .2005.

MARCH, J. G. Exploration and Exploitation in Organizational Learning. **Organization Science**, vol. 2, n. 1, fev. 1991.

MARSICK, V. J.; WATKINS, K. E. **Facilitating Learning Organizations: Making Learning Count**. Aldershot, UK: Gower, 1999.

MATURANA, R. M.; VARELA, F. J. **A Árvore do Conhecimento**. SP: Editora Palas Athena, 2001 (1984).

McCOLLUM, D. L.; KAJS, L. T. Applying Goal Orientation Theory in an Explorationof Student Motivations in the Domain of Educational Leadership. **Educational Research Quarterly**, vol. 31, n. 1, set. 2007.

MEICHTRY, Y. J.; The N**ature of Science and Scientific Knowledge: Implications for Designing a Preservice Elementary Methods Course**. Working Paper. School of Education, Northern Kentucky University, s/d.

MILLER, W. L.; MORRIS, L. **Fourth Generation R&D**. NY: John Wiley, 1998.

MITCHELL, R.; BOYLE, B. Knowledge Creation Measurements Methods. **Journal of Knowledge Management**, vol. 14, n. 1, 2010.

MURCHO, D. **O Saber da Filosofia**. In: "Todos os Sonhos do Mundo e outros Ensaios". Lisboa: Edição 70, 2016.

NAGEL, J.; **Knowledge as a Mental State**. In: "Oxford Studies of Epistemology, vol.4" (Gendler & Hawthorne, Eds.). Oxford: Oxford University Press, 2013.

NELSON, R.R.; WINTER, S. G. **Uma Teoria Evolucionária da Mudança Econômica**. Campinas, SP: Editora da Unicamp, 2005 (1982).

NEVIS, E. C.; DiBELLA, A. J.; GOULD, J. M. Understanding Organizations as Learning Systems. **MIT-Sloan**, 36 (2), jan. 1995.

NICKELS, M. **The Nature of Modern Science & Scientific Knowledge**. Working Paper. Anthropology Program, Illinois State University, ago. 1998.

NONAKA, I. The Knowledge Creating Company. **HBR**, dez. 1991.

NONAKA, I. A Dynamic Theory of Organizational Knowledge Creation. **Organization Sciences**, vol. 5, n. 1, fev. 1994.

NONAKA, I.; TAKEUCHI, H. **The Knowledge-Creating Company**. NY: Oxford University Press, 1995.

OLIVA, A. **Teoria do Conhecimento**. RJ: Zahar, 2011.

PARDI, P. The Knowledge Problem. **Philosophy News**. <www.philosophynews.com>, set. 2011.

PESCHL, M. F. Triple-Loop Learning as Foundation for Profound Change, Individual Cultivation, and Radical Innovation: Construction Process beyond Scientific and Rational Knowledge. **Constructivist Foundations**, 2 (2-3), nov. 2006.

PLATÃO. **Teeteto (O Conhecimento)**. Grupo Aerópolis. <http://br.egroups.com/Groups/Aeropolis>. Versão Eletrônica de Domínio Público. Acessado em nov. 2016 (c.369 BC).

POLANYI, M. The Logic of Tacit Inference. **Philosophy**, 41 (1), 1966.

POPPER, K. R. **A Lógica da Pesquisa Científica**. SP: Cultrix, 1989, 4ª ed (1934). POPPER, K. R. **O objetivo da Ciência** (1957). In: "Textos Escolhidos". RJ: Contraponto; PUC-Rio, 2010 (1985).

REIS, D. R. A. R. Estrutura de Organização e Comportamento de Aprendizagem. **RAE**, vol. 15, n. 2, mar.-abr. 1975.

REYNOLDS, M. Triple-Loop Learning and conversing with reality. **Kybernetes**, 43 (9/10), 2014.

RHODES. F. H. **The Creation of the Future**. NY: Cornell University Press, 2001.

ROBINSON, V. M. J. **Single and Double Loop Learning**. In: Encyclopaedia of Educational Theory and Philosophy (D.C. Phillips, Ed.). Thousand Oaks, CA: SAGE, 2014.

RUSSELL, B. Knowledge by Acquaintance and Knowledge by Description. **Proceedings of the Aristotelian Society**, vol. 11, 1910.

_____. **Knowledge by Acquaintance and Knowledge by Description**. Chapter 5 of "The Problem of Philosophy". Oxford: Oxford University Press, 1912.

SCHARMER, C. O. **Organizing around Not-Yet-Embodied Knowledge**. In: "Knowledge Creation: A Source of Value" (Krogh et al., Eds). NY: Palgrave, 2000.

_____. Self-Transcending Knowledge: Sensing and Organizing around Emerging Opportunities. **Journal of Knowledge Management**, vol. 5, n. 2, 2001.

_____. **Teoria U: Como Liderar pela Percepção e Realização do Futuro Emergente**. RJ: Elsevier, 2010 (2007).

SCHEIN, E. H. **Organizational Culture and Leadership**. San Francisco: Jossey-Bass, 1989.

SENGE, P. M. **The Fifth Discipline**. NY: Doubleday, 2006 (Revised and Updated Edition).

SHEHATA, G. M. M. **Organizational Learning and Transformative Capacity: Leveraging Collective Knowledge**. PH.D. Thesis. University of Nottingham, 2000.

SILVA, V. R. **Da Teoria Russelliana das Descrições ao Atomismo Lógico do Tractatus de Wittgenstein**. Dissertação de Mestrado. SP: USP, 2007.

SMITH, E. A. The Role of the Tacit and Explicit Knowledge in the Workplace. **Journal of Knowledge Management**, vol. 5, n. 4, 2001.

SMITH, M. K.; ARGYRIS, C. **Theories of Action, Double-Loop Learning and Organizational Learning**. The Encyclopedia of Informal Education, 2001.

SPENCE, M. **The Next Convergence**. NY: Picador, 2012.

STAR, J. R.; STYLIANIDES, G. J. Procedural and Conceptual Knowledge: Exploring the Gap between Knowledge Type and Knowledge Quality. **Canadian Journal of Science, Mathematics and Technology**, vol. 13, n. 2, 2013.

STARR, A.; TORBERT, W. R. Timely and Transforming Leadership Inquiry and Action: Toward Triple-Loop Awareness. **Integral Review**, Vol. 1, 2005.

TEARE, R.; DEALTRY, R. Building and Sustaining a Learning Organization. **The Learning Organization**, vol.5, n. 1, 1998.

TOSEY,P.;VISSER,M.;SAUNDERS,M.N.K.TheOriginsandConceptualizations of "Triple-Loop Learning": A Critical Review. **Management Learning**, vol. 43, n. 3, 2012.

TRUNCELLITO, D. A. **Epistemology**. In: The International Encyclopedia of Philosophy, ISSN 2161-00 <http://www.iep.utn.edu>, acessado em dez. 2016.

WEBSTER; **Acquaintance**. Webster's Dictionary. Chicago: Britannica, 1971.

WILLIAMSON, T. Is Knowing a State of Mind? **Mind**, New Series, vol. 104, n. 415, jul. 1995.

YUTHAS, K; DILLARD, J.; ROGERS, R. Beyond Agency and Structure: Triple-Loop Learning. **Journal of Business Ethics**, 51 (2), 2004.

ZOLLO, M.; WINTWR, S. G. From Organizational Routines to Dynamic Capabilities. Organizational Science, 2001.

Gestão da Criação de Conhecimento Organizacional

Conceitos

Gestão da Criação de Conhecimento Organizacional (ou simplesmente Gestão do Conhecimento) é um processo sistemático que consiste no desenvolvimento e na exploração dos ativos de conhecimento de uma organização, tendo em vista atender às suas necessidades atuais e objetivos futuros (Quintas *et al.*, 1997; Davenport e Prusak, 1998). Esta definição contém **três conceitos-chave**, que serão analisados a seguir: conhecimento, ativos de conhecimento e processo.

Conhecimento

Seu conceito foi discutido no Capítulo 1. O conhecimento a ser administrado inclui todas as categorias: conhecimentos científico, tecnológico e por familiaridade; conhecimentos tácito e explícito; e os conhecimentos nos níveis de indivíduos, grupos e organizações. Inclui tanto os conhecimentos em uso no presente como aqueles disponíveis para aplicações futuras.

Ativos de Conhecimento

Qualquer estoque de recursos, tangíveis ou intangíveis, que podem ser utilizados para produzir valor econômico, é um **ativo** da organização. Isto posto, **Ativos de Conhecimento** são definidos como "estoque de conhecimento que podem gerar valor econômico por um período de tempo difícil de especificar com antecedência" (Boisot, 1998). Em contraste com os ativos físicos, que podem ter uma vida útil limitada pelo uso e pelo desgaste, os ativos de conhecimento podem, em teoria, durar para sempre (Malhotra, 1999).

O conceito de "Ativo de Conhecimento" está intimamente relacionado com o de "capital intelectual". A OECD (1999) define Capital Intelectual como o "valor econômico dos ativos intangíveis derivados do conhecimento". Edvinson e Sullivan (1996) o definem como "conhecimento que pode ser traduzido em valor". Combinando-se essas duas proposições (note-se que existem muitas outras definições, propostas por uma grande variedade de autores), chegamos à seguinte definição: "**Capital intelectual** é a tradução, em termos de valor econômico, dos **Ativos de Conhecimento.**" Os dois conceitos podem, portanto, ser tratados como os dois lados de uma mesma moeda. O **Quadro 3.1** apresenta uma classificação dos Ativos de Conhecimento, bem como a descrição de cada uma de suas categorias.

Processo de Gestão de Conhecimento

É composto por uma série de subprocessos, conforme mostra o esquema da **Figura 3.1**, adaptado de King (2009) e da Visão Sistêmica do Conhecimento **(Figura 1.1)**:

A – Aquisição	**D** – Disseminação
C – Processos Cognitivos	**U** – Utilização
M – Memória Organizacional	**R** – Realimentação

Cada um desses subprocessos será analisado em seguida.

| Quadro 3.1 • Ativos de Conhecimento (*) | 1/2 |

Como mostra a figura a seguir, os Ativos de Conhecimento podem ser classificados em "Recursos de *Stakeholders*" (que incluem os "Colaboradores Internos" e as "Relações com *Stakeholders*") e "Recursos Estruturais" (Infraestruturas "física" e "virtual"). A infraestrutura virtual, por sua vez, é subdividida em "Cultura", "Rotinas e Práticas" e "Propriedade Intelectual".

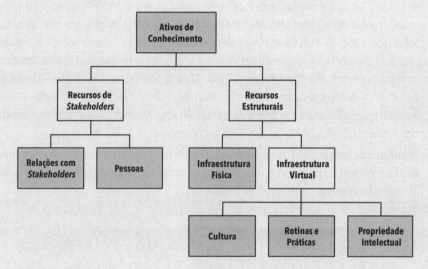

Resultam dessa classificação as seis categorias de Ativos de Conhecimento descritas a seguir.

Relações com *Stakeholders*. Incluem todas as formas de relações de uma organização com seus *stakeholders*. Alguns exemplos são: acordos de licenciamento, parcerias, relações financeiras, contratos e acordos de distribuição. Incluem também relações com consumidores, tais como a lealdade de consumidor e a imagem de marca.

Pessoas. Compreende os Ativos de Conhecimento proporcionados pelas pessoas, em forma de competências, habilidades, comprometimento, motivação e lealdade. Alguns dos componentes chave são *know-how*, capacidade de resolver problemas, criatividade, educação, atitude e espírito empreendedor.

Infraestrutura física. Compreende todos os ativos de infraestrutura, tais como layouts estruturais e tecnologias de informação e comunicação (bancos de dados, servidores, intranets etc.). Para ser um ativo de conhecimento, os componentes da infraestrutura física têm de ser baseados em conhecimento específico e são, em geral, exclusivos de uma organização.

[Cont.] **Quadro 3.1** • Ativos de Conhecimento (*) 2/2

Cultura. Abrange categorias tais como cultura corporativa, valores organizacionais, filosofias administrativas e comportamento colaborativo das pessoas. A cultura é de fundamental importância para o sucesso de uma organização, pois proporciona às pessoas uma base comum para a interpretação dos eventos, uma referência compartilhada que estimula a motivação para o desempenho, tanto individual como coletivo.

Rotinas e Práticas. Corresponde às rotinas organizacionais (ver Seção 12/1.3.a), que incluem práticas internas, redes virtuais, regras tácitas e procedimentos informais. *"As rotinas organizacionais expressam as escolhas da organização sobre a melhor forma de realizar suas atividades.* São, portanto, grandes armazenadoras de saber tecnológico. Por serem muito específicas de cada organização, os produtos, processos e serviços derivados das rotinas dificilmente são replicados automaticamente por outros" (Figueiredo, 2015). Alguns componentes-chave são manuais de procedimentos, bancos de dados, regras tácitas de comportamento e estilos administrativos. Rotinas e práticas determinam como os processos são conduzidos e como o trabalho flui através da organização.

Propriedade Intelectual. A propriedade intelectual se refere às criações da mente, tais como invenções, trabalhos artísticos e literários, projetos e símbolos, nomes e imagens usados no comércio (WIPO, 2016).

(*) Marr *et al.*, 2004

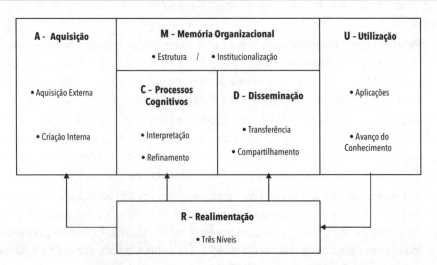

Figura 3.1 • Processo de Gestão do Conhecimento.

3.1 Aquisição [A]

O processo de Aquisição de Conhecimento consiste em, a partir de conhecimentos existentes, obter e adaptar novos conhecimentos, necessários para o engrandecimento e melhoria do desempenho — de indivíduos, grupos e organizações. Os conhecimentos adquiridos podem ser de qualquer natureza (científico, tecnológico ou por familiaridade) e de qualquer grau de dificuldade de articulação (explícito ou tácito). O conhecimento tanto pode ser obtido externamente (Aquisição Externa) como desenvolvido internamente (Criação Interna).

Aquisição Externa. É o processo pelo qual o conhecimento externo é adquirido. Envolve a busca, o reconhecimento e a assimilação de conhecimento potencialmente valioso, muitas vezes de fora da organização (King, 2009). As organizações adquirem conhecimento externo por meio de cinco subprocessos (Huber, 1991):

1) **Apropriação Congênita** — consiste em recorrer ao conhecimento disponível na origem. São os conhecimentos dos criadores da organização sobre o ambiente e os processos iniciais.

2) **Apropriação Experimental** — a Aprendizagem pela Experiência foi apresentada no **Quadro 2.1** (Ciclos de Kolb e Dixon).

3) **Imitação** — aprendizagem pela observação da experiência de terceiros.

4) **Incorporação** — contratação de especialistas com conhecimentos necessários à organização.

5) Monitoramento do desempenho e do ambiente da organização.

Criação Interna. É o processo pelo qual o conhecimento é desenvolvido internamente. A criação de conhecimento já foi estudada por muitos autores, que desenvolveram diferentes modelos de análise, cada um com seu enfoque particular. Entre eles, podemos destacar:

- **Aprendizagem Experimental** (Kolb, 1984; Dixon, 1994) — ver **Quadro 2.1**.
- **Elementos de Aprendizagem** (Miller e Morris, 1999) — ver **Quadro 3.2**.
- **Conversão de Conhecimento Tácito em Explícito** (Nonaka e Takeushi) — ver **Quadro 3.3**.

Esses modelos podem ser vistos como complementares e não excludentes, pois cada um destaca aspectos específicos da criação de conhecimento.

| Quadro 3.2 • Elementos de Aprendizagem (*) | 1/2 |

Especialmente no que se refere à tecnologia, ter conhecimento não consiste apenas em saber que alguma coisa pode ser feita, mas, sim, em saber como fazê-la. Para tanto, o processo de aprendizagem promove — ou visa promover — a integração de três elementos de aprendizagem (ver figura a seguir):

- **Informação** — derivada de dados como manuais de instrução e outros materiais, impressos ou eletrônicos.
- **Teoria** — oriunda de pesquisa ou de sala de aula e que põe a informação no contexto apropriado.
- **Experiência** — adquirida ao longo de estágios progressivamente mais complexos e que propicia o entendimento sobre como as coisas funcionam no mundo real.

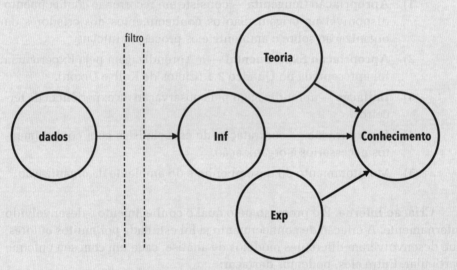

Miller e Morris (1998) usam a preparação de pilotos do Caça Furtivo Nighthawk como ilustração do que é um Processo de Aprendizagem:

[Cont.] **Quadro 3.2** • Elementos de Aprendizagem (*)	2/2

*"Se (um candidato) tiver **informação**, pela leitura cuidadosa dos Manuais de Instrução, estará em condições de pilotar um F-117? Certamente que não, mesmo que o Manual contenha uma descrição completa e detalhada da aeronave e seus controles. Para estar qualificado, ele deverá primeiro dominar a **teoria** de voo, expressa em conceitos de decolagem, controles, aerodinâmica etc. Informação e teoria, embora necessárias, não são suficientes. O candidato deverá, ainda, passar por diversas etapas de treinamento, começando por operar os controles de uma aeronave de baixa velocidade, sob estreita supervisão de um orientador. Deverá, ainda, passar por muitas horas de treinamento em simuladores de voo. Depois disso, o piloto aprenderá a conduzir aeronaves progressivamente mais complexas e mais poderosas, acumulando a **experiência** necessária para finalmente estar apto a pilotar um F-117 com segurança. Só então terá adquirido o conhecimento necessário ou know-how."* (Miller e Morris, 1998)

Este processo — de integração entre informação, teoria e experiência — é chave para o desempenho efetivo em atividades complexas, tais como dirigir qualquer tipo de veículo, praticar esportes de alta performance, adquirir maestria na interpretação de músicas clássicas etc. Faltando qualquer uma dessas dimensões críticas, o aprendizado não ocorre, e o conhecimento simplesmente não é criado (Miller e Morris, 1998).

No caso de uma organização, o conhecimento agregado é obtido por meio de incontáveis processos de aprendizagem, que ocorrem com todos seus membros. Portanto, assim como a capacidade para aprender distingue alguns indivíduos, assim também a capacidade agregada das aprendizagens individuais reflete importantes diferenças entre organizações. Por exemplo, consideremos o caso em que os membros de uma equipe de P&D são experts na tecnologia existente X, a qual, de acordo com as previsões, continuará sendo a base para os novos desenhos dominantes da indústria. Se, ao contrário, o novo desenho dominante for baseado na tecnologia Y, sobre a qual nenhum membro da equipe tem competência, essa empresa enfrentará grandes dificuldades. Portanto, a Gestão de Conhecimento não se resume a acumular conhecimentos. Relevância é crítica, e as empresas que sobrevivem, de uma geração de desenhos dominantes para outra, são aquelas que desenvolvem capacidade de inovar, de ir além dos paradigmas atuais.

* Miller e Morris (1998)

| Quadro 3.3 • Conversão de Conhecimento Tácito em Explícito (*) | 1/4 |

◀ **Modos de conversão**

Uma organização cria conhecimento por meio de interações entre conhecimentos tácito e explícito. Essas interações são chamadas de "**Conversão de Conhecimento**". Há quatro diferentes modos de conversão (indicados na figura a seguir):

1) De Conhecimento Tácito para Tácito — **Socialização**.
2) De Conhecimento Tácito para Explícito — **Externalização**.
3) De Conhecimento Explícito para Explícito — **Combinação**.
4) De Conhecimento Explícito para Tácito — **Internalização**.

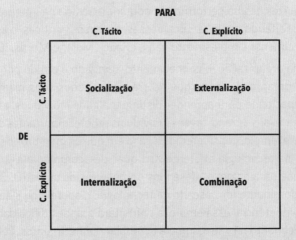

Socialização. Como o Conhecimento Tácito não é codificável, a chave para sua aquisição é o compartilhamento de experiências por meio de atividades conjuntas entre indivíduos. Esse processo — de **Socialização do Conhecimento** — ocorre tipicamente em situações como:

- Aprendizagem tradicional, em que os aprendizes adquirem o conhecimento necessário para seu ofício por meio de experiências *hands-on*, mais do que pela leitura de manuais.
- OJT (*On-the-Job Training*), em que os aprendizes trabalham com seus mestres e aprendem seu ofício por meio de observação, imitação e prática.
- Encontros sociais informais, fora do local de trabalho, nos quais são criados e compartilhados conhecimentos tácitos como visão de mundo, modelos mentais e confiança mútua.

[Cont.] Quadro 3.3 • Conversão de Conhecimento Tácito em Explícito (*) | **2/4**

- Interação com pessoas ou grupos de fora da organização, como fornecedores e consumidores.

Externalização. É o processo de articulação do conhecimento tácito em explícito. Dos quatro modos de conversão, a Externalização é a chave para a criação de conhecimento, pois cria novos conhecimentos explícitos a partir do conhecimento tácito. E o conhecimento, ao se tornar explícito, pode ser compartilhado por outros e se tornar a base de novos conhecimentos, como conceitos, imagens e documentos escritos. Esse processo — de **Externalização do Conhecimento** — ocorre tipicamente em situações tais como:

- Criação de conceito, no desenvolvimento de um novo produto.

- Círculos de controle de qualidade, que permitem aos funcionários introduzir melhorias nos processos de trabalho, pela articulação dos conhecimentos tácitos acumulados ao longo do tempo.

- Registro, em um manual, dos conhecimentos e das habilidades técnicas de um trabalhador especializado.

Na prática, a Externalização é apoiada por dois fatores-chave:

- Primeiro, a articulação do conhecimento tácito (isto é, sua conversão em conhecimento explícito) envolve técnicas que ajudam a expressar as ideias ou imagens de uma pessoa em palavras, conceitos, linguagem figurativa (como metáforas, analogias ou narrativas) ou linguagem visual. O diálogo, no sentido de "ouvir e contribuir para o benefício de todos os participantes", apoia fortemente a Externalização.

- O segundo fator envolve a tradução do conhecimento tácito (altamente pessoal ou altamente profissional) de consumidores e especialistas, em formas explícitas que sejam fáceis de entender.

Combinação. É o processo de converter elementos em conjuntos mais complexos e sistemáticos de conhecimento explícito. A reconfiguração do conhecimento existente, que leva à criação de novos conhecimentos, pode ser feita por meio da classificação, seleção, adição e combinação de informações existentes. Esse processo — de **Combinação do Conhecimento** — ocorre tipicamente em situações tais como:

- Educação formal em Escolas. Os cursos MBA são bons exemplos desse tipo de conversão de conhecimento.

- Troca de conhecimento por meio de documentos, encontros, conversas por telefone ou troca de mensagens.

- Desdobramento de conceitos. Por exemplo, quando os gerentes de nível médio recebem diretrizes — como visão, estratégias, novos conceitos de negócios e produtos — e as desdobram em planos de ação e projetos de processos.

[Cont.] **Quadro 3.3** • Conversão de Conhecimento Tácito em Explícito (*)	3/4

- No nível mais alto, a Combinação acontece quando propostas da administração intermediária (como conceitos de produtos) são combinadas e integradas em conceitos mais gerais (por exemplo, como uma nova visão corporativa).
- O uso criativo de redes de TCI, e das bases de dados de larga escala, tende a facilitar esse modo de conversão.

Na prática, a Combinação envolve três processos:

1º) Captura e integração de novos conhecimentos explícitos — inclui coletar conhecimento divulgado, de dentro e de fora da organização, e então combinar esses dados.

2º) Disseminação do conhecimento a todos os membros da organização (via Disseminação do Conhecimento, a seguir).

3º) Edição, ou processamento, de novo conhecimento explícito (via documentos tais como planos, relatórios, dados de mercado etc.), de forma a fazê-lo mais utilizável.

A Combinação torna o conhecimento mais acessível e útil para todos os membros, mas não amplia de fato a base de conhecimentos da organização.

Internalização. É o processo de converter conhecimento explícito em tácito. Pela Internalização, o conhecimento explícito é compartilhado por toda a organização e convertido em conhecimento tácito pelos indivíduos. O conhecimento internalizado é usado para ampliar e reformular o conhecimento tácito dos membros da organização, sob a forma de "modelos mentais compartilhados" ou de "*know-how* técnico". Esse processo — de **Internalização do Conhecimento** — ocorre tipicamente em situações tais como:

- Programas de treinamento, que ajudam as pessoas a entender melhor a organização e a si próprias.
- Pela leitura de documentos e manuais, e a reflexão sobre eles, as pessoas podem internalizar os conhecimentos explícitos escritos e enriquecer sua própria base de conhecimentos.
- Histórias de sucesso ou fracasso (orais ou escritas). Algumas pessoas podem associá-las com experiências próprias que tiveram no passado e transformar essa lembrança em um modelo mental tácito.

Na prática, a Internalização se apoia em duas dimensões: a da práxis e a da experimentação:

1º) Conhecimento explícito incorporado na ação prática. A Internalização é intimamente relacionada com o "Aprender fazendo" (*Learning-by-doing*). Com a experiência, mais treinamento e exercícios, as pessoas internalizam conceitos, métodos e modelos mentais.

[Cont.] **Quadro 3.3** • Conversão de Conhecimento Tácito em Explícito (*)	4/4

2°) Conhecimento explícito incorporado na Experimentação. Novos conceitos podem ser aprendidos em situações virtuais, utilizando-se o conhecimento explícito como base para simulações e experimentos.

A Internalização permite a um indivíduo acessar o acervo de conhecimentos de seu grupo e de toda a organização, e o conhecimento internalizado pode ser tornar a base para novas **rotinas**. Quando um novo modelo mental é compartilhado pela maioria dos membros da organização, esse conhecimento tácito se torna parte da **Cultura Organizacional**.

◀ **Modos de conversão**

Os quatro modos de conversão — Socialização, Externalização, Combinação e Internalização — constituem o chamado Modelo SECI, um processo dinâmico de conversão e transformação dos conhecimentos explícitos e tácitos. Em outras palavras, o conhecimento é criado por meio de uma interação contínua e dinâmica entre os conhecimentos tácito e explícito. E essa interação é moldada pelo Processo SECI, ou seja, pela passagem de um modo de conversão para outro, nesse sequência: **Socialização** ⇨ **Externalização** ⇨ **Combinação** ⇨ **Internalização**.

Quando o conhecimento — criado na fase de Internalização — é compartilhado pelos membros da organização no modo de Socialização, tem origem um novo Ciclo SECI. Esse ciclo não se limita a um nível organizacional. Sabemos que o conhecimento tácito dos indivíduos é a base da criação de conhecimento organizacional. Esse conhecimento é amplificado por meio dos quatro modos de conversão, e consolidado nos níveis mais altos da organização. Esse processo de amplificação — do nível individual para os níveis de grupos e da organização — é chamado de "**Espiral do Conhecimento**".

O processo de criação de conhecimento organizacional não se limita às fronteiras da organização; ele inclui também muitas interfaces com o ambiente. O ambiente não apenas recebe Conhecimentos explícitos criados pela organização (por exemplo, tecnologias, produtos ou serviços, valores); ele também supre a organização de conhecimentos que alimentarão um novo ciclo de criação de conhecimento organizacional. A criação de conhecimento organizacional é, portanto, um processo sem fim que se aperfeiçoa continuamente.

(*) Nonaka (1991; 1994); Nonaka e Takeuchi (1995); Nonaka e Konno (1998); Nonaka, Toyama e Konno (2000); Nonaka, Toyama e Byosière (2001); Nonaka e Toyama (2003)

3.2 Processos cognitivos [C]

Depois de adquirido (externa ou internamente), o novo conhecimento é preparado para ser incorporado à memória organizacional, de forma que sejam maximizados seu impacto e sua reutilização em longo prazo (King, 2009). Entre os mecanismos utilizados para tanto, podemos destacar dois processos cognitivos: **refinamento e interpretação**.

Refinamento. É considerado a fonte primária de adição de valor ao conhecimento adquirido. Compreende processos e mecanismos usados para permitir sua inclusão nos vários meios de memorização da organização (Meyer e Zack, 1996; King, 2009). Pode ser físico (por exemplo, a conversão de dados de um meio para outro) ou lógico (por exemplo, classificação, integração ou reestruturação das relações entre dados) (Meyer e Zack, 1996).

O processo de refinamento inclui ações referentes tanto à inclusão de conhecimentos completamente novos como à atualização ou substituição de conhecimentos existentes (Stenholm *et al.*, 2014). E inclui atividades como (Meyer e Zack, 1996; King, 2009):

- **Codificação** (no caso de conhecimentos tácitos). Como visto na Seção **1.2.b**, o conhecimento tácito tem de ser codificado de alguma forma, para que possa ser comunicado e compartilhado — deve ser convertido em palavras ou números para que possa ser incluído na memória organizacional.
- **Seleção**. Refere-se à identificação dos exemplares mais significativos em um dado conjunto de informações.
- **Avaliação**. Análise da nova informação quanto à adequação para inclusão na memória formal da organização.
- **Filtragem**. Inclui ações como depurar conteúdos para garantir o anonimato das fontes de informação.
- **Padronização**. Refere-se a harmonizar a nova informação a modelos de melhores práticas, ou lições aprendidas, usados pela organização.
- **Organização**. Consiste em organizar os novos conhecimentos em formato apropriado, relacionando os conhecimentos individuais com os temas recorrentes da organização.

Este estágio adiciona valor porque (1) cria objetos de conhecimento acessíveis com maior facilidade e (2) organiza o conteúdo de forma mais flexível para uso futuro.

Interpretação. Organizações precisam fazer interpretações. Os gestores literalmente precisam mergulhar no oceano de eventos que rodeia a organização e tentar ativamente fazer com que esses eventos adquiram sentido. Interpretação é o processo de traduzir esses eventos, de desenvolver modelos de entendimento, de descobrir significados e de construir esquemas conceituais entre os gestores-chave (Daft e Weick, 1984; 2001; 2005).

O processo de interpretação, além de não ser simples, varia de acordo com o tipo de organização. Daft e Weick (1984; 2001; 2005) propõem um modelo para descrever e explicar as diferentes maneiras, utilizadas pelas organizações, para interpretar e extrair significado dos eventos externos. Esse modelo descreve quatro modos (ou categorias) de comportamento interpretativo (ver **Quadro 3.4**): Visão indireta (*Undirected Viewing*), Visão Condicionada (*Conditioned Viewing*), Descoberta (*Discovering*) e *Enacting*.

Muitas escolhas feitas por uma organização, notadamente as estratégicas, decorrem do significado que elas atribuem aos eventos externos. Em decorrência, a postura estratégica de cada organização está associada ao respectivo modo de interpretação. Daft e Weick (1984; 2001; 2005) utilizam uma taxonomia desenvolvida por Miles e Snow (1978) para demonstrar essa relação. Na mesma linha, podemos verificar o impacto do modo de interpretação nos tipos e estratégias de inovação adotados pelas organizações:

Modo de Interpretação: VISÃO INDIRETA

- Postura estratégica: reativa.
- Objetivos estratégicos: não existem objetivos claros, a não ser o de atender à demanda sem correr riscos.
- Inovação: a organização se dedica a alguma inovação apenas quando demandada pelo cliente. Inovações em geral incrementais.

Modo de Interpretação: VISÃO CONDICIONADA

- Postura estratégica: defensiva.
- Objetivos estratégicos: defender o domínio sobre um pequeno segmento de mercado, com um conjunto limitado de produtos.
- Inovação: inovações em geral incrementais, em processos e na cadeia de valor. orientadas para as prioridades competitivas de qualidade e preço.

Modo de Interpretação: DESCOBERTA

- Postura estratégica: *analyzer*.

- Objetivos estratégicos: minimizar riscos e maximizar as oportunidades de lucro. Explorar novos produtos e mercados só depois da viabilidade demonstrada por competidores.
- Inovação: inovações em produtos, a partir da imitação de produtos concorrentes. Inovações ocasionais em processos, tendo em vista a prioridade competitiva de flexibilidade. Inovações organizacionais para atender às necessidades de ambidestria.

Modo de Interpretação: *ENACTING*

- Postura estratégica: prospector.
- Objetivos estratégicos: encontrar e explorar novas oportunidades de produtos e mercados. Essas organizações são criadoras de mudança nas respectivas indústrias.
- Inovação: forte orientação para pesquisa. Inovações nos modelos de negócios, tanto sustentadores como de ruptura. Inovações radicais e incrementais, para atender às prioridades competitivas de flexibilidade e inovação.

Quadro 3.4 • Modelo de Organizações como Sistemas Interpretativos (*)	1/2

Pressupostos. O Modelo de Sistemas Adaptativos, proposto pelos autores (*), fundamenta-se em quatro pressupostos:

1) Organizações são sistemas sociais abertos que processam a informação do ambiente. O ambiente contém certo nível de incerteza, de forma que a organização deve procurar a informação e depois basear a ação organizacional naquela informação. As organizações devem desenvolver mecanismos de processamento de informações capazes de detectar tendências, eventos, concorrência, mercados e desenvolvimentos tecnológicos relevantes à sua sobrevivência.

2) O processo de interpretação organizacional é algo além do que ocorre com as interpretações individuais. As organizações têm sistemas cognitivos e memória e preservam conhecimento, comportamentos, normas e valores ao longo do tempo.

3) A interpretação organizacional é formulada pelos gestores de nível estratégico.

4) As organizações diferem sistematicamente no modo ou no processo como interpretam o ambiente. Elas desenvolvem maneiras específicas de conhecer o ambiente.

Dimensões da Interpretação Organizacional. Duas dimensões-chave são usadas para explicar as diferenças na interpretação organizacional: (1) pressupostos sobre o ambiente e (2) interferência (ou intrusão) organizacional.

1) **Pressupostos sobre o ambiente.** São as crenças da administração superior sobre a possibilidade (ou não) de analisar o ambiente externo. Daft e Weick (*) distinguem duas situações:

    a) Se uma organização assume que o ambiente externo é concreto, que os eventos são consistentes, mensuráveis e determinantes, então ela utiliza ferramentas tradicionais para tentar descobrir a interpretação correta. Essa organização utilizará pensamento linear e lógico e procurará dados e soluções claros.

    b) Quando uma organização assume que o ambiente externo não é analisável, ela pode "criar" o ambiente externo — a interpretação pode moldar o ambiente, mais do que este molda a interpretação. A chave é construir uma interpretação razoável, que torne as ações prévias sensatas e sugira alguns próximos passos. O processo de interpretação é mais pessoal, menos linear, mais *ad hoc* e de improviso.

| [Cont.] **Quadro 3.4** • Modelo de Organizações como Sistemas Interpretativos (*) | 2/2 |

2) Interferência Organizacional. A segunda maior diferença entre sistemas interpretativos é o grau em que as organizações interferem no ambiente para entendê-lo. Neste caso, também Daft e Weick (*) distinguem duas situações:

a) Algumas organizações pesquisam ativamente o ambiente para obter uma resposta. Alocam recursos para essas atividades. Podem "saltar antes de olhar" e aprender com a experiência. Podem quebrar regras pressupostas, tentar mudar as regras ou tentar manipular fatores críticos no ambiente. São chamadas pelos autores de "*test makers*".

b) Organizações passivas aceitam as informações do ambiente, quaisquer que sejam. Não praticam a "tentativa e erro", nem buscam ativamente uma resposta no ambiente. Talvez possam instalar receptores para perceber quaisquer dados que venham a fluir pela organização. Por aceitarem o ambiente como dado, são chamadas de "*test avoiders*".

O modelo. Combinando as duas dimensões-chave citadas, temos quatro categorias de comportamento organizacional relativas à interpretação.

Visão Indireta	***Enacting* (Representação)**
Essas organizações não confiam em dados concretos, pois assumem que o ambiente não é analisável.	Essas organizações reúnem informações testando novos comportamentos e observando o que acontece.
Gestores confiam mais em informações obtidas por meio de contatos pessoais ou encontros casuais.	Constroem seus próprios ambientes. Tendem a criar mercados, em vez de esperar que as previsões de demanda indiquem o que produzir.
Visão Condicionada (Direta)	**Descoberta**
Visão condicionada a fontes rotineiras de informação.	Ênfase na detecção da resposta correta, já existente em um ambiente analisável, em vez de na modelagem da resposta.
Interpretações dentro de limites tradicionais.	Interpretação baseada em dados formais, como pesquisas de mercado e análises de tendência.

(*) Daft e Weick (1984; 2001; 2005)

3.3 Memória organizacional [M]

Recapitulando os conceitos e tipologias de conhecimento, vistos na **Seção 1.1**, temos que:

- O conhecimento é cumulativo e enriquecido continuamente, com o patamar alcançado em um momento servindo de ponto de partida para novos avanços.
- O conhecimento é criado em três níveis principais: individual, de grupos e da organização.
- Nos três níveis, o lócus de acumulação de conhecimento é a **memória** (ver **Figura 1.1**). Note-se que os primeiros estudos sobre a memória focalizaram a memória humana. Posteriormente, muitos pesquisadores passaram a aceitar o postulado de que a acumulação de conhecimento ocorre também nos níveis de grupos e das organizações (Loftus e Loftus, 1976; Walsh e Ungson, 1991).

Memória Humana. O conceito de memória é tratado em uma variedade de disciplinas, entre as quais podemos destacar as seguintes.

- **Filosofia**. A memória compreende um conjunto diversificado de capacidades cognitivas, pelas quais um indivíduo retém informações e reconstrói experiências passadas, usualmente em função de objetivos presentes (Sutton, 2012).
- **Psicologia**. Memória humana é a habilidade de usar o passado a serviço do presente. Dois conceitos centrais no estudo da memória são (Karpicke e Lehman, 2013):
  - **Conversão** (ou **Codificação**) — processo envolvido na transformação de um evento em uma representação mental.
  - **Recuperação** — processo de reconstruir o que ocorreu em um dado momento e lugar.
- **Neurobiologia**. Memória consiste na conservação e evocação de informações adquiridas por meio de experiências. A evocação é também chamada de recordação, lembrança, recuperação — só lembramos aquilo que gravamos. "O acervo de nossas memórias faz com que cada um de nós seja o que é: um indivíduo, um ser para o qual não existe outro idêntico" (Izquierdo, 1989; 2011).
- **Neurobiologia**. Memória são todos os fatos, eventos, emoções e desempenhos que recordamos, sendo alguns por curtos períodos, outros por toda a vida (...). Nosso cérebro dispõe de múltiplos

sistemas de memória, com diferentes características e envolvendo diferentes redes neuroniais (Carvalho e Hennemann, 2012).

- **Lexicografia**. Memória é a faculdade de conservar e lembrar estados de consciência passados e tudo quanto se ache associado aos mesmos (Houaiss e Villar, 2001).

Embora de origens distintas, essas visões coincidem em dar destaque a três funções-chave da memória:

- **Codificação** — processamento de estímulos e sua conversão em traços de memória. Essas representações codificadas dos eventos externos constituem a informação interna pronta para ser armazenada e, posteriormente, recuperada.

- **Armazenamento** — registro e retenção das informações codificadas. Estas devem estar disponíveis e acessíveis quando for necessário.

- **Recuperação** — processo de acessar a informação disponível, para reconstituir o que ocorreu em dado momento e lugar.

A memória pode, assim, ser entendida como o conhecimento codificado, armazenado, disponível e acessível para quando for necessário.

Memória Organizacional. Esta expressão usualmente se refere à "memória da instituição" (nível da organização). Quando tivermos de tratar do conjunto de memórias, dos três níveis de conhecimento, utilizaremos a expressão "memórias da organização".

Nesse sentido, a **Memória Organizacional** se refere às diferentes formas de conhecimento, que são armazenadas em vários repositórios, tangíveis e intangíveis, a partir dos quais o conhecimento pode ser recuperado (Wiseman, 2007; Fiedler e Welpe, 2010).

Assim como no caso dos indivíduos, a memória guarda a identidade de uma organização. A memória registra a história, conserva os valores e propósitos e, dessa forma, molda a trajetória futura de uma organização (Levitt e March, 1988). Os detalhes dessa trajetória, porém, dependem significativamente dos processos pelos quais a memória é mantida e acessada (Levitt e March, 1988).

Esses processos devem ser projetados de forma a evitar situações tais como (Huber, 1991):

- O *turnover* provoca uma grande perda de memória das pessoas que deixam a organização.

- Por falta de previsão das necessidades futuras, muitas informações deixam de ser armazenadas (ex.: tempo de execução de tarefas) ou são armazenadas que torna difícil a recuperação (ex.: soluções de problemas arquivadas sem indexação).

- Os membros de uma organização, que precisam de uma informação, frequentemente não sabem que outros membros têm essa informação.

Para garantir a efetividade da **Memória Organizacional**, portanto, dois fatores são essenciais: (1) o processo de **Institucionalização do Conhecimento** e (2) uma adequada **estrutura de repositórios da memória**.

Institucionalização. Institucionalização é o processo pelo qual o conhecimento criado por indivíduos e grupos é incorporado à Memória Organizacional (Crossan *et al.*, 1999; Wiseman, 2007). O pressuposto subjacente a essa definição é o de que as organizações são mais do que simplesmente uma coleção de indivíduos, e de que o aprendizado organizacional não é a simples soma dos aprendizados de seus membros. Embora indivíduos possam ir e vir, o que eles aprendem — como indivíduos ou em grupos — não necessariamente sai com eles (Crossan *et al.*, 1999).

A **institucionalização** ocorre sempre que algum conhecimento é incorporado em sistemas e estruturas, em estratégias, normas e procedimentos (March, 1991; Crossan *et al.*, 1999; Jenkin, 2013). É a **institucionalização** que assegura que sejam colocadas em prática as rotinas organizacionais (Crossan *et al.*, 1999). A **institucionalização** envolve um esforço deliberado para incorporar todo o conhecimento no nível da organização, de forma que possa persistir e ser reutilizado no futuro, com regularidade suficiente para que possa ser reconhecido como uma "**instituição**" da organização (Wiseman, 2007).

Crossan *et al.* (1999) sublinham que o aprendizado institucionalizado não pode, entretanto, capturar todo o aprendizado que ocorre nos níveis individual e de grupos:

> "Leva tempo para se transferir o aprendizado de indivíduos para grupos, e destes para a organização. À medida que o ambiente muda, o conhecimento institucionalizado pode não mais se adaptar ao contexto — pode haver uma lacuna entre o que uma organização precisa fazer e o que ela aprendeu a fazer. A lacuna se ampliando, a organização passa a depositar mais confiança no aprendizado e na iniciativa individuais. O desafio para as organizações é administrar a tensão entre o conhecimento institucionalizado no passado, que alimenta as rotinas e sistemas existentes, e os novos conhecimentos, necessários para a realidade atual."

Estrutura da Memória. A Estrutura da Memória consiste no conjunto de repositórios, tangíveis e intangíveis, que permitem tanto a retenção do conhecimento como o acesso a ele, por todos os membros da organização, quando for necessário (Levitt e March, 1988; Wiseman, 2007). Podemos destacar os seguintes repositórios: Cultura Organizacional (R1), Relações Organizacionais (R2), Rotinas (R3) e Sistemas de Informação (R4).

R1 — Cultura Organizacional. Seus elementos são apresentados no **Quadro 3.5**.

R2 — Relações Organizacionais. As relações — formais e informais — e as redes sociais são uma fonte da Memória Organizacional (Wiseman, 2007). Os papéis formais provêm um repositório no qual a informação organizacional pode ser armazenada (Walsh e Ungson, 1991). As relações retêm, principalmente, as memórias relacionadas com o Conhecimento por Familiaridade (ver **Seção 1.2.a**).

R3 — Rotinas. As rotinas preservam as memórias dos processos da organização, incluindo as respectivas instruções (manuais, procedimentos-padrão etc.) e os mecanismos de controle.

R4 — Sistemas de Informação para a Memória Organizacional. Com tecnologia de informação apropriada, é possível suplementar as deficiências da memória humana (Bannon e Kuutti, 1996), aperfeiçoando a Memória Organizacional em todas suas funções (Huber, 1991):

- Incorporação do conhecimento adquirido, interna e externamente.
- Retenção e armazenagem do conhecimento.
- Disseminação do conhecimento para todos os locais.
- Recuperação e acessibilidade por todas as pessoas, a qualquer momento.
- Suporte à execução das atividades, às tomadas de decisão e à criação de novos conhecimentos.

Quadro 3.5 • Elementos da Cultura Organizacional (*)	1/2

"Cultura Organizacional é o padrão dos pressupostos básicos que um dado grupo inventou, descobriu ou desenvolveu, ao aprender a enfrentar seus problemas de adaptação externa e integração interna, e que funcionaram suficientemente bem para serem considerados válidos e, por conseguinte, para serem ensinados aos novos membros do grupo ou da organização." (Schein, 1984)

Os elementos da Cultura Organizacional, que constituem seus repositórios de memória, podem ser agrupados nas seguintes categorias (Schein, 1984; Hatch, 1993; Aguiar, 2004):

Pressupostos. São elementos inconscientes e invisíveis que determinam por que um grupo percebe, pensa e sente de determinada maneira. Os pressupostos compartilhados definem as condutas básicas adequadas, referentes às questões mais cruciais para a sobrevivência do grupo ou da organização. Manifestam-se por meio dos **Valores da Organização**.

Valores. São os fundamentos — derivados dos Pressupostos — para os julgamentos do que é certo e errado, ou seja, constituem o código ético e moral do grupo ou da organização. Os Valores são, assim, os conjuntos de princípios que influenciam as escolhas e definem os **Artefatos**.

Artefatos. São todos os fenômenos visíveis, tangíveis e perceptíveis que ocorrem como manifestação dos Valores e Pressupostos. Podem ser classificados e exemplificados como segue:

- **Ambiente Físico** — ambiente construído, arquitetura, layout dos postos de trabalho.
- **Ambiente Operacional** — tecnologias, processos de produção, produtos e serviços.
- **Comportamento** — costumes, estilos (ex.: hábitos de vestir), linguagem escrita e falada.
- **Manifestações da Tradição** — histórias e mitos, rituais e cerimônias.
- **Rotinas** — são "todos os padrões comportamentais regulares e previsíveis das organizações (Nelson e Winter, 1982) [ver **Seção 1.2.c**]. Além de elementos culturais, as Rotinas constituem um dos principais repositórios da Memória Organizacional (Repositório **R3** da Estrutura da Memória).

| [Cont.] **Quadro 3.5** • Elementos da Cultura Organizacional (*) | **2/2** |

- **Memória Formal** — constituída pelos registros de documentos (como mensagens e solicitações), decisões (diretrizes, normas, planos), informações (planilhas, contas, quadros de avisos) etc. Os arquivos podem ser físicos ou digitais. Estes, pela sua importância, são também considerados entre os principais repositórios da Memória Organizacional (Repositório **R4** da Estrutura da Memória).

Símbolos. Os símbolos nas organizações exercem a função de aglutinar pessoas em torno de "coisas", as quais representam uma associação — consciente ou inconsciente — com algum significado mais amplo e mais abstrato. Exemplos de Símbolos Organizacionais são:

- Materiais e objetos, tais como bandeiras e logomarcas.
- Eventos, como ritos, festas e cerimônias.
- Expressões verbais, como cantos e gritos de guerra.
- Heróis — personalidades marcantes na história da organização.

Ressalte-se que é em torno de um conjunto de significados comuns compartilhados que se forma um grupo social e estabelece-se uma **Cultura**.

(*) Aguiar (2004)

3.4 Disseminação do conhecimento [D]

A Disseminação do Conhecimento é de importância estratégica para uma organização. Sem ela, um mesmo conhecimento teria de ser recriado sempre que alguém dele necessitasse — para a solução de um problema ou para o exercício de uma habilidade, por exemplo. Assim, para que o conhecimento tenha impacto efetivo, deve ser disseminado por toda a organização, seja por **transferência** ou por **compartilhamento** (King, 2009).

Transferência de Conhecimento. É a comunicação de conhecimento que ocorre entre uma fonte e um receptor claramente definidos. É unidirecional, tem foco e objetivo bem identificados (King, 2006b).

Compartilhamento do Conhecimento. É a comunicação de conhecimento multidirecional, podendo ser focalizada ou não. Usualmente, não tem um objetivo claramente definido (King, 2006a).

Continuum. A transferência e o compartilhamento de conhecimentos podem ser vistos como dois extremos de um continuum. Cada ponto desse intervalo hipotético envolve alguma combinação daqueles dois processos. Em qualquer caso, a disseminação pode envolver indivíduos, grupos ou organizações, tanto como fontes como receptores de conhecimento (King, 2009).

3.5 Utilização do conhecimento [U]

O conhecimento armazenado e disseminado pode ser utilizado tanto nas mais diversas **aplicações** como na **criação** de novos conhecimentos.

Aplicações. Alguns exemplos de aplicação do conhecimento são (King, 2009):

- Aprendizagem — individual e coletiva.
- Desenvolvimento de habilidades e competências.
- Pensamento criativo — para a solução de problemas e tomadas de decisão.
- Incorporação do conhecimento — em produtos, rotinas e sistemas
- Inovações — tecnológicas e administrativas.

Criação de novos conhecimentos. O patamar alcançado em um momento serve de ponto de partida para novos avanços do conhecimento. Cada avanço consiste, sobretudo, na modificação de conhecimentos anteriores, seja pela substituição ou pelo acréscimo de novos elementos [ver **Seção 1.1** e **Quadro 1.1**].

3.6 Realimentação [R]

O processo de criação de conhecimento organizacional dificilmente ocorre ao acaso. É, antes, orientado para os Objetivos de Aprendizagem apresentados no **Quadro 2.2**:

- **Objetivos de Desempenho** — realimentação simples.
- **Objetivos de Mudança** — realimentação dupla.
- **Objetivos de Compreensão** — realimentação tripla.

Referências

AGUIAR, S. M. S. P. **A Dinâmica entre Raízes e Asas: Um Estudo sobre Organizações Inovadoras**. Tese de Doutorado. FGV-EAESP, 2004.

BOISOT, M. H. **Knowledge Assets**. NY: Oxford University Press, 1998.

CARVALHO, S.; HENNEMANN, A. L. **Memória e Aprendizagem**. Neurociências em benefício da Educação. Blog de 26 de setembro de 2012.

CROSSAN, M. M.; LANE, H. W.; WHITE, R. E. An Organizational Learning Framework: From Intuition to Institution. **The Academy of Management Review**, vol. 24, n.3, jul. 1999.

DAFT, R. L.; WEICK, K. E.; Toward a Model of Organizations as Interpretation Systems. **Academy of Management Review**, vol. 9, n. 2, 1984.

DAFT, R. L.; WEICK, K. E.; **Toward a Model of Organizations as Interpretations Systems**. In: Making Sense of Organizations (K.E. Weick). Malden, MA: Blackwell Publishing, 2001.

DAFT, R. L.; WEICK, K. E.; Por um Modelo de Organização Concebido como Sistema Interpretativo. **RAE**, vol. 45, n. 4, out.-dez. 2005.

DAVENPORT, T. H.; PRUSAK, L.; **Working Knowledge**. Boston, MA: HBS Press, 1998.

EDVILSON, L.; SULLIVAN, P. Developing a Model for Managing Intellectual Capital. **European Management Journal**, vol. 14, n. 4, ago. 1996.

FIEDLER, M.; WELPE, I. How do Organizations Remember? The influence of Organizational Structure of Organizational Memory. **Organizational Studies**, 31 (4), 2010.

FIGUEIREDO, P. N. **Gestão da Inovação: Conceitos, Métricas e Experiências de Empresas no Brasil**. RJ: LTC, 2015.

HATCH, M. J. The Dynamics of Organizational Culture. **The Academy of Management Review**, v. 18, n. 4, out. 1993.

HOUAISS, A.; VILLAR, M. S. **Memória**. Dicionário Houaiss da Língua Portuguesa. RJ: Objetiva, 2001.

HUBER, G. P.; Organizational Learning: The Contributing Process and the Literatures. **Organization Science**, vol. 2, n. 1, fev. 1991.

IZQUIERDO, I. Memórias. **Estudos Avançados**, v. 3, n. 6, 1989.

_____. **Memória**. Porto Alegre: Artmed, 2011.

JENKIN, T. A. Extending the 4I Organizational Learning Model: Information Sources, Foraging Processes and Tools. **Administrative Sciences**, 3, 2013.

KARPICKE, J. D.; LEHMAN, M. **Human Memory**. In: "Oxford Bibliographies Online: Psychology" (D. S. Dunn, Ed.). NY: Oxford University Press, 2013.

LEVITT, B.; MARCH, J. G. Organizational Learning. **Annual Review of Sociology**, vol. 14, 1988.

KING, W. R.; **Knowledge Sharing**. In: The Encyclopedia of Knowledge Management (D. G. Schwartz). Hershey, PA: Idea Group Publishing, 2006a.

KING, W. R.; **Knowledge Transfer**. In: The Encyclopedia of Knowledge Management (D. G. Schwartz). Hershey, PA: Idea Group Publishing, 2006b.

KING, W. R.; **Knowledge Management and Organizational Learning**. vol. 4 of "Annals of Information Systems" (W. R. King, Ed.). NY: Springer Science, 2009.

LOFTUS, G. R.; LOFTUS, E. F. **Human Memory: The Processing of Information**. Hillsdale, NJ: Erlbaum, 1976.

MALHOTRA, Y. **Measuring Knowledge Assets of a Nation: Knowledge Systems for Development**. United Nations Advisory Meeting, 1999.

MARR, B.; SCHIUMA, G.; NEELY, A. Intellectual Capital — Defining Key Performance Indicators for Organizational Knowledge Assets. **Business Process Management Journal**, vol. 10, n. 5, 2004.

MEYER, M. H.; ZACK, M. H.; The Design and Implementation of Information Products. **Sloan Management Review**, 37(3), abr. 1996.

MILES, R. E.; SNOW, C. C. **Organizational Strategy, Structure and Process**. NY: McGraw-Hill, 1978.

MILLER, W. L.; MORRIS, L. **Fourth Generation R&D**. NY: John Willey & Sons, 1998.

NELSON, R. R.; WINTER, S. G. **Uma Teoria Evolucionária da Mudança Econômica**. Editora da Unicamp, 2005 (1982).

NONAKA, I. The Knowledge-Creating Company. **HBR**, nov.-dez. 1991.

NONAKA, I. A Dynamic Theory of Organizational Knowledge Creation. **Organization Science**, vol. 5, n. 1, fev. 1994.

NONAKA, I.; KONNO, N. The Concept of "BA": Building a Foundation for Knowledge Creation. **California Management Review**, vol. 40, n. 3, spring 1998.

NONAKA, I.; TAKEUCHI, H. **The Knowledge-Creating Company**. NY: Oxford University Press, 1995.

NONAKA, I.; TOYAMA, R. The Knowledge-Creating Theory revisited: Knowledge Creation as a Synthesizing Process. **Knowledge Management Research & Practice**, 1, 2003.

NONAKA, I.; TOYAMA, R.; KONNO, N. SECI, BA and Leadership: a Unified Model Dynamic Knowledge-Creation. **Long Range Planning**, 33, 2000.

NONAKA, I.; TOYAMA, R.; BYOSIÈRE, P. **A Theory of Organizational Knowledge Creation: Understanding the Dynamic Process of Creating Knowledge**. in: "Handbook of Organizational Learning and Knowledge" (M. Dierkes *et al.*, Eds). Oxford: Oxford University Press, 2001.

OECD. **Measuring and Reporting Intellectual Capital: Experience, Issues and Prospects**. Paris: OECD, 1999.

QUINTAS, P.; LEFRERE, P.; JONES, G. Knowledge Management: A Strategic Agenda. **Long Range Planning**, vol. 30, n. 3, 1997.

SCHEIN, E.H. Coming to a New Awareness of Organizational Culture. **Sloan**, v. 25, n. 2, winter 1984.

STENHOLM, D.; LANDAHL, J.; BERGSJÖ, D. **Knowledge Management Life Cycle: An Individual's Perspective**. International Design Conference — Design 2014, Dubrovniky, maio, 2014.

SUTTON, J. **Memory**. Stanford Encyclopedia of Philosophy. <http://plato.stanford.edu/archives/win2012/entries/memory>, 2012.

WALSH, J. P.; UNGSON, G. R. Organizational Memory. **Academy of Management Review**, vol. 16, n. 1, 1991.

WISEMAN, E.; **The Institutionalization of Organizational Learning**. Proceedings of OLKC, 2007

WIPO; **What is Intellectual Property?** Geneva, WIPO Publication n.. 450 (E), <www.wipo.int>pubdocs>wipo_pub_450>, acessado em ago. 2016.

Gestão da Criação de Conhecimento por Pessoas e Grupos

Introdução — competências

Como vimos nos capítulos anteriores, a criação de conhecimentos por pessoas e grupos é um processo complexo, inovador, intencional e fortemente centrado nos processos cognitivos — individuais e coletivos. Um processo com tais características não pode ser administrado simplesmente controlando-se o fluxo de informações (Nonaka *et al.*, 2000). A Gestão da Criação de Conhecimento pode ser mais bem entendida a partir do próprio conceito de gestão:

> "**Gestão** (ou Administração) é o processo de criar e manter um ambiente no qual indivíduos, trabalhando em grupos, atuam eficientemente para atingir os objetivos estabelecidos." (Koontz, 1961; Koontz *et al.*, 1986)

Podemos assim definir a **Gestão da Criação de Conhecimento por Pessoas e Grupos** como o processo de criar e manter um **ambiente** no qual indivíduos e grupos têm **condições** para produzir os conhecimentos necessários para que sejam atingidos os objetivos da organização. O primeiro passo, portanto, é identificar aquelas **condições**, o que pode ser feito a partir das seguintes constatações:

1ª) Criação de Conhecimento e Inovação são processos intimamente relacionados, pois:

- **a)** A primeira etapa de um processo de inovação é a criação de conhecimento (ou geração de ideias, ou invenção).

- **b)** Pessoas e grupos que criam conhecimento são a essência das organizações inovadoras.

2ª) As condições para que uma organização seja inovadora são determinadas pelas suas **Competências Inovadoras** (ver **Quadro 4.1**).

3ª) As Competências Inovadoras são, portanto, determinantes para que:

- **a)** Uma organização seja de fato **inovadora**.

- **b)** Pessoas e grupos sejam de fato **criadores de conhecimento**.

Cabe destacar que, em cada competência, alguns conceitos, práticas e condições são especialmente relevantes para o processo de **criação de conhecimento**, sendo de se destacar os seguintes:

- Liderança e estratégia   **Visão de conhecimento (*knowledge vision*)**
- Meio inovador interno   **Espaços de inovação**
- Pessoas   **Pessoas inovadoras**
- Processos de inovação   **Processo de inovação por pessoas e grupos**
- Resultado de inovações   **Caminhos da inovação**

Esses conceitos serão analisados no restante deste capítulo.

Quadro 4.1 • Competências das Organizações Inovadoras (*)	1/5

Inovação. De acordo com o Fórum de Inovação da FGV-EAESP, a inovação é definida pela equação:

$$Inovação = Ideia + Ação + Resultados$$

de tal modo que só haverá uma inovação se os três termos do lado direito — **ideia, ação e resultados** — estiverem presentes (Barbieri, 2003; Vasconcellos, 2015). Em relação a cada uma das etapas, é importante destacar o seguinte:

- **Ideia** — está relacionada com a **invenção** e com a **criação de conhecimento**. É condição *sine qua non* para que ocorra uma inovação. Mas esta só ocorre depois de cumpridas as outras duas etapas.
- **Ação** — Inovação é **trabalho de equipe**. Transformar ideias em produtos, serviços e processos requer a organização de diferentes atividades a serem executadas por diferentes pessoas — de todas as áreas (marketing, finanças, gestão de pessoas etc.).
- **Resultados** — devem ser **positivos para todas as partes interessadas** — fundadores, investidores e demais *stakeholders* —, com responsabilidade social e por um prazo razoável.

Organização Inovadora. O sucesso de qualquer organização depende da sua habilidade — de forma continuamente aprimorada — em entender as necessidades e entregar o valor esperado a seus consumidores e demais *stakeholders*. A importância da "**forma continuamente aprimorada**" é destacada por Peter Drucker (1986):

"As Organizações bem-sucedidas não esperam a 'ideia brilhante' ou a 'sorte grande'. Ao contrário, elas se põem a trabalhar, em uma atividade sistematizada, com um propósito determinado, planejado e organizado com um alto grau de previsibilidade dos resultados almejados, e das possibilidades de estes serem alcançados. As Organizações, em suma, precisam praticar a Inovação Sistemática. [...] A Inovação Sistemática consiste, portanto, na busca deliberada e organizada de mudanças, e na análise sistemática das oportunidades que tais mudanças podem oferecer para a inovação econômica ou social."

Chegamos, assim, à seguinte definição: **organização inovadora é a que pratica a inovação sistemática**. A organização inovadora é, portanto, permeada por um processo contínuo e permanente de produção de inovações, de qualquer natureza — de produto, processo, gestão ou de negócios — e de qualquer magnitude.

[Cont.] **Quadro 4.1** • Competências das Organizações Inovadoras (*)

A **organização inovadora** também pode ser definida como aquela em que as **pessoas** estão envolvidas, ou, em termos quantitativos, em que mais da metade de seus colaboradores está engajada nos processos de inovação.

Resta a questão: quais são as **condições** para que uma organização seja de fato inovadora, para que as pessoas se engajem e pratiquem a inovação sistemática? A resposta está em suas **competências inovadoras**.

Competências Inovadoras. Competência inovadora é definida como um conjunto de fatores que contribuem para que uma organização se torne — e se mantenha com sucesso — uma organização inovadora. As competências inovadoras, de qualquer tipo de organização, são as seguintes:

1) **Liderança** — define os rumos e proporciona um ambiente adequado à criatividade e à inovação (meio inovador interno).

2) **Meio Inovador Interno** — estimula e dá suporte às pessoas para inovarem.

3) **Pessoas** — conduzem os processos de inovação — são os efetivos agentes de inovação e mudança.

4) **Processos de Inovação** — proporcionam os resultados esperados pela organização.

5) **Resultados** — permitem o aperfeiçoamento da organização em todos seus aspectos e, portanto, realimentam o processo de inovação e a obtenção de novos resultados.

A **figura** anterior mostra como essas competências se relacionam. Nas linhas a seguir, as competências inovadoras são descritas com maiores detalhes.

◀ **Liderança e Estratégia**

A liderança de uma organização tem três funções básicas inter-relacionadas: definição de rumos (Direção); definição das estratégias de relacionamento com o meio ambiente (Intercâmbio com o Meio); e engajamento das Pessoas (Liderança Mobilizadora). Neste item, são analisadas as duas primeiras. A Liderança Mobilizadora faz parte do Meio Inovador Interno.

GESTÃO DA CRIAÇÃO DE CONHECIMENTO POR PESSOAS E GRUPOS · · · 123

[Cont.] **Quadro 4.1** • Competências das Organizações Inovadoras (*)	**3/5**

Direção. Cabe à Direção definir e conduzir a realização de:

- **Princípios Corporativos**. Princípios éticos — regras morais que orientam as tomadas de decisão e a natureza das relações entre as pessoas. **Intenção Estratégica para Inovação**. Define em que medida a Inovação está inserida na estratégia organizacional. Transmite um senso de direção e orienta as escolhas, em termos de inovação.

Intercâmbios com o Meio. As organizações são sistemas abertos, o que significa que mantêm intercâmbio permanente com o meio, sendo esse intercâmbio um fator essencial para garantir-lhes a viabilidade, a continuidade e a capacidade de evolução. Em nível estratégico, essas atividades incluem:

- **Ação Institucional**. Compreende o conjunto de ações da organização que contribuem para estimular o desenvolvimento social e promover uma imagem favorável perante as comunidades vizinhas e a sociedade.

- **Prospecção e Interpretação de Sinais**. O entendimento do que ocorre no meio externo é fator essencial para a sobrevivência e evolução de qualquer organização. Requer a capacidade de detectar e antecipar mudanças nos ambientes externo e interno (Prospecção) e a capacidade de traduzir os dados do ambiente em informações úteis para as tomadas de decisão (Interpretação).

◀ **Meio Inovador Interno**

Essa expressão foi cunhada por Barbieri e Álvares (2002) para designar o contexto que propicia as sinergias internas, que fazem com que sejam geradas continuamente inovações em uma dada organização. Cria um fenômeno de realimentação positiva: (1) o **Meio Inovador Interno** torna o ambiente interno um bom lugar para se trabalhar, (2) alimentando o comprometimento e a motivação, (3) o que favorece o florescimento contínuo de iniciativas de inovação (4) com chances razoáveis de sucesso, graças ao clima de confiança. (5) As pessoas se sentem orgulhosas pelo trabalho realizado, (6) o que reforça ainda mais o ambiente inovador. Os fatores determinantes do Meio Inovador Interno são a Liderança Mobilizadora, as Relações Formais e as Relações Socioculturais.

Liderança Mobilizadora para Inovação. Liderança Mobilizadora é a que libera e reúne as energias coletivas na busca de uma meta comum, compartilha poder e encoraja o orgulho pela participação. Em outras palavras, é a que estimula o engajamento e a mobilização de todos em prol da inovação.

Relações Formais. São as derivadas do organograma e dos instrumentos de administração, tais como Manuais, Normas e Regulamentos, que constituem o Modelo de Gestão da Organização. Incluem as normas e procedimentos de gestão de pessoas, que determinam a qualidade de vida no trabalho dos colaboradores.

| [Cont.] **Quadro 4.1** • Competências das Organizações Inovadoras (*) | **4/5** |

- **Modelo de Gestão**. Apresentam as disposições da Administração sobre organização, canais de comunicação, sistemas de controle etc. As organizações inovadoras apresentam alguns pontos em comum, tais como gestão participativa, canais de comunicação abertos, relações de longo prazo com os colaboradores etc.

- **Qualidade de Vida no Trabalho**. É a satisfação (ou ausência de sofrimento) no trabalho, proporcionada por fatores encontrados no ambiente do trabalho (Vasconcellos, 1997). As organizações inovadoras apresentam alguns princípios em comum, tais como igualdade de oportunidades, liberdade de expressão, supervisor como apoio, participação nos resultados, transparência nas informações etc.

Relações Socioculturais. Compreendem interações e relacionamentos informais, que se estabelecem espontaneamente entre pessoas e grupos. São influenciadas pela cultura organizacional e pelas redes internas informais.

- **Cultura de Inovação**. É o padrão de pressupostos básicos que um dado grupo ou organização desenvolveu ao aprender a enfrentar problemas de implantação de inovações e que funcionaram suficientemente bem para serem considerados válidos e para serem ensinados aos novos membros do grupo ou da organização.

- **Redes Internas Informais**. São relacionamentos espontâneos entre pessoas de uma mesma organização e que desempenham papel importante nos processos de criação de conhecimento e de inovação.

◀ **Pessoas**

Esta competência trata de características ("Qualificação e Aprendizagem" e "Motivação"), específicas de cada pessoa e que são essenciais para que possa cumprir com efetividade seu papel de **agente de inovação e mudanças**.

- **Qualificação e Aprendizagem**. O estímulo ao **aprendizado contínuo** — individual e coletivo — é uma característica marcante das organizações inovadoras. Essas organizações buscam alinhar a capacitação dos colaboradores à intenção estratégica de inovação, além de prover infraestrutura e sistemas que facilitam o compartilhamento de conhecimentos entre as pessoas.

- **Motivação**. Em um ambiente organizacional, as necessidades humanas são atendidas por dois tipos de fatores: os **Fatores Motivadores**, que são estímulos ao crescimento e à autorrealização, e os **Fatores Higiênicos**, que são estímulos ao comportamento de evitar sofrimento.

  - Os **Fatores Motivadores** podem ser classificados em duas categorias: **Motivação pelo Trabalho em si** (é a motivação intrínseca, proporcionada pelo conteúdo do trabalho) e a **Motivação pela Participação** (é a motivação proporcionada pela **Liderança Mobilizadora**).

| [Cont.] **Quadro 4.1** • Competências das Organizações Inovadoras (*) | **5/5** |

▫ Os **Fatores Higiênicos** são extrínsecos ao trabalho, fazem parte do ambiente do trabalho. Incluem políticas administrativas, supervisão, relações interpessoais, condições do trabalho, salário, status, segurança e outros apresentados no item **Qualidade de Vida no Trabalho.**

◀ **Processos de Inovação**

De acordo com seu escopo, as inovações nas organizações podem ser classificadas em: Inovações em Produtos, Inovações em Processos, Inovações em Gestão e Inovações no Modelo de Negócio. Esta competência diz respeito à **realização** das inovações. Em todos os casos, a análise inclui o Gerenciamento dos Processos de Inovação, a Obtenção dos Recursos para Inovação e as Etapas dos Processos de Inovação.

Gerenciamento dos Processos de Inovação. Comando operacional das atividades que compõem os Processos de Inovação, incluindo atividades como planejamento das inovações estratégicas, monitoramento dos processos de inovação, feedback aos colaboradores sobre os resultados e impactos das inovações etc.

Recursos para Inovação. Os recursos básicos são **Capital** e **Conhecimento**. Incluem-se as **Alianças Estratégicas**, que facilitam o acesso àqueles recursos. O **Conhecimento**, em particular, é a matéria-prima fundamental dos processos de inovação. Seus conceitos e suas práticas são discutidos mais detidamente nas **Seções 1 e 2** anteriores.

Etapas dos Processos de Inovação. As etapas dos processos de inovação correspondem aos dois primeiros termos da definição de Inovação:

Inovação = Ideia + Ação + Resultados

em que:

Ideia = Geração de Ideias para Inovação.

Ação = Priorização, Desenvolvimento e Implementação de Projetos de Inovação.

◀ **Resultados das Inovações**

Os Resultados das Inovações podem ser analisados sob três prismas complementares: **"Resultados Imediatos das Inovações"**, **"Impactos das Inovações"** e **"Cumprimento dos Objetivos e Planos de Inovação".**

O **"Cumprimento dos Objetivos e Planos de Inovação"**, em particular, está relacionado com os Sistemas de Realimentação — Simples, Dupla e Tripla (ver **Quadro 2.2 — Objetivos de Aprendizagem**).

(*) Vasconcellos (2015)

4.1 Visão de conhecimento

A **Visão de Conhecimento** [Knowledge Vision] (Nonaka et al., 2000; Nonaka et al., 2001) define o tipo de conhecimento que a organização precisa criar e manter, e em quais domínios.

É papel da liderança articular a Visão de Conhecimento e disseminá-la por toda a organização (e fora dela). A Visão de Conhecimento dá uma direção ao processo de Criação de Conhecimento, ao estabelecer um mapa mental com três domínios relacionados: (i) em que mundo do conhecimento a organização vive; (ii) em qual deveria estar; e (iii) quais conhecimentos a organização precisa buscar e criar.

i) *O mundo do conhecimento em que a organização vive.* Esta parte da visão lida com o presente. Especifica os vários campos de conhecimento existentes (não se limitando àqueles que são utilizados nos atuais produtos e serviços), os quais incluem:

- Diferentes disciplinas (química orgânica e inorgânica, ciências médicas e nutricionais etc.).
- Diferentes tecnologias (biotecnologia, genômica etc.).
- Diferentes áreas de expertise (controle de processos, genética, engenharia etc.).

ii) *O mundo do conhecimento no qual a organização deveria estar.* Esta parte da visão lida com o futuro. Pode incluir perspectivas sobre:

- Combinações das diferentes disciplinas, tecnologias e campos de conhecimento.
- Emergência de novos campos de conhecimento.
- Impactos dos novos paradigmas na vida das pessoas, das organizações e da sociedade.

iii) *Quais conhecimentos a organização precisa buscar e criar.* Este domínio indica a trajetória a seguir — que correntes de conhecimento devem ser desenvolvidas para atingir o futuro desejado, o que pode ensejar um corte transversal em diferentes disciplinas, tecnologias, organizações, funções e áreas de expertise.

Como não há limites para o conhecimento, qualquer forma de conhecimento novo pode ser criada, independentemente de qual é o Modelo de Negócios da organização. Portanto, é importante para a Direção articular uma visão de que transcenda as fronteiras dos atuais produtos, divisões e mercados.

Em resumo, podemos dizer que: (i) sem essa Visão, o conhecimento organizacional poderá ficar limitado às experiências passadas; e (ii) a Visão de Conhecimento sincroniza e determina como a organização e sua base de conhecimentos devem evoluir ao longo do tempo.

Na prática, a Visão de Conhecimento pode tomar diversas formas, como um enunciado de Missão, um conjunto de Valores Corporativos, um documento sobre a filosofia administrativa ou um plano estratégico. Nonaka *et al.* (2001) registram casos de muitas empresas visionárias cujos valores são estreitamente relacionados com os princípios da Criação de Conhecimento. Seguem-se alguns exemplos:

- Um dos mandamentos da 3M é: "Não matar ideias para novos produtos."
- Um valor da Motorola é: "Estimular a criatividade latente dos colaboradores."
- Honda baseia sua administração no "Respeito pela teoria."
- A criatividade é estimulada por um Valor da Sharp: "Não imite — crie produtos que serão imitados."

4.2 Espaços de inovação

O Efeito Colaboração. Recapitulando o que foi visto no capítulo anterior, temos que: (i) a Criação de Conhecimento Organizacional é um trabalho coletivo, que exige a colaboração e interação entre seus diversos integrantes; e (ii) um dos blocos constituintes das organizações que aprendem é a aprendizagem em grupo, cujos pré-requisitos são a prática do diálogo, a abertura (para ouvir ideias uns dos outros) e a confiança mútua.

Não por acaso, muitas organizações reconhecidas como inovadoras apresentam em comum características como clima de confiança entre pessoas e grupos, canais de comunicação abertos, comunicação intensiva, estímulo às relações interpessoais e às redes informais etc.

Conclui-se que o que torna um ambiente inventivo é a forma como seus elementos aprendem a colaborar. As ideias florescem com menor esforço em ambientes em que a conexão é valorizada, ou seja, ambientes em que a **serendipitia** (ver **Box 4.A**) é estimulada, e não deixada ao acaso (Johnson, 2010). É nesses ambientes que as **ideias interdisciplinares** (ver **Box 4.B**) têm mais chances de ocorrer (Johansson, 2004).

Box 4.A • Serendipitia	Box 4.B • Interseções (Johansson, 2004)
Serendipitia é um termo criado pelo novelista Horace Walpole, a partir do conto persa infantil "Os três Príncipes de Serendip". Esses príncipes "estavam sempre fazendo descobertas, por acidente ou sagacidade, de coisas que não estavam procurando".	Um grande número de ideias extraordinárias pode brotar na **interseção** de campos, disciplinas ou culturas, pela combinação de conceitos existentes.
A **Serendipitia** não se resume a "surpresas agradáveis". É constituída de acidentes felizes, claro, mas o que os torna felizes é o fato de que cada descoberta tem um significado para quem a faz. Ela completa um palpite ou abre uma porta para alguma possibilidade antes despercebida (Johnson, 2010).	A **Interseção** é um lugar em que ideias completamente diferentes se esbarram e trabalham umas sobre as outras. Um lugar que aumenta drasticamente as chances de combinações incomuns ocorrerem.
Dois exemplos clássicos de **serendipitia** são o de Arquimedes (que descobriu um dos princípios fundamentais da hidrostática) e o de Alexander Fleming (que descobriu a penicilina).	As ideias **intersecionais**, ou **interdisciplinares**: ▪ dão saltos em novas e variadas direções; ▪ abrem campos completamente novos.

Conceito. Espaços de Inovação fazem parte do Meio Inovador Interno. São ambientes que estimulam a criação, difusão e adoção de boas ideias. Estimulam a colaboração, fazendo com que diferentes linhas de pensamento possam se conectar e recombinar. "O truque para ter boas ideias não é se fechar (uma pessoa ou um grupo) em isolamento. É, sim, abrir-se para receber novas ideias. Essa abertura cria oportunidades que fazem surgir e florescer as novas ideias" (Johnson, 2010).

Os **Espaços de Inovação** são, portanto, ambientes que ajudam as pessoas a conhecer e explorar as ideias e práticas de outras pessoas e grupos e experimentar novas maneiras de aplicar e recombinar aquelas ideias. Em oposição, ambientes não inovadores são mais controlados, consideram o estado atual satisfatório, punem a experimentação e restringem o fluxo natural de ideias.

Interações. No caso das inovações tecnológicas, são importantes os mecanismos de proteção da propriedade intelectual para "salvaguardar os conhecimentos e expertises de uma empresa, que estão incorporados em seus produtos e processos" (Gregory, 1995). Sabe-se também que a interação com clientes e demais *stakeholders* pode criar vantagens competitivas na criação de novos produtos e serviços.

No caso de pessoas e grupos, a abertura e a conectividade podem ser mais valiosas para a inovação do que mecanismos de proteção. A importância das **interações** é também ressaltada por Johnson (2010):

"Ambientes que levantam muros em torno das boas ideias tendem a ser menos inovadores no longo prazo do que ambientes abertos. As boas ideias podem não querer ser livres, mas elas querem certamente se conectar, fundir e recombinar. Querem se reinventar pela transposição das fronteiras conceituais."

Johnson (2010) cunhou a expressão *"redes líquidas"* para designar ambientes em que as ideias podem se conectar e fluir facilmente por múltiplas e imprevisíveis trajetórias:

"Essas interconexões alimentam grandes ideias, porque muitas ideias vêm à luz ainda não amadurecidas, mais como palpites do que revelações. E, muitas vezes, a peça faltante – que pode transformar o palpite em uma ideia poderosa – está "lá fora", na cabeça de alguma outra pessoa. Redes líquidas criam um ambiente em que aquelas ideias parciais podem se encontrar e se completar."

O papel das interações, na criação de conhecimento, teve uma importante corroboração em pesquisa etnográfica realizada, no início dos anos 1990, por Kevin Dunbar, psicólogo da McGill University: para estudar o processo de formação de ideias, foram instaladas câmeras em quatro laboratórios de ponta em biologia molecular e conduzidas entrevistas extensivas, nas quais os cientistas descreviam seus experimentos no tempo presente, enquanto estavam sendo realizados. Dunbar batizou sua abordagem de **"in vivo"**, para diferenciar de estudos tradicionais baseados em entrevistas e levantamentos retrospectivos. Suas mais marcantes descobertas foram (Dunbar, 1999; Johnson, 2010):

"Mesmo com todos os recursos tecnológicos de um laboratório de ponta, a ferramenta mais produtiva para gerar boas ideias continua sendo um grupo de pessoas conversando em torno de uma mesa. As interações têm importantes desdobramentos: (i) as questões colocadas pelos colegas forçam os pesquisadores a repensarem seus experimentos, em diferentes níveis ou escalas; (ii) achados mais surpreendentes adquirem novos significados, diminuindo a probabilidade de serem descartados como erros de experimentação; (iii) as conjecturas de uma pessoa se tornam o *input* para o raciocínio de outra, o que pode levar a mudanças significativas nos rumos da pesquisa que esta estava conduzindo; (iv) analogias produtivas entre diferentes campos de estudos têm maior probabilidade de emergir."

Mecanismos. O desafio para as organizações é criar ambientes que propiciem, de forma continuada, aquelas **interações**. Uma técnica tradicional para facilitar as conexões de ideias e palpites são as sessões de *"brainstorm"*. Estas, entretanto, são limitadas no tempo e no espaço, o que restringe drasticamente as chances de duas boas ideias se encontrarem. "Considere, por exemplo, que um membro de uma organização tenha um palpite promissor e que, dois meses mais tarde, ocorre a outro colaborador a peça faltante que tornaria aquele palpite um genuíno *insight* — as chances de os dois se encontrarem em uma reunião de *brainstorming* são praticamente zero (Johnson, 2010).

Para Johnson (2010), o segredo da inspiração organizacional é construir redes de informação que permitam aos palpites persistirem, dispersarem e recombinarem. "Ao invés de enclausurar as novas ideias em sessões de *brainstorming* ou laboratórios de P&D, criar um ambiente em que o *brainstorming* seja algo que ocorre de forma contínua por toda a organização" (Johnson, 2010).

Um mecanismo para tanto pode ser um banco de dados aberto, que torne todas as ideias visíveis continuamente para todas as pessoas em todos os lugares da organização (não apenas para a administração). Dessa forma, outros colaboradores podem comentar ou expandir aquelas ideias, conectando-as com suas próprias percepções. "Tornando as ideias públicas, e assegurando que elas permaneçam armazenadas, esses sistemas oferecem às boas ideias novas formas de se conectarem" (Johnson, 2010).

Visões (complementares) de Espaços de Inovação. Diferentes escolas de pensamento administrativo concordam sobre a importância dos espaços de inovação, cada uma com sua visão particular sobre os mecanismos de interação. O **Quadro 4.2** apresenta, como exemplo, três dessas abordagens:

- **Serendipitia Estruturada** — uma prática da 3M.
- **Espaços Adaptativos** — Escola das Redes Organizacionais.
- *BA* — Escola das Organizações Criadoras de Conhecimento.

Quadro 4.2 • Diferentes Visões de Espaços de Inovação	1/4

Serendipitia Estruturada[1]

Inovadores precisam se comunicar uns com os outros. A 3M considera que a capacidade de combinar e transferir tecnologias é tão importante quanto a descoberta original. A **Serendipitia Estruturada** é uma das práticas administrativas interdisciplinares, adotadas pela 3M, para estimular as conexões e, consequentemente, as inovações.

Há tantas ideias e tecnologias diferentes fervilhando na empresa, que fazer as pessoas se encontrarem gera, muitas vezes, resultados positivos inesperados. Nos dias em que a empresa era menor, isso era conseguido, por exemplo, pelo gerente de laboratório que reservava as sextas à tarde para encontros de compartilhamento de experiências. Em 2000, com centenas de locais 3M ao redor do mundo, a circulação não era mais tão fácil. Os administradores faziam o possível para reunir as pessoas por meio de encontros, conferências, equipes multifuncionais, aplicativos, bancos de dados, e assim por diante.

O que é ainda mais importante, entretanto, é criar um ambiente em que as pessoas se sintam livres para procurar ideias de outras, de áreas completamente diferentes da empresa, e onde os indivíduos procurados estão dispostos a compartilhar generosamente o que sabem. E é melhor que isso não seja supercontrolado — os contatos têm maior probabilidade de sucesso quando há uma estrutura apenas suficiente para permitir que os contatos ocorram de forma voluntária. O desafio é encontrar o nível adequado de estrutura, para que encontros **serendípicos** ocorram.

A inovação não vem à luz com uma bala de prata ou uma pílula mágica. Na 3M, ela é produto de uma cultura de inovação que estimula as interações, que moldam um ambiente colaborativo no qual uma variedade de fatores de inovação convergem e suportam uns aos outros.

Espaços Adaptativos[2]

1. Objetivos. Muitos programas de inovação falham em atender às expectativas, em parte porque separam os processos formais das redes informais necessárias para adaptar e apoiar uma inovação. Por exemplo, os programas *"skunk works"* nem sempre são bem-sucedidos, pelo fato de desenvolverem suas inovações fora do ecossistema social da organização. De outro lado, inovações podem emergir de imprevisíveis bolsões de criatividade, mas muitas boas ideias nunca são aproveitadas porque as pessoas não dispõem de canais de comunicação, nem têm o poder de influência — formal ou informal — para colocá-las em ação.

Em vez de deixar as inovações emergentes por conta da serendipitia, as organizações precisam criar contextos colaborativos que permitam que pessoas, ideias e informações fluam livremente, entre diferentes grupos e silos hierárquicos, conectando os sistemas informais (empreendedores) com os formais (operacionais).

[Cont.] **Quadro 4.2** • Diferentes Visões de Espaços de Inovação	2/4

[Cont.] **Espaços Adaptativos**[2]

A questão é: como melhor conectar as pessoas para, mais sistematicamente, estimular as inovações emergentes? Parte da resposta está no poder das redes e na habilidade das organizações em criar o que os autores chamam de **Espaços Adaptativos**.

2. Conceito. Espaço Adaptativo é a rede e o contexto organizacional que permitem que pessoas, ideias, informações e recursos fluam pela organização, de forma a estimular com sucesso as inovações emergentes. O **Espaço Adaptativo** facilita o movimento de informações e ideias inovadoras por todo o sistema, abrindo caminho para o desenvolvimento de novos produtos e serviços. Não é um edifício ou um laboratório físico (embora ambos ofereçam oportunidades para o compartilhamento e desenvolvimento de ideias). Ao contrário, o **Espaço Adaptativo** é fluido e pode mudar de acordo com as necessidades.

3. Interação. Um conceito-chave para entender os espaços adaptativos é o da **interação**. Enquanto as estruturas departamentalizadas tradicionais limitam o potencial para inovação, os espaços adaptativos estimulam as interações em rede, promovendo a criação de ideias, inovações e aprendizado. As organizações criam espaços adaptativos abrindo canais de comunicação e estimulando a geração e disseminação de ideias.

4. Papéis Críticos nas Redes Organizacionais. Um fator-chave para catalisar inovações emergentes é identificar e posicionar inovadores dentro de uma organização. Isso requer um entendimento dos papéis individuais nas redes organizacionais. Três são os papéis críticos: *Brokers* ("agentes"), **Conectores Centrais** e **Energizadores**.

- **Brokers.** Constroem pontes entre grupos, dentro e fora da organização. Essenciais para o processo de geração de ideias.

- **Conectores.** São essenciais para reunir apoio ao processo de desenvolvimento e implementação de ideias.

- **Energizadores.** Ajudam as pessoas a sair da zona de conforto. Podem ser brokers, conectores ou qualquer pessoa que adote entusiasticamente uma ideia e a promova. Os líderes mobilizadores são energizadores naturais (ver Seção)

A tabela a seguir apresenta uma comparação entre os três papéis.

Brokers	Conectores	Energizadores
Conectam diferentes grupos em redes	São bem conectados em seu subgrupo	Podem estar em qualquer posição
Criam pontes entre silos	Fazem as coisas acontecerem	Provêm suporte
Buscam e exploram novas ideias	Organizam outros	Inspiram outros a agir
Têm diversas perspectivas	Servem como especialistas	Plenamente engajados no momento
Focam muitas coisas	Resolvem problemas rapidamente	Empenham-se pela visão

GESTÃO DA CRIAÇÃO DE CONHECIMENTO POR PESSOAS E GRUPOS • • • 133

[Cont.] **Quadro 4.2** • Diferentes Visões de Espaços de Inovação	**3/4**

BA[(3)]

1. Objetivo. Na criação de conhecimento, uma pessoa não pode ser livre de contexto. Contextos sociais, culturais e históricos constituem a base para uma pessoa interpretar informação e criar significado. O processo de criação de conhecimento é, portanto, contexto específico, em termos de "quem participa" e "como participa". Em outros termos, a criação de conhecimento, para ser efetiva, necessita de um contexto favorável ou habilitador (*enabling context*).

2. Conceito. Esse contexto habilitador corresponde ao conceito japonês de *"BA"* (que, aproximadamente, pode ser traduzido para o português pela palavra "lugar"). *BA* é um contexto habilitador, um espaço compartilhado que propicia o desenvolvimento de relações. *BA* é o lugar em que a informação é interpretada para se tornar conhecimento e no qual este é compartilhado, criado e usado. *BA* pode ser: **físico** (ex.: escritório, operações descentralizadas); **virtual** (ex.: e-mails, intranet, teleconferências); **mental** (ex.: experiências compartilhadas, ideias, emoções); ou qualquer **combinação** dos três.

3. Interação. O conceito-chave para entender *BA* é "**interação**". A criação de conhecimento é um processo humano dinâmico, que não se limita indivíduos trabalhando sozinhos. O conhecimento é criado por meio da **interação** entre diferentes indivíduos, ou entre indivíduos e seus ambientes. *BA* é o lugar em que ocorrem essas **interações**.

4. Tipos de *BA*. As interações podem ser classificadas segundo duas dimensões:

   1ª) **Tipos de interação**: individual ou coletiva.

   2ª) **Meios de interação**: contato cara a cara ou por meios virtuais (como livros, manuais, e-mails e teleconferências).

A combinação das duas dimensões resulta em um diagrama em que cada quadrante corresponde a um tipo específico de *BA* (ver **Quadro 4.3**). O entendimento dessas especificidades é necessário para que seja criado o contexto adequado a cada situação.

- *BA* **Inicial (*Originating BA*)**. É definido por interações individuais e cara a cara. É o lugar em que indivíduos compartilham experiências, sentimentos, emoções e modelos mentais. O *BA* **Inicial** dá origem ao processo de Criação de Conhecimento e corresponde à fase de **Socialização**.

- *BA* **Interativo (*Interacting BA*)**. É definido por interações coletivas e cara a cara. Por meio do diálogo, os modelos mentais e as habilidades individuais são convertidos em termos comuns e articulados como conceitos. É o lugar em que o conhecimento tácito é tornado explícito; representa, portanto, o processo de **Externalização**.

| [Cont.] **Quadro 4.2** • Diferentes Visões de Espaços de Inovação | **4/4** |

- **Cyber *BA***. É definido por interações coletivas e virtuais. Esse tipo de interação envolve principalmente a combinação e apresentação de conhecimentos explícitos existentes, permitindo sua disseminação por toda a organização. É um lugar de interações em mundo virtual, mais do que no espaço físico, e representa a fase de **Combinação**.

- ***B* Ativo *(Exercising BA)***. É definido por interações individuais e virtuais. Aqui, os indivíduos incorporam o conhecimento explícito comunicado pelos meios virtuais. Apoia, portanto, a fase de **Internalização**.

5. GemBa. O conceito de **Ba** é também referido como **GemBa**, significando "o lugar em que a ação efetiva acontece" (Imai, 1997). Genericamente, **GemBa** pode significar qualquer lugar em que esteja ocorrendo uma ação: um sítio arqueológico, a locação de um filme, a cena de um crime, o local atingido por um terremoto etc. Em organizações, **GemBa** é o local em que ocorrem as atividades de criação de valor — chão de fábrica, balcão de loja, caixa de banco, enfermaria ou qualquer local de atendimento a um cliente.

[1] Gundling (2000)

[2] Arena *et al.* (2017)

[3] Nonaka *et al.* (2000); Von Krogh *et al.* (2000)

GESTÃO DA CRIAÇÃO DE CONHECIMENTO POR PESSOAS E GRUPOS ... 135

Quadro 4.3 • Correspondência entre SECI e BA	1/1

Os diagramas a seguir permitem visualizar a correspondência entre os **Modos de Conversão de Conhecimento** (**Modelo SECI**) e os quatro **Tipos de BA**.

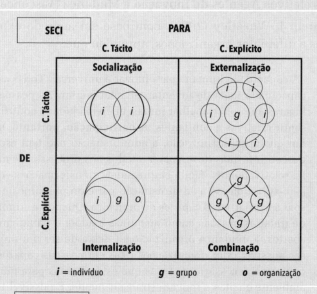

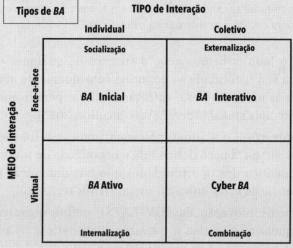

4.3 Pessoas inovadoras

São o objeto e o resultado da Competência **"Pessoas"**, a mais diretamente relacionada com a Criação de Conhecimento por Pessoas e Grupos.

a) "Somos todos inovadores"

As pessoas, atuando em todos os níveis e todas as áreas da organização, são os efetivos **Agentes de Inovação e Mudança** (Vasconcellos, 2015).

Margareth J. Wheatley (2002), com base em anos de experiência com muitas e diferentes organizações, aprendeu que:

> "A capacidade humana para inovar é universal. Todas as pessoas têm a capacidade inata de inventar, adaptar e criar. As pessoas, em todos os lugares, querem trabalhar juntas, querem ajudar e contribuir, querem se sentir criativas e confiantes. **A participação, portanto, não é opcional**. Em qualquer organização, a administração não tem escolha a não ser descobrir formas de envolver a todos nos processos de mudança.
>
> É relativamente fácil empreender transformações organizacionais bem-sucedidas se a administração parte do pressuposto de que as pessoas são criativas e capazes de mudança. Quando a administração deixa de tratar as pessoas como máquinas e adota o paradigma dos sistemas abertos, a mudança organizacional deixa de ser um problema. Passa a ser possível criar organizações ricas em pessoas capazes de se adaptar conforma necessário, pessoas que estão atentas para mudanças em seu ambiente e aptas a inovar estrategicamente. É possível trabalhar com o potencial inovador que existe em todos nós e empregar esse potencial para resolver problemas significativos."

Por outro lado, sabemos que "o sucesso de qualquer organização depende da sua habilidade — de forma continuamente aprimorada — em entender as necessidades e entregar o valor esperado aos seus consumidores e demais *stakeholders*" (Vasconcellos, 2015).

As organizações, em suma, precisam praticar a inovação sistemática, que consiste na "busca deliberada e organizada de mudanças, e na análise sistemática das oportunidades que tais mudanças podem oferecer para a inovação econômica ou social" (Drucker, 1986).

O Fórum de Inovação da FGV–EAESP define organização inovadora como aquela que pratica a Inovação Sistemática: "A organização inovadora é permeada por um processo contínuo e permanente de produção de inovações, de qualquer natureza e de qualquer magnitude" (Vasconcellos, 2015).

As organizações precisam, portanto, de inovações em todas as frentes — não só nos produtos e serviços, mas também nos processos, nas relações com consumidores, fornecedores e parceiros, nos sistemas administrativos e financeiros etc. (Ashkenas, 2011).

Em outras palavras, as organizações precisam criar espaços de inovação em todas as áreas, estimulando todas as pessoas e grupos à geração de ideias e à busca deliberada de soluções de problemas, de inovações e de mudanças.

b) Comportamento Inovador

Os agentes de inovação e mudança — aqueles que buscam inovação deliberadamente, de moto-próprio — são pessoas que adotam o que chamamos de **"comportamento inovador"**. De Jong (2007) define comportamento inovador como o comportamento intencional de indivíduos, para introduzir e/ou aplicar novas ideias, produtos, processos e procedimentos. O comportamento inovador subentende que os indivíduos — e grupos — vão além dos limites de seus requisitos de trabalho para serem inovadores por sua livre e espontânea vontade.

O conceito de comportamento inovador se aplica na criação de qualquer tipo de conhecimento (ver Tipologias de Conhecimento, na **Seção 1.2**). Aplica-se também na criação de qualquer tipo de inovação, incluindo, entre outras, as seguintes classificações (Vasconcellos, 2015):

Tipos de Classificação	Inovações
▪ Escopo da inovação	▪ Tecnológicas — de Produtos e Processos ▪ Organizacionais; de Gestão e do Modelo de Negócios
▪ Grau de novidade da inovação	▪ Incrementais ▪ Radicais
▪ Relação com o modelo de negócio	▪ Sustentadoras de ruptura
▪ Grau de ineditismo	▪ Nova para a organização ▪ Nova para o mercado ▪ Nova para o mundo

c) Componentes do Comportamento Inovador

Já vimos que: **Inovação = Ideia + Ação + Resultados**.

Essa equação define as principais etapas dos Processos de Inovação, a saber (Vasconcellos, 2015):

> ▪ **Ideia.** Etapa de **iniciação** do processo de inovação, que consiste basicamente na **Percepção** (das necessidades e oportunidades de inovação) e na **Geração de Ideias** (criação sistemática de novos conceitos e soluções)

- **Ação.** Etapa de **implementação**, que compreende as atividades **Priorização e Desenvolvimento** e **Implementação dos Projetos de Inovação.**

- **Resultados.** São as **consequ**ências das inovações. Devem ser positivos para todos os públicos interessados, incluindo os beneficiários diretos, a sociedade e o meio ambiente. Para tanto, é essencial que os criadores assumam a **responsabilidade** pelas consequências das inovações.

Cada etapa envolve diferentes atividades, com diferentes comportamentos individuais necessários para sua realização (De Jong, 2007). Os Componentes inovadores, associados a cada etapa, são indicados a seguir.

c.1) IDEIA (Fase de Iniciação)

A fase de **Iniciação** se caracteriza pelo **pensamento divergente**, típico de situações em que o problema ainda não está claramente definido, não existindo ainda, portanto, um meio determinado para resolvê-lo (Kneller, 1965).

O **pensamento divergente** é um processo não linear, que rompe as maneiras familiares ou estabelecidas de se ver e fazer as coisas. Explora várias disciplinas e campos de saber, em busca de novas perspectivas que tornem possível desenvolver uma gama de *insights* e novas ideias. Estas serão estruturadas e canalizadas para soluções apropriadas pelo pensamento convergente (Kneller, 1965; Luecke, 2003).

As atividades de **Iniciação** podem ser agrupadas em duas categorias (ou dimensões), cada uma envolvendo habilidades cognitivas e comportamentos inovadores distintos: "**Percepção**" e "**Geração de Ideias**" (De Jong, 2007).

- **Percepção** (de necessidades ou oportunidades de inovação)

   i) A inovação por indivíduos e grupos usualmente começa pela observação ativa do trabalho e seu entorno, o que leva à percepção de possíveis situações problemáticas, resultantes de: problemas de execução, quebra-cabeças que precisam ser resolvidos, oportunidades tecnológicas e de mercado, ameaças que requerem resposta imediata etc. (De Jong, 2007).

   ii) Drucker (1985) identifica sete fontes de oportunidades de inovação. As quatro primeiras estão dentro da organização. São, portanto, visíveis e indicadores confiáveis de mudanças que já ocorreram ou que podem ser provocadas com pequeno esforço:

» O inesperado — o sucesso, fracasso ou evento externo não previsto.

» Incongruências — *gaps* entre "o que é" e "o que deveria ser"

» Necessidades do Processo — de melhorias ou correção de problemas.

» Mudanças nas estruturas da Indústria e do Mercado — rápido crescimento, ressegmentação, convergência de tecnologias, rupturas na forma de fazer negócios etc.

O segundo grupo implica mudanças fora da empresa ou do setor:

· Mudanças demográficas — em características tais como taxa de natalidade, níveis de escolaridade, composição da força de trabalho etc.

· Mudanças em percepção coletiva — quando os fatos não mudam, mas adquirem um novo significado, gerando novas atitudes e novos hábitos.

· Conhecimento novo — científico, tecnológico, social ou uma combinação dos três.

iii) **Comportamentos Inovadores. A percepção de oportunidades** inclui **comportamentos** como (Kaplan, 1964; De Jong, 2007):

» **Observação ativa** — busca consciente e deliberada de oportunidades de inovação (em oposição à observação casual).

» Atenção para as **fontes internas e externas** de inovação.

» Utilização do **pensamento divergente** para reflexão sobre os atuais produtos, serviços e processos.

» **Abertura para a curiosidade e experiência**, entendida esta como um processo sistemático e controlado de observação.

▪ **Geração de Ideias**

i) Geração de ideias é o processo sistemático de criar novos conceitos e soluções para problemas ou desafios, enfrentados por um indivíduo, grupo ou organização. A expectativa é a de que surjam muitas ideias e de que elas possibilitem à organização dispor de opções de escolha reais e compatíveis com seus objetivos (Barbieri *et al.*, 2009).

ii) É de se esperar também que as ideias produzidas por indivíduos e grupos levem principalmente a inovações incrementais, pois estas "são estimuladas por problemas evidenciados nas atividades rotineiras da organização" (Barbieri e Álvares, 2014). Entretanto, os outros tipos de inovações são também beneficiados, por diversas razões:

> **Da quantidade sai a qualidade**. "É conhecido o fato de que, em um processo de inovação, nem todas as ideias são aproveitadas (...). O que leva a essa perda é o fato de que a ideia em seu estado inicial precisa ser aperfeiçoada, em conformidade com inúmeros condicionantes organizacionais, tecnológicos e mercadológicos. Por isso, gerar ideias em quantidade torna-se importante para as empresas em que a inovação constante faz parte de sua estratégia competitiva" (Barbieri *et al.*, 2008).

> **Inovações sistêmicas**. "É conhecido o fato de que as inovações portadoras de novidades significativas não se completam sem as inúmeras inovações incrementais realizadas para resolver problemas que só aparecem depois da fase de produção regular e lançamento comercial. Muitos problemas relacionados com as inovações radicais são percebidos pelo pessoal interno no exercício de suas atividades diárias; outros, pelos usuários que acionam os serviços de pós-venda, cuja eficácia acaba sendo fundamental para o sucesso dos novos produtos ou serviços" (Barbieri e Álvares, 2014).

> **Círculo virtuoso**. "As organizações Inovadoras dispõem de mecanismos de incentivo à geração de ideias, que contribuem para um 'círculo virtuoso'. As novas ideias reforçam o meio inovador interno, o que aumenta o estímulo à produção de mais ideias" (Vasconcellos, 2015).

iii) A chave para a geração de ideias parece ser a combinação e reorganização de informações e conceitos existentes, para resolver problemas e/ou melhorar desempenho (De Jong, 2007). Cabem, a propósito, as seguintes observações:

» O processo de geração de ideias — por indivíduos e grupos — é orientado para metas. Estas podem ser decorrentes de necessidades do próprio trabalho (solução de problemas, melhoria de desempenho) ou de estratégias da organização (prioridades competitivas, mudanças disruptivas etc.).

» As ideias podem vir de experiências tais como:

· Treinamento, pesquisas e estudos prévios.

· Observação ativa sobre o trabalho e o seu ambiente.

· Frustrações (dificuldades que demandam uma solução).

· Sonhos e desafios (de superação de obstáculos ou mudanças no patamar de desempenho).

· Serendipitia (sucessos inesperados que requerem uma explicação).

· O conhecimento é cumulativo. O nível de expertise, em um dado momento, serve de ponto de partida para a geração e o tratamento de novas ideias.

· A preparação é importante. Indivíduos e grupos bem preparados têm maior probabilidade de reconhecer oportunidades e formular novas ideias (Luecke, 2003).

iv) As organizações inovadoras estimulam a geração de ideias por todas as pessoas, em todas as áreas (Vasconcellos, 2015). Entre as medidas de estímulo, destacam-se as seguintes:

» Uso de métodos para gerar ideias ou tornar as pessoas mais criativas, como o *brainstorming* e o pensamento lateral. Esses métodos são transmitidos às pessoas-chave do processo de inovação, como as equipes de P&D, Desenvolvimento de Produtos, Engenharia de Processos, Círculos de Qualidade etc. (Barbieri *et al.*, 2009).

» Polinização cruzada. Ideias e conhecimentos produzem pouco quando confinados em silos organizacionais. Mas quando estes se abrem, as ideias antes isoladas se encontram e produzem oportunidades reais. Algumas medidas usadas para tanto são: periodicamente realocar especialistas a diferentes equipes, enviar pessoas a conferências científicas e profissionais, criar grupos e sistemas de gestão de conhecimentos intraorganizacionais etc. (Luecke, 2003).

· Projetos próprios individuais. Segundo esta política, conhecida como "Regra dos 15%" (criada originalmente pela 3M), cada pessoa tem o direito de dedicar parte de suas horas de trabalho a projetos de sua própria escolha. O número 15 não é tão importante como a mensagem, que é, mais ou menos, a seguinte: "Se você tem uma boa ideia e está disposto a explorá-la, vá em frente." E é uma obrigação dos gestores da 3M "fechar os olhos" ("*Benevolent Blind Eye*") para essas atividades, uma vez que outros deveres estejam sendo cumpridos adequadamente (Gundling, 2000).

· Sistemas de sugestões. Têm o objetivo de estimular e captar ideias geradas por funcionários (e também clientes e outros participantes da organização). Esses programas são planejados para envolver todas as pessoas da organização, e não apenas algumas selecionadas. Esses sistemas serão analisados no próximo capítulo.

v) **Comportamentos Inovadores**. A **geração de ideias** inclui **comportamentos** como:

» **Expertise**. Disposição permanente para ampliar os conhecimentos e a proficiência técnica, nos campos de atuação de cada indivíduo (Amabile, 1997).

» **Preparação mental**. Imersão em um problema ou desafio, o que inclui olhar a questão por todos os lados, conversar com pessoas familiarizadas com o problema, "brincar" com o problema, ignorar a "sabedoria convencional" etc. (Luecke, 2003).

» Utilização do **pensamento divergente** para explorar novas associações, inclusive com novas tecnologias e com outros campos de conhecimento.

» Disposição para **tirar lições**, tanto dos sucessos como das frustrações (Luecke, 2003).

> » **Colaboração**. Disposição para o trabalho em equipe e o intercâmbio de conhecimentos com outras pessoas, dentro e fora da organização (Luecke, 2003).
>
> » **Persistência**. Capacidade de continuar a perseguir objetivos, mesmo diante de dificuldades imprevistas (Luecke, 2003).

c.2) AÇÃO (Fase de Implementação ou Realização)

A fase de **Implementação** se caracteriza pelo **pensamento convergente**, típico de situações em que o problema está bem definido, existe um método padrão para resolvê-lo e onde se pode garantir uma solução dentro de um número finito de passos (Kneller, 1965).

O pensamento convergente ajuda a canalizar os resultados do pensamento divergente em inovações concretas, especialmente nos trabalhos em grupo: à medida que são comunicadas a outras pessoas, as ideias são avaliadas para determinar quais são realmente novas e merecem dedicação de esforços. Ao se mover para o pensamento convergente, o grupo muda de ênfase — do que é novo para o que é útil (Luecke, 2003).

A convergência estabelece limites e afunila o campo de soluções possíveis dentro de um dado conjunto de restrições, sendo estas definidas em função de fatores como missão, prioridades, relações com *stakeholders*, disponibilidades financeiras etc. (Luecke, 2003).

As atividades de **implementação** podem ser agrupadas em duas categorias ou dimensões, cada uma envolvendo habilidades cognitivas e comportamentos inovadores distintos: "**Priorização e Desenvolvimento**" e "**Implementação de Projetos de Inovação**" (Vasconcellos, 2015).

- **Priorização e Desenvolvimento**

  i) Esta etapa se inicia com a decisão de implantar uma ideia ou conjunto de ideias. O tempo decorrido entre a geração e o início do desenvolvimento de uma ideia, pode variar bastante, dependendo do tipo de inovação. Em um extremo, podemos ter a rápida realização de pequenos projetos de melhoria, decidida pelos próprios operadores de um processo (Vasconcellos, 2015). Em outros casos, de empreendimentos complexos, pode haver um longo período de gestação até que ocorra um fato desencadeador, como uma nova liderança, a perda de mercado, convergência tecnológica etc. (Van de Ven *et al.*, 1999).

ii) Priorização. Usualmente, aquela decisão é condicionada à disponibilidade limitada de recursos (físicos, financeiros, humanos ou mesmo de tempo), o que faz com que apenas uma parte das ideias possa ser selecionada entre várias alternativas concorrentes. Deve haver, portanto, algum método para priorizar cada projeto potencial. Antes, vimos alguns métodos de seleção de tecnologias, em que as decisões são tomadas com horizontes de médio e de longo prazos. Já quando falamos em seleção de ideias, a tecnologia em geral já está definida e o horizonte pode variar, do curtíssimo para o médio prazo. Entre os **critérios** mais utilizados para a priorização de ideias, podemos destacar (Eilat *et al.*, 2008; Ribeiro, 2015):

» Facilidade de implantação — disponibilidade de capital, tecnologia facilidades e pessoas.

» Facilidade de aceitação pela organização — alinhamento às estratégias e competências centrais, adaptabilidade aos sistemas operacionais e redes de valor.

» Impacto nos resultados — *time-to-market*, satisfação dos consumidores (vantagem competitiva), satisfação dos *stakeholders*, plataforma para aprendizagem e crescimento.

» Resultados financeiros — investimento necessário, rentabilidade, fluxo de caixa.

» Incerteza — probabilidade de sucesso tecnológico e comercial, expectativa de riscos e recompensas.

Entre os **métodos** de seleção que aplicam desse critérios podem ser citados (Cooper *et al.*, 2001): contribuição para o portfolio de produtos, métodos financeiros, sistemas de pontuação, listas de verificação (com questões sim/não), métodos informais, baseados na experiência. Cada método pode ser usado para comparar os projetos uns com os outros, colocando-os em ordem de classificação (*ranking*), ou para tomar decisões Passa/Não Passa, comparando cada um com determinados níveis de aceitação.

iii) A partir das decisões iniciais, tem-se o **processo de desenvolvimento**, que consiste em colocar uma ideia (ou grupo de ideias) em forma de atender às necessidades de potenciais usuários (Rogers, 1995). Esse processo pode ser dividido em três estágios principais: (1°) definição de conceitos, (2°) desenvolvimento da inovação e (3°) validação da viabilidade do projeto.

Cada estágio consiste em (Cooper, 1988): (a) um conjunto de atividades multifuncionais, (b) o resultado esperado dessas atividades, (c) um mecanismo de controle dos resultados, e (d) uma tomada de decisão — continuar, interromper, esperar, corrigir (ver **Quadro 4.4**).

iv) **Comportamentos Inovadores**. A "**Priorização e Desenvolvimento**" inclui comportamentos tais como:

» Atenção permanente para as mudanças do ambiente e necessidades do *stakeholders* para identificar campos prioritários de inovação.

» Abertura para desafiar pressupostos e explorar conceitos fora da "zona de conforto".

» Habilidade para envolver consumidores e *stakeholders* na elaboração de Propostas de Valor.

» Habilidade para mobilizar e alinhar as forças internas em direção a objetivos claramente definidos.

» Habilidade para contornar ou neutralizar as reações negativas daqueles que não entendem ou se sentem ameaçados pelas mudanças.

» Utilização do **pensamento convergente**, por meio de múltiplas interações de protótipos, com o monitoramento e os ajustes necessários em cada etapa.

» Atitude caracterizada por disciplina, adaptabilidade e persistência.

» Disposição para aprender com consumidores e usuários nas operações piloto e prontidão para reagir rapidamente diante de feedbacks inesperados.

- **Implementação de Projetos de Inovação**

i) Ocorre quando uma inovação é incorporada às atividades regulares da organização e perde sua identidade separada (Rogers, 1995). Esse é o momento de assegurar o comprometimento da organização e da liderança — de reconhecer que a inovação está firme e merece a continuidade no aporte de recursos — de pessoas, capital e atenção da liderança

(Keeley, 2013). Para muitas organizações inovadoras, este é um momento de celebração (Vasconcellos, 2015).

ii) A **implementação** é um processo complexo (à exceção, talvez, das inovações incrementais). É composta por uma série de processos separados e interdependentes, tais como (Rogers, 1995; Van de Ven, 1999; Janszen, 2000):

» Atividades relacionadas diretamente com a inovação em si (novos produtos ou modelos de negócios, mudanças nos sistemas administrativos e processos operacionais etc.).

» Processos internos complementares (nas áreas de marketing, finanças, treinamento etc.).

» Processos externos relacionados (incluindo a cadeia de valor, organizações parceiras, etc.).

» Difusão da inovação para todos os potenciais usuários e interessados.

iii) De fato, é esperado que nesta fase ocorra uma mútua adaptação entre a inovação e a organização (Rogers, 1995):

» A estrutura da organização pode ser alterada para acomodar a inovação – algumas vezes, uma nova unidade é criada para administrar o novo programa; outras, a organização inteira é afetada (pela introdução de um novo sistema de informação, por exemplo).

» A própria inovação pode ser reinventada, com ajustes para melhor se acomodar à estrutura e às práticas da organização.

iv) **Comportamentos Inovadores**. A **implementação** inclui comportamentos tais como:

» Autoconfiança para lidar com a complexidade.

» Proatividade. Iniciativa na celebração e na difusão da inovação para os potenciais usuários.

» Utilização do pensamento convergente para promover as adaptações necessárias, na organização e na inovação, sem perder de vista os objetivos e parâmetros estabelecidos.

» Habilidade para conduzir a rotinização da inovação (e consequente perda de identidade).

c.3) RESULTADOS (Consequências)

Consequências são mudanças que ocorrem com um indivíduo ou sistema social como resultado da adoção ou rejeição de uma inovação (Rogers, 1962).

Segundo Rogers (1962), os "agentes de inovação" (pessoas que participam da criação e/ou difusão de uma inovação) geralmente dão pouca atenção às consequências:

> "Essas pessoas muitas vezes assumem o pressuposto de que uma dada inovação produzirá principalmente resultados benéficos para os usuários. Esse pressuposto é a expressão de um viés pró-inovação. Os promotores de inovações devem reconhecer sua responsabilidade pelas consequências. Idealmente, devem ser capazes de prever as vantagens e desvantagens de uma inovação antes do seu lançamento. Isso raramente é feito, e muitas vezes não pode ser feito."

Alguns exemplos de consequências negativas de inovações, que só foram percebidas muito mais tarde, são apresentados no Box 4.C.

Box 4.C • Alguns exemplos de consequências negativas de Inovações

Plásticos. A história dos plásticos remonta ao século XIX. Seu uso se intensificou a partir da Segunda Guerra Mundial, devido a suas características: são leves, duráveis, com grande versatilidade de forma e cores. Já nos anos 1960, seus efeitos nocivos ao ambiente e à saúde humana começaram a ser percebidos. Seus danos são alarmantes e não param de crescer. O tempo de recuperação de todos os ecossistemas prejudicados será muito longo.

Gas CFC. Foi descoberto em 1928. Por ser versátil, barato, não inflamável e fácil de estocar, logo passou a ser largamente utilizado em aerossóis e sistemas de refrigeração. Nos anos 1970, os cientistas descobriram que, ao escapar para a atmosfera, estava abrindo um enorme rombo na camada de ozônio. Foi banido em 1978. Serão necessários cinquenta anos para que a camada de ozônio se recupere.

Reengenharia. A Reengenharia foi "inventada" nos anos 1990 como uma ferramenta certeira para a rápida redução de custos. Não demorou muito tempo para que vários "efeitos colaterais" fossem identificados, tais como: queda dos níveis de produtividade, redução dos níveis de comprometimento, redução das inovações etc.

Derivativos. Foram criados inicialmente para a cobertura de riscos cambiais e proteção das operações das empresas contra oscilações de preços. No início dos anos 2000, muitas empresas brasileiras vislumbraram uma possibilidade de ganhos não operacionais com uma "inovação" — passaram a realizar operações com derivativos com fins especulativos. A aposta era a de que, com a continuidade da desvalorização do dólar, as empresas teriam ganhos financeiros (em operações que nada tinham a ver com o seu *core business*). Entretanto, a crise financeira mundial de 2007 reverteu o quadro, com a desvalorização do dólar provocando perdas bilionárias dos investidores. Casos exemplares foram a Sadia e a Aracruz Celulose, empresas até então líderes de seus mercados e que acabaram por desaparecer, dando lugar, respectivamente, à BRF e à Fíbria (Barreto, 2011).

Rogers (1962) propõe uma taxonomia de consequências das inovações, classificando-as segundo três dimensões:

- **Consequências Desejáveis vs. Indesejáveis**. Consequências **desejáveis** são os efeitos funcionais de uma inovação, em um indivíduo ou em um sistema social. Consequências **indesejáveis** são os efeitos disfuncionais. Muitas inovações acarretam consequências tanto desejáveis como indesejáveis, e, em geral, não é possível administrar os dois tipos separadamente (Rogers, 1962).

- **Consequências Diretas vs. Indiretas**. Consequências **diretas** são as mudanças, em um indivíduo ou em um sistema social, que ocorrem em resposta imediata à adoção de uma inovação. Consequências **indiretas** são as que ocorrem como resultado das consequências diretas de uma inovação. São as consequências das consequências (resultados de segunda ordem).

- **Consequências Previstas vs. Imprevistas**. Consequências **previstas** são as mudanças devidas a uma inovação, que são reconhecidas e pretendidas pelos membros de um sistema social. Consequências **imprevistas** são aquelas que não são nem reconhecidas nem pretendidas pelos seus promotores.

As consequências desejáveis, diretas e previstas usualmente andam juntas. O mesmo se dá com as consequências indesejáveis, indiretas e imprevistas (Rogers, 1962).

Resultados das Inovações Organizacionais. No âmbito das organizações, podemos considerar dois tipos principais de resultados das inovações:

- **Resultados dos Processos de Inovação** (consequências diretas), tais como:
  - Produtos novos ou significativamente melhorados.
  - Inovações em processos, incluindo métodos de produção de bens e serviços, sistemas logísticos etc.
  - Inovações organizacionais, incluindo técnicas de gestão, sistemas de delegação de poder etc.
  - Inovações nos modelos de negócios, novos e de ruptura.
- **Impactos das Inovações** (consequências indiretas). Por exemplo, as inovações desenvolvidas podem contribuir para:
  - Reduzir impactos negativos ao meio ambiente.

- Melhorar a vida das pessoas (inclusão social).
- Aumentar a competitividade da empresa, em termos de custo, qualidade, tempo e flexibilidade.
- Reforçar a rentabilidade e a saúde financeira.

d) Competências Determinantes do Comportamento Inovador

Vimos antes que:

- O comportamento inovador é o comportamento intencional, de indivíduos e grupos, para introduzir e/ou aplicar novas ideias.
- Os componentes do comportamento inovador podem ser associados às etapas do Processo de Inovação — Ideia, Ação e Resultados.

Resta a questão: quais são as **condições** para que o comportamento de um indivíduo ou grupo seja de fato inovador? Ou, em outras palavras, quais são as **competências** que definem um indivíduo (ou grupo) como inovador? Para responder a essa questão, vamos primeiro definir o que é uma **Competência Individual**:

> "**Competência Individual** é um conjunto de fatores que contribuem para que um indivíduo (ou grupo) possa, com sucesso, lidar com determinadas situações ou executar determinados trabalhos" (Ellström, 1997; Ellström e Koch, 2008).

Podemos então definir a **Competência Individual Inovadora** como o **conjunto de fatores** que permitem que um indivíduo (ou grupo) adote, consistentemente e com sucesso, um **comportamento inovador**. Esses fatores podem ser agrupados em três categorias associadas às fases do Processo de Inovação:

- **Ideia.** Fatores relacionados com o **pensamento divergente** — determinantes da **Criatividade**.
- **Ação.** Fatores relacionados com o **pensamento convergente** — determinantes do **Espírito Empreendedor**.
- **Resultados.** Fatores relacionados com as **consequências** — determinantes da **Responsabilidade**.

Vamos agora analisar esses três conjuntos de fatores, mas antes cabe salientar que:

1) Tanto a Criatividade como o Espírito Empreendedor e a Responsabilidade são comportamentos, e não traços de personalidade.

2) Qualquer indivíduo pode aprender a ser criativo, empreendedor e responsável e assumir um comportamento inovador.

3) A Administração pode — e deve — influenciar positivamente o desenvolvimento inovador de indivíduos e grupos (o que veremos no próximo capítulo).

e) Criatividade

e.1) Definição

Desde a antiguidade, a criatividade é estudada em praticamente todos os campos de conhecimento (como Filosofia, Psicologia, Educação, Arte, Ciência e Tecnologia, Administração, para citar apenas alguns), cada um produzindo uma variedade de conceitos e abordagens. Essas definições podem ser agrupadas em quatro categorias (Kneller, 1965):

1ª) A criatividade pode ser entendida em função de seus **produtos**, como teorias, invenções, pinturas, esculturas, poemas etc.

Obs.: Esta é a concepção preferida por muitos autores. Isso porque os produtos, sendo públicos e prontamente obteníveis, podem ser avaliados de maneira mais objetiva e confiável (Amabile, 1988).

2ª) A criatividade pode ser explicada por meio de **processos mentais** — motivação, percepção, aprendizado, pensamento e comunicação — que são mobilizados pelo ato de criar.

Obs.: Esta abordagem tem recebido crescente atenção. É uma definição sem dúvida mais exigente e sutil, porque muito de sua substância se encontra nos estados interiores da pessoa criadora (Kneller, 1965).

3ª) Os autores nesta categoria consideram a criatividade do ponto de vista da **pessoa que cria**, isto é, em termos de fisiologia e temperamento, inclusive atitudes pessoais, hábitos e valores.

4ª) Esta definição focaliza **influências ambientais e culturais**.

Obs.: Estas duas categorias dizem respeito mais a fatores que influenciam do que à própria definição de criatividade.

Em qualquer hipótese, toda definição de criatividade deve preencher duas condições:

i) Incluir o elemento essencial de **novidade**. Citando Kneller (1965), "Criamos quando descobrimos e exprimimos uma ideia, um artefato ou uma forma de comportamento que sejam novos para nós. Digo novos para nós porque a descoberta, por uma pessoa, daquilo que foi revelado por outros ainda representa uma realização criadora".

ii) A novidade por si só, entretanto, não torna criador um ato ou uma ideia — a relevância também constitui um fator. Como o ato criador é resposta a uma situação particular, ele deve resolver, ou ao menos clarear, a situação que o fez surgir (Kneller, 1965).

Em suma, um ato ou uma ideia é criador não apenas por ser novo, mas também porque consegue algo adequado a uma dada situação (Kneller, 1965).

Com base no que foi dito, podemos formular a seguinte definição (Kneller, 1965; Amabile, 1988):

> **Criatividade** é a habilidade, de uma pessoa ou pequeno grupo, de produzir e expressar algo que seja, ao mesmo tempo, novo para o criador e adequado a algum objetivo.

Carl Rogers (1954) distingue dois sentidos do termo criatividade, um estrito e outro amplo. O primeiro sentido corresponde à definição anterior. O segundo sentido é mais abrangente — considera também a tendência para a autorrealização. Nesta acepção, uma pessoa é criativa na medida em que realiza suas potencialidades como ser humano.

e.2) Premissas

A definição de **criatividade** tem implícitos dois pressupostos que devem ser ressaltados:

1º) Todos os indivíduos são criadores, de diferentes maneiras e em diversos graus (Fliegler, 1961). Em outras palavras, não existem pessoas não criativas. "A imaginação, a energia, a persistência e outras qualidades criadoras podem ser mais desenvolvidas em algumas pessoas do que em outras, mas felizmente ninguém tem monopólio delas" (Kneller, 1965). Por outro lado, o ambiente social (e o ambiente de trabalho) pode influenciar tanto o nível como a frequência do comportamento criativo (Amabile, 1997). Note-se que esta premissa contradiz a "sabedoria convencional", segundo a qual "a criatividade é alguma coisa feita por pessoas criativas".

2º) A criatividade não se limita às artes ou a alguns poucos campos. Ao contrário, ela pode ocorrer em todo gênero de atividade (Kneller, 1965). O ato de criação, do qual nasce um pensamento original, é o mesmo ato nas artes, nas ciências, na tecnologia, na educação, na administração, no exercício de qualquer profissão ou qualquer atividade cotidiana das pessoas. Um casal pode ser criativo na maneira como cria os filhos, tanto quanto o escritor que transforma suas experiências em novela ou peça teatral (Kneller, 1965). Particularmente nas organizações, a criatividade pode ocorrer em qualquer tipo de instituição, em qualquer função e em qualquer nível hierárquico. É certo que alguns trabalhos oferecem mais campo do que outros à criatividade. A propaganda e o ensino exigem mais originalidade, no pensamento e na ação do que guiar caminhão e servir como encanador, por exemplo. Não obstante, pesquisas demonstram que a criatividade contribui para o êxito mesmo nas mais prosaicas ocupações, com a de balconista em uma grande loja (Kneller, 1965).

e.3) Condições internas para a Criatividade Produtiva

Rogers (1954) distingue duas formas de criatividade, uma construtiva e outra destrutiva. A distinção entre ambas pode ser estabelecida brevemente como segue:

> "Quando o indivíduo se torna mais 'aberto' ou mais consciente, de todos os aspectos de sua experiência, ele tende a agir de uma maneira que podemos chamar de socializada. Se ele pode estar consciente de seus impulsos hostis, mas também do seu desejo por amizade e aceitação; consciente das expectativas da sua cultura, mas igualmente consciente de seus próprios propósitos; consciente de seus desejos egoístas, mas também consciente de sua preocupação com o bem-estar dos outros; então o seu comportamento tende a ser harmonioso, integrado, construtivo. Em síntese, na medida em que o indivíduo é aberto a todos os aspectos de sua experiência, os novos produtos de sua interação com o ambiente tendem a ser construtivos, tanto para si como para os outros. Já quando ele reprime (ou não toma consciência de) grandes áreas de sua experiência, as suas formulações criativas podem ser patológicas, danosas à sociedade ou ambos."

Quais são as condições individuais mais intimamente associadas ao ato criador potencialmente construtivo? Rogers (1954) vê três possibilidades:

[A] **Abertura à Experiência.** Em uma pessoa que é aberta à experiência, cada estímulo do ambiente é recebido livremente, sem ser distorcido por nenhum mecanismo de defesa. Assim:

> "Todo estímulo está disponível à consciência. Isto significa que, ao invés de perceber os estímulos em determinadas

categorias ('as plantas são verdes', 'o ensino superior é bom', 'a arte moderna não tem valor'), o indivíduo responde às manifestações do ambiente tal como elas são, ficando assim desperto para muitas experiências que não se enquadram nas categorias convencionais (<u>esta</u> planta é uma lavanda; <u>esta</u> escola é ruim; <u>esta</u> escultura moderna tem um forte efeito sobre mim)."

A Abertura à Experiência significa (Rogers, 1954):

i)   **Flexibilidade** — ausência de rigidez e permeabilidade de fronteiras, em conceitos, crenças, percepções e hipóteses.

ii)   **Tolerância diante da ambiguidade** — a habilidade de receber muitas informações conflitantes sem forçar interpretações.

[B]   **Locus Interno de Avaliação.** "Para a pessoa criativa, o valor de sua produção é estabelecido por ela própria, por seus próprios critérios, e não por elogios ou críticas de terceiros. Isso não significa que a avaliação externa seja desconsiderada, mas, sim, que esta não muda o sentimento interno de realização" (Rogers, 1954).

[C]   **Habilidade em "brincar" com elementos e conceitos.** "É a habilidade de jogar espontaneamente com ideias, cores, formas, relações — para dispor elementos em justaposições tidas como impossíveis, para formular hipóteses intrigantes, para tornar problemático o que é dado como estabelecido, transformar algo em equivalentes improváveis. É a partir desse jogo e exploração espontâneos que surgem os *insights* e a visão criativa da vida, em um modo novo e significante" (Rogers, 1954).

e.4) Habilidades individuais

Além das condições básicas alinhavadas por Rogers, outras habilidades individuais (e de pequenos grupos) são consideradas relevantes para a criatividade. Dentre estas, podem ser destacadas (Kneller, 1965; Amabile, 1988):

i)   **Modos de Percepção.** Estilos cognitivos que favorecem a criatividade incluem habilidades como:

– Facilidade no entendimento da complexidade.

– Manter opções abertas tanto quanto possível (antes de tomar decisões).

- Dar um passo atrás — desprender o criador da sua obra e dar um tempo para que surja uma nova perspectiva.

ii) **Modos de Geração de Ideias**. Estilos cognitivos que apoiam a criatividade incluem habilidades como:

- Combinar conhecimentos de diferentes áreas — "rearranjar o que sabemos, a fim de achar o que não sabemos" (Kneller, 1965).

- Quebrar modelos mentais e fugir das rotinas pré-estabelecidas — "Olhar de maneira nova para o que normalmente consideramos assentado" (Kneller, 1965).

- Saber formular perguntas que estimulem a imaginação — a criatividade é ativada por provocações como: "E se ...? E daí ...? Que mais ...? Mais uma vez, o que mais ...?" (Kneller, 1965).

iii) **Estilo de Trabalho**. Atitudes que contribuem para a criatividade incluem:

- **Imersão**. Leva o criador a pensar mais profundamente e de modo mais global do que faria em outras circunstâncias — "A imersão nutre de ideias a imaginação, propiciando o afloramento de uma gama de abordagens em relação ao problema" (Kneller, 1965).

- **Perseverança**. Capacidade de não esmorecer diante de problemas difíceis, obstáculos, erros ou acidentes — ao contrário, "as dificuldades não raro indicam o caminho de uma solução criativa" (Kneller, 1965).

- **Persistência**. Capacidade de concentrar esforços por longos períodos de tempo.

iv) **Qualidades Pessoais (e de Pequenos Grupos)**. Entre as qualidades que contribuem positivamente para a Criatividade, destacam-se:

- **Flexibilidade**. Habilidade em tentar variadas abordagens.

- **Originalidade**. "Capacidade de produzir ideias raras, resolver problemas de maneiras incomuns, usar coisas ou situações de modo não costumeiro" (Kneller, 1965).

- **Consideração de Riscos**. "A pessoa criadora tende a ser mais cética em face das ideias aceitas e menos desconfiada das novas. O ceticismo a liberta das crenças convencionais, ao passo que sua credulidade em relação a novas ideias a predispõe aos riscos intelectuais da descoberta criadora" (Kneller, 1965).

- **Independência**. "A pessoa independente é a mais capaz de realização criadora, porque mantém um equilíbrio entre grupocentrismo e autocentrismo. Ao contrário do conformista, tem ideias originais e é aberta à experiência. Ao contrário do anticonformista, é inconvencional, não apenas para ser, mas no curso da criatividade" (Kneller, 1965).

- **Autoconfiança**. "A pessoa criativa tem íntima confiança no valor de sua obra. Ela é dotada de inabalável fé, não naquilo que fez, mas no que pode realizar, mesmo enfrentando tropeços físicos, financeiros e psicológicos (Kneller, 1965).

- **Qualidades de Grupos**. Grupos criativos são formados por pessoas criativas. Estas são afinadas com as ideias dos outros, a fim de não perder contato com o pensamento da sociedade, da organização e do grupo. A diversidade de experiências também contribui para a criatividade do grupo.

e.5) Componentes da criatividade

A Teoria Componencial da Criatividade foi proposta e desenvolvida por Teresa Amabile e publicada em diversos de seus trabalhos (1983; 1988; 2013). Em 1983, Amabile criou o **Modelo Componencial da Criatividade Individual**, com o objetivo de descrever os componentes psicológicos e sociais necessários para que um indivíduo produza trabalhos criativos.

Na Teoria Componencial, a influência na criatividade inclui três componentes internos ao indivíduo:

- Expertise no domínio (ou domínios) de atuação do indivíduo.
- Habilidades relevantes para a criatividade (*Creativity-relevant Skills*).
- Motivação.

Um quarto componente, externo ao indivíduo, é o ambiente ao redor, em particular o ambiente social.

O modelo original passou por grande evolução desde então. Em 1988, a autora publicou uma extensão de sua teoria, para englobar a Criatividade nas Organizações. O modelo básico da Criatividade Individual permaneceu o mesmo, com o acréscimo do pressuposto de que os mesmos quatro componentes influenciam a criatividade de grupos de pessoas cooperando estreitamente entre si.

Dois importantes pressupostos fundamentam a teoria:

1°) Há um continuum, desde os níveis mais baixos de criatividade, encontrados na vida diária, até os níveis mais altos, encontrados em realizações historicamente significativas, como invenções, descobertas científicas e trabalhos artísticos.

2°) Existem graus de criatividade no trabalho de qualquer indivíduo, mesmo dentro de um único domínio. O nível de criatividade que uma pessoa (ou pequeno grupo) produz em um determinado ponto no tempo é função dos componentes de criatividade presentes nesse momento.

A teoria especifica que a criatividade requer a confluência de todos os componentes, detalhados a seguir. A criatividade deve ser maior quando uma pessoa intrinsecamente motivada, com alta expertise em seu domínio e grande habilidade em pensamento criativo, trabalha em um ambiente que apoia amplamente a criatividade.

Expertise. Esta é uma palavra de origem francesa que se refere a um conjunto de saberes especializados, de natureza científica ou técnica, geralmente orientado para a aplicação prática. Podemos dizer que "**expertise** é a base para todo trabalho criativo" (Amabile, 1997). A expertise engloba tudo o que uma pessoa sabe e pode fazer no seu campo de atividade (Amabile, 1998).

No limite, a expertise leva à "mestria intelectual e paixão na área escolhida, com domínio sobre os seus pressupostos, substância, relações e linhas de pensamento" (Rhodes, 2001). Isso se aplica a todos os tipos de conhecimento, de pessoas e grupos, apresentados na **Seção 1.2**, incluindo:

- Conhecimentos científico, tecnológico e por familiaridade.
- Conhecimentos tácito e explícito.

Habilidades Relevantes para a Criatividade. Essas habilidades são responsáveis pelo "algo a mais" do desempenho criativo. "Um indivíduo com expertise poderá executar um trabalho 'tecnicamente bom', mas não será um trabalho criativo se estiverem em falta as habilidades criativas" (Amabile, 1988). As habilidades criativas são as apresentadas na Seção anterior, "**Condições Internas para a Criatividade Produtiva**".

Motivação. É o fator que determina o que as pessoas realmente farão. "Sem motivação, a expertise e as habilidades criativas de um indivíduo não serão aproveitadas, ou serão aplicadas em outros campos" (Amabile, 1998). As necessidades humanas, em um ambiente organizacional, são atendidas por dois tipos de fatores (ver **Quadro 5.2** — Teoria dos Dois Fatores):

- **Fatores Motivadores**. São estímulos ao crescimento e à autorealização e podem ser classificados em duas categorias:
  - Motivação pelo próprio trabalho ou motivação intrínseca.
  - Motivação pela participação — proporcionada pela liderança mobilizadora.
- **Fatores Higiênicos**. São estímulos ao comportamento para evitar sofrimento. São extrínsecos ao trabalho e são responsáveis pela qualidade de vida no trabalho.

Todos esses fatores compõem o Meio Inovador Interno e contribuem para a eficácia dos espaços de inovação (ver **Seção 4.2**).

e.6) Fases da Criatividade

(Extraído de Kneller, 1965)

O processo criativo pode ser dividido em fases, em geral conhecidas como Primeira Apreensão, Preparação, Incubação, Iluminação e Verificação. Essas fases devem ser encaradas mais como tipos ideais, porque, apesar de logicamente separadas, só raramente se mostram tão distintas na experiência

Primeira Apreensão. Antes de mais nada, é preciso que nasça o germe da criação. O criador tem de ter seu primeiro *insight* — a apreensão de uma ideia a ser realizada ou de um problema a ser resolvido. A apreensão original dá direção e propósito à exploração do criador, mesmo que seja apenas a noção de algo a fazer, ainda que possa se transformar completamente ao longo do processo de criação.

Preparação. A segunda fase constitui rigorosa investigação das potencialidades da ideia germinal. O criador lê, anota, discute, indaga, coleciona, explora. Propõe possíveis soluções e pondera suas forças e fraquezas.

Ainda mais, a preparação para uma determinada tarefa criadora deve ser acompanhada da efetiva preparação do respectivo espaço de inovação. Criação requer técnica, que pode ser bruta ou refinada, conforme a natureza do meio. Por exemplo, o projetista de aviação precisa conhecer os diversos materiais, o administrador de publicidade precisa conhecer os meios de comunicação mais eficientes para os diversos mercados etc. Enfim, o meio proporciona ao criador diferentes métodos para realizar o trabalho desejado. Por outras palavras, para realizar sua tarefa criadora, ele deve dominar os meios para exprimi-las.

Incubação. Depois de o consciente realizar sua tarefa, o inconsciente, como mostra a psicanálise, entra em ação. O período de preparação consciente é seguido por um tempo de atividade não consciente, no qual as ideias do criador são "enterradas". Então, o inconsciente — sem limites, desimpedido pelo intelecto literal — faz as inesperadas conexões que constituem a essência da criação. O período de incubação pode ser longo ou curto, mas deve existir. Não pode vir a inspiração sem o trabalho do inconsciente, seja por seis meses, seis horas ou seis minutos.

Iluminação. O momento da iluminação leva o processo de criação a um clímax. De repente, o criador percebe a solução de seu problema — o conceito que enquadra todos os fatos, o pensamento que completa a cadeia de ideias em que ele trabalha. No momento da inspiração, tudo entra em seus lugares. Além de imprevisível, a inspiração é também autocertificável, pois a pessoa criadora se acha convencida da correção de sua intuição antes de verificá-la logicamente. Ainda mais, a inspiração é uma das mais intensas alegrias que o homem conhece. No entanto, a iluminação é notoriamente falível, o que torna imprescindível a fase de verificação.

Verificação. A inspiração é condição necessária à criação e proporciona a matéria-prima da realização criadora. Mas o intelecto e o julgamento têm de terminar a obra que a imaginação iniciou. O matemático, por exemplo, pode de súbito intuir a solução de um problema, mas precisa depois verificar se a intuição é correta. Após identificar-se emocionalmente com sua obra no momento da iluminação, o criador agora recua e a examina, para distinguir o que é válido e o que não é. A tarefa de verificação pode ser simples ou levar anos. Pode ainda — e muitas vezes deve — passar pela crítica de pares, para garantir a objetividade da análise.

Síntese. Em suma, o ciclo criador parece contar com cinco fases:

- Primeiro, há um impulso para criar — **Primeira Apreensão [1]**.

- Segue-se um período em que o criador recolhe material e investiga diferentes métodos para trabalhá-lo — **Preparação [2]**.

- Vem a seguir um tempo de **incubação**, no qual a obra criadora prossegue inconscientemente [2].

- Então surge o momento de **iluminação**, e o inconsciente anuncia de súbito os resultados de sua faina.

- Há, por fim, um processo de **revisão**, em que as dádivas da inspiração são conscientemente elaboradas, alteradas e corrigidas **[1]**.

  [1] Apreensão e **Verificação** nem sempre são processos distintos — podem se influenciar mutuamente. Tentativas de verificação podem levar a novas interações, até mesmo de natureza inteiramente diversa.

  [2] Note-se que a **Preparação** e a **Incubação** raramente são de fato divididas de modo tão nítido. A busca consciente de informação e a reflexão inconsciente podem se sobrepor.

  [1] e **[2]** Estas observações mostram que as distinções entre as fases de criação representam, antes, conveniências de pesquisa do que divisões do próprio processo.

f) Espírito Empreendedor

f.1) Rotinas e Empreendimentos

Como visto na Seção 1, "**Rotinas** são padrões regulares e previsíveis das organizações". "A rotinização de suas atividades constitui a forma mais importante de estocagem do conhecimento específico de uma organização" (Nelson e Winter, 1982).

As rotinas podem ser operacionais (incluindo procedimentos técnicos e administrativos), de investimento (relacionadas com o crescimento da organização) e estratégicas (guiadas por regras de decisão sobre os rumos da organização).

As rotinas organizacionais podem, ainda, ser combinadas de diversas maneiras. Um processo de fabricação, por exemplo, pode ser decomposto em rotinas de trabalho — de indivíduos e de equipes. A fabricação de um componente por uma empresa pode ser vista como uma sub-rotina da cadeia de valor da qual ela faz parte. Temos, assim, três níveis básicos de rotinas: nível macro (integrando um certo número de organizações), nível da organização (incluindo as rotinas operacionais, de investimento e estratégicas) e nível micro (atividades de pessoas e grupos).

O **Empreendimento**, por sua vez, é algo qualitativamente novo (Swedberg, 2007), que muda o padrão vigente, seja pela exploração de uma nova ideia, seja em resposta a uma necessidade ou a uma oportunidade percebida (Sledzik, 2013). Consiste na realização de combinações novas, sejam novas formas de utilizar os recursos existentes, sejam novos tipos de combinações (Schumpeter, 1942). Seu resultado é a criação de valor — para o indivíduo, para a organização ou para a sociedade.

Os **empreendimentos** geram mudanças — criando novas rotinas ou introduzindo modificações nas rotinas existentes. Essas mudanças — as **inovações** — são geralmente introduzidas pelos **empreendedores** (Schumpeter, 1942) nos três níveis: da economia, das organizações e dos processos. De acordo com o porte e a complexidade, os empreendimentos podem ser enquadrados em três categorias básicas:

- □ Alianças e Joint Ventures — empreendimentos envolvendo duas ou mais organizações.

- □ Empreendimentos Corporativos — envolvendo atividades combinadas de múltiplos participantes de uma organização.

- □ Empreendimentos Individuais — realizados por um indivíduo ou por um pequeno grupo.

Note-se que as rotinas são atividades contínuas no tempo. Elas perduram até que sejam modificadas por algum empreendimento. Já os **empreendimentos** têm duração limitada — desde o nascimento de uma ideia até a sua efetiva implementação, momento este em que uma nova rotina passa a operar.

f.2) Papel do Empreendedor na Economia

Dentre todos os grandes economistas modernos, somente Joseph Schumpeter abordou o empreendedor e seu impacto na economia (Drucker, 1985). Para Schumpeter (1911), "a inovação, ou nova combinação dos meios de produção, é o fenômeno fundamental do desenvolvimento econômico". Ele define como empreendimento a realização de combinações novas, e chama de "empresários" os indivíduos cuja função é realizá-las.

"Esses conceitos são ao mesmo tempo mais amplos e mais restritos do que no uso comum. Mais amplos porque chamamos 'empresários' não apenas aos homens de negócios 'independentes', mas todos que preenchem essa função, mesmo que de fato sejam empregados 'dependentes' de uma companhia. Mais restritos porque deixam de incluir todos os gerentes ou dirigentes de empresas que simplesmente operam um negócio estabelecido, sem introduzir mudanças" (Schumpeter, 1911). Note-se que a definição de "empresário", de Schumpeter, coincide com o conceito atual de "empreendedor".

De acordo com essa concepção, um **empreendedor** é uma pessoa que quer e é capaz de converter uma nova ideia ou invenção em uma inovação bem-sucedida. Mais tarde, Schumpeter tornou sua teoria menos "individualista", aceitando que o empreendedor não precisa ser uma única pessoa — "o próprio país, ou sua agenda, pode atuar como empreendedor" (Schumpeter, 1942).

Drucker enfatiza que "o empreendedor sempre está buscando a mudança, reage a ela, e a explora como sendo uma oportunidade" (Drucker, 1985).

Empreendedorismo é definido como o ato e a arte de ser empreendedor. É o processo que resulta na criação de novas organizações ou na revitalização de partes de organizações existentes.

f.3) Comportamento Empreendedor dentro das Organizações

Fazendo analogia com o conceito de comportamento inovador, definimos **comportamento empreendedor** como o comportamento intencional, de pessoas e grupos, para realizar empreendimentos e introduzir mudanças e inovações nas respectivas organizações.

O comportamento empreendedor pode ocorrer tanto em função de estratégias de uma organização como por iniciativa de pessoas que nela trabalham. A primeira hipótese é tratada como **Empreendedorismo Corporativo** (*Corporate Entrepreneurship*), e a segunda como **Intraempreendedorismo** (*Intrapreneurship*). Essa distinção é útil, apesar de muitos pesquisadores tratarem esses dois termos como sinônimos (Åmo, 2010).

- **Empreendedorismo Corporativo**. Esta expressão recebe diversos significados, complementares entre si (Åmo, 2010):

  - Em relação aos objetivos: é uma estratégia das organizações para estimular as iniciativas inovadoras de seus colaboradores.

  - Quanto ao objeto: é um processo de criar novos produtos, serviços e processos; desenvolver novos mercados; criar novos negócios (dentro da própria organização ou como empresa derivada — *spin off*).

– Quanto ao nível de decisão: é um processo *top-down*, de iniciativa e responsabilidade da alta administração. É esta que: (i) decide quais inovações implementar; (ii) estabelece objetivos e diretrizes; e (iii) designa os participantes, responsabilidades e recursos.

Dois exemplos conhecidos, que ilustram esta abordagem, são:

  · Skunk Works — pseudônimo do Programa de Desenvolvimento Avançado da Lockheed Martin. Essa designação passou a ser sinônimo de grupo — dentro de uma organização — com alto grau de autonomia e livre de burocracias, com a missão de desenvolver projetos avançados.

  · ITAUTEC — empresa de informática que nasceu como *spin off* de uma área técnica do Itaú (Andreassi, 2005).

▫ **Intraempreendedorismo**. Pode ser definido como a prática do empreendedorismo por pessoas dentro de uma organização. O termo intraempreendedor foi criado por Pinchot (1985) com a seguinte definição:

> "Intraempreendedores são 'sonhadores que fazem', aqueles que assumem a responsabilidade pela criação de inovações de qualquer espécie dentro de uma organização. Podem ser criadores ou inventores, mas são sempre os sonhadores que descobrem como transformar uma ideia em uma realidade lucrativa."

O intraempreendedorismo se refere, portanto, às iniciativas de pessoas em uma organização, para realizarem algo novo, sem que tenham sido solicitadas para isso (De Jong e Wennekers, 2008). É um processo *bottom-up*, em que as pessoas (individualmente ou em grupo) agem proativamente para: (i) localizar e resolver problemas; (ii) identificar e explorar oportunidades; e (iii) criar novos produtos, serviços e processos (De Jong e Wennekers, 2008).

Muitas organizações encorajam a proatividade de seus colaboradores. Dois exemplos, que bem ilustram essa abordagem, são:

▫ 3M. É reconhecida por adotar várias práticas de estímulo às iniciativas individuais, entre as quais podem ser destacadas (Gundling, 2000):

– *Benevolent Blind Eye* ("Benevolente Olho Fechado"): os colaboradores têm o direito de dedicar parte de suas horas de trabalho ("Regra dos 15%") ao desenvolvimento de suas próprias ideias. E os gerentes têm a obrigação de "fechar os olhos", desde que outras atividades sejam desempenhadas adequadamente.

- *Inventorpreneur* ("Inventor-Empreendedor"): o termo significa que o trabalho do inventor não termina no ato da descoberta. Em vez disso, é nesse momento que os *inventorpreneurs* devem embarcar em uma longa lista de tarefas para assegurar a transição para a implementação, incluindo: (i) promover a nova oportunidade ou produto; (ii) administrar, organizar e, inclusive, assumir os riscos de implantação de um novo negócio.

▫ Escola de Administração de Empresas de São Paulo da FGV. A FGV–EAESP tem em atividade diversos centros de estudos, cada um deles criado e administrado por um grupo de professores interessados em gerar e disseminar conhecimento em sua respectiva área de interesse.

f.4) Espírito Empreendedor

É o atributo comum a empreendedores, empreendedores corporativos e intraempreendedores. Corresponde à tendência em perseguir a realização de sonhos e objetivos de forma não convencional, adotando novas perspectivas para a criação de valor (Kangethe, 2012). **Espírito Empreendedor** é a disposição para buscar a mudança, reagir a ela e explorá-la como sendo uma oportunidade (Drucker, 1985). Inclui o sentimento de uma pessoa de estar, ao mesmo tempo, trabalhando para a sua própria satisfação e contribuindo para o sucesso de sua organização (Denton, 1993).

O **Espírito Empreendedor** leva as pessoas — e os grupos — a desenvolver **competências específicas**, tais como:

▫ Habilidades de maturidade pessoal — autoconhecimento, autoconfiança, autocontrole, persistência, resistência a frustrações, locus interno de controle etc.

▫ Atitudes proativas — iniciativa, autonomia, otimismo, entusiasmo etc.

▫ Atitudes empreendedoras — inquietação com as práticas vigentes, alerta permanente para identificação de problemas e oportunidades, determinação para enfrentar resistências e falta de recursos, habilidade em assumir riscos.

- Habilidades interpessoais — comunicação, negociação e persuasão, capacidade de trabalhar em equipe, capacidade de mobilização.

- Sentimento de propriedade — traduz-se em responsabilidade e zelo, aplicados ao objeto de trabalho de uma pessoa como se fosse de sua propriedade (ver **Box 4.D**).

f.5) Comunidade de Empreendedores

Como acabamos de ver, de acordo com o papel desempenhado pelo indivíduo (na organização ou na economia), o compromisso e o sentimento de propriedade podem assumir alguns aspectos peculiares. Assim, temos:

- **Empreendedor**. É impulsionado pelas necessidades de independência e realização. Automotivado para criar novos negócios, assumindo os riscos financeiros decorrentes. Raramente aceita se submeter à autoridade de terceiros. Seu compromisso é com o sucesso do empreendimento, do qual assume a propriedade (Chayya, 2015).

- **Empreendedor Corporativo** e **Intraempreendedor**. São impulsionados pela necessidade de realização. Automotivados para a criação de empreendimentos dentro da organização, assumindo riscos para suas respectivas carreiras. Assumem responsabilidade por empreendimentos, muitas vezes sem sair para criar sua própria empresa. Têm forte envolvimento com o negócio que estão formando, tratando-o como sua "propriedade" (Chieh, 2007; North, 2015).

- **Comunidade de Empreendedores**. Usamos esta expressão para designar um conjunto de pessoas, de todos os níveis de uma organização, que apresentam **senso de propriedade** e **espírito empreendedor**, independentemente do papel que cada um desempenha — seja em um processo rotineiro, seja em um empreendimento de mudança.

Fazendo analogia com a organização inovadora (ver **Quadro 4.1**), podemos dizer que uma organização é uma **comunidade de empreendedores** quando mais da metade de seus membros são guiados por um espírito empreendedor.

As pessoas que constituem uma comunidade de empreendedores são impulsionadas pela necessidade de realização pessoal e de contribuição para o desempenho da organização. São automotivadas para gerir suas áreas como se fossem miniempresas (Pinchot e Pinchot, 1993). Assumem responsabilidade pelo desempenho de suas áreas de atuação, incluindo iniciativas de inovação e mudança. Seu compromisso maior é com o sucesso de toda a organização.

Box 4.D • Sentimento de Propriedade

O **sentimento de propriedade** (*sense of ownership*) se manifesta pela responsabilidade e zelo aplicados ao objeto de trabalho de uma pessoa como se fosse de sua propriedade. Tem, entre outras, as seguintes implicações (Wyman, s/d):

- Indivíduos (e grupos) sentem que têm uma participação considerável no desempenho da organização.
- As pessoas vêm suas próprias decisões como parte integrante do sucesso ou fracasso da organização.
- Essa percepção cria uma situação em que o comportamento é guiado mais por valores do que por regras. Mesmo quando "não tem ninguém olhando", as pessoas tratam cada decisão de dispêndio como se elas fossem, de fato, as proprietárias.
- Idealmente, a consciência de custos acaba se tornando uma competência organizacional e um modelo mental compartilhado, mais do que um punhado de regras que geram resistência e ressentimento.
- Em síntese, as pessoas se sentem responsáveis pelo desempenho da organização inteira, e não apenas pelas respectivas tarefas.

O sentimento de propriedade pode se manifestar de diversas maneiras, entre as quais as mais significativas são (Ownership Associates, 2001):

- **Participação**. Algumas pessoas querem ser incluídas nas decisões que afetam seu trabalho diário, querem ter uma palavra sobre os itens que afetam suas condições de trabalho.
- **Influência**. Algumas pessoas querem ter participação em decisões mais amplas, que afetam toda a organização. Querem ter algum grau de influência sobre questões estratégicas.
- **Equidade**. Algumas pessoas querem principalmente ser tratadas de forma justa. Querem regras sensatas e não querem "tratamento especial" para indivíduos específicos.
- **Participação financeira**. Algumas pessoas vêm a participação em forma de benefícios financeiros, como a Participação no Capital e a Participação nos Resultados da empresa.
- **Combinações**. Quaisquer composições das abordagens anteriores.

g) Responsabilidade pelas Inovações

g.1) Inovação Responsável

As inovações criam soluções de problemas e oportunidades para novos desenvolvimentos. Por outro lado, são causadoras de muitos dos problemas que o mundo enfrenta hoje (ver **Box C**). O conceito de **responsabilidade pela inovação** (ou **inovação responsável**) surgiu em resposta a esse paradoxo. Fundamentalmente, consiste primeiro no **entendimento** das consequências potenciais das inovações, e segundo, nas **ações** para maximizar seus efeitos positivos e evitar (ou reduzir ao mínimo possível) os impactos negativos.

1°) **Entender** as consequências significa compreender (ou ter a capacidade de prever) se elas serão (Iatridis e Schroeder, 2016; Schomberg, 2013):

– **Eticamente aceitáveis**, o que inclui (i) conformidade com princípios éticos e valores fundamentais da sociedade (como o direito à privacidade), sem discriminação; e (ii) criar benefícios e não causar danos aos usuários das inovações.

– **Sustentáveis**, o que significa: (i) contribuição para o desenvolvimento sustentável em suas três dimensões: ambiental, social e econômica (Elkington, 1994); e (ii) atendimento às necessidades do presente, sem comprometer a capacidade das futuras gerações atenderem às suas próprias necessidades (WCED, 1987).

– **Socialmente desejáveis**, o que compreende: (i) contribuição para a qualidade de vida (saúde, segurança e bem-estar) das pessoas; e (ii) atendimento às necessidades e expectativas da sociedade.

2°) As ações constituem um processo interativo, entre inovadores e públicos beneficiados (ou afetados), para garantir uma contribuição efetiva ao bem-estar de indivíduos e comunidades, ao longo de todas as fases de desenvolvimento e do ciclo de vida das inovações (Iatridis e Schroeder, 2016; Ramadhan, 2017).

Grinbaum e Groves (2013) acrescentam que "a responsabilidade associada a uma inovação é a responsabilidade pelo **futuro** que ela ajuda a criar".

g.2)Tipos de Responsabilidade

É importante distinguir três tipos de responsabilidade (Iatridis e Schroeder, 2016):

- **Responsabilidade Contratual** — definida por acordo estabelecido voluntariamente entre as partes contratantes.
- **Responsabilidade Legal** – significa que uma pessoa deve agir de acordo com o prescrito na lei.
- **Responsabilidade Moral** — regulada por princípios éticos, nem sempre claramente definidos.

As duas primeiras devem ser cumpridas por força de disposições (contratos e códigos de lei) externas e independentes da vontade de um indivíduo ou de uma organização.

Já a **responsabilidade moral** representa um compromisso consciente (King e Carruthers, 2012) com os princípios éticos e valores fundamentais citados. Cabe ressaltar que:

i) A **inovação responsável** enfatiza um envolvimento da perspectiva ética no processo de inovação (Ramadhan, 2017).

ii) A **intensidade moral** (ver **Quadro 4.5**) de cada questão tem um efeito significativo na tomada de decisões e no comportamento moral do inovador.

g.3) Dimensões da Responsabilidade

A inovação responsável é um composto de cinco dimensões, todas elas necessárias para a sua efetiva realização (Ramadhan, 2017):

- **Antecipação**. Refere-se ao esforço para prever as consequências das inovações. Considera tanto os impactos desejados como indesejados das inovações, em termos sociais, tecnológicos, políticos e ambientais. O objetivo é garantir as vantagens e ao mesmo tempo evitar as potenciais consequências danosas de uma inovação. A **antecipação** estimula o inovador a formular perguntas como "E se ...?" e "O que mais pode acontecer?" Idealmente, a antecipação deveria ocorrer nos estágios iniciais do processo de inovação, para evitar surpresas e contramarchas.
- **Reflexão**. A inovação não pode ser vista como um valor neutro ou como um objetivo em si. A **reflexão** faz com que o inovador analise as consequências de seus projetos à luz de valores, crenças e princípios éticos. A **reflexão** requer

abordagens colaborativas e o envolvimento do público interessado. E é favorecida pelo aprendizado resultante dos mecanismos de *feedback*.

- **Inclusão.** Visa envolver diferentes *stakeholders* desde os estágios iniciais dos processos de inovação. Com isso, os resultados esperados da inovação ficam mais claros, e sua aceitação, mais provável.

- **Deliberação.** Processo de decisão baseado na interação entre os atores envolvidos. É um processo de argumentação e comunicação, no qual os participantes trocam opiniões e pontos de vista, avaliam argumentos e oferecem reflexões e associações.

- **Capacidade de Resposta (*Responsiveness*).** Diz respeito à prontidão para reagir a novas circunstâncias ou novos conhecimentos sobre possíveis impactos das inovações.

g.4) Contextos

Os conceitos apresentados antes são aplicáveis a qualquer tipo de situação. Entretanto, alguns deles, pelas suas características peculiares, merecem uma consideração especial. Nos parágrafos a seguir, trataremos de três casos particulares de responsabilidade pelas inovações:

- Responsabilidade na pesquisa e inovação tecnológica.
- Responsabilidade no âmbito das organizações.
- Responsabilidade das pessoas.

g.5) Responsabilidade na Pesquisa e Inovação Tecnológica

Este tema tem sido tratado na literatura especializada sob a denominação "**Pesquisa e Inovação Responsáveis**" (*Responsible Research and Innovation*" — **RRI**).

Como ilustrado pelos dois primeiros exemplos do **Box D**, as consequências das inovações tecnológicas, além de serem potencialmente dramáticas, são difíceis de prever e nem sempre são intencionais. Além disso, são em geral resultado de uma ação coletiva de pesquisadores e organizações, e não fruto do trabalho de um cientista isolado.

A respeito, Von Schomberg (2013) afirma que:

"De fato, aplicações técnico-científicas podem se mostrar eticamente problemáticas mesmo em casos em que cientistas e engenheiros têm as melhores intenções possíveis, e os usuários não têm intenção consciente de utilizá-las de forma indevida. Essa situação constitui o maior desafio ético que enfrentamos hoje. Uma ética focada nas intenções ou consequências das ações de indivíduos não é apropriada para a inovação. Há uma responsabilidade coletiva pelos impactos — positivos e negativos — das inovações, tenham eles sido intencionais ou não. Como muitos agentes estão envolvidos no processo de inovação, as consequências 'irresponsáveis' raramente são resultado da ação de um único ator irresponsável. Mais tipicamente, as inovações irresponsáveis são resultado de práticas em que os stakeholders são inconscientes da importância do contexto social, ou em que as interações entre os mesmos são ineficazes na resolução de conflitos."

Von Schomberg (2013) identifica quatro tipos de Inovações Irresponsáveis (que, em geral, se apresentam combinados de alguma forma):

- **Uso inadequado do modelo *Technology Push*.** Caso em que o processo de inovação é "empurrado" pela Pesquisa e Desenvolvimento, sem outras considerações. Von Schomberg (2013) cita como exemplo o caso da Monsanto, que, nos anos 1990, "tentou criar um *fait accompli*, com a introdução no mercado da soja geneticamente modificada sem levar em conta o contexto mais amplo — ambiental, social e agrícola".

- **Negligência de princípios éticos fundamentais.** O que muitas vezes ocorre por falta de envolvimento dos públicos interessados desde os estágios iniciais dos projetos de inovação. Von Schomberg (2013) apresenta como exemplo o caso do governo holandês, que, em 2011, "teve que abandonar um projeto (de cerca de milhões de euros) de criação de um sistema de registro eletrônico de dados de pacientes, depois que o senado o rejeitou, devido a questões de privacidade não resolvidas".

- **Policy Pull.** Caso de políticas públicas implantadas sem consideração da viabilidade técnica e dos impactos sociais, ambientais e econômicos. Von Schomberg (2013) cita como exemplo as tecnologias de segurança (como a identificação biométrica e os "*body scanners*"), que são permitidas em alguns países e questionadas em outros. Neste caso também, as consequências negativas poderiam ser evitadas, ou muito reduzidas, com a audiência prévia dos públicos interessados.

- **Falta de medidas cautelares e previsão tecnológica.** Von Schomberg (2013) cita como exemplos doze casos de produtos nocivos à saúde humana, adotados, em diferentes épocas, em condições de incerteza ou ignorância científica (benzeno, PCBs, hormônios como promotores de crescimento, asbestos etc.) Os danos poderiam ter sido evitados por medidas cautelares "que incentivassem a abertura para trajetórias alternativas de P&D".

Com base nessas considerações, Von Schomberg (2013) propõe a seguinte definição de RRI:

> **"Pesquisa e Inovação Responsáveis** é um processo transparente e interativo, pelo qual os atores sociais* e inovadores se tornam mutuamente sensíveis às necessidades uns dos outros, tendo em vista a aceitabilidade ética, sustentabilidade e desejabilidade social dos processos de inovação e de seus produtos e resultados (de forma a permitir a incorporação adequada dos avanços científicos e tecnológicos em nossa sociedade)".

A Comissão Europeia tem uma visão semelhante. Seu Programa "Science with and for Society — SwafS" produziu a seguinte definição:

> "RRI é uma abordagem inclusiva de pesquisa e inovação, para assegurar que os atores sociais trabalhem juntos durante todo o processo. Seu objetivo é alinhar melhor os processos e produtos da pesquisa e inovação, com os valores, as necessidades e expectativas da sociedade europeia. Em termos gerais, RRI pressupõe antecipar e avaliar as implicações potenciais e expectativas sociais, em relação à pesquisa e à inovação" (European Comission, 2012; Iatridis e Schroeder, 2016).

Na prática, RRI consiste no projeto e implementação de políticas públicas de Pesquisa e Inovação, para (European Comission, 2012; Iatridis e Schroeder, 2016):

- Engajar a sociedade de forma mais ampla nas atividades de pesquisa e inovação.
- Ampliar o acesso aos resultados científicos.
- Assegurar igualdade de gênero, tanto no processo como no conteúdo das pesquisas.
- Levar em consideração a dimensão ética.
- Promover a educação científica formal e informal.

g.6) Responsabilidade no âmbito das Organizações

O tema da Responsabilidade das Organizações (ou Responsabilidade Corporativa) pode ser analisado sob dois ângulos principais:

---

* Por atores sociais entendem-se pesquisadores, cidadãos, promotores de políticas públicas, empresários, organizações do terceiro setor e demais agentes que participam, de alguma forma, dos processos de pesquisa e inovação tecnológica.

(1°) Ética e Inovação Responsável e (2°) Dimensões da Inovação Responsável.

1°) Ética e Inovação Responsável. Ética (ou Filosofia Moral) é a disciplina preocupada em determinar o que é uma conduta certa (ou "fazer o bem") ou errada (ou "causar dano") (Fieser, 2018). Iatridis e Schroeder (2016) consideram que "não causar dano" não exige muito esforço ou reflexão — basta alguém se abster de fazer alguma coisa. Já "fazer o bem" requer muita ponderação e, muitas vezes, considerável esforço:

> "A quem ajudar? Por quê? Como? Quanto é o bastante? Tais questões em geral passam ao largo da esfera empresarial e, especialmente, da pesquisa e inovação. A Responsabilidade Corporativa usualmente se concentra no 'não causar dano', separando o 'fazer o bem' como 'filantropia corporativa'. Se RRI é baseada na responsabilidade contratual, legal e moral, o elemento 'fazer o bem' da responsabilidade moral não pode ser ignorado. O que isso significa para os inovadores?" (Iatridis & Schroeder, 2016).

A resposta a essa pergunta pode ser dada com apoio no próprio conceito de inovação: **Inovação = Ideia + Ação + Resultados**, sendo que os resultados devem ser positivos para todos os públicos interessados por um período razoável de tempo. Isso significa que:

i) O resultado da inovação, qualquer que seja sua natureza, deve ser positivo:

- para todos os *stakeholders* (acionistas, consumidores, colaboradores, sociedade e outros);
- para os três pilares do desenvolvimento sustentável: social, ambiental e econômico;
- durante todo o ciclo de vida da inovação.

ii) O próprio processo de criação e implementação das inovações (incluindo as operações internas e a cadeia de valor) deve contribuir para:

- preservar e, se possível, recuperar o meio ambiente [usando Biomimética (Benyus, 1997), por exemplo];
- melhorar a qualidade de vida e o potencial de crescimento de colaboradores e comunidades.

iii) Tanto o processo de inovação como seus resultados devem contribuir para:

- a inclusão cocial de pessoas e comunidades [a Empresa Social (Yunus, 2007, 2010) e a Criação de Valor Compartilhado (Porter e Kramer, 2011) são exemplos de propostas nesse sentido];
- a preservação da capacidade de as gerações futuras atenderem às suas próprias necessidades (WCED, 1987).

2°) **Dimensões da Inovação Responsável**. Com base em ampla revisão da literatura, Lubberink *et al*. (2017) construíram as seguintes definições para as dimensões da inovação responsável no âmbito das organizações.

- **Antecipação**. Ato de determinar os resultados e impactos desejados do processo de inovação para: (i) atender às necessidades sociais e ambientais; (ii) prevenir ou mitigar os impactos negativos; e (iii) identificar diferentes caminhos para atingir esses objetivos.

- **Reflexão**. Pensamento crítico sobre (i) suas próprias ações e responsabilidades; (ii) seus próprios valores e motivações; e (iii) seu próprio conhecimento e realidades percebidas. E como cada um desses fatores afeta a gestão do processo de inovação.

- **Inclusão**. Envolvimento de uma diversidade de *stakeholders* (i) durante as diferentes fases do processo de inovação; (ii) os quais proveem diferentes recursos necessários para a governança responsável do processo de inovação; (iii) o que pode ser conseguido estabelecendo relações de parceria que satisfazem todos os participantes.

- **Deliberação**. Processo de comum acordo (i) de troca de opiniões e pontos de vista entre *stakeholders*; (ii) baseada em informações e critérios de avaliação compartilhados; (iii) os quais podem dar suporte às tomadas de decisão; (iv) em um processo caracterizado pelo *feedback* e pelo diálogo entre as partes.

- **Capacidade de Resposta**. Consiste em certificar-se de que a organização é capaz de, efetivamente, ajustar o processo de inovação (i) de acordo com eventos e mudanças de circunstâncias que acontecem durante seu transcorrer; (ii) dentro e fora da organização; (iii) de forma a salvaguardar as realizações desejadas e prevenir os efeitos prejudiciais; (iv) o que significa que o projeto de inovação pode vir a ser modificado, ou até mesmo cancelado. Os *stakeholders* podem (devem) ser responsivos uns aos outros, até reformulando seus papéis e suas responsabilidades ao longo do processo de inovação.

g.7) Responsabilidade das Pessoas

Sabemos que inovações podem ocorrer em qualquer contexto, incluindo criadores individuais, grupos formais e informais, organizações de qualquer natureza, redes de organizações, comunidades, a sociedade e o planeta. Em qualquer caso, recapitulando o que vimos no início deste capítulo, podemos dizer que:

- São as pessoas os efetivos agentes de inovação e mudança.
- Os resultados das inovações devem ser positivos para todos os públicos interessados, desde os beneficiários diretos até a sociedade e o planeta.
- A responsabilidade pelas consequências das inovações é, portanto, em última análise, das pessoas com elas envolvidas.

Isso significa que todas as pessoas que participam de um processo de inovação — em qualquer área e nível hierárquico — têm sua parcela de responsabilidade moral, dentro dos respectivos papéis e atribuições. Assim, o Modelo de Tomada de Decisão Ética, apresentado no **Quadro 4.5**, é aplicável não só às organizações inovadoras, mas também a cada uma das pessoas e grupos que participam do processo.

Agora, combinando o Modelo de Jones (Quadro 4.5) com os componentes do comportamento inovador temos o Modelo de Responsabilidade Moral pelas Inovações para Pessoas e Grupos, indicado no **Box 4.E**.

Concluindo, podemos dizer que a **responsabilidade** implica que uma pessoa (ou grupo):

1°) Busca oportunidades de inovação (percepção), sendo capaz de identificar questões morais associadas a cada uma (reconhecimento de questões morais).

2°) Cria conceitos e soluções de problemas (geração de ideias), sendo cada ideia avaliada em termos de suas possíveis consequências (julgamento moral).

3°) Decide fazer o que é moralmente "correto" (intenção moral), decisão essa que orientará a seleção das ideias e dos métodos para seu desenvolvimento e implementação (priorização e desenvolvimento).

4°) Enfrenta resistências e dificuldades imprevistas, não perdendo de vista os objetivos originais (comportamento moral), para tanto promovendo as adaptações e ajustes que se mostram necessários (implementação).

Box 4.E • Modelo de Responsabilidade Moral pelas Inovações	
Componentes do Comportamento Inovador	**Processo de Tomada de Decisão Ética por Pessoas e Grupos**
Percepção. Inclui a busca consciente e deliberada de oportunidades de inovação.	**Reconhecimento de Questões Morais**. O inovador deve ser capaz de identificar questões morais associadas a cada oportunidade.
Geração de Ideias. Imersão no problema (ou desafio), para criar novos conceitos e soluções.	**Julgamento Moral**. Cada ideia deve ser acompanhada da avaliação dos danos e benefícios que poderá causar.
Priorização e Desenvolvimento. Consiste em escolher, desenvolver e testar uma ou mais ideias.	**Intenção Moral**. Consiste na decisão de fazer o que é moralmente "correto" (admitindo-se que os aspectos morais prevaleçam na decisão).
Implementação. É o momento de assegurar o comprometimento da organização e da liderança, para promover as adaptações necessárias sem perder de vista os objetivos e parâmetros estabelecidos.	**Comportamento Moral**. Muitas vezes implica em lidar com resistências e dificuldades imprevistas, superar fadigas e frustrações e não perder de vista os objetivos originais.

h) Pessoas Inovadoras — Síntese

1) A **capacidade de inovar** não é um traço de personalidade. Pode ser desenvolvida por qualquer pessoa, com maior ou menor facilidade.

2) Pessoas inovadoras são as que adotam um **comportamento inovador** — comportamento intencional para introduzir e/ou aplicar novas ideias e habilidades.

3) Os **componentes** do comportamento inovador podem ser identificados a partir da própria definição de Inovação: **Inovação = Ideia + Ação + Resultado**, na qual temos:

  ▫ **Ideia** — etapa do processo de inovação que consiste basicamente na **percepção** (de necessidades e oportunidades de inovação) e na **geração de ideias** (criação sistemática de novos conceitos e soluções). A chave desta etapa é a **criatividade**.

- **Ação** — fase que compreende a **priorização**, o **desenvolvimento** e a **implementação** dos projetos de inovação. Nesta etapa, predomina o **espírito empreendedor**.

- **Resultados** — as **consequências** das inovações devem ser positivas para todos os públicos interessados, incluindo os beneficiários diretos, a sociedade e o meio ambiente. Para tanto, é essencial que o criador assuma a **responsabilidade** pelos resultados das inovações.

4) **Competências Individuais Inovadoras**. São os fatores que permitem que uma pessoa (ou um pequeno grupo) adote, consistentemente e com sucesso, um **comportamento inovador**. São eles:

- **Expertise**. É o conjunto de conhecimentos especializados de uma pessoa. Engloba tudo o que essa pessoa sabe ou pode fazer em seu campo de atividades. A expertise é a responsável pela **qualidade técnica** da inovação.

- **Criatividade**. É a habilidade, de uma pessoa ou de um pequeno grupo, de produzir e expressar algo que seja, ao mesmo tempo, novo para o criador e adequado a algum objetivo. A criatividade proporciona aquele "**algo a mais**" — o diferencial no valor percebido pelos beneficiários da inovação.

- **Espírito Empreendedor**. É a **disposição** para adotar novas perspectivas, buscar a mudança e explorá-la como uma oportunidade. O espírito empreendedor garante que o valor seja efetivamente entregue, mesmo que haja obstáculos e resistências.

- **Responsabilidade pela Inovação**. É o processo de garantir que as **consequências** da inovação sejam aceitáveis eticamente, desejáveis socialmente e que contribuam para a sustentabilidade ambiental.

- **Motivação**. É o fator que determina o que as pessoas realmente farão. É o "**motor**" das demais competências. Sem motivação, aquelas competências não serão efetivamente aproveitadas.

5) Em síntese, uma **pessoa inovadora** é a que domina os conhecimentos em seu campo de atividade (**expertise**), é capaz de criar algo novo e significativo nesse campo (**criatividade**), tem disposição para adotar novas abordagens e "fazer acontecer" as novas ideias (**espírito empreendedor**), tem consciência e assume a responsabilidade pelas consequências da inovação (**responsabilidade**) e sente entusiasmo pela sua realização (**motivação**).

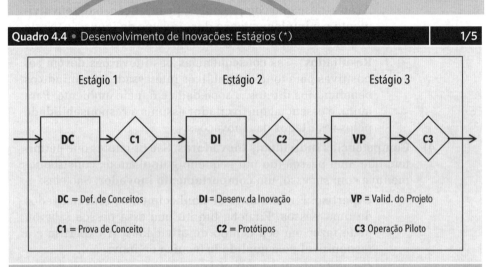

Quadro 4.4 • Desenvolvimento de Inovações: Estágios (*) 1/5

Estágio 1 — Definição de Conceitos

◀ **Resultado: Conceito da Inovação**

Conceito é a descrição de uma inovação, que inclui as seguintes definições (Cooper, 1988; Cooper *et al.*, 2001; Kahn, 2013):

a) **Tipo** de inovação (ver **item 3.2**);

b) **Escopo** — Trata-se de uma inovação única ou faz parte de um conjunto (família? Plataforma? Portfolio?).

c) **Público-alvo** — Quem é o cliente (usuário ou beneficiário da inovação)? Onde ele está? Quais são suas necessidades principais (itens de valor)?

d) **Proposta de Valor** — É uma oferta (*offering*) que ajuda o consumidor a resolver um problema importante, de forma mais eficaz do que as soluções concorrentes. A proposta de valor especifica o "pacote" de produtos, serviços e softwares com os quais serão atendidas as necessidades de cada segmento de consumidores (Drucker, 1954; Johnson, 2010).

Obs.: Deve-se destacar que, em geral, o consumidor valoriza não apenas um, mas diversos aspectos de um produto ou serviço. Este deve, portanto, contemplar o conjunto de necessidades a serem atendidas, as quais podem ser classificadas nas seguintes categorias:

- Características intrínsecas do produto ou serviço, tais como variedade, atualização tecnológica, qualidade consistente, facilidade de uso, marca etc.

[Cont.] **Quadro 4.4** • Desenvolvimento de Inovações: Estágios (*)	**2/5**

[Cont.] Estágio 1 — Definição de Conceitos

- Custo total para o consumidor, incluindo, além do preço, custos incorridos para acesso, aquisição e operação.

  - Resultados para o consumidor — redução de riscos, melhoria de desempenho.

  - Experiência do consumidor — atitude e qualidade do atendimento.

e) **Tecnologia** — Um bom entendimento prévio das necessidades tecnológicas e da viabilidade técnica de desenvolvimento da inovação.

f) **Vantagem Competitiva** — Como essa inovação se posiciona perante possíveis concorrentes?

Obs.: No caso de inovações organizacionais ou de processos, os "concorrentes" podem ser outras abordagens técnicas ou administrativas.

◀ Prova de Conceito

É a demonstração de uma ideia que, usualmente, ainda está incompleta. Pode ser uma apresentação verbal, escrita ou visual ou ainda uma vivência comportamental. É usada (1º) como evidência para estabelecer a viabilidade de uma ideia e/ou (2º) para entender melhor qual abordagem adotar em seu desenvolvimento. A ideia deve estar clara o suficiente para ser comunicada e tratada, mas não tão amarrada a ponto de se tornar inflexível.

Estágio 2 — Desenvolvimento da Inovação

Resultados do Desenvolvimento

Este estágio compreende todas as atividades realizadas, desde a definição de um conceito até o ponto em que a inovação está, pela primeira vez, totalmente operacional (Birkinshaw *et al.*, 2008). Em casos mais complexos, e dependendo do tipo de inovação, os resultados podem ser:

- Definição e estruturação de blocos constituintes de um modelo de negócios — novo ou reformulado.

- Especificações e projeto de um produto — novo ou reformulado.

- Projeto e instalação de um processo operacional — novo ou reformulado.

- Planejamento e implementação de mudanças na cadeia de valor

- Projeto de novas estruturas e métodos administrativos, incluindo o planejamento da transição.

- Planejamento de novas operações.

- Planejamento e estruturação de recursos — pessoas, sistemas de CTI etc.

- Atividades complementares — relacionadas com propriedade intelectual, licenças ambientais, saúde e segurança do trabalho etc.

[Cont.] **Quadro 4.4** • Desenvolvimento de Inovações: Estágios (*)	**3/5**

[Cont.] Estágio 2 — Desenvolvimento da Inovação

Deve-se ressaltar que as inovações, por lidarem com o desconhecido, dificilmente se desenvolvem em uma sequência linear simples de atividades ao longo do tempo. Ao contrário, "o que geralmente se observa é uma progressão de eventos muito mais complexa e confusa do que foi planejado inicialmente. Retrocessos e enganos frequentemente acontecem, ou porque os planos dão errado, ou porque eventos ambientais não previstos alteram significativamente os pressupostos básicos da inovação. (...) A resposta inicial típica é o reajuste de recursos e cronogramas. Mas, com o tempo, os problemas não resolvidos podem se amplificar, criando um círculo vicioso" (Van de Ven *et al.*, 1999).

Depois de uma série de interações, espera-se que surja uma solução síntese das forças (eventualmente opostas) atuando no desenvolvimento da inovação: "a inovação muitas vezes é modificada e reinventada para se ajustar à organização" (Rogers, 1995); e "estruturas organizacionais podem ser alteradas (de forma não prevista inicialmente) para se adaptar à inovação (Birkinshaw *et al.*, 2008). Em casos extremos, as dificuldades do próprio projeto e as resistências organizacionais podem fazer com que a inovação seja descontinuada (Rogers, 1995).

◀ **Protótipos**

1) Um **protótipo** é a representação inicial de um conceito (Yang, 2005). É qualquer coisa tangível que nos permita explorar uma ideia, avaliá-la e levá-la adiante (Brown, 2009). Os protótipos podem ser vistos como "ferramentas de aprendizagem" e, consequentemente, podem existir em qualquer nível de resolução — do rudimentar ao altamente refinado — e podem ser usados em qualquer fase do processo de desenvolvimento (*design*) para explorar e comunicar ideias (Coughlan et al., 2007).

2) A **prototipagem** — entendida como uma série de protótipos progressivamente mais detalhados e mais reais — é uma abordagem para desenvolver, testar e aperfeiçoar ideias em um estágio inicial, antes que recursos em larga escala sejam comprometidos com a implementação. Tal como a experimentação é a essência do processo de aprendizagem (ver **Quadro 2.1**), a prototipagem é essencial ao desenvolvimento de inovações. Em vez de começar com uma análise de necessidades e desenvolvimento de especificações, a prototipagem busca o aprendizado por meio de uma variedade de protótipos, que permitem explorar diferentes possibilidades, com respeito a forma física, interações humanas, ambiente etc. (Coughlan *et al.*, 2007; Brown, 2009).

É um processo que se inicia com esboços simples (até como "rascunhos de guardanapo"), que mais tarde se tornam desenhos, esquemas e modelos mais detalhados. Finalmente, estes se tornam protótipos mais sofisticados, que se assemelham às inovações pretendidas (Janszen, 2000).

[Cont.] **Quadro 4.4** • Desenvolvimento de Inovações: Estágios (*)	**4/5**

[Cont.] Estágio 2 — Desenvolvimento da Inovação

3) Ao tornar as ideias tangíveis, os protótipos cumprem diversas funções, entre as quais podemos destacar (Coughlan *et al.*, 2007; Brown, 2009; Osterwalder e Pigneur, 2010):

- Uma ferramenta que ajuda a discussão, o entendimento, o refinamento e a adaptação de um conceito, contribuindo para melhores especificações.

- Permite a exploração de muitas ideias paralelamente, incluindo novas hipóteses e novos comportamentos.

- Protótipos específicos para testar cada passo do desenvolvimento da inovação, incluindo, por exemplo, prova de conceito, prova de produto, prova de processo, prova de produção etc. (Yang, 2005).

- Acelerar o processo ao permitir que: (i) a compreensão e o consenso sejam atingidos mais rapidamente e (ii) pequenas falhas aconteçam mais cedo (e mais frequentemente).

- Melhor comunicação da ideia com consumidores e demais *stakeholders*.

- Perceber, antes que seja tarde, que uma ideia não funcionará.

- Os protótipos ajudam a formação de equipes inovadoras.

4) Qualquer ideia ou conceito, referente a qualquer tipo de inovação (ver **Item 3.2**), pode ser prototipada. Como afirma Tom Kelley (2000), "Prototipagem é solução de problemas. É uma cultura e uma linguagem. Você pode prototipar praticamente tudo — um novo produto ou serviço, ou uma promoção especial. O que conta é mover a bola para a frente, alcançando alguma parte do seu objetivo".

As técnicas de prototipagem adotadas em cada caso dependem do tipo de inovação e, também, do aspecto particular que se pretende avaliar. A relação a seguir apresenta exemplos ilustrativos de protótipos (físicos e virtuais) associados a diferentes campos de inovação.

- Arquitetura e urbanismo — maquetes, modelos ergonômicos, modelos de cidades inteligentes.

- Modelos de negócios — CANVAS, modelos financeiros, business cases.

- Produtos tangíveis (desde padronizados até personalizados) — modelos dimensionais, *mock-ups*, modelos de simulação de desempenho.

- Produtos de TI (softwares, sites, aplicativos) — wireframes, *mock-ups*, protótipos GUI.

- Processos operacionais (ver **Quadro 5/3 — Indústria 4.0**) — protótipos M2M, IoT, CPS (Cyber-Physical Systems).

| [Cont.] **Quadro 4.4** • Desenvolvimento de Inovações: Estágios (*) | **5/5** |

[Cont.] Estágio 2— Desenvolvimento da Inovação

- Experiências intangíveis (serviços, promoções de marketing, mudanças organizacionais) — storyboards, atuação teatral improvisada, simulação do ciclo de serviços.
- Ambientes (de trabalho, de prestação de serviços, de estudos) — bodys-torming, role playing, cenários.

Estágio 3 — Validação do Projeto

◀ **Validação do Projeto/Resultados**

Este estágio testa e confirma a viabilidade do projeto inteiro — o produto em si, o processo operacional (incluindo toda a cadeia de valor), a aceitação pelos usuários e os resultados econômico-financeiros (Coopre, 1988). Este é o momento em que a organização reconhece que a inovação está em pé e garante a continuidade dos recursos, em termos de pessoas, capital e atenção da liderança (Keeley *et al.*, 2013).

◀ **Operação Piloto**

São experimentos conduzidos no campo, antes do lançamento formal, para aprender como os usuários e beneficiários reais experimentam uma dada inovação e como esta se comporta (Liedtka e Ogilvie, 2011; Keeley *et al.*, 2013; Kumar, 2013). Cabem, a propósito, as seguintes observações:

   i) A expressão "campo" aqui pode se referir ao mercado (no caso de produtos e modelos de negócios) ou à própria organização (no caso de inovações em processos e em sistemas organizacionais).

   ii) As operações piloto são tipicamente conduzidas em âmbito limitado (um segmento de mercado, uma área geográfica, uma unidade organizacional etc.).

   iii) Para o primeiro piloto, muitas vezes são convidados os principais usuários, que mais podem contribuir para o aprendizado (os *"Lead Users"*, no caso de novos produtos e novas tecnologias).

   iv) O sucesso da **operação piloto** não tem a ver com o quanto a organização vende, mas com o quanto ela aprende. Liedtka e Ogilvie (2011) preferem chamar o piloto de "**Lançamento de Aprendizagem**".

(*) Cooper (1988); Kahn (2013)

Quadro 4.5 • Modelo de Jones para Tomada de Decisão Ética nas Organizações (*)	1/3

Definições

Questão Moral. Está presente quando as ações de uma pessoa, realizadas livremente, podem prejudicar ou beneficiar terceiros. Em outras palavras, a ação ou decisão deve ter consequências para outros e deve envolver escolha, ou *vontade*, por parte do ator ou tomador de decisão.

Agente Moral. É uma pessoa que toma uma decisão moral, mesmo que ela possa não reconhecer que questões morais estão em causa.

Agência Moral. É a capacidade de um indivíduo de fazer julgamentos morais sobre as consequências de suas decisões e assumir responsabilidade por ela.

Decisão Ética. Uma decisão que é tanto legal como moralmente aceitável para a sociedade em geral.

Intensidade Moral. É o grau de gravidade com que uma pessoa (ou grupo ou organização) vê as consequências de uma ação ou decisão.

Modelo de Tomada de Decisão Ética nas Organizações

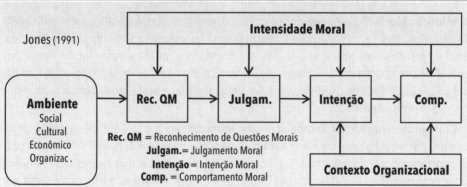

O **Modelo de Jones**, representado na figura, inclui três componentes principais:

A. **Processo de Tomada de Decisão Ética** em quatro estágios, proposto originalmente por Rest (1986).

B. **Intensidade Moral** da questão moral que está sendo tratada (no nosso caso, uma inovação).

C. **Contexto Organizacional**, que influencia a tomada de decisões dos agentes morais.

[Cont.] **Quadro 4.5** • Modelo de Jones para Tomada de Decisão Ética nas Organizações (*)	**2/3**

[Cont.] Modelo de Tomada de Decisão Ética nas Organizações

A. Processo de Tomada de Decisão Ética e Comportamento Individual

O Processo de Tomada de Decisão Ética é composto por quatro estágios conceitualmente distintos, o que significa que o sucesso em um estágio não implica necessariamente sucesso em qualquer estágio subsequente (Rest, 1986).

Reconhecimento de Questões Morais. O processo começa com um problema (ou oportunidade), o qual em geral inclui um componente moral. Esse componente — ou questão moral — pode ser caracterizado em termos de sua intensidade moral.

Para que o processo tenha início, o inovador deve ser capaz de identificar alguma questão moral. Uma questão moral está presente quando uma decisão ou ação pode prejudicar (ou beneficiar) terceiros. Se uma pessoa falha em reconhecer uma questão moral, suas decisões serão baseadas em outros critérios, comoa racionalidade econômica ou tecnológica.

Jones (1991) observa, ainda, que os detalhes do processo de tomada de decisão e comportamento moral se tornam irrelevantes se a pessoa não reconhece que está lidando com uma questão moral.

Julgamento Moral. Tendo reconhecido que existe uma questão moral, o agente moral deve refletir sobre as consequências da inovação em estudo. Jones argumenta que uma pessoa dedicará mais tempo e esforço e elaborará raciocínios morais mais sofisticados, na avaliação de questões de intensidade moral mais elevada.

Intenção Moral. O passo seguinte é decidir o que fazer. Nesse ponto, o inovador (agente moral) pesará os fatores morais contra outros fatores, notadamente o interesse pessoal e pressões organizacionais. Jones argumenta que, quanto maior for a intensidade moral (isto é, quanto maior for a gravidade das consequências de uma inovação), maior será a probabilidade de o indivíduo adotar uma intenção moral (isto é, decidir fazer o que é moralmente "correto").

Comportamento Moral. Estabelecer uma intenção moral não é suficiente (Jones lembra que "o caminho para o inferno está pavimentado de boas intenções"). O quarto passo, portanto, consiste em adotar um comportamento moral, o que muitas vezes implica lidar com resistências e dificuldades imprevistas, superar fadigas e frustrações, enfrentar pressões organizacionais e não perder de vista os objetivos originais. Jones argumenta que a probabilidade de adoção de um comportamento ético será maior quanto maior for a intensidade moral da inovação em tela.

B. Intensidade Moral

É um conceito multidimensional, e suas partes componentes são as características da questão moral que está sendo tratada (no nosso caso, uma inovação). Note-se que a **Intensidade Moral** não inclui traços de personalidade do tomador de decisão e nem fatores organizacionais (como cultura ou diretrizes corporativas). Seu foco é o objeto da tomada de decisão, não o agente ou o contexto organizacional. São seis as características da questão moral que compõem sua intensidade moral:

[Cont.] **Quadro 4.5** • Modelo de Jones para Tomada de Decisão Ética nas Organizações (*)	**3/3**

[Cont.] Modelo de Tomada de Decisão Ética nas Organizações

- **Magnitude das Consequências**. A magnitude das consequências de uma questão moral é definida como a soma dos danos (ou benefícios) causados às vítimas (ou beneficiários) pela ação moral correspondente.

- **Consenso Social**. É definido como o grau de acordo social, sobre um dado ato ser mau ou bom.

- **Probabilidade de Efeito**. É uma função conjunta da probabilidade de que o ato em tela realmente ocorrerá, e a de que esse ato realmente produzirá o dano ou benefício previsto.

- **Imediatismo Temporal**. É o intervalo de tempo previsto entre o momento da ação moral e o início de suas consequências.

- **Proximidade**. Diz respeito ao sentimento de proximidade (social, cultural, psicológica ou física) que o agente moral tem por suas vítimas ou beneficiários.

- **Concentração de Efeito**. A concentração de efeito é uma função inversa do número de pessoas afetadas por um dano ou benefício de uma dada magnitude. Quanto menor for o número de pessoas, mais concentrado será o efeito.

Jones postula que a intensidade moral de uma dada questão tem um efeito significativo na tomada de decisão e no comportamento moral do inovador (agente moral) em todos os estágios do processo. E cita como exemplo um empregado de uma indústria de medicamentos, que veria com diferentes níveis de preocupação — a liberação de uma substância perigosa pela sua empresa e o roubo de alguns disquetes do escritório de um colega.

C. Contexto Organizacional

O contexto organizacional pode apresentar desafios para os agentes morais. Certos fatores organizacionais (como relações hierárquicas, "efeito manada" etc.) muitas vezes criam obstáculos e até impedem o comportamento ético dos indivíduos.

Os fatores organizacionais podem afetar o comportamento individual em dois pontos: intenção moral e comportamento moral.

- Pressões organizacionais implícitas podem muitas vezes ser suficientes para influenciar a intenção moral das pessoas.

- Fatores organizacionais explícitos podem causar comportamentos antiéticos ou éticos, apesar das boas ou más intenções.

(*) Jones (1991)

4.4 Processo de Inovação por Pessoas e Grupos

A Figura 4.1 apresenta uma representação esquemática do processo de inovação por pessoas e grupos em uma organização. Mostra o caminho percorrido por um indivíduo ou grupo, desde a inquietação com uma situação problemática (problema a ser resolvido ou oportunidade a ser explorada) até o momento em que uma "inovação-solução" é incorporada às atividades regulares da organização.

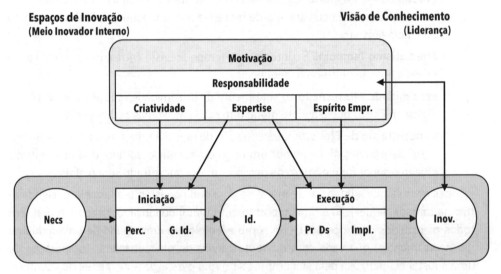

Espírito Empr. = Espírito Empreendedor /
Necs = Necessidades (Problemas e Oportunidades) /
Perc. = Percepção / **G. Id.** = Geração de Ideias / **Id.** = Ideias /
Pr Ds = Priorização e Desenvolvimento / **Impl.** = Implementação

Figura 4.1 • Processo de Inovação por Pessoas e Grupos.

A parte inferior da figura apresenta o processo em si, dividido em duas etapas:

- A fase de iniciação, que inclui as atividades de "Percepção" e "Geração de Ideias", e que transforma "Necessidades" em "Ideias".
- A fase de Execução, com as atividades de "Priorização e Desenvolvimento" e "Implementação", e que transforma "Ideias" em "Inovações".

O processo é conduzido por decisões e ações de pessoas e grupos, que são condicionados pelos fatores apresentados na parte superior da figura:

- **Expertise**, que garante a qualidade técnica das inovações.
- **Criatividade**, que proporciona aquele "algo a mais" — o diferencial no valor percebido pelos beneficiários das inovações.
- **Espírito empreendedor**, que garante que o valor seja efetivamente entregue, mesmo com obstáculos e resistências.
- **Responsabilidade**, que se preocupa com a qualidade moral das inovações, de forma que não haja prejuízo para nenhum público interessado.
- **Motivação**, que é o "motor" das demais competências — sem motivação, elas não serão efetivamente aproveitadas.

Além da motivação pelo próprio trabalho, a figura chama a atenção para outros dois fatores motivadores:
- Os **Espaços de Inovação** (que faz parte do meio Inovador Interno).
- A **Visão de Conhecimento** (proporcionada pela liderança).

4.5 Caminhos da Inovação

A inovações produzidas por pessoas e grupos podem tanto ser dirigidas ao público externo (novos produtos, serviços e softwares, por exemplo) como ao interno (novos processos operacionais, novos métodos administrativos, melhorias no ambiente de trabalho etc.). Em geral são incrementais, mas podem também ser radicais, e mesmo servir de "gatilho" para inovações de ruptura.

Em qualquer caso, a inovação, uma vez ativada, como mostra a figura a seguir, pode percorrer um dos seguintes caminhos (ver também o **Quadro 2.2**):

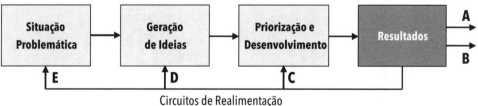

A) A inovação foi bem-sucedida. Os resultados estão de acordo com o desejado. Neste caso, o processo termina, e a inovação é incorporada às rotinas da organização.

B) A inovação foi um completo fracasso, sem esperança de recuperação. Nesta hipótese pouco provável, a inovação é abandonada, e o processo também termina.

C) Ocorrem deficiências não detectadas nem nos protótipos nem na operação piloto. Neste caso, ocorre um circuito de realimentação simples, com foco no **Refinamento**, que consiste em correções de erros acontecidos durante o desenvolvimento. O resultado é uma inovação bem-sucedida, graças à maior capabilidade do processo.

D) A reação do público consumidor indica problemas de conceito. Neste caso, ocorre um circuito de realimentação dupla, com foco no **Reprojeto**, que consiste na definição de novos objetivos, parâmetros e regras. O resultado é a adoção de novos conceitos, inclusive quanto à definição do público-alvo e da Proposta de valor.

E) A falta de reação do público consumidor indica que o problema foi mal diagnosticado (ou que a oportunidade foi mal interpretada). Neste caso, ocorre um circuito de realimentação tripla, com foco na mudança de consciência, que consiste na revisão dos pressupostos iniciais — tanto sobre a situação problemática como sobre a necessidade de aprofundar o aprendizado a respeito. O resultado são mudanças mais profundas, que levam a novas percepções, novos conceitos e novas prioridades.

Referências

AMABILE, T. M. Social Psychology of Creativity: a Componential Conceptualization. **Journal of Personality and Social Psychology**, 45, 1983.

_____. **A Model of Creativity and Innovation in Organizations**. In: "Research in Organizational Behavior", vol. 10 (B. M. Staw e L. L. Cummings, Eds.). Greenwich, CT: JAI Press, 1988.

_____. Motivating Creativity in Organizations. **California Management Review**, vol. 40, n. 1, Fall, 1997.

_____. How to Kill Creativity. **HBR**, set.-out. 1998.

_____. **Componential Theory of Creativity**. In: "Encyclopedia of Management Theory (E.H. Kessler, Ed.). Thousand Oaks, CA: SAGE Publications, 2013.

ÅMO, B. W. Corporate Entrepreneurship and Intrapreneurship related to Innovation Behavior among Employees. **International Journal of Entrepreneurial Venturing**, vol. 2, n. 2, 2010.

ANDREASSI, T. Empreendedorismo Corporativo. **GV Executivo**, vol. 4, n, 3, ago.-out. 2003.

ARENA, M. *et al.* **How to Catalyze Innovation in Your Organization**. MIT-Sloan, Special Collection ("Developing a Powerful Innovation Strategy"), Summer 2017.

ASHKENAS, R. Innovation is Everyone's Job. **HBR**, dez. 2011.

BARBIERI, J. C. Org.; **Organizações Inovadoras: Estudos e Casos Brasileiros**. RJ: Editora FGV, 2003.

BARBIERI, J. C.; ÁLVARES, A. C. T. Meio Inovador Empresarial: Conceitos, Modelos e Casos. **Revista IMES Administração**, n. 56, set.-dez. 2002.

_____; _____. **Modelo de Inovação Contínua: Exemplo de um Caso de Sucesso**. FGV–EAESP. SIMPOI 2014.

BARBIERI, J. C.; ÁLVARES, A. C. T.; CAJAZEIRA, J. E. R. **Geração de Ideias para Inovações: Estudos de Casos e Novas Abordagens**. FGV–EAESP. SIMPOI, 2008.

_____; _____; _____. **Gestão de Ideias para Inovação Contínua**. PA: Bookman, 2009.

BENIUS, J. M. Biomimicry: **Innovation Inspired by Nature**. NY: Harper Perennial, 1997.

BIRKINSHAW, J; HAMEL, G.; MOL, M. J. Management Innovation. **Academy of Management Review**, vol. 33, n. 4, 2008.

BROWN, T. **Design Thinking**. RJ: Elsevier, 2010 (2009).

COOPER, R. G. **Winning at New Products**. NY: Basic Books, 1988.

COOPER, R. G.; EDGETT, S. J.; KLEINSCHMIDT, E. J. **Portfolio Management for New Product Development: Results of an Industry Practices Study**. Product Development Institute. Technical Report, 2001.

COUGHLAN, P.; FULTON SURI, J.; CANALES, K. Prototypes as (Design) Tools for Behavioral and Organizational Change. **The Journal of Applied Behavioral Science**, vol. 43, n.. 1, mar. 2007.

DE JONG, J. P. J.; **Individual Innovation**. Ph.D .Thesis. Amsterdam University, nov. 2007.

DE JONG, J.; WENNEKERS, S.; **Intrapreneurship: Conceptualizing Entrepreneurial Employee Behavior**. Report # H200802, Scales-Initiative, Zoetermeer, NL, maio 2008.

DENTON, D. K.; Entrepreneurial Spirit. **Business Horizons**, vol. 36, n. 3, maio-jun. 1993.

DRUCKER, P. F.; **Que é o nosso negócio?** In: "Prática de Administração de Empresas". RJ: Fundo de Cultura, 1964 (1954).

_____. **Inovação e Espírito Empreendedor**. SP: Pioneira Thomson, 1986 (1985)

DUNBAR, K.; **How Scientists build Models: In Vivo Science as a Window on the Scientific Method**. In: "Model-based Reasoning in Scientific Discovery" (Magnani et al., Eds.). NY: Plenum Press, 1999.

EILAT, H.; GOLANY, B.; SHTUB, A. R&D Project Evaluation: an integrated DEA and Balanced Scorecard Approach. **Omega**, 36 (5), 2008.

ELKINGTON, J. Towards the Sustainable Corporation: Win Business Strategies for Sustainable Development. **California Management Review**, vol 30, n. 2, winter 1994.

ELLSTRÖM, P-E. The Many Meanings of Occupational Competence and Qualification. **Journal of European Industrial Training**, 21 (6/7), 1997.

ELLSTRÖM, P-E.; KOCH, H. Competence Development in the Workplace: Concepts, Strategies and Effects. **Asia Pacific Education Review**, vol. 9, n. 1, 2008.

EUROPEAN COMMISSION; **Responsible Research and Innovation: Europe's ability to respond to societal challenges**. Report, 2012.

FIESER, J.; **Ethics**. Internet Encyclopedia of Philosophy. <iep.utm.edu>, acessado em junho de 2018.

FLIEGLER, L.; **Dimensions of Creative Process**. In: "Creativity and Psychological Health" (M. Andrews, Ed.). Syracuse, NY: Syracuse University Press, 1961.

GRINBAUM, A.; GROVES, C. **What is "Responsible" about Responsible Innovation? Understanding the Ethical Issues**. In: "Responsible Innovation" (R. Owen e J. Bessant, Eds.). NY: John Wiley & Sons, 2013.

GREGORY, M. J.; Technology Management: A Process Approach. Journal of Engineering Manufacturing, 1995.

GUNDLING, E. **The 3M Way to Innovation**. Tokio: Kodansha International, 2000.

IATRIDIS, K.; SCHROEDER, D. **Responsible Research and Innovation in Industry**. Cham, Swz: Springer, 2016.

IMAI, M. **GEMBA KAIZEN**. NY: McGraw-Hill, 2012, 2nd Edition (1997).

JANSZEN, F. **The Age of Innovation**. London: Prentice-Hall, 2000.

JOHANSSON, F. **O Efeito Médici**. RJ: Best Seller, 2008 (2004).

JOHNSON, M. W. **Seizing the White Space**. Boston: Harvard Business Press, 2010.

JOHNSON, S. **De Onde Vêm as Boas Ideias**. RJ: Zahar, 2011 (2010).

JONES, T. M. Decision Making by Individuals in Organizations: An Issue-Contingent Model. **Academy of Management Review**, vol. 16, n. 2, 1991.

KAHN, K.B. (Ed.) **The PDMA Handbook of New Product Development**. New Jersey, Wiley, 2013.

KANGETHE, S. **Increasing Entrepreneurial Spirit in Immigrant Owned Business in Finland**. Bachelor Thesis. Helsinki: Haaga-Helia, University of Applied Sciences, dez. 2012.

KAPLAN, A.; **A Conduta na Pesquisa**. SP: Editora Herder, 1969 (1964).

KEELEY, L. *et al.* **Ten Types of Innovation**. Hoboken, NJ: John Wiley and Sons, 2013.

KELLEY, T.; LITTMAN, J. **The Art of Innovation**. NY: Currency Books, 2000.

KING, M.; CARRUTHERS, P. Moral Responsibility and Consciousness. **Journal of Moral Philosophy**, 9, 2012.

KNELLER, G. F. **Arte e Ciência da Criatividade**. SP: IBRASA, 1968 (1965).

KOONTZ, H. The Management Theory Jungle. **The Journal of the Academy of Management**, vol. 4, n. 3, 1961.

KOONTZ, H.; O'DONNELL, C.; WEIHRICH, H. **Essentials of Management**. NY: McGraw-Hill, 1986.

KUMAR, V. **101 Design Methods**. Hoboken, NJ: John Wiley and Sons, 2013.

LIEDTKA, J.; OGILVIE, T. **A Magia do Design Thinking**. SP: HSM Editora, 2015 (2013).

LUECKE, R. **Managing Creativity and Innovation**. Boston: HBS Press, 2003.

NELSON, R. R.; WINTER, S. G. **Uma Teoria Evolucionária da Mudança Econômica**. Campinas, SP: Editora da Unicamp, 2005 (1982).

NONAKA, I.; TOYAMA, R.; KONNO, N. SECI, BA and Leadership: A Unified Model of Dynamic Knowledge Creation. **Long Range Planning**, vol. 33, 2000.

NONAKA, I.; TOYAMA, R.; BYOSIÈRE, P. **A Theory of Organizational Knowledge Creation: Understanding the Dynamic Process of Creating Knowledge**. Chapter 22 of "Handbook of Organizational Learning and Knowledge" (M. Dierkes et al. Eds.). Oxford: Oxford University Press, 2001.

OSTERWALDER, A.; PIGNEUR, Y. **Business Model Generation**. RJ: Alta Books, 2011 (2010).

PINCHOT, G. **Intrapreneuring: Why You Don't Have to Leave the Corporation to Become an Entrepreneur**. NY: Harper & Row, 1985.

PORTER, M.E. KRAMER, M.R. Creating Shared Value. **HBR**, jan.-fev. 2011.

RAMADHAN, H.A. **Toward a Scale to Measure a Level of Individual Behavior in regard to Responsible Innovation Concept in a Business Context**. Master Thesis. Delft University of Technology, NL, 2017

REST, J.R. **Moral Development: Advances in Research and Theory**. NY: Praeger, 1986.

RHODES, F.H. **The Creation of the Future**. Ithaca, NY: Cornell University Press, 2001.

RIBEIRO, H. A. A. **Evaluation and Selection of Innovation Projects**. Tese de Mestrado em Engenharia Mecânica. Técnico Lisboa, nov. 2015.

ROGERS, C. R. Toward a Theory of Creativity. **ETC: A Review of General Semantics**, vol. 11, n. 4, Summer 1954.

ROGERS, E. M. **Diffusion of Innovations**. NY: Free Press, 1995, 5th Edition (1962).

SCHUMPETER, J. A. **A Teoria do Desenvolvimento Econômico**. SP: Nova Cultural, 1988 (1911).

_____. **Capitalism, Socialism and Democracy**. NY: Harper Torchbooks, 1975 (1942).

SLEDZIK, K. Schumpetr's View on Innovation and Entrepreneurship. **SSRN Electronic Journal**, abr. 2013.

SWEDBERG, R. **Rebuilding Schumpeter's Theory of Entrepreneurship**. Conference on Marshall, Schumpeter and Social Science. Hitotsubashi University, mar. 2007.

VAN DE VEN, A. H. *et al*. **The Innovation Journey**. NY: Oxford University Press, 1999.

VASCONCELLOS, M. A. **Excelência e Humanização da Produção**. Monografia para acesso ao nível de Professor Titular. SP: FGV–EAESP, 1997.

_____. Coord. **Gestão da Inovação**. SP: Fundação Nacional da Qualidade, 2015.

VON KROGH, G.; ICHIJO, K.; NONAKA, I. **Enabling Knowledge Creation**. Oxford: Oxford University Press, 2000.

VON SCHOMBERG, R. **A Vision of Responsible Innovation**. In: "Responsible Innovation" (R. Owen *et al*., Eds.). London: John Wiley, 2013.

WCED – WORLD COMMISSION ON ENVIRONMENT AND DEVELOPMENT. **Our Common Future**. Oxford: Oxford University Press, 1987.

WHEATLEY, M.J. **We Are All Innovators**. In: "Leading for Innovation" (F. Hesselbein *et al*., Eds.). San Francisco: Jossey-Bass, 2002.

YANG, M. C. A Study of Prototypes, Design Activity and Design Outcome. **Design Studies**, 26, 2005.

YUNUS, M. **Um Mundo Sem Pobreza: A Empresa Social e o Futuro do Capitalismo**. São Paulo: Ática, 2008 (2007).

_____.**Criando um Negócio Social**. RJ: Campus, 2010.

PARTE II

ESTÍMULO AO ALTO ENVOLVIMENTO

CAPÍTULOS

5 Envolvimento e Alto Envolvimento — 195

6 Organizações de Alto Envolvimento — 253

7 Alto Envolvimento e Inovações — 305

8 Sistemas de Estímulo ao Alto Envolvimento — 349

Envolvimento e Alto Envolvimento

5.1 A Natureza das Organizações

Recapitulando o que vimos na Seção 3.1, são as pessoas os efetivos agentes de inovação e mudança (Vasconcellos, 2015). De forma mais geral, podemos dizer que todos os sistemas organizacionais — administrativos ou técnicos — são criados, geridos e operados por pessoas, o que significa dizer que uma organização só atinge níveis altos de desempenho por meio do empenho e da melhoria do desempenho de seus colaboradores em todos os níveis.

O caminho para esse patamar passa pelo entendimento da verdadeira natureza das organizações. Para tanto, recorremos ao conceito de Empresa Viva, de Arie de Geus (1997):

> "Todas as empresas exibem comportamentos e certas características de entidades vivas. Todas têm uma identidade que determina sua coerência, constroem relacionamentos, aprendem e se desenvolvem até o momento em que morrem. (...) E para que as empresas existem? Para analistas financeiros, acionistas e muitos executivos, a meta é proporcionar retorno financeiro. Para alguns economistas, tornar a vida humana mais fácil e agradável. Para políticos, criar empregos. Mas, do ponto de vista da própria organização, todas essas finalidades são secundárias. Como todos os organismos, a empresa viva existe primeiramente para procurar sua própria sobrevivência, para se desenvolver e prosperar."

Arie de Geus (1997) aponta, ainda, para o paradoxo entre a finalidade de sobrevivência e a morte precoce de tantas empresas:

> "A expectativa média de vida de uma empresa multinacional [dados observados nos anos 1990] é de 45 anos. Por que tantas empresas morrem prematuramente? Acumulam-se provas de que as empresas fracassam porque seus gerentes se concentram na atividade econômica de produzir bens e serviços, e se esquecem de que a verdadeira natureza de suas organizações é aquela de uma comunidade de seres humanos [Obs.: Os conceitos de De Geus, sobre a Empresa Econômica e a Empresa Viva, estão apresentados no **Quadro 5.1**].
>
> Entender a empresa como uma entidade viva é um primeiro passo no sentido de aumentar sua expectativa de vida. Provavelmente, não importa muito se a empresa de fato está viva no sentido estritamente biológico do termo, ou se a "empresa viva" é tão somente uma metáfora útil. A ideia da empresa viva não é meramente uma questão semântica ou acadêmica. Ela traz em si imensas implicações práticas, cotidianas, para os gerentes. Ela significa que, em um mundo que se modifica rapidamente de forma substancial, a administração precisa envolver as pessoas no desenvolvimento continuado da empresa. A intensidade com que as pessoas se aplicam, confiam e se envolvem no trabalho tem um efeito direto, não só sobre os resultados imediatos, mas também — e principalmente — sobre a expectativa de vida da empresa." [grifos nossos]

Em outras palavras, as organizações são criadas, administradas e operadas por pessoas. Assim, para serem bem-sucedidas, especialmente em ambientes turbulentos, precisam desenvolver uma cultura de **alto envolvimento**, que proporcione autonomia e distribua o poder para a tomada de decisões ao longo da estrutura hierárquica.

Influência do Alto Envolvimento no Desempenho das Organizações. A conclusão de De Geus (1997), de que o envolvimento das pessoas influencia positivamente o desempenho das organizações, é baseada nos estudos da Shell (1983) citados no **Quadro 5.1**.

Esses estudos não são isolados. Um considerável corpo de pesquisas (que vêm sendo realizadas pelo menos desde a década de 1980) tem corroborado essa relação positiva. Essas pesquisas, abrangendo em seu conjunto algumas centenas de empresas e milhares de trabalhadores, têm indicado que (Harter *et al.*, 2002; Wellins *et al.*, 2005; Konrad, 2006; Benson *et al.*, 2013; Bergström e Martinez, 2016):

- As organizações com alto envolvimento apresentam melhores resultados, operacionais e financeiros, incluindo índices mais altos de produtividade e qualidade, e menores taxas de perdas.

- Apresentam também atitudes mais positivas de indivíduos e grupos, incluindo melhores índices de confiança, de satisfação intrínseca com o trabalho e de retenção.

- Os resultados caracterizam situações ganha-ganha entre empregados e administradores.

- Essas conclusões são válidas para organizações de diferentes setores de atividade (industriais e de serviços) e de diferentes países.

Com base nessas pesquisas, Benson *et al.* (2013) chegam a afirmar que "em muitos locais de trabalho, as práticas de alto envolvimento não são mais vistas como 'inovadoras' ou de 'alto desempenho', mas apenas a maneira natural de se fazer as coisas".

Da Motivação ao Alto Envolvimento. O estímulo ao Alto Envolvimento é uma abordagem crescentemente usada para promover, ao mesmo tempo, o sucesso de uma organização e o desenvolvimento das pessoas que nela trabalham. Suas raízes estão em movimentos tais como a Escolas de Relações Humanas, Sistemas Sociotécnicos, Motivação e Qualidade de Vida no Trabalho, entre outros.

Todos esses movimentos tinham e têm por objetivo transformar as relações entre administração e empregados, substituindo o conflito pela cooperação (Tosi *et al.*, 1994). Dada a inter-relação entre aquelas abordagens, analisaremos os conceitos neste capítulo na seguinte sequência:

1ª) Motivação e Qualidade de Vida no Trabalho (Seção 5.2).

2ª) Humanização do Trabalho (Seção 5.3).

3ª) Consideração das Características das Pessoas (Seção 5.4).

4ª) Envolvimento (Seção 5.5).

5ª) Alto Envolvimento (Seção 5.6).

No próximo capítulo, estudaremos as Organizações de Alto Envolvimento e suas origens.

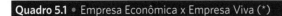

Quadro 5.1 • Empresa Econômica x Empresa Viva (*)	1/2

Arie de Geus (1997) identifica dois tipos diferentes de empresas, distinguíveis por sua principal razão de existir:

- A "empresa econômica", regida por um propósito puramente "econômico" — gerar o máximo de resultados com o mínimo de recursos. Esse tipo de empresa é gerenciado principalmente em função do lucro.
- A "empresa viva", organizada em torno do propósito de se perpetuar como comunidade estável. É gerenciada principalmente em função das pessoas.

Esses dois tipos devem ser vistos como os dois polos de um continuum, cada organização podendo se situar, em qualquer momento de sua história, em algum ponto entre esses dois extremos.

Arie de Geus afirma, ainda, que a dicotomia entre lucros e longevidade é falsa. Não é necessário escolher entre eles. A propósito, vale lembrar a assertiva de Goldratt e Fox (1984): "A meta de uma empresa é ganhar dinheiro, no presente bem como no futuro." O "... no futuro" exige a conciliação entre os resultados de curto prazo e a sobrevivência e prosperidade no longo prazo. Seguem-se as características dos dois arquétipos, segundo de Geus (1997):

Empresa Econômica

Neste tipo de empresa, as pessoas são vistas como "recursos". Como no caso dos ativos de capital, o investimento em ativos humanos é mantido no nível mínimo, para gerar o maior retorno possível no mais curto espaço de tempo. A empresa econômica não é uma comunidade de trabalho, exceto casualmente. É uma máquina corporativa, cujo único propósito é a geração de riqueza para um pequeno grupo interno de gerentes e investidores. Ela não sente qualquer responsabilidade para com seus membros como um todo.

Essa empresa representa uma escolha viável: é perfeitamente legítimo que alguém queira ter uma empresa com o único propósito de ganhar o próprio sustento ou da família. Além disso, é também filosoficamente viável: ativos são importantes, assim como o retorno sobre o investimento. Mas fazer essa escolha tem suas consequências. Somente um pequeno grupo de pessoas está qualificado para ser "um de nós" no círculo interno. Todas as outras serão "gente de fora", recrutadas por suas qualificações, mas com pouca lealdade com a empresa como entidade. Isso leva a controles hierárquicos rígidos, que significam condições reduzidas para a efetiva mobilização da capacidade intelectual das pessoas controladas.

[Cont.] Quadro 5.1 • Empresa Econômica x Empresa Viva (*) — 2/2

Empresa Viva

Neste tipo de empresa, o retorno sobre o investimento continua sendo importante, mas os gerentes vêm a otimização do capital como complemento da otimização das pessoas. A empresa em si é principalmente uma comunidade. Seus propósitos são a longevidade e o desenvolvimento de seu próprio potencial. A rentabilidade é um meio para se chegar a um fim. E para obter tanto a rentabilidade como a longevidade, a empresa deve cuidar dos vários processos envolvidos na construção de uma comunidade: definir os membros, estabelecer valores comuns, recrutar pessoas, desenvolver suas habilidades, pautar-se por um contrato humano etc. Entre suas características mais importantes, podemos destacar as seguintes:

- **Identidade**. A empresa viva está aberta para o mundo externo. Há tolerância à ampla entrada de novas pessoas e ideias. Ao mesmo tempo, porém, mantém sua identidade coesa. Mesmo em empresas altamente diversificadas ou descentralizadas, seus membros sabem "quem somos nós", têm um entendimento claro de "qual é o propósito desta empresa", estão cientes de que têm valores em comum e se identificam com esses princípios.

- **Valores Comuns**. O que mantém os membros de uma empresa em mútua sintonia? Eles aderem a um conjunto de valores comuns. Eles acreditam que os objetivos da empresa vão ajudá-los a atingir seus próprios objetivos. Cada pessoa, e cada unidade da empresa, é uma PERSONA, com seus próprios valores e objetivos. Gerenciar é uma questão de assegurar a harmonia entre esses princípios e os da organização. Estudo da Shell (1983, não publicado externamente) sobre empresas duráveis revelou uma ligação bastante sugestiva entre a longevidade e um forte senso de Valores.

(*) de Geus, 1997

5.2 Motivação, Qualidade de Vida e Humanização do Trabalho (Quadro 5.2)

a) Motivação

Motivação é a razão pela qual alguém quer fazer alguma coisa. Determina o entusiasmo e a vontade de um indivíduo para perseguir um objetivo, sem necessidade de ser solicitado ou forçado a fazê-lo (Longman, 1978). **Motivação** é também o conjunto de processos que dão ao comportamento uma intensidade, uma direção determinada e uma forma de desenvolvimento próprias da atividade individual (Houaiss, 2001).

No contexto das organizações, a **motivação** pode ser definida como "as forças psicológicas que determinam: (i) a direção do comportamento de uma pessoa em uma organização, (ii) o nível de esforço dessa pessoa e (iii) o nível de persistência frente a obstáculos (George e Jones, 2012).

Segue-se que a pessoa motivada está mais propensa a assumir responsabilidades, ser criativa e produtiva, realizar trabalhos de alta qualidade, ser persistente na busca de objetivos pessoais e organizacionais (Amabile, 1993; Renfors, 2017).

Motivação Intrínseca e Extrínseca. Em relação ao tipo de estímulo, a motivação de um indivíduo costuma ser classificada em duas categorias: Motivação Interna ou Intrínseca (inspirada pelo próprio Eu) e Motivação Externa ou Extrínseca (despertada por fatores externos ao indivíduo).

- **Motivação Intrínseca**. É guiada por forças internas ao indivíduo. Refere-se à realização de alguma atividade pelo prazer e pela satisfação inerentes que ela pode proporcionar, refletindo a disposição natural da pessoa humana para experimentar, assimilar e aprender (Ryan e Deci, 2000). A motivação intrínseca é usualmente referida à tarefa executada pelo indivíduo. Tendo em vista a definição de Trabalho Ampliado apresentada no **Quadro 5.2**, adotaremos a seguinte definição: **Motivação Intrínseca** é aquela que leva o próprio eu a sentir-se realizado, tanto pela execução de um trabalho gratificante e produtivo como pela participação em uma organização cujos propósitos e valores sejam compatíveis com os seus próprios.

- **Motivação Extrínseca**. É definida principalmente em função de fatores que são dirigidos para metas. Indivíduos motivados extrinsecamente esperam receber algum tipo de recompensa (bônus, benefícios, promoção) pelo cumprimento dos objetivos estabelecidos. Ou inversamente, esperam evitar algum tipo de punição pela sua não realização. A motivação extrínseca está relacionada com a QVT, especialmente os fatores referentes aos Sistemas de Avaliação e Recompensa e Sistemas de Coordenação e Controle.

Pesquisas comprovam que, devido às suas características, os fatores intrínsecos são mais efetivos em assegurar a motivação das pessoas, ao passo que as recompensas extrínsecas conseguem resultados apenas temporariamente (Bergström e Martinez, 2016).

Dimensões da Motivação nas Organizações. A motivação nas organizações se desdobra em duas dimensões (Wall *et al.*, 2004):

- **A motivação pelo papel** (ou pelo **trabalho em si**), referente à atividade principal desempenhada por um indivíduo ou grupo. Corresponde à motivação intrínseca, proporcionada pela tarefa e pela oportunidade de tomar decisões sobre o próprio trabalho (**autonomia**). Suas origens incluem: os Sistemas Sociotécnicos (**Seção 6.3**), a Teoria dos Dois Fatores de Herzberg (1959; 1966; 1968) e o Modelo do Trabalho Enriquecido de Hackman *et al.* (1975) (ver **Quadro 5.2**).

- **A motivação pela organização** (ou pela **Liderança e Participação**) se refere à **participação** das pessoas nos processos de tomada de decisão (que vão além dos limites das atribuições específicas do indivíduo ou grupo). Esse é o princípio da Liderança Participativa, em que os líderes dão aos subordinados a oportunidade de participar das decisões organizacionais que os afetam. Essa visão coincide com a do conteúdo amplo do trabalho (**Quadro 5.2**). Suas origens incluem a Escola de Relações Humanas (**Seção 6.2**) e os trabalhos de Argyris (1955; 1957), McGregor (1957; 1960) e Likert (1959; 1961) (ver **Box 5.A**).

Motivação e Responsabilidade. Como vimos na **Seção 4.3.g**, a Responsabilidade pelos Resultados é parte integrante e essencial de qualquer processo de inovação. Isso vale para a motivação — conforme demonstrado no **Quadro 5.2**. A **Responsabilidade Percebida** é um dos estados psicológicos críticos para a determinação da motivação das pessoas nas organizações. A responsabilidade percebida reflete até que ponto o indivíduo se sente pessoalmente responsável pelos resultados, tanto do trabalho que executa como da organização como um todo. A relação entre **Motivação e Responsabilidade** é tratada no **Quadro 5.4**.

Box 5.A • Motivação pela Liderança e Participação - Origens

Chris Argyris (1957)

- **Organização Tipo A** — Local onde o indivíduo ganha seu sustento.
- **Organização Tipo B** — Aquela em que o indivíduo pode realizar seu potencial.

Organização Tipo B*. Características:

- Participação dos indivíduos nos processos de decisão.
- Visão integrada das diversas partes da organização.
- Conhecimento, pela maioria, dos objetivos da organização.
- Integração horizontal.
- Privilegia-se o médio e longo prazos.

Douglas McGregor (1966)

- **Teoria X** — Corresponde à Escola de Administração Científica: *"O ser humano é avesso ao trabalho."*
- **Teoria Y** — Corresponde à Escola de Relações Humanas: *"As pessoas não são passíveis ou indolentes por natureza."*

Teoria Y*. Pressupostos:

- As pessoas gostam do trabalho que exercem e são esforçadas e dedicadas.
- As pessoas consideram o trabalho como algo natural a ser realizado.
- As pessoas podem se controlar e assumir responsabilidades.
- As pessoas são criativas e competentes.
- As pessoas podem participar dos processos de tomadas de decisão.

Rensis Likert (1961)

Quatro Sistemas de Gestão:

S1 — Autoritário coercitivo.
S2 — Autoritário benevolente.
S3 — Consultivo.
S4 — Participativo.

Sistema 4. Características:

- Confiança mútua entre liderança e colaboradores.
- Pessoas com altos níveis de responsabilidade e *accountability*.
- Participação genuína nas tomadas de decisão e definição de objetivos.
- Informação compartilhada por todos os membros.
- Incentivo à cooperação — intra e inter equipes.

(*) Motta e Vasconcelos (2002)

b) Qualidade de Vida no Trabalho — QVT

Os estudos de Hawthorne (ver **Seção 6.2**) sobre a influência dos fatores ambientais na produtividade dos trabalhadores, foram provavelmente os primeiros a pesquisar a relação entre o bem-estar dos trabalhadores e o desempenho da organização. A expressão "Qualidade de Vida no Trabalho", contudo, só veio a ser utilizada pela primeira vez, e se tornar popular, a partir dos anos 1960.

Desde então, o termo vem sendo usado com os mais diferentes significados e conteúdos. Citando Eda Fernandes (1996), "não há uma definição consensual: o conceito engloba, além de atos legislativos que protegem o trabalhador, o atendimento a necessidades e aspirações humanas, calcado na ideia de **humanização do trabalho** e na responsabilidade social da empresa".

A influência do trabalho na qualidade de vida das pessoas foi estudada por Rice (1984), que desenvolveu o seguinte conceito de QVT:

> *"**Qualidade de Vida no Trabalho** é o grau em que as necessidades e aspirações de uma pessoa são atendidas no domínio do seu trabalho."*

Considerando também a Teoria dos Dois Fatores de Herzberg (**Quadro 5.2**), podemos dizer que:

> *"**Qualidade de Vida no Trabalho** (**QVT**) é a satisfação no trabalho (ou ausência de sofrimento com o trabalho), proporcionada pelos fatores higiênicos, encontrados no ambiente do trabalho."* (Vasconcellos, 1997)

Os fatores organizacionais que podem proporcionar a QVT estão indicados no **Quadro 5.2**

c) Humanização do Trabalho

Do exposto no **Quadro 5.1**, temos que um pressuposto essencial da Empresa Viva — ou longeva — é o da humanização do trabalho. O **Trabalho Humanizado** é aquele (Vasconcellos, 1997):

1ª) Que permite às pessoas a realização de todo seu potencial, incluindo a aptidão ou dom que um indivíduo tem para um determinado tipo de trabalho e, também — e principalmente — seu crescimento como ser humano.

2ª) Cujo produto faz sentido para as pessoas que participam do trabalho, a ponto de elas se sentirem gratificadas com sua finalização, o que significa que o produto do trabalho será útil para as pessoas a quem se destina.

3ª) Em cuja execução a humanidade das pessoas seja, no mínimo, respeitada, não havendo qualquer forma de degradação física ou moral de nenhum indivíduo.

4ª) Respeita e favorece as convicções e características de cada pessoa, de forma que ninguém seja constrangido ou discriminado.

Humanização do Trabalho é, portanto, o processo de criar e manter condições para que as pessoas possam se realizar no trabalho, ao mesmo tempo em que contribuem para o sucesso e a longevidade da organização. A **Humanização do Trabalho** consiste basicamente em (Vasconcellos, 1997) (1º) reconhecer que as pessoas **não são** recursos de produção e (2º) são as pessoas que criam, operam, administram, aperfeiçoam e transformam processos e empreendimentos.

Como corolário, temos a definição de **Organização Humanizada**. É aquela que:

1ª) Pauta-se por propósitos e valores compatíveis com os aqueles das pessoas que nela trabalham.

2ª) Cria e mantém condições para que as pessoas possam se realizar no trabalho, ao mesmo tempo em que contribuem para que sejam realizadas as metas organizacionais.

3ª) Busca a satisfação das necessidades e expectativas de todos os *stakeholders* (Vasconcellos, 1997).

Em outras palavras, **Organização Humanizada** é a que proporciona aos seus colaboradores motivação (pelo trabalho e pela organização) e qualidade de vida.

Fatores de Humanização. São aqueles que proporcionam a humanização do trabalho. Resumidamente, podem ser caracterizados como segue (ver **Quadro 5.2**).

- **Motivação pelo trabalho em si**. É determinada pela percepção que as pessoas têm sobre:

    a) **O significado** de seu trabalho (o grau em que a pessoa percebe seu trabalho como importante, valioso e significativo).

    b) **A responsabilidade** pelos resultados (até que ponto o indivíduo se sente pessoalmente responsável pelos resultados do trabalho que executa).

    c) **O conhecimento** dos resultados (até onde o indivíduo entende quão efetivamente está executando a tarefa).

É o que proporciona ao indivíduo o sentimento de autorrealização pelo trabalho e, por meio desta, a experiência de crescimento profissional e psicológico.

- **Motivação pela Participação**. É determinada por dois conjuntos de fatores.

    a) A compreensão e compartilhamento de **Propósitos e Valores**.

    b) A percepção que a pessoa tem sobre (i) o **significado** dos Negócios da Organização, (ii) a sua **responsabilidade** sobre os resultados organizacionais e (iii) o **conhecimento** dos resultados da organização.

É o que proporciona ao indivíduo os sentimentos de (i) confiança e *ownership* (pelo compartilhamento de valores e pela abertura à participação nos processos de decisão (ver **Box 4.D**) e (ii) autorrealização (pela contribuição para os resultados da organização).

- **"Não desmotivação" pela QVT**. A terceira dimensão se refere à "ausência de sofrimento", isto é, à ausência de estímulos negativos no ambiente de trabalho, estímulos esses que anulariam os efeitos positivos proporcionados pelo trabalho em si e pela participação. Em outras palavras, o bem-estar proporcionado pelo ambiente do trabalho (ou meio inovador interno) estabelece as condições mínimas para que o indivíduo possa vir a se motivar — seja pelo trabalho, seja pela participação.

| Quadro 5.2 • Motivação, Qualidade de Vida e Humanização do Trabalho (*) | 1/11 |

A. A Organização Humanizada

Visão tradicional de uma organização

As organizações são, em geral, vistas como um sistema, cujas "entradas" são recursos (materiais, energia, mão de obra, bens de capital, informação, ordens e dinheiro) e cujas "saídas" são bens e serviços (figura a seguir).

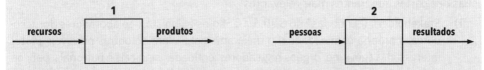

Essa concepção de empresa, em que as pessoas são reduzidas à "mão de obra" (um "recurso" a ser dimensionado e controlado pela administração, da mesma forma que os materiais e equipamentos), corresponde à Teoria X de McGregor (1960), que pode ser expressa em termos de três proposições principais:

1ª) A administração é responsável pela organização dos elementos da empresa produtiva — dinheiro, materiais, equipamentos, pessoas — no interesse dos objetivos econômicos.

2ª) Com respeito às pessoas, este é um processo de dirigir seus esforços, motivá-las, controlar suas ações e modificar seu comportamento, para atender às necessidades da organização.

3ª) Sem esta intervenção ativa da administração, as pessoas seriam indiferentes, até resistentes às necessidades da organização. Elas precisam, portanto, ser persuadidas, punidas, controladas — suas atividades devem ser dirigidas. Esta é a tarefa da administração. (McGregor, 1960)

Mais recentemente, Semler (1988) apresentou uma crítica ainda mais contundente à desconsideração da humanidade das pessoas que trabalham na empresa:

> "O operário padrão deste país é um homem que, fora da empresa, elege governadores, serve o exército, é chamado a ajudar em obras comunitárias, é pai de família, toma decisões diariamente sobre o seu futuro, é cortejado por vendedores, é síndico do seu prédio. Agora, é só entrar na empresa que ele se transforma em um adolescente obrigado a usar crachá, chegar na hora certa, ficar na fila para bater ponto e almoçar, não sair do posto de trabalho sem avisar o chefe, ter de procurar um supervisor para conseguir as chaves do banheiro, dar longas explicações porque chegou atrasado ontem e seguir instruções sem fazer muita pergunta. Deixo vocês com esse pensamento. Qualquer análise aqui estraga o efeito devastador dos fatos." (Semler, 1988)

É necessária, portanto, uma nova forma de visualizar o sistema "organização".

[Cont.] **Quadro 5.2** • Motivação, Qualidade de Vida e Humanização do Trabalho (*) | 2/11

◀ **Visão sistêmica de uma Organização Humanizada.**

Empresa é sinônimo de empreendimento, ou seja, aquilo que um certo número de pessoas, cada qual com seus objetivos, decidir realizar e pôr em execução. Sob esse prisma, as "entradas" do sistema são **pessoas** que decidiram investir no empreendimento, visando um retorno financeiro ou social (empreendedores, proprietários, acionistas), e **pessoas** que decidiram se engajar no mesmo, tendo em vista a realização de suas aspirações individuais (empregados, funcionários, colaboradores, trabalhadores). Essa visão é ilustrada na **figura anterior** acima.

Para melhor análise, a **figura a seguir** "abre" o sistema "Organização Humanizada" em suas dez partes integrantes mais relevantes.

i) **Stakeholders** ("Entradas" do Sistema). São os acionistas, colaboradores, fornecedores, a própria comunidade e o meio ambiente, além de outras possíveis partes interessadas (governo, órgãos reguladores, entidades sindicais e patronais, bancos, agências de financiamento etc.). Podem ser divididos em dois grandes grupos: as **pessoas que trabalham na organização [1]** e os **demais** *stakeholders* **[2]**.

ii) **Processos Organizacionais**. A complexa rede de atividades e interdependências, que caracteriza cada organização, pode ser classificada em dois processos principais: Direção e Criação de Valor.

Partes integrantes da Organização Humanizada.

O **Processo de Direção** engloba os instrumentos e procedimentos — formais e informais — utilizados para a tomada de decisão sobre os rumos da empresa, para conduzir as ações requeridas para se atingir os fins desejados, para avaliar e controlar o desempenho global e para proceder às correções de rumo quando necessário. Compreende:

| [Cont.] **Quadro 5.2** • Motivação, Qualidade de Vida e Humanização do Trabalho (*) | **3/11** |

- ▫ **O Processo de Liderança e Participação [3]. Liderança** é aqui entendida como a *Liderança Transformadora* de Bennis e Nanus (1985): "A liderança transformadora pode moldar e elevar os motivos e metas dos seguidores; realiza uma mudança significativa que reflete o conjunto de interesses tanto dos líderes como dos seguidores; libera e reúne as energias coletivas na busca de uma meta comum. O resultado final é a *concessão de poder*". E **Participação** se refere ao poder concedido aos colaboradores e à sua capacidade de influenciar ou controlar as variáveis que mais afetam a sua vida no trabalho.

- ▫ **Os Sistemas de Coordenação e Controle [4].** Incluem as políticas administrativas, as normas e regulamentos, a estrutura hierárquica formal e os respectivos níveis de autoridade, e os diversos sistemas de controle (sobre resultados, trabalho e pessoas).

O **Processo de Criação de Valor** compreende todas as atividades desenvolvidas para transformar insumos tecnológicos (instalações, sistemas de comunicação e informação, equipamentos, materiais) em bens e serviços que tenham valor para os consumidores atuais e potenciais. Inclui as recompensas extrínsecas e as condições em que o trabalho é realizado. É composto, portanto, de:

- ▫ **O Trabalho em si [5].** É por essência a atividade criadora de valor, que pode (ou tem potencial para) motivar as pessoas (motivação intrínseca) em função do sentimento de realização que pode proporcionar.

- ▫ **O Sistema de Avaliação e Recompensa [6].** Inclui as avaliações de desempenho (individuais, de grupos ou coletivas), as recompensas (desde os adicionais por produtividade individual até os programas de participação nos resultados — motivação extrínseca) e também as punições e demissões.

- ▫ **As Condições de Trabalho [7].** São as condições existentes no local do trabalho, incluindo jornada de trabalho, carga de trabalho, ambiente físico, adequação dos equipamentos, segurança, salubridade, estresse etc.

iii) **Meio Ambiente.** Compreende o conjunto de condições — além daquelas já citadas do local de trabalho — que influenciam e são influenciadas pelos processos organizacionais. Inclui os ambientes externo e interno. O Ambiente Externo, relativo à comunidade e à região em que a empresa está instalada, já foi considerado no item referente aos Stakeholders. Neste tópico, será considerado o Ambiente Interno:

- ▫ **Ambiente Interno [8].** Compreende um conjunto (específico para cada organização) de fatores subjetivos, muitos até inconscientes, que condicionam o moral coletivo e o humor e comportamento individuais. Inclui a cultura organizacional, o clima interno, a organização informal, as relações interpessoais (entre pares e entre chefe e subordinado) etc.

iv) **Resultados.** São consideradas aqui duas classes de resultados: os resultados intermediários, que consistem no nível de satisfação e no comportamento das pessoas, e os resultados finais, referentes ao cumprimento dos objetivos almejados.

- ▫ **Efeitos na Satisfação e no Comportamento [9].** Referem-se aos sentimentos, atitudes e níveis de motivação, desempenho e satisfação que as pessoas demonstram em relação ao trabalho e à empresa, em consequência da forma como são conduzidos os processos organizacionais e sob influência do Ambiente Interno.

[Cont.] **Quadro 5.2** • Motivação, Qualidade de Vida e Humanização do Trabalho (*)	**4/11**

□ **Resultados Finais [10]**. Correspondem à razão de ser da organização, aos objetivos centrais almejados pelos acionistas (RSI, participação no mercado), colaboradores (realização pessoal e sucesso profissional) e demais *stakeholders* (qualidade para os consumidores, sucesso para os fornecedores, progresso para a comunidade, preservação do meio ambiente etc.).

B. Teorias da Motivação

◀ Hierarquia de Necessidades

Maslow (1943; 1954), em sua Teoria da Motivação Humana, identificou cinco tipos de necessidades, que as pessoas são **motivadas** a satisfazer: fisiológicas, de segurança, de participação (*belongingness*) e amor, de estima e de autorrealização. Algumas de suas observações a respeito são:

Necessidades básicas	Observações da Maslow
Necessidades fisiológicas	São as mais preponderantes. Se todas as necessidades estão insatisfeitas, o organismo é dominado pelas necessidades fisiológicas, ficando as demais adormecidas.
Segurança	Segurança; estabilidade; dependência; proteção; ausência de medo, ansiedade e caos; organização, ordem, lei, limites etc.
***Belongingness* e amor**	Relações de afeição com as pessoas em geral; raízes; um lugar em seu grupo ou família; ausência de solidão, ostracismo ou rejeição.
Estima	Autorrespeito e autoestima: sentimento de autoconfiança; força e capacidade de realização, de maestria e competência; de confiança perante o mundo, de liberdade e independência. Sentimento de ser útil e necessário ao mundo.
	Respeito e estima das outras pessoas: reputação, prestígio, status, fama e glória; influência, atenção, apreciação e reconhecimento; importância e dignidade. A autoestima mais estável e saudável é baseada no respeito **merecido** dos outros, e não na fama e adulação injustificadas.
Autorrealização	A necessidade de cada pessoa realizar sua própria vocação. Para que possa estar em paz consigo mesmo, o músico tem de compor, o pintor tem de pintar, o poeta tem de escrever. **O que um ser humano pode ser, ele tem de ser**. Ele tem de ser fiel à sua própria natureza.

Dois pressupostos essenciais da Teoria de Maslow (1943) (1954) são:

(i) a motivação humana é impulsionada por uma hierarquia de necessidades básicas, desde as mais preponderantes (fisiológicas) até as mais transcendentais (autorrealização) — uma vez satisfeitas as necessidades de um nível, as do nível seguinte emergem e passam a ser a preocupação dominante daquele indivíduo.

(ii) Há certas condições que são pré-requisitos para a satisfação das necessidades básicas (liberdade de falar e de se expressar, de fazer o que cada um deseja, de investigar e procurar informação, de defesa, de justiça, equidade, honestidade e ordem no grupo). Sem essas condições, as satisfações básicas se tornam quase impossíveis ou, no mínimo, severamente ameaçadas.

| [Cont.] **Quadro 5.2** • Motivação, Qualidade de Vida e Humanização do Trabalho (*) | **5/11** |

[Cont.] B. Teorias da Motivação

◀ Teoria dos Dois Fatores

Segundo Herzberg (1959; 1968), as necessidades humanas se dividem em duas categorias: por um lado, as derivadas da natureza animal, de equilíbrio com o meio ambiente, incluindo as necessidades de subsistência e de não sofrimento; por outro, as necessidades peculiares aos seres humanos, de autorrealização e, por meio desta, da experiência de crescimento psicológico. Em um ambiente organizacional, os estímulos ao crescimento e à autorrealização estão relacionados com o **conteúdo do trabalho**, em relação ao qual podemos identificar dois tipos de fatores.

- Os fatores **motivadores**, que são **intrínsecos** ao trabalho, são: realização, reconhecimento, o trabalho em si, responsabilidade e crescimento.

- Já os estímulos ao comportamento de evitar sofrimento (*pain-avoidance behavior*) são encontrados no **ambiente do trabalho**. Esses **fatores higiênicos**, que são extrínsecos ao trabalho, incluem: políticas administrativas, supervisão, relações interpessoais, condições do trabalho, salário, status e segurança.

Nesta análise, adotamos o conceito ampliado do **conteúdo do trabalho**, conforme exposto no Item 2 anterior.

C. Conteúdo do Trabalho e Motivação

◀ Conteúdo Amplo do Trabalho

Como indicado na figura anterior, cada indivíduo é membro da organização inteira, e seu trabalho, portanto, não deve ser visto como circunscrito à tarefa que ele executa. O conteúdo do trabalho deve, portanto, ser entendido em um contexto amplo: cada pessoa participa, de algum modo, dos dois processos organizacionais: o de direção e o de criação de valor. Assim, conscientemente ou não, cada indivíduo — e cada grupo — exerce com seu trabalho alguma influência sobre o desempenho global da organização.

◀ Fatores de Humanização

Os Fatores de Humanização (aqueles que proporcionam a humanização do trabalho) são:

- **Fatores de Motivação**. Fatores intrínsecos ao trabalho, associados às necessidades peculiares aos seres humanos, de autorrealização e, por meio desta, da experiência de crescimento psicológico.

- Dividem-se em duas categorias, de acordo com o Conteúdo do Trabalho (Item 2 anterior):
  - **O Trabalho em si** — fatores relacionados com o Processo de Criação de Valor.
  - **Liderança e participação** — fatores relacionados com o Processo de Decisão.

- **Fatores de Qualidade de Vida no Trabalho**. Fatores higiênicos associados às necessidades de equilíbrio com o meio ambiente, incluindo as de subsistência e de não sofrimento.

Analisamos a seguir, em maior profundidade, os três tipos de Fatores de Humanização (Motivação pelo Trabalho em si, Motivação pela Liderança e Participação, Qualidade de Vida no Trabalho).

| [Cont.] **Quadro 5.2** • Motivação, Qualidade de Vida e Humanização do Trabalho (*) | **6/11** |

D. Motivação pelo Trabalho em si

Adotaremos, como princípio para um projeto de trabalho motivador, o Modelo de "Enriquecimento do Trabalho" (Hackman *et al.*, 1975), acrescido dos modelos "Projeto de Trabalho para Grupos" (Nadler *et al.*, 1979) e *Goal-Setting Theory* (Locke, 1968).

O **Modelo de Enriquecimento do Trabalho** (Hackman *et al.*, 1975) considera três variáveis: "Estados Psicológicos determinantes da Motivação Interna", "Características requeridas do Trabalho Enriquecido" e "Efeitos Resultantes".

Estados Psicológicos. O modelo se baseia na ideia de que existem três estados psicológicos críticos para a determinação da motivação e satisfação de uma pessoa no trabalho:

- O **significado percebido** (ou o grau com que a pessoa percebe o trabalho como importante, valioso e significativo).

- A **responsabilidade percebida** (ou até que ponto o indivíduo se sente pessoalmente responsável pelos resultados do trabalho que executa.

- O **conhecimento dos resultados** (ou até onde o indivíduo entende quão efetivamente está executando a tarefa) (ver figura a seguir).

Características requeridas. Pesquisas identificaram (Hackman *et al.*, 1975) **cinco características requeridas** (*Core Job Dimensions*) do Projeto de Trabalho, que atuam sobre os estados psicológicos críticos (ver figura a seguir):

- **Variedade de Habilidades**. O grau em que o trabalho requer uma variedade de atividades diferentes para sua execução, as quais envolvem o uso de várias habilidades e talentos por um mesmo indivíduo (Hackman *et al.*, 1975). Ou por um mesmo grupo (Nadler *et al.*, 1979).

- **Identidade do Trabalho**. O grau em que o trabalho requer a execução de um "ciclo completo" e identificável, o que significa a realização de uma atividade do começo ao fim, com resultados visíveis.

- **Significado do Trabalho**. O grau em que o trabalho realizado tem um impacto substancial na vida ou nos trabalhos de outras pessoas — seja na própria organização, seja no ambiente externo.

- **Autonomia**. O grau em que o projeto do trabalho permite liberdade, independência e discernimento, para que o próprio indivíduo — ou grupo — possa programá-lo e determinar os procedimentos para sua execução.

- *Feedback*. O grau em que o indivíduo — ou grupo — recebe informações diretas e claras sobre **(i)** as grandes metas da organização e o seu desdobramento em objetivos específicos para cada indivíduo ou grupo (Locke, 1968) e **(ii)** a efetividade de seu desempenho e sua contribuição para o desempenho da organização (Hackman *et al.*, 1975).

| [Cont.] **Quadro 5.2** • Motivação, Qualidade de Vida e Humanização do Trabalho (*) | **7/11** |

[Cont.] **D. Motivação pelo Trabalho em si**

Relações entre Estados Psicológicos Críticos, Características Requeridas do Trabalho, e Efeitos Resultantes.

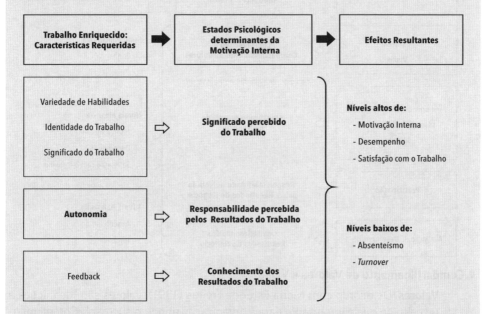

Efeitos Resultantes. Quando os três estados psicológicos estão presentes, a pessoa (ou grupo) tende a se sentir bem quando tem um bom desempenho, e a se sentir estimulada a continuar assim no futuro. É isso que se entende por "**motivação interna**" — o indivíduo (ou grupo) ligado em seu trabalho pelos sentimentos internos positivos gerados por um bom trabalho, em vez de ficar dependendo de fatores externos (tais como incentivos monetários ou cumprimentos do chefe) como motivação para um bom desempenho (Hackman *et al.*, 1975). Os **efeitos resultantes** são:

- Altos níveis de: motivação interna, desempenho e satisfação com o trabalho.
- Baixos níveis de: absenteísmo e *turnover*.

E. Motivação pela Liderança e Participação

A **liderança** contribui para a motivação de pessoas e grupos, de pelo menos quatro formas: (i) proporcionando autonomia — a indivíduos e grupos — para tomarem decisões sobre seu próprio trabalho, (ii) garantindo condições adequadas de trabalho (ver item F, a seguir), (iii) promovendo a compreensão e compartilhamento da visão e dos valores da organização, e (iv) estimulando a participação no processo de direção. Estas duas últimas estão representadas na figura a seguir.

[Cont.] **Quadro 5.2** • Motivação, Qualidade de Vida e Humanização do Trabalho (*) | 8/11
[Cont.] **E. Motivação pela Liderança e Participação**

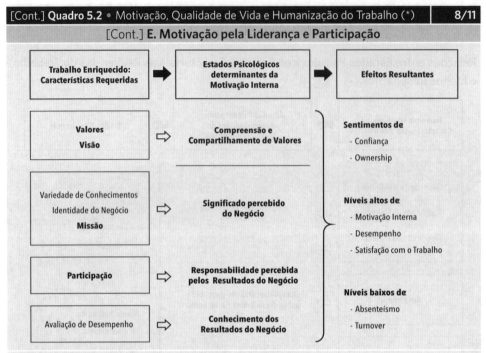

● **Compartilhamento de Valores e Visão**

- **Valores**. De acordo com Maria Ester de Freitas (1991), valores são "definições a respeito do que é importante para a organização atingir o sucesso". Complementando, podemos dizer que **Valores** são definições a respeito do que é importante para a organização respeitar, a fim de atingir o sucesso e mantê-lo ao longo do tempo. Nesse sentido, os valores são chamados de **Valores Permanentes**. Correspondem aos "Princípios Corporativos" da Organização Inovadora (ver Quadro 4.1) e aos "Valores Comuns" da Empresa Viva (ver Quadro 5.1). Algumas características importantes dos Valores Permanentes são:

    1) Representam princípios éticos que a organização se propõe a respeitar em qualquer circunstância (ex.: transparência de suas ações e resultados, perante os colaboradores, a sociedade e o fisco).

    2) Expressam as crenças mais altas da organização, em relação à sociedade e à pessoa humana (ex.: desenvolvimento sustentável, cidadania).

    3) Correspondem a princípios éticos de relacionamento — em longo prazo — com os diferentes *stakeholders*.

    4) Podem ser tácitos ou expressos com toda clareza, podem ser produto das convicções íntimas de seus dirigentes ou simplesmente a "leitura" que eles fizeram do ambiente — em qualquer caso, são definidos pela alta administração.

    5. Embora não sejam regras de prioridade nem metas a alcançar, os valores "demarcam o campo de jogo" e, dessa forma, orientam e condicionam a conduta dos membros da organização.

[Cont.] **Quadro 5.2** • Motivação, Qualidade de Vida e Humanização do Trabalho (*)	**9/11**

[Cont.] E. Motivação pela Liderança e Participação

Definidos os Valores Permanentes, podemos agora conceituar o que são os **Valores Compartilhados**:

1) Cada pessoa tem seu próprio conjunto de **valores**, incluindo seu código de ética, suas crenças em relação à sociedade e à pessoa humana e seus princípios de relacionamento — com outras pessoas, com a comunidade em geral e com organizações empregadoras. Sua conduta e sua percepção, em relação a outras pessoas ou entidades, são pautadas por esses **valores**.

2) Um indivíduo estará bem em um ambiente que respeite seus **valores pessoais**. Assim, em uma organização cujos **valores** sejam compatíveis com seus próprios, ele se sentirá motivado a tentar realizar suas aspirações pessoais.

3) O mesmo indivíduo tenderá a rejeitar um ambiente que seja contrário ou que violente seus **valores pessoais**. O pressuposto é o de que os "valores" de uma organização não podem ser impostos coercitivamente aos seus empregados. Neste caso, as pessoas recusarão sua efetiva colaboração e deixarão o emprego na primeira oportunidade.

- **Visão**. A **Visão** é uma declaração do que a organização pretende ser ou alcançar em médio ou longo prazo. Transmite um senso de direção e é fonte de inspiração para as tomadas de decisão, por todas as pessoas, em todas as áreas e níveis.

  De acordo com Bennis e Nanus (1985), "A visão anima, inspira, transforma o propósito em ação (...). Quando a organização tem um senso claro de seu propósito, direção e estado futuro desejado (visão), e quando esta imagem é amplamente compartilhada, os indivíduos são capazes de encontrar seus próprios papéis na organização e na sociedade maior da qual fazem parte. Isso concede poder aos indivíduos, assim como *status*, porque podem ver-se como parte de um empreendimento digno".

◀ **Trabalho Enriquecido — contexto amplo**

O conteúdo do trabalho de cada pessoa é composto por dois aspectos imbricados e indissociáveis: (1º) o trabalho em si e (2º) sua participação no processo de decisão. O Enriquecimento do Trabalho deve, portanto, contemplar igualmente esses dois aspectos. O primeiro foi analisado no tópico anterior. A participação no processo de decisão pode ser tratada por analogia, conforme segue.

i) Os "estados psicológicos determinantes da motivação interna" são os mesmos, mas agora se referem à organização como um todo, ao seu negócio e aos seus resultados globais. Assim temos: **significado percebido do negócio** (grau com que a pessoa percebe o negócio como importante, valioso e significativo); **responsabilidade percebida pelos resultados do negócio** (até que ponto o indivíduo se sente pessoalmente responsável pelos resultados do negócio da organização em que trabalha); e **conhecimento dos resultados do negócio** (até onde o indivíduo entende quão efetivamente está participando do processo de direção) (**obs**.: a expressão "negócio" é aqui utilizada no sentido de "produção e entrega de bens e serviços", valendo inclusive para organizações sem fins lucrativos e para entidades governamentais).

| [Cont.] **Quadro 5.2** • Motivação, Qualidade de Vida e Humanização do Trabalho (*) | **10/11** |

[Cont.] E. Motivação pela Liderança e Participação

ii) Da mesma forma, as dimensões centrais, que atuam sobre os estados psicológicos, são extensões das anteriores:

- **Variedade de Conhecimentos**. Variedade de processos e de temas que devem ser de conhecimento de cada pessoa ou grupo, para que possa compreender a organização e participar, de alguma forma, do processo de direção.

- **Identidade do Negócio**. O grau em que os processos organizacionais permitem às pessoas identificar o negócio da empresa, desde a obtenção de insumos tecnológicos até a entrega de bens e serviços aos clientes finais.

- **Missão**. O grau em que são definidos — e conhecidos e entendidos pelos membros da organização — os clientes da empresa, suas necessidades e a forma de atendê-las.

- **Participação**. O grau em que é permitido o envolvimento das pessoas nas decisões sobre os rumos da empresa, bem como seu próprio destino. O grau em que as pessoas têm liberdade e independência para expressar suas opiniões. Ver "Formas de Participação" no **Quadro 7.1**.

- **Avaliação de Desempenho**. O grau em que são definidos (e conhecidos e entendidos por todas as pessoas) os planos e orçamentos, da organização e de cada unidade. O grau em que cada indivíduo ou grupo obtém informações diretas e claras sobre a efetividade do desempenho global da organização.

◀ Efeitos Resultantes

A participação no processo de tomada de decisão reforça os três estados psicológicos. Além disso, o compartilhamento de valores, tal como descrito, desperta os sentimentos de **Propriedade Psicológica** (ver **Box 4.D**) e de **Confiança**. Sobre este último, vale lembrar as palavras de de Geus (1997):

> "A confiança mútua equivale a um contrato de adesão implícito, em que indivíduos e grupos se empenharão pelos objetivos da organização, e esta *tentará desenvolver ao máximo o potencial de cada pessoa.*"

F. Qualidade de Vida no Trabalho — QVT

A **Qualidade de Vida no Trabalho** é o grau em que as necessidades e aspirações de uma pessoa são satisfeitas no domínio de seu trabalho (Rice, 1984) (**Quadro 5.3**). Considerando que, do ponto de vista da Teoria dos Dois Fatores de Herzberg, as necessidades de nível mais alto são atendidas pelos Fatores Motivadores (ver itens C e D, anteriormente), chegamos à seguinte definição de QVT: **Qualidade de Vida no Trabalho (QVT) é o grau de satisfação (ou ausência de sofrimento) no trabalho, proporcionada pelos fatores higiênicos, encontrados no ambiente do trabalho** (Vasconcellos, 1997).

| [Cont.] **Quadro 5.2** • Motivação, Qualidade de Vida e Humanização do Trabalho (*) | **11/11** |

[Cont.] F. Qualidade de Vida no Trabalho — QVT

No caso das organizações inovadoras, pode-se dizer que **QVT é a satisfação no trabalho proporcionada pelos fatores que constituem o Meio Inovador Interno** (indicados a seguir). Esses fatores podem ser desdobrados em **Dimensões de QVT**, cada uma delas compreendendo um conjunto de características e princípios organizacionais (Vasconcellos, 1997; 2015).

Fatores de QVT	Princípios
Atenção às Pessoas	
I. Atração e Socialização	▪ Igualdade de oportunidades, ausência de preconceitos. ▪ Política de manutenção de emprego.
II. Oportunidades de Crescimento	▪ Treinamento continuado. ▪ Acesso a oportunidades, plano de carreira.
III. Contribuição para a Vida Pessoal	▪ Equilíbrio entre o trabalho e a vida pessoal e familiar. ▪ Percepção de sua importância e valorização.
IV. Cidadania	▪ Liberdade de expressão, privacidade. ▪ Observância dos direitos, certeza de tratamento justo.
Condições de Trabalho	
I. Adequação da Tecnologia às Pessoas	▪ Ergonomia, arranjo físico. ▪ Projeto de trabalho em equipe.
II. Saúde e Segurança	▪ Garantia de saúde física e mental. ▪ Garantia de segurança física.
III. Relações Interpessoais	▪ Supervisor como apoio — treinador, consultor, orientador. ▪ Relações entre pares — ajuda mútua e camaradagem.
Sistemas de Avaliação e Recompensa	
I. Sistemas de Avaliação	▪ Acompanhamento para apoio e orientação. ▪ Ausência da avaliação individual.
II. Sistemas de Recompensa	▪ Remuneração e benefícios — adequação e equidade. ▪ Ganhos de produtividade — participação nos resultados.
Sistemas de Coordenação e Controle	
I. Compartilhamento de Informações e Poder	▪ Transparência nas informações. ▪ Organização enxuta.
II. Sistemas de Controle	▪ Desburocratização. ▪ Controle de resultados.
Ambiente Interno	
I. Cultura Organizacional	▪ Princípios éticos, respeito à diversidade. ▪ Tolerância ao erro bem intencionado, reconhecimento das iniciativas.
II. Clima Interno	▪ Cooperação informal entre áreas. ▪ Transparência e credibilidade.

| Quadro 5.3 • Trabalho e Qualidade de Vida (*) | 1/2 |

A) Conceitos

Em pesquisa sobre a influência do trabalho na Qualidade de Vida das Pessoas, Robert W. Rice (1984) desenvolveu os seguintes conceitos:

- **Trabalho Organizacional** (*Organizational Work*). O Trabalho Organizacional se refere a atividades humanas, dentro do contexto de organizações formais de trabalho, realizadas com a intenção de produzir alguma coisa de valor social reconhecido.

- **Qualidade de Vida**. É o grau em que a experiência de vida de uma pessoa satisfaz suas necessidades e aspirações (tanto físicas como psicológicas). Nesse sentido, **Qualidade de Vida** pode ser usada como sinônimo de **bem-estar**.

- Rice distingue ainda a **Qualidade de Vida Objetiva** (o que realmente acontece) da **Qualidade de Vida Percebida** (como a pessoa se sente).

B) Vida em Geral e Domínios da Vida

A totalidade da vida pode ser vista como um mosaico composto de muitos domínios específicos, nos quais a pessoa é ativa. Por exemplo, trabalhador, pai ou mãe, cônjuge, amigo, vizinho, sócio, voluntário de um hospital etc.

- **Domínio de Vida**. Um domínio de vida é um componente da vida associado a determinados lugares, coisas, atividades, pessoas, papéis sociais ou elementos do seu autoconceito.

  O grau em que as necessidades e aspirações de uma pessoa são satisfeitas por um domínio particular é a "Qualidade de Vida nesse domínio", por exemplo, Qualidade de Vida no trabalho, Qualidade de Vida na vida familiar, Qualidade de Vida espiritual etc.

- **Qualidade de Vida Global**. É o grau em que a vida como um todo atende às necessidades e aspirações de uma pessoa.

C) Qualidade de Vida no Trabalho

- **Qualidade de Vida no Trabalho** é o grau em que as necessidades e aspirações de uma pessoa são satisfeitas no domínio do seu trabalho.

D) Influências do Trabalho na Qualidade de Vida

O trabalho pode ter efeitos importantes na Qualidade de Vida (tanto objetiva como percebida) por vários motivos, entre os quais podem ser citados:

1º) É a principal ou única fonte de renda da grande maioria das pessoas.

| [Cont.] **Quadro 5.3** • Trabalho e Qualidade de Vida (*) | 2/2 |

2º) A maior parte das horas acordadas de uma pessoa são dedicadas ao trabalho (e à locomoção para o trabalho).

3º) O trabalho desempenha um papel vital na formação do autoconceito de uma pessoa (pelo menos na sociedade ocidental moderna).

4º) É também possível que mudanças no trabalho possam influenciar indiretamente a qualidade de vida global de uma pessoa, por meio de mudanças em outros domínios, tais como família, saúde, moradia, educação etc.

(*) Rice, 1984

Quadro 5.4 • Motivação e Responsabilidade	1/4

A. Componentes da Responsabilidade

Ainda não existe uma maneira filosoficamente bem estabelecida de dividir e analisar os vários componentes da Responsabilidade Individual. Para uma melhor compreensão do tema, a Filosofia Moral tem recentemente procurado responder a duas questões aparentemente simples (Williams, 2018): (i) "Pelo que uma pessoa é responsável?" e (ii) "O que é ser responsável?"

i) **Pelo que uma pessoa é responsável?**

Esta questão diz respeito ao "escopo" da responsabilidade, isto é, à "esfera de responsabilidade" de cada pessoa. Por exemplo, os pais são responsáveis por cuidar de seus filhos; um empregado, por fazer seu trabalho; um cidadão, por obedecer à lei. Filosoficamente, há duas formas de lidar com o **escopo**, as quais correspondem a duas das dimensões da responsabilidade (Williams, 2018):

- **Responsabilidade Prospectiva**. Investiga quais são os deveres, ou obrigações, de uma pessoa. "A obrigação estabelece laços entre duas partes, refere-se a 'cumprir certos deveres, assumir certos encargos, manter certos compromissos'. Pode-se pensar a obrigação tanto em sentido prescritivo como da incumbência de um cuidado ou da fidelidade à palavra dada" (Nunes, 2006). "Comprometer-se é voltado para o futuro, como quando um formando se compromete a cumprir os deveres profissionais. A promessa supõe o penhor de manter a palavra dada — e pode ser pensada como a garantia da identidade do sujeito moral (Nunes, 2006).

- **Responsabilidade Retrospectiva**. É a que se tem por algo que já aconteceu. A responsabilidade retrospectiva se refere àquilo que fazemos ou deixamos de fazer — aos efeitos de nossas ações ou omissões. Pode ser legal ou moral (conforme discutido na **Seção 4.3.g**). "O que, mais precisamente, a responsabilidade retrospectiva moral envolve? Em linhas bastante gerais, diz que um agente é moralmente responsável por algo quando é apropriado responder de certas maneiras ao que ele fez. Por exemplo, se um agente moral responsável fez algo bom (por exemplo, ajudou uma pessoa caída a se levantar), pode ser apropriado agradecer-lhe ou elogiá-lo por isso. Por outro lado, se um agente moral responsável faz algo ruim, poder ser apropriado censurá-lo ou condenar o que fez. Essas reações (gratidão, elogio ou censura) são formas de responsabilizar moralmente o agente (Fischborn, 2016).

[Cont.] **Quadro 5.4** • Motivação e Responsabilidade	**2/4**

[Cont.] A. Componentes da Responsabilidade

ii) O que é ser responsável?

Essa questão diz respeito ao compromisso consciente com princípios éticos e valores fundamentais da sociedade (King e Carruthers, 2012), citados na **Seção 4.3.g**. Pelo menos três pressupostos alicerçam a resposta a essa pergunta:

▫ "É pressuposto que uma pessoa responsável tenha consciência quanto aos atos que pratica voluntariamente, ou seja, que consiga saber antes de agir as consequências de sua vontade. Essa consciência dá ao portador da responsabilidade (o 'agente responsável') a obrigação de reparar os danos causados a outros pela realização de seus atos" (Normando, 2012).

▫ O segundo pressuposto é a capacidade de realizar a sua vontade. "Ser capaz é muito próximo de *estar preparado* para responder, para prestar contas e para ser julgado, à luz das promessas feitas ou compromissos assumidos" (Nunes, 2006).

▫ O terceiro pressuposto é o compromisso, entendido como "o penhor de manter a palavra dada — que combina o respeito de si, do outro e pela própria coisa prometida. Compromisso significa que a responsabilidade de um sujeito da ação é inseparável da ideia de missão, no sentido de que existe uma determinada tarefa a cumprir" (Nunes, 2006).

Em síntese, ser responsável significa: (1º) entender como o comportamento e atividades do próprio indivíduo podem influenciar o comportamento dos outros, e (2º) estar apto e empenhado em tomar decisões conscientemente e responder pelas suas consequências. Filosoficamente, há duas formas de tratar o compromisso consciente, as quais correspondem às outras duas dimensões da responsabilidade (Williams, 2018):

▫ **Agência Moral**. Esta abordagem (apresentada no **Quadro 4.5**) considera como **agente moral** toda pessoa que tem responsabilidade moral sobre uma decisão ou ação. O **agente** tem capacidade de refletir sobre uma situação, decidir como agir, realizar a ação e assumir a responsabilidade pelos seus efeitos. Ressalve-se que "um agente é responsável pelos seus atos se, e somente se, ele tem controle sobre suas ações" (Ziegler, 2016).

▫ **Responsabilidade como uma virtude**. Esta abordagem considera a responsabilidade como uma virtude — um traço de caráter moralmente valioso. Pode-se assim confiar em que uma pessoa responsável adotará atitudes moralmente aceitas, levando suas responsabilidades a sério. Em casos de papéis mais exigentes, pode-se esperar que a pessoa responsável tenha iniciativa e demonstre compromisso. E quando as coisas vão mal, ela estará preparada para assumir responsabilidade pelas soluções. Nesse sentido, as instituições também podem ser responsáveis (Williams, 2018).

[Cont.] **Quadro 5.4** • Motivação e Responsabilidade	**2/4**

B. Fatores Determinantes da Responsabilidade

i) A responsabilidade como escopo

Conforme exposto no **Quadro 5.2**, o Escopo de Responsabilidade, no ambiente organizacional, é resultado do projeto de trabalho, o qual define as características relacionadas tanto com o processo de criação de valor (em que se destaca a autonomia) como com o processo de decisão (em que se destaca a participação). Considerando apenas as características do trabalho enriquecido relacionadas com a responsabilidade, temos:

- No processo de criação de valor (motivação pelo trabalho em si), o projeto de trabalho determina a **autonomia** em sua execução, ou seja, o grau em que o projeto do trabalho permite liberdade, independência e discernimento para que o próprio indivíduo possa programá-lo e determinar os procedimentos para sua execução.

- No processo de decisão (motivação pela liderança mobilizadora), o projeto de trabalho determina o nível de **participação** nas tomadas de decisão, ou seja, o grau em que é permitido o envolvimento das pessoas nas decisões sobre os rumos da empresa, bem como seu próprio destino.

A **autonomia** e a **participação** contribuem para a responsabilidade percebida, ou seja, até que ponto o indivíduo ou grupo se sente responsável pelos resultados, respectivamente, de seu próprio trabalho ou da organização como um todo.

Note-se que **o projeto de trabalho é decidido pela administração**. É ela, portanto, que define o **Escopo de Responsabilidade** de seus colaboradores, incluindo o grau de **autonomia** para a execução das respectivas tarefas e o nível de **participação** na tomada de decisões organizacionais.

ii) A responsabilidade como compromisso consciente

O compromisso consciente é resultado da disposição natural de um indivíduo para pautar seu comportamento segundo princípios éticos e valores fundamentais (da sociedade, do segmento profissional, da organização em que trabalha ou os seus próprios padrões sociais).

Recapitulando o que vimos antes, temos que a pessoa responsável:

- **1º)** Tem consciência das consequências de suas decisões, ações e omissões.

- **2º)** Tem controle sobre suas ações, ou seja, tem autonomia para tomar decisões e competência para sua implementação.

- **3º)** Apresenta predisposição, íntima e espontânea, para cumprir compromissos assumidos (decorrentes de instruções de trabalho ou da própria palavra dada).

[Cont.] **Quadro 5.4** • Motivação e Responsabilidade	**4/4**

[Cont.] B. Fatores Determinantes da Responsabilidade

4º) Está preparada e disposta a prestar contas, tomar a iniciativa e assumir responsabilidade por medidas preventivas e corretivas, quando necessário.

Note-se que **a disposição para o comportamento ético é uma atitude adotada pelo próprio indivíduo**. É este, portanto, que decide assumir um **compromisso consciente** de levar a sério suas responsabilidades. Essa é uma decisão livre de cada indivíduo, que pode ou não ser influenciada por estímulos da administração (por meio dos fatores de motivação e de qualidade de vida no trabalho).

C. Responsabilidade Individual e Corporativa

Organizações são entidades artificiais e, a rigor, não têm consciência, como os seres humanos. Não poderiam, portanto, assumir responsabilidade moral por suas ações. Não obstante, um número crescente de autores defende a necessidade de "uma teoria de responsabilidade adequada, que considere não somente a responsabilidade individual, mas também a responsabilidade coletiva, capaz de levar em consideração a sociedade e seus problemas" (Soares, 2003).

Soares (2003) argumenta que as organizações são constituídas por pessoas e têm propósitos e objetivos claramente definidos. Assim, podem não ser responsáveis da mesma forma que os seres humanos, mas podem sê-lo de uma forma adequada às suas características.

5.3 Consideração das Características das Pessoas

Características são atributos que uma pessoa mantém por um certo período de tempo e que são insensíveis às circunstâncias às quais essa pessoa se expõe (Roe, 1984). Cada pessoa apresenta um conjunto de características específicas, relacionadas com a cultura em que foi criada, com o processo de socialização e com a influência dos ambientes em que viveu, notadamente os ambientes de trabalho.

Classificação

As características pessoais podem ser agrupadas nas seguintes categorias (Roe, 1984):

i) Habilidades pessoais. Traços que a pessoa recebe de herança genética ou aprende com o ambiente.

- Habilidades intelectuais — capacidade de raciocínio, visão espacial, capacidade de memória, fluência verbal etc.
- Habilidades motoras — velocidade de reação, flexibilidade, coordenação motora, estamina etc.
- Habilidades sensoriais — acuidade visual, sensibilidade auditiva, capacidade de percepção concentrada em um ou aberta a vários eventos simultâneos.

ii) Personalidade.

É definida como o conjunto de características psicológicas e comportamentais, específico de cada pessoa, que se traduz em padrões — consistentes e distintivos — de pensamentos, sentimentos e comportamento. Consistente significa que a personalidade se mantém estável, ou relativamente estável, ao longo do tempo e em diferentes situações. Distintivo porque diferencia as pessoas umas das outras (Tosi *et al.*, 1986; Strickland, 2001).

iii) Vocação.

Aptidão natural para a ciência, negócios, arte, sacerdócio ou outros campos de atividade.

iv) Valores.

Valores são os fundamentos para os julgamentos a respeito do que é certo e errado, ou seja, o código ético e moral que influencia as escolhas de um grupo (Schein, 1992; Aguiar, 2004).

Valores pessoais. Em nível individual, valores são princípios sociais, objetivos e padrões que os membros de uma cultura acreditam ter valor intrínseco. Servem como princípios norteadores para a vida de cada pessoa (Thomas, 2013).

v) Características visíveis.

São aquelas que podem ser observadas por outras pessoas ou entidades.

- **Conhecimento e competências.** Conhecimento, conforme visto no Capítulo 1, é um estado mental cumulativo, que transforma estímulos em mudanças potenciais no comportamento e no desempenho de um indivíduo. Competências são capacidades de realizar tarefas específicas da maneira prescrita. Tanto o conhecimento como as competências representam conquistas do indivíduo, alcançadas pelo uso persistente de suas habilidades intelectuais.

- **Objetivos e atitudes.** Objetivos são estados finais desejados — um lugar em que se quer chegar, uma condição que se deseja atingir etc. Atitudes são predisposições para reagir, de forma favorável ou desfavorável, a estímulos do mundo que nos rodeia — sejam objetos, outras pessoas, organizações ou a sociedade (Tosi *et al.*, 1986). Objetivos e atitudes são fruto das características mais internas do indivíduo, notadamente personalidade e valores. Por outro lado, objetivos e atitudes se traduzem no comportamento do indivíduo, sendo este passível de ser observado e medido. Pelo comportamento de um indivíduo, outras pessoas ou instituições podem fazer deduções sobre suas características "invisíveis".

Ajuste Pessoa-Organização

Tal como as pessoas, as organizações também têm suas características fundamentais específicas, entre as quais podemos lembrar: cultura organizacional; propósito, missão e valores; objetivos, diretrizes e normas; projeto organizacional; sistemas de trabalho e de comunicação; tecnologia etc.

Ajuste Pessoa-Organização (P-O Fit — *Person-Organization Fit*) é o campo de estudos que trata da compatibilidade entre as características das pessoas e das organizações em que trabalham. Pesquisas a respeito têm demonstrado que:

- **P-O Fit** desempenha papel relevante no processo de atração e seleção. Mesmo que inconscientemente, as pessoas ativamente escolhem as situações em que querem entrar, enquanto as organizações (por meio de seus recrutadores) buscam pessoas com valores (e outras características) compatíveis com sua cultura e seus objetivos (Chatman, 1989).

- **P-O Fit** tem efeitos positivos sobre a flexibilidade e o comprometimento da força de trabalho, a mobilidade das pessoas dentro da organização, os níveis de estresse e de desempenho no trabalho, o trabalho em equipe etc. (Kristof, 1996; Westerman e Cyr, 2004).

- A compatibilidade pessoa-organização contribui positivamente para o alto envolvimento das pessoas com o trabalho e com a organização (Unal e Turgut, 2015), o que, como vimos na Seção 5.1, propicia melhores resultados operacionais e financeiros à organização.

- Pessoas e organizações se influenciam mutuamente. As pessoas se ajustam às organizações adaptando seus valores e comportamento, e as organizações se ajustam às pessoas mudando suas normas e valores (Chatman, 1989).

Em última análise, **P-O Fit** consiste em contratar "**pessoas**" (não apenas habilidades e conhecimentos) para "**organizações**" (não apenas tarefas) (Chatman, 1989; Westerman e Cyr, 2004).

O **Quadro 5.5** apresenta uma descrição mais detalhada do Ajuste Pessoa--Organização.

Taxonomias

As características pessoais mais relevantes para o **P-O Fit** são os Valores e os Traços de Personalidade (Ryan e Kristof-Brown, 2003; Kristof-Brown, 2000). Para ambos, diversas taxonomias têm sido propostas.

Taxonomias de Valores. Muitos esforços de pesquisa têm sido dedicados ao entendimento dos valores pessoais e à sua classificação. Cheng e Fleischmann (2010), por exemplo, identificaram doze taxonomias, das quais a mais citada é a de Rokeach (1973). O modelo de Rokeach (1973) identifica dois tipos fundamentais de valores, indicados a seguir.

- **Valores de Vida**. Relativos à <u>finalidade</u> — ao estado que a pessoa se esforça por atingir e manter ao longo da sua vida. São a base de seus objetivos pessoais e missão de vida. Os Valores de Vida podem ser de duas naturezas (Tuulik *et al.*, 2016):
  - Pessoal — orientados para o próprio eu.
  - Social — orientados para a sociedade e para as relações interpessoais.

Alguns exemplos de Valores de Vida são:

Valores de Vida (Finalidade)	
Pessoais (foco no Eu)	Sociais (foco nos outros)
Vida ativa	Igualdade
Senso de realização	Liberdade
Harmonia interior	Mundo em harmonia
Autorrespeito	Segurança familiar

- **Valores Operacionais**. Relativos às atividades do dia a dia — os modos preferíveis de comportamento. Podem ser entendidos como os "meios" para que uma pessoa possa atingir seus "fins" — os Valores de Vida. Os Valores Operacionais também podem ter duas naturezas (Tuulik *et al.*, 2016):
  - Pessoal — orientados para as competências, para o desempenho e para a efetividade.
  - Social — orientados para a ética e a moral, para os padrões de certo e errado.

Alguns exemplos de Valores Operacionais são:

Valores Operacionais (Atividades)	
Pessoais (Competências)	Sociais (Moral)
Independente	Prestativo
Imaginativo	Tolerante (mente aberta)
Autocontrolado	Responsável
Perseverante	Honesto

Taxonomias de Traços de Personalidade. A tipologia de personalidades mais utilizada tem sido, de longe, o Modelo de Cinco Fatores (Five-Factor Model — FFM), algumas vezes chamado de "Big 5". Os fatores, e as respectivas descrições, são os seguintes (Parks-Leduc *et al.*, 2015):

Abertura à experiência	▪ Interessa-se em alargar seus horizontes, aprender novas coisas, conhecer novas pessoas e lugares (ver **Seção 3.e.3**).
Consciencosidade	▪ Mostra-se consciencioso, honesto e escrupuloso; organizado e eficiente; responsável e confiável; orientado para a realização.
Extroversão	▪ Expressa facilmente suas opiniões e sentimentos; é receptivo ao comportamento dos outros; tem interesse natural pelo mundo exterior; é sociável, energético e animado.
Agradabilidade	▪ Tende a ser bem humorado, prestativo e cooperativo; paciente, tolerante e não antagônico.
Estabilidade emocional	▪ Demonstra ser calmo, seguro de si, decidido, resiliente e bem ajustado.

Mais recentemente, um novo modelo foi proposto, conhecido como Modelo HEXACO (Lee e Ashton, 2004). Esse modelo consiste de seis traços de personalidade, cujas iniciais formam o acrônimo HEXACO: **H**onesty-**H**umility; **E**motionality; e**X**traversion; **A**greeableness; **C**onscientiousness; e **O**pen *to Experience*. A principal (não a única) diferença com o FFM consiste no aparecimento de um sexto fator:

Honestidade — Humildade	▪ Mostra-se honesto, sincero, modesto, justo, altruísta.

Antecedentes do Envolvimento. Alguns traços de personalidade são destacados por Brown (1996) como antecedentes do envolvimento com o trabalho:

- **Lócus Interno de Avaliação** (também visto na **Seção 3.e.3**). Corresponde ao grau em que a pessoa acredita que o valor de seu trabalho é estabelecido por ela mesma, e não por avaliação de terceiros.
- **Autoestima**. Grau em que as pessoas veem a si próprias como competentes e efetivas. Inclui o sentimento de autoconfiança e o respeito merecido de outras pessoas.
- **Intensidade das Necessidades de Crescimento e Autorrealização** (ver **Quadro 5.2** — Hierarquia de Necessidades). Pessoas com maiores necessidades de crescimento estão provavelmente mais dispostas a se dedicar plenamente a atividades que atendam a

essas necessidades. E o sentimento de autorrealização leva a pessoa a se dedicar mais, para atingir níveis de realização ainda mais altos (ao contrário do que acontece quando são satisfeitas as necessidades de níveis mais baixos).

- **Crença na Ética do Trabalho**. Atitude positiva em relação ao trabalho, com a convicção de que o trabalho em si é importante, e fazer um bom trabalho é essencial. Indivíduos que abraçam a Ética do Trabalho dão grande valor a itens como responsabilidade, trabalho duro, autonomia, justiça, equidade, uso eficiente do tempo e demais recursos etc. (Miller *et al.*, 2001).

Os traços de personalidade determinam como os indivíduos veem seu trabalho e sua relação com os demais domínios de sua vida (a propósito, ver **Quadro 5.3 — Trabalho e Qualidade de Vida**). Em consequência, condicionam sua **predisposição para o envolvimento com o trabalho**.

| Quadro 5.5 • Ajuste Pessoa-Organização (P-O Fit) | 1/9 |

◀ **Conceito de P-O Fit**

De forma ampla, o **Ajuste Pessoa-Organização** (P-O Fit) pode ser definido como a compatibilidade entre pessoas e organizações. Compatibilidade, entretanto, pode ser definida de diversas maneiras. Kristof (1996) propõe duas conceituações distintas: Ajuste Suplementar e Ajuste Complementar.

Ajuste Suplementar (*Supplementary Fit*). Ocorre quando as duas entidades apresentam características fundamentais similares. Do lado das organizações, essas características tradicionalmente incluem cultura, clima, valores, objetivos e normas. Do lado das pessoas, as características mais estudadas são: valores, objetivos, personalidade e atitudes (Kristof, 1996). Essa relação está representada na figura a seguir.

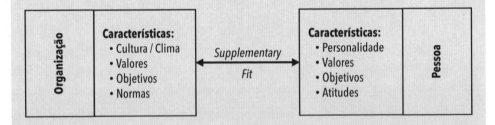

Ajuste Complementar (*Complementary Fit*). Ocorre quando pelo menos uma das entidades supre necessidades da outra. Neste caso, podemos ter duas situações, não mutuamente exclusivas (Kristof, 1996):

- A organização satisfaz as necessidades das pessoas, em termos de recursos financeiros, (físicos e psicológicos), motivação pelo trabalho (em sentido amplo), oportunidades de crescimento etc. (*Needs-Supply Fit*).

- As pessoas atendem às necessidades da organização, em termos de tempo, esforço, comprometimento, conhecimento, habilidades e atitudes (*Demands-Abilities Fit*).

[Cont.] **Quadro 5.5** • Ajuste Pessoa-Organização (P-O Fit) 2/9

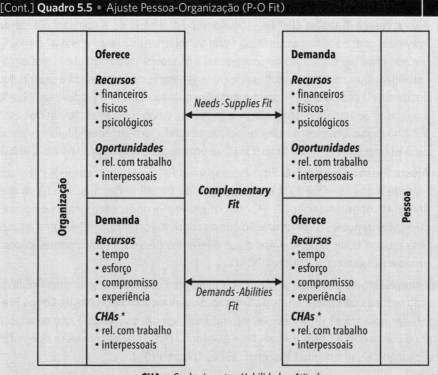

CHA = *Conhecimentos, Habilidades, Atitudes*

Considerando esses tipos de ajuste descritos, Kristof (1996) propõe a seguinte definição:

Ajuste Pessoa-Organização (P-O Fit) é a compatibilidade entre pessoas e organizações, que ocorre quando:

a) Ao menos uma entidade atende às necessidades da outra.

b) As entidades compartilham características fundamentais similares.

c) Ambos.

Concluindo, o ajuste ótimo pode ser alcançado quando as necessidades de cada entidade são atendidas pela outra e ambas compartilham características fundamentais similares (Kristof, 1996).

Conceitos relacionados. O entendimento de outras formas de congruência das pessoas com seu entorno pode ajudar a compreensão do próprio P-O Fit. O conceito mais geral é o do **Ajuste Pessoa-Ambiente** (P-E Fit — *Person Environment Fit*), definido como o grau em que as características do indivíduo e do ambiente são compatíveis. O P-O Fit é, portanto, um caso particular do P-E Fit. Outras subcategorias, que devem ser destacadas, são:

| [Cont.] **Quadro 5.5** • Ajuste Pessoa-Organização (P-O Fit) | **3/9** |

- **Ajuste Pessoa-Trabalho** (**P-J Fit** — *Person-Job Fit*). Refere-se à compatibilidade de indivíduos com trabalhos específicos. Pode ser interpretado tanto como a "compatibilidade entre as habilidades de uma pessoa e os requisitos do trabalho" (requisitos--habilidades), como a "compatibilidade entre os desejos de uma pessoa e os atributos do trabalho" (necessidades-suprimentos). Em qualquer caso, P-J Fit deve ser julgado em relação ao trabalho executado pelo indivíduo, e não à organização em que esse trabalho existe. Um mesmo indivíduo pode, portanto, experimentar diferentes graus de ajustamento — em relação ao trabalho e em relação à organização (Kristof, 1996).

- **Ajuste Pessoa-Grupo** (**P-G Fit** - *Person-Group Fit*). É definido como a compatibilidade entre os indivíduos e seus grupos de trabalho. Pesquisas indicam que unidades suborganizacionais — como os grupos — podem ter valores e normas diferentes daqueles da organização que os contêm. Portanto, também neste caso, uma pessoa pode experimentar graus diferentes de ajustamento em relação ao grupo e à organização (Kristof, 1996).

Fatores-chave. Fatores-chave para que uma organização possa conseguir altos níveis de P-O Fit são práticas não tradicionais de **Seleção**, **Socialização** e **Relações de Longo Prazo**, projetadas para trazer uma pessoa "inteira" (não apenas as "mãos") que se adapte e contribua para a cultura da organização, e que tenha potencial para exercer diferentes papéis ao longo de sua carreira (Tosi *et al.*, 1986; Kristof, 1996).

◀ **Seleção**

Até os anos 1980, os modelos de recrutamento não ignoravam o P-O Fit, mas davam prioridade à compatibilização das pessoas com o trabalho a ser executado. A partir dos anos 1990, dá-se uma inversão. A prioridade passa a ser a seleção de pessoas cuja personalidade seja compatível com a cultura organizacional, para criar uma força de trabalho flexível, com colaboradores que possam facilmente se mover de um trabalho para outro. Assim, o ajuste pessoa-organização passa a ser considerado o fator crítico na seleção de colaboradores — para um emprego de longo prazo e para a flexibilidade organizacional, ou seja, para o alto envolvimento (Bowen *et al.*, 1991; Kristof, 1996).

O processo de atração, seleção e recrutamento — quando visa o alto envolvimento — deve incluir, entre outros, os seguintes aspectos (Tosi *et al.*, 1986; de Geus,1997):

- Avaliação do conhecimento técnico, da capacidade de trabalhar em equipe e de aceitar responsabilidade (P-J Fit).

- Avaliação da orientação para o crescimento profissional e da convergência de propósitos e valores (P-O Fit).

- Busca da diversidade (condição de adaptação e sobrevivência).

Exemplos ilustrativos. Bons exemplos ilustrativos da Seleção para o Alto Envolvimento são apresentados por de Geus (*A Empresa Viva*, 1997) e por Liker e Meier (*Toyota Talent*, 2007), como mostram os excertos a seguir.

| [Cont.] **Quadro 5.5** • Ajuste Pessoa-Organização (P-O Fit) | **4/9** |

Empresa Viva. "Empresas vivas têm a preocupação constante de assegurar um fluxo regular de novos talentos para vitalizar a empresa. Ao mesmo tempo, são altamente seletivas em relação às pessoas que admitem em seus quadros". (...). "O recrutamento começa por definir o tamanho e a forma desejáveis da comunidade em um horizonte de longo prazo. Quantas pessoas devem se juntar ao fluxo para compensar todas as que sairão nos próximos 25 anos?" (...). "O recrutamento de pessoal novo, portanto, deve ser visto não só como um veículo de chegada de *novos colaboradores*. Daqui a 25 anos, a qualidade dos líderes mais antigos da empresa dependerá da qualidade do recrutamento do pessoal novo de hoje" (de Geus, 1997).

> "Na empresa econômica [ver **Quadro 5.1**], o recrutamento significa simplesmente encontrar as pessoas certas para servir à base de ativos da organização. Não são as *pessoas* que são contratadas ou demitidas, mas, sim, as *qualificações*: "mãos" para cuidar das máquinas ou "cérebros" para fazer certos tipos de cálculo. Na empresa viva, em contraste, o recrutamento é um rito de passagem. Representa o primeiro momento para testar o ajuste entre o novo membro e a comunidade. Essa entrada na comunidade de trabalho merece, e recebe, muita atenção. É como se as pessoas estivessem entrando para um clube, uma entidade de classe ou um sindicato. Os novos membros precisam ter as qualificações (profissionais) certas, mas a harmonia entre o membro e a instituição é igualmente importante. Os valores da instituição estão em harmonia com os valores do possível novo membro?" (de Geus, 1997)

Toyota. "É difícil encontrar a pessoa ideal, que tenha exatamente as habilidades de que a organização precisa. Ainda mais considerando que as pessoas são todas diferentes. Algumas são naturalmente apaixonadas por sair e encontrar pessoas e vender. Outras são apaixonadas por depurar programas de computador e trabalhar em relativo isolamento. Existem diferentes inclinações pessoais, personalidades e temperamentos, e a Toyota não tenta encontrar o melhor ajuste pessoa-trabalho para maximizar o potencial de uma pessoa". (...). "O que a Toyota tem sido capaz de fazer é reunir pessoas competentes e treináveis e, com considerável tempo e esforço, desenvolver altos níveis de talento a partir das *massas*. Não é um pequeno grupo de "estrelas" que faz uma equipe forte. É uma coleção de muitos atores, com boa capacidade de trabalhar em harmonia, que torna uma equipe excepcional. A Toyota não espera pela sorte grande de encontrar um talento natural — isso é raro. Em vez disso, trabalha com o talento latente de cada pessoa que deseja o crescimento pessoal" (Liker e Meier, 2007).

> "Em suma, as pessoas são cuidadosamente selecionadas com base em seu potencial (que significa capacidade e desejo de aprender), e na percepção de que há compatibilidade com o trabalho **e** com a cultura da empresa. As pessoas devem ter alguma capacidade de solucionar problemas e habilidade de trabalhar em equipe. Elas desenvolverão competências específicas **depois** de contratadas pela Toyota." (Liker e Meier, 2007)

◀ **Socialização**

Socialização Organizacional é o processo de mútua adaptação entre uma organização e os seus membros (Moyson *et al.*, 2017). É um processo ininterrupto de ajustamento, que se inicia quando a pessoa entra na organização e se estende ao longo da relação de emprego (Tosi *et al.*, 1994).

[Cont.] **Quadro 5.5** • Ajuste Pessoa-Organização (P-O Fit)	5/9

Do ponto de vista do indivíduo, socialização organizacional é o processo pelo qual uma pessoa se adapta à cultura da organização, ou seja, aprende e adquire seus valores, suas atitudes, crenças e comportamentos aceitáveis. Ao mesmo tempo, adquire os conhecimentos e habilidades sociais que lhe permitem assumir seu papel na organização, passando de um "estranho" (*outsider*) para membro pleno (Tosi *et al.*, 1994; Filstad, 2004).

Do ponto de vista das organizações, para se alcançar o alto envolvimento, as estruturas organizacionais devem se adaptar às necessidades psicológicas e motivacionais dos indivíduos (Argyris, 1957).

Argyris (1957) afirma que "a organização não deveria ser vista como o lugar em que o indivíduo passa algumas horas a fim de ganhar seu sustento, atendendo a suas necessidades básicas. Ao contrário, deveria ser possível ao indivíduo almejar a concretização de seu potencial e a realização pessoal a partir de sua inserção no sistema organizacional", ou seja, sua socialização.

Alto Envolvimento. O processo de socialização — quando visa o alto envolvimento — inclui, entre outros, os seguintes aspectos (Kristof, 1996; Korte, 2007):

- Programas de integração, incluindo esclarecimentos sobre os propósitos, os valores e as circunstâncias da organização, e eventos sociais, para contatos informais com colegas e outras pessoas da organização.
- Aprendizado — sobre o próprio trabalho e a organização.
- Construção de relações — com supervisores e colegas de trabalho.
- Mentoria — para receber *feedback* e orientação para o futuro.

Exemplo ilustrativo. Um exemplo ilustrativo da Socialização para o Alto Envolvimento é apresentado por Liker e Meier (Toyota Talent, 2007), como mostram os excertos a seguir.

Toyota. "Uma expressão comum ouvida na Toyota é: 'Nós não construímos carros, construímos pessoas.' Todo novo produto, todo novo protótipo, todo problema de qualidade, toda atividade KAIZEN é uma oportunidade para desenvolver pessoas. (...) Na Toyota, ensinar é considerada a parte central do trabalho de qualquer administrador. A empresa tem trabalhado para criar uma cultura em que a atividade de ensinar outros é altamente valorizada e vista como chave para o sucesso em longo prazo" (Liker e Meier, 2007).

> "Algumas empresas e alguns administradores ainda acreditam que as pessoas são intercambiáveis, precisam aprender apenas o suficiente para 'executar a tarefa', e são 'um custo de fazer negócios'. Não são vistas como um ativo a ser desenvolvido, mas como uma peça de máquina — necessárias apenas para executar uma função. (...) Há uma diferença entre 'treinamento para adquirir habilidades' e 'treinamento para desenvolver uma pessoa completa'. Habilidades são claramente necessárias para que uma pessoa possa executar o seu trabalho. Adicionalmente, os empregados da Toyota são estimulados a participar de outras atividades, tais como aperfeiçoamento das habilidades de liderança e comunicação, planejamento, desenvolvimento de novos métodos ou procedimentos, projeto de novos produtos ou corrigir problemas na sua área de trabalho" (Liker e Meier, 2007).

| [Cont.] **Quadro 5.5** • Ajuste Pessoa-Organização (P-O Fit) | 6/9 |

"O processo de treinamento e desenvolvimento (de todos os colaboradores) é o coração do 'Sistema Humano' da Toyota. Esse processo 'produz' colaboradores comprometidos com o pleno envolvimento e participação. Seus principais componentes são:

- Seleção de pessoas com potencial — incluindo atração, seleção, recrutamento e orientação inicial.
- Capacitação — incluindo treinamento no trabalho e orientação de supervisores.
- Envolvimento (identificação com o grupo) — incluindo a **autonomia** (de pessoas e grupos) para aperfeiçoamento de padrões e solução de problemas.
- Alto envolvimento e inserção na cultura (identificação com a organização) — incluindo o desenvolvimento de carreira e o compartilhamento do sucesso com a família" (Liker e Meier, 2007).

Note-se que os três últimos componentes — que constituem o processo de socialização — são distintos, mas não estanques, pois há sobreposição entre eles.

◀ Relações de Longo Prazo

Toda organização tem uma cultura peculiar, com suas próprias "normas de desempenho" e "normas de envolvimento". As **normas de desempenho** especificam o tipo de comportamento esperado de cada pessoa no trabalho (essas normas podem ser relacionadas com o trabalho em si, apresentado no **Quadro 5.2.D**). As **normas de envolvimento** são as expectativas que uma organização tem sobre a forma com que seus colaboradores mostram comprometimento e lealdade (essas normas podem ser relacionadas com o processo de participação, visto no **Quadro 5.2.E**). Essas normas e expectativas se refletem no **contrato psicológico** entre a organização e cada um de seus membros (Tosi *et al.*, 1986).

Entende-se **Contrato Psicológico** (**CP**) como as expectativas mútuas entre a organização e seus membros (Tosi *et al.*, 1986). O primeiro autor a aplicar esse conceito ao ambiente de trabalho foi Argyris, para quem "as organizações e seus empregados criam **CP**s que permitem a expressão e a satisfação das necessidades uns dos outros" (Argyris, 1960). Em outras palavras, se os empregados sentem que a administração está respeitando seu direito de se desenvolver, crescer e aplicar a própria iniciativa, então, em retorno, também respeitarão o direito de a organização evoluir (Conway e Briner, 2005). Na mesma linha, Schein estabelece o conceito de **Contrato Psicológico** da seguinte forma: "O indivíduo tem uma variedade de expectativas em relação à organização, e vice-versa. Essas expectativas não se referem apenas a 'quanto trabalho deve ser realizado por tal pagamento', mas também envolvem todo um conjunto de direitos, privilégios e obrigações entre os trabalhadores e a organização" (Schein, 1970).

| [Cont.] **Quadro 5.5** • Ajuste Pessoa-Organização (P-O Fit) | 7/9 |

Atualmente, a definição mais aceita de **Contrato Psicológico** é a de Rousseau (1989), segundo a qual essa expressão se refere às "crenças de um indivíduo em relação aos termos e condições de um acordo recíproco com a organização". "Um **CP** se estabelece quando um indivíduo percebe que sua contribuição obriga a organização à reciprocidade (ou vice-versa). Entretanto, é a crença do indivíduo na *obrigação de reciprocidade* que constitui o contrato" (Rousseau, 1989). A definição de Rousseau é baseada no pressuposto de que organizações são entidades abstratas e, como tal, não têm percepções. Assim, a *obrigação de reciprocidade* estaria apenas na mente dos colaboradores. Entretanto, Herriot *et al.* (1997) argumentam que os diferentes representantes da organização (administradores, supervisores, profissionais de RH) têm percepções e, aos olhos dos colaboradores, "são" a organização, o que nos permite voltar ao conceito clássico de reciprocidade dos contratos psicológicos (conforme Argyris, Schein e Tosi *et al.*).

Tipos de Contratos Psicológicos. De acordo com as expectativas em jogo, podemos identificar dois tipos básicos de contratos psicológicos (Rousseau, 2000; Sakeguchi, 2007).

- **Contrato Psicológico Transacional**, que se caracteriza, entre outros, pelos seguinte aspectos (Rousseau; Sakeguchi): (i) relações de trabalho de custo prazo ou de duração limitada; (ii) envolvimento restrito das pessoas ao trabalho a ser executado, com deveres limitados e um conjunto de tarefas previamente especificadas; (iii) recompensas relacionadas com o desempenho da pessoa no trabalho; (iv) compromisso da organização em oferecer treinamento limitado à tarefa contratada. O **CP** Transacional pode ser associado ao Ajuste Pessoa-Trabalho (P-J Fit) e à motivação pelo trabalho em si (ver Quadro **5.2.D**).

- **Contrato Psicológico Relacional**, que se caracteriza, entre outros, pelos seguintes aspectos: (i) relações de emprego de longo prazo, baseadas em confiança e lealdade mútuas; (ii) contratos mais complexos, em termos tanto das expectativas dos colaboradores como das organizações — os requisitos não são detalhados previamente e tendem a evoluir ao longo do tempo; (iii) recompensas relacionadas menos com o desempenho pessoal e mais com a participação e com o desempenho da organização; (iv) compromisso da organização em promover o desenvolvimento profissional de cada colaborador. O **CP** Relacional pode ser associado ao Ajuste Pessoa-Organização (P-O-Fit) e à motivação pela liderança e participação (ver Quadro. **5.2.C**).

Alto Envolvimento. As relações de trabalho — quando visam ao Alto Envolvimento — incluem, entre outros, os seguintes aspectos (De Vos *et al.*, 2006; Chambel, 2012):

- **Constância de propósito**, com o compromisso de que "ninguém perderá emprego por motivo de contribuição à qualidade e à produtividade (Deming, 1982).

- Clima de **confiança**, por meio da "liderança pelo exemplo".

| [Cont.] **Quadro 5.5** • Ajuste Pessoa-Organização (P-O Fit) | 8/9 |

- Oportunidades de carreira, com forte programa de educação, treinamento e orientação (*mentoring, coaching*).

- Trabalho enriquecido, com **autonomia** para a tomada de decisões.

- Abertura à **participação** nos processos organizacionais.

- Níveis de remuneração e benefícios adequados, além da participação nos resultados da organização.

- Qualidade de vida no trabalho, resultante do ambiente interno, das relações sociais internas, das comunicações abertas, do equilíbrio entre trabalho e vida familiar etc.

Um exemplo ilustrativo das Relações para o Alto Envolvimento é apresentado por de Geus (*A Empresa Viva*, 1997), como mostram os excertos a seguir.

A Empresa Viva. "Nas empresas econômicas (ver *Quadro 5.1*) existe um contrato subjacente implícito entre a empresa e o indivíduo. Em geral não escrito. Não obstante, ele é universalmente entendido: o indivíduo dará certas habilidades em troca de remuneração. Esse acordo é baseado na premissa de que, no final das contas, a maioria das pessoas realmente coloca a recompensa econômica — um contracheque mais alto — acima de qualquer outro objetivo" (de Geus, 1997).

"A empresa viva também tem um contrato subjacente implícito. Da mesma forma, este talvez nunca venha a ser colocado na forma escrita, mas estará claro em qualquer decisão de pessoal tomada na empresa. O indivíduo dará zelo e envolvimento em troca do fato de que a empresa *tentará desenvolver ao máximo o potencial de cada indivíduo*. Aqui, a premissa implícita é a de que a empresa viva terá membros que aderirão a um conjunto de valores comuns e que acreditarão que os objetivos da empresa tanto lhes permitem alcançar seus próprios objetivos individuais como os ajudam nesse sentido. A empresa e seus membros terão motivações básicas comuns: ambos querem sobreviver e, uma vez presentes as condições de sobrevivência, querem explorar e expandir seu potencial. O contrato implícito é que a empresa ajudará seus membros a explorar seu próprio potencial, estando subentendido que isso vem favorecer o próprio interesse da empresa." (de Geus, 1997)

"O dinheiro não é considerado um motivador positivo na empresa viva. Se ele é insuficiente, as pessoas ficam infelizes, mas *aumentar a quantia de dinheiro* (acima do limite de remuneração suficiente) não motivará as pessoas a dar mais de si para a empresa. Para que deem mais, os indivíduos precisam saber que a comunidade está interessada neles como indivíduos, e eles, por sua vez, precisam estar interessados no destino da organização. Entidade e indivíduo precisam se importar um com o outro. [No fundo], as pessoas querem ver que proporcionaram ordem, propósito e qualidade ao seu trabalho. Querem ver que suas decisões e esforços tiveram um impacto positivo. O contrato implícito da empresa visa garantir (não com palavras, mas com atos) que elas terão oportunidade de melhorar o mundo." (de Geus, 1997)

[Cont.] **Quadro 5.5** • Ajuste Pessoa-Organização (P-O Fit) | 9/9

"A natureza do contrato implícito cria confiança, gerando níveis de produtividade que não podem ser equiparados pelo exercício da disciplina e do controle hierárquico. A confiança possibilita abertura de espaço e a presença de tolerância, tanto dentro da hierarquia como em relação ao mundo externo. Essas são as condições básicas para os elevados níveis de aprendizado institucional que virão a ser altamente necessários". (...) "A confiança mútua não pode ser substituída por nenhum grau de disciplina hierárquica e de poder coercitivo, ambos incompatíveis com o ambiente de negócios de hoje. Se isso é verdade, então as empresas vivas dependem totalmente de um contrato de adesão implícito. Na falta desse contrato, não há garantia de continuidade. Sem continuidade, não pode haver confiança. Sem confiança, não há coesão e, portanto, não há empresa viva." (de Geus, 1997)

"O contrato implícito não significa necessariamente a garantia de emprego vitalício. Muita coisa pode acontecer. Mas esse contrato reafirma que há pelo menos uma *probabilidade estatística* de emprego vitalício." (de Geus, 1997)

5.4 Envolvimento

O conceito de envolvimento (bem como seu oposto, alienação) é aplicável amplamente a praticamente todos os aspectos fundamentais da vida de uma pessoa, tais como: família, casamento, paternidade, religião, trabalho, recreação etc. (Brown, 1996). A maioria das definições de envolvimento encontradas nos dicionários segue esse entendimento. Por exemplo:

> "ENVOLVIMENTO é: (1) o ato de tomar parte em uma atividade ou evento, ou a maneira como uma pessoa participa; ou (2) o sentimento de entusiasmo e satisfação, proporcionado pela realização ou participação em uma atividade." (Longman, 1978)

Para os psicólogos, envolvimento é o processo de **identificação psicológica**, pelo qual uma pessoa assimila aspectos de uma atividade ou instituição, adotando-os como modelo para seu próprio comportamento.

Aplicando esse conceito ao âmbito do trabalho, temos que envolvimento com o trabalho é um estado de identificação psicológica com o trabalho, ou o grau em que o trabalho é central para a identidade de uma pessoa. Corresponde ao grau em que as pessoas são normalmente interessadas e preocupadas com seu trabalho em relação a outros aspectos de sua vida (Kanungo, 1982; Brown, 1996).

Essa atitude é resultado tanto de experiências passadas, que forjaram os valores e as crenças das pessoas, como de expectativas futuras, quanto ao potencial percebido do trabalho para satisfazer suas necessidades (Kanungo, 1982).

Dimensões do Envolvimento

Conforme exposto no Quadro 5.2, o conteúdo do trabalho deve ser entendido em um contexto amplo: cada pessoa participa, de algum modo, dos dois processos organizacionais: o de Direção (participação nas decisões organizacionais) e o de Criação de Valor (o trabalho em si). O envolvimento pode, portanto, ser desdobrado em duas dimensões:

- **Envolvimento com o Papel (com o trabalho em si)** — limitado à tarefa específica que a pessoa está executando no momento (tratado na literatura em inglês como *Job Involvement*).
- **Envolvimento com a Organização** — nível de envolvimento com a organização, além das fronteiras da tarefa atual (tratado na literatura em inglês como *Work Involvement*).

Antecedentes do Envolvimento

São os fatores determinantes do envolvimento das pessoas com seu trabalho. Podem ser agrupados em duas categorias (Rabinowitz e Hall, 1977; Brown, 1996):

1ª) **Programas Organizacionais**. São iniciativas da organização para permitir às pessoas, em todas as áreas e em todos os níveis, a plena realização de seu potencial no trabalho. São os **Fatores de Humanização** descritos no Quadro 5.2:

   □ Fatores de motivação pelo trabalho em si — relacionados com o Processo de Criação de Valor;

   □ Fatores de motivação pela liderança mobilizadora — relacionados com o processo de decisão.

   □ Fatores de qualidade de vida no trabalho — relacionados com o meio inovador interno.

2ª) **Consideração das Características das Pessoas**. Cada indivíduo tem características próprias, desenvolvidas com as experiências vividas e relacionadas com a cultura em que foi criado, com o processo de socialização e com a influência dos ambientes em que viveu, notadamente os ambientes de trabalho. Entre essas características, as que mais contribuem para o envolvimento do indivíduo com o trabalho são seus valores e a sua personalidade (ver Seção 5.3. e Quadro 5.5).

Em síntese, podemos dizer que o envolvimento com o trabalho resulta tanto do contexto organizacional (programas organizacionais) como dos traços individuais (consideração das características dos indivíduos). O **Box 5.B** resume os fatores determinantes do envolvimento com o trabalho.

Box 5.B • Antecedentes do Envolvimento com o Trabalho (em sentido amplo)	
Programas Organizacionais	**Consideração das Características dos Indivíduos**
Fatores de Humanização: • Motivação pelo trabalho em si • Motivação pela liderança e participação • Qualidade de vida no trabalho	**Ajuste Pessoa-Organização**: • Valores • Traços de personalidade

É importante notar que os fatores de humanização e as características das pessoas não atuam de forma independente, nem existe predominância de uns sobre outros. Os dois conjuntos de fatores afetam o comportamento e o envolvimento. O efeito da personalidade e dos valores depende do ambiente (a situação em que a pessoa está) e do efeito deste (situação) depende das pessoas que nele estão (Bowers, 1973; Barylska, 2016).

Níveis de Envolvimento

Como acabamos de ver, a **predisposição** para o envolvimento com o trabalho é condicionada por uma variedade de fatores organizacionais (programas organizacionais) e individuais (consideração das características das pessoas). Assim, é esperado que sejam mais predispostos a se envolver com seu trabalho os indivíduos cuja organização oferece condições para (ver **Quadro 5.2**):

- Motivação pelo trabalho em si, proporcionada por autonomia, feedback e demais características do trabalho enriquecido.
- Motivação pela liderança, proporcionada pelo compartilhamento de propósitos e pela participação em decisões organizacionais.
- Qualidade de vida no trabalho, proporcionada pelo clima de confiança, pelas condições de trabalho, pela valorização das pessoas e demais características do meio inovador interno.

Da mesma forma, é esperado que sejam mais predispostos ao envolvimento os indivíduos que apresentam:

- Valores como senso de realização, igualdade, independência, responsabilidade etc.
- Traços de personalidade como: maior abertura à experiência, lócus interno de avaliação, grau mais elevado de autoestima e de autorrealização, maior comprometimento com a ética do trabalho.

Os diferentes fatores podem influenciar uns aos outros. Por exemplo, o trabalho enriquecido pode aumentar a autoestima das pessoas; pessoas com alto grau de necessidades de autorrealização e comprometidas com a ética no trabalho podem induzir novos estilos de liderança e participação etc.

Essa influência mútua significa, ainda, que as condições de trabalho oferecidas por uma organização podem ser percebidas de forma diferente, por indivíduos com diferentes traços de personalidade. Por exemplo, a maior autonomia no trabalho pode ser muito bem recebida por indivíduos com maior necessidade de autorrealização, mas ser indiferente para indivíduos com lócus externo de avaliação.

Dada a grande variedade de características — organizacionais e individuais —, é muito difícil comparar o envolvimento com o trabalho de diferentes indivíduos, mesmo que estejam atuando em uma mesma organização ou em um mesmo grupo. Basta lembrar que:

1ª) As organizações não são uniformes quanto aos fatores de humanização. Por exemplo, uma organização pode ter um projeto muito bem desenvolvido de trabalho enriquecido, com ampla autonomia para indivíduos e grupos e, ao mesmo tempo, não dar nenhuma abertura à participação dos empregados nas decisões organizacionais. Outra pode oferecer excelentes condições de trabalho e, ao mesmo tempo, não dar liberdade de expressão aos seus colaboradores.

2ª) Os indivíduos também não são uniformes. Cada um tem sua própria história de vida (dentro e fora do ambiente de trabalho), suas próprias necessidades e suas próprias competências (seja para e execução de suas tarefas, para inovar ou para estabelecer relações interpessoais).

Dada a dificuldade de construir uma régua para medir com precisão o **grau de envolvimento**, é sempre possível — e útil — classificar os indivíduos em **níveis genéricos de envolvimento**. Considerando, por exemplo, a classificação em três níveis, teremos as seguintes categorias:

- **Não envolvimento.** Caso em que (1º) a atividade ou instituição não fazem parte do projeto de vida da pessoa e/ou (2º) há ausência, ou baixa incidência, dos fatores de humanização. É caracterizado pela APATIA — estado de desinteresse e falta de entusiasmo (seja pelo trabalho, seja pela organização).

- **Envolvimento.** Caso em que, conforme visto antes, (1º) os traços de personalidade dos indivíduos favorecem a sua **predisposição** para o envolvimento com o trabalho e (2º) as condições de trabalho oferecidas pela organização são percebidas pelos indivíduos como favoráveis à Motivação e à QVT. É caracterizado pela IDENTIFICAÇÃO PSICOLÓGICA, processo em que o indivíduo (i) reconhece aspectos do trabalho (em sentido amplo) como compatíveis com seus próprios valores e/ou (ii) assimila qualidades e características do ambiente de trabalho, incorporando-as aos seus próprios traços de personalidade.

- **Alto envolvimento.** Caso em que (1º) as pessoas são movidas por um sentimento de compromisso com o desempenho e de responsabilidade pelos resultados (Britt, 1999), o que se reflete no modo como cada uma efetivamente se comporta na execução do trabalho (Rothbard e Patil, 2011) e (2º) a organização, além de oferecer condições favoráveis à motivação e à QVT, dispõe ainda de programas de treinamento e de sistemas de incentivo à autonomia e à participação. É caracterizado pela AÇÃO, atitude discricionária em que o indivíduo decide (quando e como) ir além da identificação e se dedicar com afinco e entusiasmo a seu trabalho (Rowley, 2014).

5.5 Alto Envolvimento

O envolvimento das pessoas com seu trabalho é um tema amplamente estudado e debatido, desde pelo menos o advento da Escola de Relações Humanas (Mayo, 1933; 1945; Motta e Vasconcelos, 2002). E ganhou maior destaque a partir das obras de Maslow (1943; 1954), McGregor (1957; 1960) e Herzberg (1959; 1968), dentre outros.

Na década de 1990, Kahn (1990; 1992) inaugurou uma nova corrente de pesquisa, ao propor o termo "engajamento" para se referir à (alta) conexão psicológica das pessoas com seu trabalho. Para efeito deste texto, utilizaremos as expressões "Alto Envolvimento" e "Engajamento" como sinônimos, significando o *"alto grau de envolvimento das pessoas (ou grupos) com seus respectivos trabalhos"*.

Diferentes pesquisas realizadas apontam para diversas características do Alto Envolvimento (ou Engajamento), que podem ser agrupadas em três categorias: Predisposição, Dedicação e Responsabilidade.

PREDISPOSIÇÃO. Predisposição é a atitude que uma pessoa adota para enfrentar situações em cada um de seus domínios de vida (ver **Quadro 5.3**). Surge da liberdade da pessoa em escolher a melhor opção para dedicar seu tempo e esforço a um assunto, ou então distanciar-se dele (Que Conceito, 2018). Newell *et al.* (2014) esclarecem melhor esse conceito:

> "Ninguém toma decisões no vácuo. Cada um de nós traz uma rica variedade de valores, ideias, visões de mundo e experiências vividas para todas e cada uma das decisões que tomamos. Essas **predisposições psicológicas** têm implicações, tanto no nosso entendimento sobre determinadas questões (ambientais, p. ex.) como no grau em que estamos dispostos a

fazer escolhas e cooperar em esforços coletivos para solucionar aquelas questões."

No domínio do trabalho, pode-se definir a **predisposição** como uma atitude positiva, mantida pelas pessoas em relação à organização e seus valores, o que inclui comportamentos como (Robinson *et al.*, 2004):

- Confiança e identificação com a organização.
- Desejo de trabalhar para melhorar as coisas.
- Entendimento do contexto da organização — interno e externo.
- Tratamento respeitoso e colaborativo com colegas.
- Disposição para ir além dos requisitos do trabalho.
- Manter-se atualizado com os desenvolvimentos do seu campo.

DEDICAÇÃO. Dedicação é a disposição para empregar considerável tempo e energia a alguma coisa percebida como importante (Cambridge, 2018).

No domínio do trabalho, podemos definir a **dedicação** como o esforço deliberado para melhorar o desempenho do trabalho e a saúde da organização. Trata-se de uma atitude persistente e duradoura, decorrente da predisposição positiva da pessoa em relação ao trabalho.

A pessoa dedicada manifesta de diversas formas um forte envolvimento com seu trabalho (Schaufeli *et al.*, 2002; Kuntsi, 2014):

- Sente que o trabalho (em sentido amplo) é importante e significativo.
- Considera o trabalho inspirador e sente entusiasmo pela sua realização.
- Sente-se desafiada a melhorar sempre o patamar de desempenho, qualquer que seja o grau de dificuldade encontrado.
- Sente orgulho por realizar um trabalho de excelência, com reflexos positivos em sua autoestima.

A **dedicação** é condição prévia necessária — e fator determinante — para que ocorram outros dois comportamentos característicos do alto envolvimento: vigor e absorção (Kuntsi, 2014).

- **Vigor** corresponde a altos níveis de energia e resiliência mental durante o trabalho, vontade de investir esforço em todas as dimensões do trabalho, e persistência, mesmo em face de dificuldades (Schaufeli *et al.*, 2002).

- **Absorção** é caracterizada por um estado mental de total concentração e agradável imersão no trabalho, com a sensação de que o tempo passa rapidamente e com dificuldade da pessoa se desligar totalmente (Schaufeli *et al.*, 2002).

RESPONSABILIDADE. Responsabilidade é o dever que uma pessoa (ou grupo) tem de se encarregar de alguém ou de alguma coisa e de responder pelos efeitos de seus atos e decisões (Caldas Aulete, 1964; Longman, 1978). Sobre Motivação e Responsabilidade, ver **Quadro 5.4**).

No âmbito do trabalho, a responsabilidade está relacionada com o Sentimento de Propriedade — responsabilidade e zelo aplicados ao objeto de trabalho de uma pessoa (**Box 4.D**). Trata-se da responsabilidade moral das pessoas (ver **Seção 4.3.g**), que se refere tanto ao desempenho (do trabalho e da organização) como às consequências do desempenho (Britt, 1999).

Em conclusão, o **Alto Envolvimento** pode ser definido como um estado psicológico positivo, de alta conexão das pessoas com seu trabalho, que se manifesta como:

- **Predisposição** para colaborar com o aperfeiçoamento contínuo, do trabalho e da organização.
- **Dedicação** ao trabalho (em sentido amplo — ver **Quadro 5.2**), de forma deliberada e persistente — comportamento imbuído de vigor e absorção.
- **Responsabilidade** moral assumida, tanto pelo desempenho (do trabalho e da organização) como pelas consequências do desempenho.

De forma sintética, podemos dizer que o **Alto Envolvimento** (ou **engajamento**) é "a força que motiva as pessoas para níveis cada vez mais altos de desempenho (Macey e Schneider, 2008).

Antecedentes do Alto Envolvimento

Como vimos, o **Envolvimento** é caracterizado pela **identificação psicológica** que a pessoa sente em relação ao seu trabalho (em sentido amplo). Seus antecedentes são, portanto, fatores promotores daquela identificação, os quais se classificam em duas categorias: Programas Organizacionais e Consideração das Características das Pessoas.

Analogamente, o **Alto Envolvimento** é caracterizado pela **ação** — atitude deliberada em que o indivíduo decide ir além da identificação e se dedicar com afinco e entusiasmo ao seu trabalho. Seus antecedentes devem ser, portanto, fatores determinantes dessa atitude, classificados nas mesmas duas categorias: Programas Organizacionais e Consideração das Características das Pessoas.

1ª) **Programas Organizacionais**. São iniciativas da organização destinadas a estimular seus membros a irem além de seus próprios papéis "oficiais", na busca do aperfeiçoamento do trabalho e do sucesso da organização. São os programas de:

- **Concessão de Autonomia para Tomadas de Decisão**.
- **Abertura para Participação**.

2ª) **Consideração das Características das Pessoas**. Aqui são considerados os recursos pessoais — competências que garantem aos indivíduos a "estamina" e a confiança nas próprias habilidades. É a percepção sobre suas próprias capacidades e seu valor que dá aos indivíduos a **confiança** para se engajarem em seus papéis, indo além do mero "cumprimento de ordens" (Lelchook, 2012). Compreendem:

- Competências para a realização do trabalho com maestria (incluindo a participação nas decisões organizacionais) — **Expertise**.
- Competências para o Comportamento Inovador — **Criatividade**, **Espírito Empreendedor** e **Responsabilidade**.
- Competências para equilibrar o tempo e o esforço dedicados aos diferentes domínios de vida da pessoa (com o que a dedicação ao trabalho não é feita necessariamente com o sacrifício da qualidade de vida familiar, e vice-versa) — **Equilíbrio**.

Em síntese, podemos dizer que o Alto Envolvimento (ou Engajamento) resulta tanto do contexto organizacional (Programas Organizacionais) como dos traços individuais (Consideração das Características dos Indivíduos). O **Box 5.C**, a seguir, resume os Fatores Determinantes do Alto Envolvimento com o Trabalho.

Box 5.C • Antecedentes do Alto Envolvimento		
Fatores	**Programas Organizacionais**	**Consideração das Características dos Indivíduos**
Envolvimento	Fatores de Humanização: • Motivação pelo trabalho em si • Motivação pela liderança e participação • Qualidade de vida no trabalho	Ajuste Pessoa-Organização: • Valores • Traços de personalidade
Alto Envolvimento	Sistemas de Estímulo: • Concessão de autonomia para tomada de decisões • Abertura para participação	Competências Pessoais: • Expertise • Comportamento inovador • Equilíbrio (Trabalho — QV)

Visão Sistêmica

A Figura a seguir mostra a relação entre os **Antecedentes** (Box 5.B), as **Dimensões** (que são as mesmas do Envolvimento) e os **Efeitos Resultantes** (discutidos na Seção 5.1) do Alto Envolvimento.

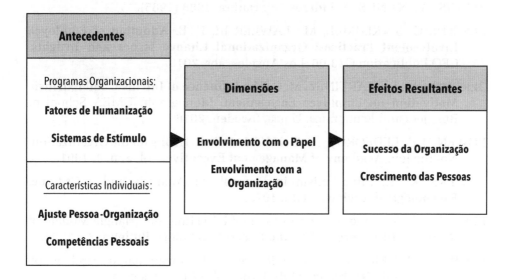

Referências

AGUIAR, S. M. S. P. **A Dinâmica entre Raízes e Asas: Um Estudo sobre Organizações Inovadoras**. Tese de Doutorado, FGV–EAESP, 2004.

AMABILE, T. M. Motivational Synergy: Toward New Conceptualizations of Intrinsic and Extrinsic Motivation in the Workplace. **Human Resource Management Review**, 3 (3), 1993.

APPELBAUM, E. *et al.* **Manufacturing Advantage: Why High-Performance Work Systems pay off**. Ithaca: Cornell University Press, 2000.

ARGYRIS, C. Organizational Leadership and Participative Management. **Journal of Business**, 28 (1), 1955.

_____. **Personality and Organizations**. NY: HarperCollins, 1957.

_____. **Understanding Organizational Behavior**. Homewood, IL: Dorset Press, 1960.

BARYLSKA, I. S. Images of a Person-Organization Fit: Elements affecting Employee Organizational Behavior. **Kelaniya Journal of Management**, vol. 5, n. 2, jul.–dez. 2016.

BENNIS, W.; NANUS, B. **Líderes**. SP: Harbra, 1988 (1985).

BENSON, G. S.; KIMMEL, M.; LAWLER III, E. E. **Adoption of Employee Involvement Practices: Organizational Change Issues and Insights**. CEO Publication G13-06. Los Angeles, abr. 2013.

BERGSTRÖM, E.; MARTINEZ, M. G. **The Influence of Intrinsic and Extrinsic Motivation on Employee Engagement**. Monograph. UMEÅ School of Business and Economics. Umeå, Sweden, 2016.

BOWEN, D. E.; LEDFORD Jr., G. E.; NATHAN, B. R. Hiring for the Organization, Not the Job. **Academy of Management Executive**, vol. 5, n. 4, 1991.

BOWERS, K. S.; Situationism in Psychology: Analysis and a Critique. **Psychological Review**, 80 (5), 1973.

BRITT, T. W. Engaging the Self in the Field: Testing the Triangle Modelo of Responsibility. **Personality and Social Psychology Bulletin**, 25, 1999.

BROWN, S. P. A Meta-analysis and Review of Organizational Research on Job Involvement. **Psychological Bulletin**, vol. 120, n. 2, set. 1996.

CALDAS AULETE; **Responsabilidade**. In: Dicionário Contemporâneo da Língua Portuguesa. RJ: Delta, 1964.

CHAMBEL, M. J. **Contrato Psicológico e Comportamentos de Cidadania Organizacional**. In: "Psicologia Organizacional: Conceitos e Práticas" (S. Gonçalves, Ed.). Porto: Lidel, 2012.

CAMBRIDGE. **Dedication**. Cambridge Dictionary. <https://dictionary. cambridge.org>, acessado em dez. 2018.

CHATMAN, J. A. Improving Interactional Organizational Research: A Model of P-O Fit. **Academy of Management Review**, vol. 14, n.3, 1989.

CHENG, A-S; FLEISCHMANN, K. R. **Developing a Meta-Inventory of Human Values**. Pittsburgh, PA: ASIST 2010, out. 2010.

CONWAY, N.; BRINER, R. B. **Understanding Psychological Contract at Work: A Critical Evaluation of Theory and Research**. Oxford: Oxford University Press, 2005.

DE GEUS, A. **A Empresa Viva**. RJ: Campus, 1998 (1997).

DEMING, W. E. **Qualidade: A Revolução na Administração**. RJ: Marques-Saraiva, 1990 (1982).

DE VOS, A.; MEGANCK, A.; BUYENS, D. **The Role of Psychological Contract in Retention Management**. Working Paper. Ghent University, 2006.

DO, H. **High Performance Work Systems and Organizational Performance: Evidence from the Vietnamese Service Sector**. Doctoral Thesis. Birmingham, UK: Aston University, 2016.

DOODY, S-J.R.; **High Involvement Work Systems: Their effect on Employee Turnover and Organizational Performance in New Zealand Organizations**. Master Thesis. Christchurch, NZ: Lincoln University, 2007.

FERNANDES, E. C. **Qualidade de Vida no Trabalho**. Salvador, BA: Casa da Qualidade, 1996.

FISCHBORN, M. **O que É a Responsabilidade Moral?** Um blog de Filosofia. Post de 22 jul. 2016.

FREITAS, M. E. **Cultura Organizacional: Formação, Tipologias e Impacto**. SP: Makron, 1991.

FILSTAD, C. How Newcomers Uses Role Models in Organizational Socialization. **Journal of Workplace Learning**, vol. 16, n. 7, 2004.

GEORGE, J. M.; JONES, G. R. **Understanding and Managing Organizational Behavior**. Reading, MA: Prentice-Hall, 2012.

GOLDARATT, E. M.; FOX, J. **A Meta**. SP: Educator, 2ª Edição Ampliada, 1992 (1984).

HACKMAN, J. R. *et al*. A New Strategy for Job Enrichment. **California Management Review**, 17, Summer 1975

HARTER, J. K.; SCHMIDT, F. L.; HAYES, T. L. Business-unit-level Relationship between Employee Satisfaction, Employee Engagement and Business

Outcomes: A Meta-analysis. **Journal of Applied Psychology**, 87 (2), 2002.

HERRIOT, P.; MANNING, W. E. G.; KIDD, J. M. The Content of Psychological Contract. **British Journal Management**, vol. 8, 1997.

HERZBERG, F. **Work and the Nature of Man**. NY: Mentor Books, 1966.

_____. One More Time: How do You Motivate Employees? **HBR**, jan.-fev. 1968.

HERZBERG, F.; MAUSNER, B.; SNYDERMAN, B. B. **The Motivation to Work**. NY: John Wiley, 1959.

HOUAISS, A.; VILLAR, M. S. **Motivação**. Dicionário Houaiss da Língua Portuguesa. RJ: Objetiva, 2001.

KAHN, W. A. Psychological Conditions of Personal Engagement and Disengagement at Work. **Academy of Management Journal**, vol. 33. n. 4, 1990.

_____. To be Fully There: Psychological Presence at Work. **Human Relations**, vol. 45, n. 4, 1992.

KANUNGO, R. N. Measurement of Job and Work Involvement. **Journal of Applied Psychology**, 67, 1982

KONRAD, A.M.; Engaging Employees through High-Involvement Practices. **IVEY Business Journal**, mar.–abr. 2006.

KORTE, R. F. **The Socialization of Newcomers into Organizations**. Working Paper. University of Minnesota, 2007.

KRISTOF, A. L.; Person-Organization Fit: An Integrative Review of its Conceptualizations, Measurement, and Implications. **Personal Psychology**, 49, 1996.

KRISTOF-BROWN, A. L. Perceived Applicant Fit: Distinguishing between Recruiter's Perceptions of Person-Job and Person-Organization Fit. **Personnel Psychology**, 53, 2000.

KUNTSI, V. **Fostering Work Engagement through Dedication: Case Ramboll**. Master Thesis. University of Tampere, Tailândia, maio, 2014.

LAWLER III, E. E. **High Involvement Management**. San Francisco: Jossey-Bass, 1986.

LEE, K.; ASHTON, M. C. Psychometric Properties of the HEXACO Personality Inventory. **Multivariate Behavioral Research**, 39 (2), 2004.

LELCHOOK, A. M. **Antecedents and Outcomes of Workplace Engagement**. Ph.D. Thesis. Wayne State University, 2012.

LIKER, J. K.; MEIER, D. P.; **Toyota Talent**. NY: McGraw-Hill, 2007.

LIKERT, R. **Motivational Approach to Management Development**. Cambridge, MA: HBR, 1959.

LIKERT, R. **New Patterns of Management**. NY: McGraw-Hill, 1961.

LOCKE, E. A. Toward a Theory of Task Motivation and Incentives. **Organizational Behavior and Human Performance**, 3, 1968.

LONGMAN. **Involvement**. In: "Longman Dictionary of Contemporary English". Essex, England: Longman Dictionaries, 1995, 3rd Ed. (1978).

_____. **Motivation**. In: "Longman Dictionary of Contemporary English". Essex, England: Longman Dictionaries, 1995, 3rd Ed (1978)

_____. **Responsibility**. In: "Longman Dictionary of Contemporary English". Essex, England: Longman Dictionaries, 1995, 3rd Ed. (1978).

MACEY, W. H.; SCHNEIDER, B. **The Meaning of Employee Engagement**. Society of Industrial and Organizational Psychology, 2008.

MASLOW, A. H. **Uma Teoria da Motivação Humana**. In: "O Comportamento Humano na Empresa" (Y. F. Balcão e L. L. Cordeiro, Eds.). RJ: FGV, 1967 (1943).

_____. **Motivation and Personality**. NY: Harper & Row, 1970, 2nd Ed. (1954).

MAYO, G. E. **The Human Problems of an Industrial Civilization**. Cambridge, MA: Harvard University Press, 1933.

_____. **The Social Problems of an Industrial Civilization**. Cambridge, MA: Harvard University Press, 1945.

McGREGOR, D.; The Human Side of Enterprise. **The Management Review**, v vol. 46, n. 11, nov. 1957.

_____. **O Lado Humano da Empresa**. In: "O Comportamento Humano na Empresa" (Y.F. Balcão e L.L. Cordeiro, Eds.). RJ: FGV, 1967 (1957).

_____. **O Lado Humano da Empresa**. SP: Martins Fontes, 1992 (1960).

MILLER, M. J.; HUDSPETH, N. The Meaning and Measure of Work Ethic: Construction and Initial Validation of a Multidimensional Inventory. **Journal of Vocational Behavior**, 59, 2001.

MOTTA, F. C. P.; VASCONCELOS, I. F. G. **Teoria Geral da Administração**. SP: Pioneira Thompson, 2002.

NADLER, D. A.; HACKMAN, J. R.; LAWLER III, E. E. **Comportamento Organizacional**. RJ: Campus, 1983 (1979).

NEWELL, B. R. et al.; **The Psychology of Environmental Decisions**. Annual Review of Environmental Resources. <www.annualreviews.org>, 2014.

NORMANDO, P. C. Um Breve Estudo sobre o Conceito de Responsabilidade. **Intuitio**, vol.5, n. 2, nov. 2012.

NUNES, L. M. **Autonomia e Responsabilidade na Tomada de Decisão Clínica em Enfermagem**. II Congresso Ordem dos Enfermeiros. Instituto Politécnico de Setúbal, PT, maio, 2006.

PFEFFER, J. Seven Practices of Successful Organizations. **California Management Review**, vol. 40, n. 2, winter 1998.

POSTHUMA, R. A. *et al*. A High-Performance Work Practices Taxonomy Integrating the Literature and Directing Future Research. **Journal of Management**, 39, 2013.

QUE CONCEITO. **Predisposição**. SP: <htpps://queconceito.com.br/predisposição>, acessado em dez. 2018.

RABINOWITZ, S.; HALL, D. T. Organizational Research on Job Involvement. **Psychological Bulletin**, 84,1977.

RENFORS, J. A. **Employee Motivation and Engagement as a Business Strategy**. Bachelor's Thesis. Haaga-Helia University, Helsinque, Finlândia, 2017.

RICE, R. W. **Organizational Work and the Overall Quality of Life**. Technical Report ONR-2. State University of NY at Buffalo, ago. 1984.

ROBINSON, D.; PERRYMAN, S.; HAYDAY, S. **The Drivers of Employee Engagement**. Brighton, UK: Institute of Employment Studies, 2004.

ROE, R. A. **Individual Characteristics**. In: Handbook of Work and Organizational Psychology (P. J. D. Drenth *et al.*, Eds.) New Jersey: John Wiley & Sons, 1984.

ROKEACH, M. **The Nature of Human Values**. NY: Free Press, 1973.

ROTHBARD, N. P.; PATIL, S. V. **Being There: Work Engagement and Positive Organizational Scholarship**. In: The Oxford Handbook of Positive Organizational Scholarship (G.M. Spreitzer e K.S. Cameron, Eds.). NY: Oxford University Press, 2011.

ROUSSEAU, D. M. Psychological and Implied Contracts in Organizations. **Employee Responsibilities and Rights Journal**, vol. 2, n. 2, 1989.

_____. **Psychological Contract Inventory Technical Report**. Pittsburgh: Carnegie Mellon University, ago 2000, version 3.

ROWLEY, H. J. **Employee Ownership: Evaluating the Factors contributing to Successful Employee Engagement**. Ph.D. Thesis. University of York, 2014.

RYAN, A. M. KRISTOF-BROWN, A. **Focusing on Personality on P-O Fit Research: Unaddressed Issues**. In: Personality and Work (M. R. Barrick & A. M. Ryan, Eds.). San Francisco: Jossey-Bass, 2003.

RYAN, R. M.; DECI, E. L. Intrinsic and Extrinsic Motivation: Classic Definitions and New Directions. **Contemporary Educational Psychology**, 25, 2000.

SAKEGUCHI, T. A Contingency Perspective of the Importance of P-J Fit and P-O Fit in Employee Selection. **Journal of Managerial Psychology**, vol. 22, n. 2, 2007.

SCHAUFELI, W. B. *et al*. The Measurement of Engagement and Burnout: A Confirmative Analytic Approach. **Journal of Happiness Studies**, 3, 2002.

SCHEIN, E. H. **Organizational Psychology**. NY: Prentice-Hall, 1970.

_____. **Organizational Culture and Leadership**. San Francisco: Jossey-Bass, 1989.

SEMLER, R. **Virando a Própria Mesa**. SP: Best-Seller, 1988.

SHELL. **Corporate Change: A Look at how Long-established Companies Change**. Royal Dutch-Shell Group Planning PL/1, set. 1983.

SOARES, C. Corporate versus Individual Moral Responsibility. **Journal of Business Ethics**, 46, jan. 2003.

STRICKLAND, B. R. (Exec. Ed.). **Personality**. In: The GALE Encyclopedia of Psychology. Detroit: Gale Group, 2001, 2nd Ed.

SUNG, J.; ASHTON, D. **High Performance Work Practices: Linking Strategy and Skills to Performance Outcomes**. DTI in association with CIPD. <http://www.cipd.co.uk/subjects/corpstrtgy>, 2005.

THOMAS, T. P. **The effect of Personal Values, Organizational Values, and P-O Fit on Ethical Behavior and Organizational Commitment Outcomes, among Substance Abuse Counselors: A Preliminary Investigation**. Ph.D. Thesis, University of Iowa, 2013.

THOMSON, M.; HERON, P. Management Capability and High-Performance Work Organization. **The International Journal of Human Resource Management**, 16 (6), 2005.

TOMER, J. F. Understanding High-Performance Work Systems: The Joint Contribution of Economics and Human Resources Management. **Journal of Socioeconomics**, 30 (1), 2001.

TOSI, H. L.; RIZZO, J. R.; CARROLL, S. J. **Managing Organizational Behavior**. Cambridge, MA: Backwell, 1994, 3rd Ed.

TUULIK, K. *et al*. Rokeach's Instrumental and Terminal Values as Descriptors of Modern Organization Values. **International Journal Organizational Leadership**, 5, 2016.

UNAL, Z. M.; TURGUT, T. The Buzzword: Employee Engagement. Does P-O Fit contribute to Employee Engagement? **Iranian Journal of Management Studies**, vol. 8, n. 2, abr. 2015.

VANDENBERG, R. J.; RICHARDSON, H. A.; EASTMAN, L. J. The Impact of High Involvement Work Process on Organizational Effectiveness:

A Second-Order Latent Variable Approach. **Group and Organization Management**, 24 (3), 1999.

VASCONCELLOS, M.A. **Excelência e Humanização da Produção**. Monografia. SP: FGV–EAESP, 1997.

_____. (Coord.). **Gestão da Inovação**. SP: FNQ, 2015.

WALL, T. D.; WOOD, S.; LEACH, D. **Empowerment and Performance**. In: "International and Organizational Psychology" (I. Robertson e C. Cooper, Eds.). London: Wiley, 2004.

WELLINS, R. S.; BERNTHAL, P.; PHELPS, M. Employee Engagement: The Key to Realizing Competitive Advantage. [eletronic]. <http://www.ddiworld.com/DDI/media/monographs/employeeengagement_m-g_ddi.pdf?ext=.pdf>, 2005.

WESTERMAN, J. W.; CYR, L. A. An Integrative Analysis of Person-Organization Fit Theories. **International Journal of Selection and Assessment**, vol.12, n. 3, set. 2004.

WILLIAMS, G. **Responsibility**. IEP — The Internet Encyclopedia of Philosophy, ISSN 2162-0002. <https://www.iep.utm.edu>, acessado em set. 2018.

WOOD, S.; DE MENEZES, L. High Commitment Management in the UK: Evidence from the Workplace Industrial Relations Survey, and Employers' Manpower and Skill Practices Survey. **Human Relations**, 51 (4), 1998.

ZIEGLER, Z. A Relational Theory of Moral Responsibility. **Prolegomena**, Budapest, Hungary, 15 (1), 2016.

Organizações de Alto Envolvimento

6.1 Natureza das Organizações de Alto Envolvimento

Conceito

Organizações de Alto Envolvimento (*High Involvement Organizations — HIO*) são aquelas que promovem o engajamento dos colaboradores, com o trabalho e com a organização, visando obter, ao mesmo tempo, (i) a satisfação e a realização profissional das pessoas e (ii) o sucesso e a longevidade da organização (Tosi *et al.*, 1986). Esta definição pressupõe que:

- O trabalho é considerado em sentido amplo (tal como definido no **Quadro 5.2**), o que significa que o engajamento se dá tanto com a tarefa como com a organização como um todo.
- Todos os membros da organização (ou, pelo menos, a sua maioria) devem estar envolvidos — desde o Conselho Diretor até os colaboradores voluntários.

Denominações

A expressão "Organizações de Alto Envolvimento" não é a única utilizada para descrever organizações desse tipo. De fato, muitos outros termos se referem à mesma ideia (ou ideias similares). Entre os inúmeros termos usados pelos pesquisadores, podemos destacar alguns exemplos (Doody, 2007; Posthuma *et al.*, 2013; Do, 2016): Organização de Alto Envolvimento, Administração de Alto Envolvimento, Administração de Alto Comprometimento, Sistemas de Trabalho de Alto Desempenho e Práticas de Trabalho de Alto Desempenho.

Diferentes revisões da literatura têm mostrado que (Doody, 2007; (Posthuma *et al.*, 2013; Do, 2016):

- Embora esses termos sejam um pouco diferentes entre si, todos são usados para designar algum conjunto de práticas de alto envolvimento.

- Os conjuntos de práticas variam de acordo com as características e circunstâncias das empresas pesquisadas.

Assim, para efeito do presente texto, consideraremos todas essas expressões como sinônimos, ou casos particulares, das Organizações de Alto Envolvimento.

Práticas

Conceitualmente, os princípios e as práticas a serem adotados por uma organização para criar uma cultura de alto envolvimento devem estar associados aos fatores determinantes descritos no capítulo anterior.

Os Antecedentes do Alto Envolvimento são variados e em grande número (ver **Box 5.C**). O mesmo ocorre, portanto, com a variedade e a quantidade das Práticas de Alto Envolvimento, como mostra o **Box 6.A.**

Box 6.A • Práticas de Alto Envolvimento — Classificação		
Nível	**Programas Organizacionais**	**Consideração das Características dos Indivíduos**

Envolvimento	**Práticas referentes a:**
	• Motivação pelo trabalho em si
	• Motivação pela liderança e participação
	• Qualidade de vida no trabalho
		Práticas referentes a:
		• Ajuste pessoa-organização:
		  ▫ Valores
		  ▫ Traços de personalidade

Alto Envolvimento	**Práticas referentes a:**
	• Autonomia da linha de frente
	• Sistemas de sugestões
		Práticas referentes a:
		• Capacitação
		  ▫ Expertise
		  ▫ Comportamento inovador
		  ▫ Equilíbrio Trabalho-CV

As pesquisas sobre as Práticas de Alto Envolvimento, mesmo feitas sob diferentes denominações, são todas igualmente importantes, porque identificam, em cada caso, quais as práticas mais relevantes — aquelas que apresentaram maior impacto na promoção do alto envolvimento, nos respectivos universos pesquisados. As **práticas** mais recomendadas, em cada uma daquelas denominações, são indicadas a seguir.

Organização de Alto Envolvimento (HIO — *High Involvement Organization*) (Tosi *et al.*, 1986).

Entre a variedade de práticas administrativas que podem ser utilizadas pelas Organizações de Alto Envolvimento, Tosi *et al.* (1986) destacam as seguintes:

- Enriquecimento do Trabalho (ver **Quadro 5.2** — Motivação pelo Trabalho em si).

- Grupos Semiautônomos (ver **Seção 6.3** — Sistemas Sociotécnicos).

- Forte investimento em treinamento para flexibilidade da força de trabalho. Inclui treinamento em solução de problemas, variedade de habilidades e habilidades interpessoais.

- Novas abordagens de remuneração. Incluem pagamento em função das habilidades que o indivíduo tem (em vez do pagamento pelo trabalho realizado) e alguma forma de participação nos resultados da organização.

- Estruturas mais enxutas, com mudança no papel dos gerentes — de controladores para professores/orientadores.

- Gestão da Qualidade Total (ver **Seção 6.5**).

- Práticas não tradicionais de seleção e socialização — projetadas para trazer uma pessoa "inteira", que se adapte bem à cultura da organização. Além do conhecimento técnico, o processo de seleção inclui a capacidade de trabalhar em equipe, de aceitar responsabilidades, a orientação para o crescimento profissional etc.

Administração de Alto Envolvimento (HIM — *High Involvement Management*) (Lawler III, 1986).

Em uma organização bem projetada para o alto envolvimento, os indivíduos:

- Entendem a organização, sabem sua estratégia, como estão se desempenhando e quais são seus clientes e competidores.

- São recompensados de acordo com o sucesso da organização.

- São capacitados a influenciar decisões organizacionais importantes, decidem sobre os métodos de trabalho, participam de decisões estratégicas de negócios e trabalham uns com os outros para coordenar suas atividades.

Esta nova lógica pede a substituição dos controles burocráticos pelos seguintes quatro componentes do efetivo envolvimento das pessoas:

- Informação — sobre as estratégias organizacionais, processos, qualidade, satisfação dos consumidores e resultados dos negócios.
- Conhecimento — sobre o trabalho, a organização e a rede de operações.
- Poder — para agir e tomar decisões sobre seu trabalho em todos seus aspectos.
- Recompensas — ligadas aos resultados das organizações e às competências individuais.

Administração de Alto Comprometimento (*High Commitment Management*) (Wood e De Menezes; 1998).

Visa criar um forte comprometimento com a organização, de tal forma que os comportamentos sejam principalmente autorregulados, e não controlados por sanções e pressões externas, e, consequentemente, as relações dentro da organização sejam baseadas em altos graus de **confiança**. Entre a variedade de práticas de alto envolvimento, Wood e De Menezes (1998) destacam as seguintes:

- Desenvolvimento de carreiras profissionais, com ênfase na disposição para o treinamento e no comprometimento, como características altamente valorizadas em todos os níveis da organização.
- Alto nível de flexibilidade funcional, com abandono das descrições de função potencialmente rígidas.
- Redução da hierarquia e fim das diferenças de status — entre colarinho branco e colarinho azul, e entre administradores e trabalhadores.
- Ênfase nas estruturas de equipe — para disseminar informação, organizar o trabalho e solucionar problemas.

Sistemas de Trabalho de Alto Desempenho (HPWS — *High-Performance Work Systems*) (Appelbaum *et al.*, 2000).

A essência do HPWS está em organizar o trabalho de forma a permitir que os operadores da linha de frente (tanto colarinhos azuis como colarinhos brancos) participem das decisões que afetam os resultados das operações. Embora diferentes autores descrevam o HPWS com elementos ligeiramente diferentes, suas características essenciais, segundo Tomer (2001), correspondem às sete dimensões identificadas por Pfeffer em *A Equação Humana* (1998):

- Segurança no emprego. Os empregados não deveriam ser despedidos por causa de erros da administração ou de crises econômicas — fatores sobre os quais eles não têm controle.

- Seleção de pessoal com base em critérios além da capacidade técnica, tais como **atitude** e compatibilidade cultura.

- Grupos autogerenciados e descentralização das tomadas de decisão, como princípios básicos do projeto organizacional.

- Recompensas comparativamente mais altas, baseadas no desempenho organizacional.

- Programa amplo e extensivo de treinamento, justificado pelos objetivos da organização, e não por cálculos de ROI.

- Redução de barreiras e distinções de status, incluindo modos de vestir e de falar, arranjos de escritórios e diferenças salariais entre níveis.

- Divulgação de informações — sobre o desempenho operacional e financeiro — para toda a organização.

Práticas de Trabalho de Alto Desempenho (HPWP — *High-Performance Work Practices*) (Sung e Ashton; 2005).

HPWP não são "novas práticas" radicais. São simplesmente práticas de trabalho que podem ser deliberadamente introduzidas para melhorar o desempenho organizacional. São conjuntos de práticas que cobrem três grandes áreas:

- Práticas de Alto Envolvimento. Ex.: compartilhamento de informações, grupos autogerenciados, círculos de qualidade e sistemas de sugestões.

- Práticas de RH. Ex.: novos processos de recrutamento, avaliação de desempenho, *mentoring*, *coaching* e reprojeto do trabalho.

- Novas formas de recompensas financeiras. Pagamento por competências, participação nos resultados, benefícios extrassalariais, equilíbrio entre família e trabalho.

Origens das Organizações de Alto Envolvimento

As origens das organizações de alto envolvimento remontam à Escola de Relações Humanas, que começou a se desenvolver nos anos 1920. Desde então, o tema tem recebido contribuições de vários outros movimentos ou filosofias administrativas, cada um propondo seus próprios conceitos, princípios e práticas destinados à promoção do alto envolvimento.

Entre esses movimentos, devem ser destacados:

- A própria Escola de Relações Humanas (ver **Seção 6.2**).
- Sistemas Sociotécnicos (ver **Seção 6.3**).
- Sistema Toyota de Produção (ver **Seção 6.4**).
- Gestão da Qualidade Total — TQM (ver **Seção 6.5**).
- *Empowerment* (ver **Seção 6.6**).

6.2 Escola de Relações Humanas

As causas imediatas do aparecimento da Escola de Relações Humanas foram os estudos e experiências na Western Electric, em sua fábrica de equipamentos telefônicos da Hawthorne, de 1923 a meados dos anos 1930 (Motta e Vasconcelos, 2002).

Elton Mayo (1933; 1945) é considerado o fundador do Movimento de Relações Humanas. Mesmo tendo participado do Experimento Hawthorne somente a partir de 1927, suas contribuições foram fundamentais para o estabelecimento de uma nova Teoria de Relações Humanas. As ideias centrais da Escola de Relações Humanas são indicadas a seguir (Motta e Vasconcelos, 2002).

O *Homo social*

A Teoria de Relações Humanas propôs substituir o *Homo economicus* (uma das ideias centrais do Movimento de Administração Científica) pelo modelo do *Homo social*.

As três características principais desse modelo são:

- O homem é apresentado como um ser cujo comportamento não pode ser reduzido a esquemas simples e mecanicistas.
- O homem é, a um só tempo, condicionado pelo sistema social e pelas demandas de ordem biológica.
- Em que pesem as diferenças individuais, todo homem tem necessidades de segurança, afeto, aprovação social, prestígio e autorrealização.

O grupo informal

Para a Escola de Relações Humanas, um dos estudos mais importantes para a administração é aquele que diz respeito ao **grupo informal**, definido como um conjunto de indivíduos suficientemente pequeno, de forma que possam comunicar-se entre si direta e frequentemente. O pressuposto é o de que são grupos humanos bem formados, e não hordas de indivíduos.

Entre os fatores que definem a existência de um grupo informal, incluem-se a tecnologia adotada e a semelhança de interesses entre os indivíduos.

Participação nas decisões

Preocupada com a relação entre moral e produtividade, a Escola de Relações Humanas colocou na motivação a grande possibilidade de levar o indivíduo a trabalhar para o atingimento dos objetivos da organização formal. Imaginava-se que, para tanto, o homem não poderia ser obrigado a realizar tarefas cujos fins desconhecesse, mas, ao contrário, deveria participar da própria decisão que desse origem à tarefa que devesse executar.

A amplitude dessa participação deveria variar de acordo com a situação e com o padrão de liderança adotado. Acreditava-se, entretanto, que, na maior parte das vezes, o tipo de liderança mais eficaz seria aquele denominado *democrático*, no qual o subordinado teria ampla possibilidade de opinar sobre o próprio trabalho, contribuindo para seu aperfeiçoamento, bem como estaria sujeito a um *controle por resultados*, e nunca por supervisão cerrada.

6.3 Sistemas Sociotécnicos — SST

O Instituto de Relações Humanas de Tavistock, na Inglaterra, foi um dos pioneiros no desenvolvimento de análises sistemáticas das organizações (Motta e Vasconcelos, 2002). Entre seus pesquisadores, destacaram-se E. L. Trist, A. K. Rice e F. Emery, entre outros.

A grande mensagem do modelo de Tavistock é a de que toda organização é um Sistema Sociotécnico, composto de dois subsistemas interdependentes: Técnico e Social (Pasmore *et al.*, 1982; Motta e Vasconcelos, 2002):

- O **Subsistema Técnico** corresponde aos requisitos do trabalho (ferramentas, equipamentos, processos, sistemas, técnicas e conhecimento), sendo, portanto, responsável pela eficiência potencial da organização.

- O **Subsistema Social** é composto pelas pessoas que trabalham na organização e por tudo que deriva da presença humana — grupos informais, relações sociais, cultura, comportamentos, capacidades, sentimentos. É o que transforma a eficiência potencial em eficiência real da organização.

Fundamentos

Essa concepção de Sistemas Sociotécnicos está baseada em dois fundamentos principais (Pasmore *et al.*, 1982; Biazzi Jr., 1994):

Sistema aberto. Na perspectiva sociotécnica, a organização é um sistema aberto. Ela interage com o ambiente, é capaz de autorregulação e tem a propriedade de equifinalidade, isto é, pode alcançar um mesmo objetivo a partir de diferentes caminhos e usando diferentes recursos (Biazzi Jr., 1994).

Projeto integrado. A organização será mais efetiva na medida em que os subsistemas social e técnico forem projetados um para o outro, e para demandas do ambiente externo (Pasmore *et al.*, 1982). A propósito, Pasmore *et al.* (1982) lembram que "Toda organização é um SST, mas nem toda organização foi projetada com a abordagem sociotécnica".

Princípios

Com base nesses fundamentos apresentados, foram elaborados alguns dos princípios centrais da teoria sociotécnica.

Grupos semiautônomos. "O trabalho não pode ser apenas considerado um conjunto de tarefas rotineiras e individuais justapostas, mas, sim, um sistema de atividades que tem uma unidade clara, formada por partes diferenciadas que devem ser integradas e devem reagir — o grupo organizacional, e não o indivíduo, deve ser a unidade de análise principal (Motta e Vasconcelos, 2002).

Autonomia responsável. O grupo semiautônomo ou grupo autorregulável caracteriza-se pela **responsabilidade coletiva** frente a um conjunto de tarefas, o que pressupõe que o grupo deve ter **autonomia** para tomar decisões e assumir **responsabilidade** pelos seus resultados (Biazzi Jr., 1994; Motta e Vasconcelos, 2002).

A **autonomia** significa que cabe aos próprios membros do grupo a escolha de líderes do grupo, definição de metas, decisões sobre métodos de trabalho e utilização de recursos. A **responsabilidade** exige grupos responsáveis pela própria supervisão e regulamentação interna, pela utilização de recursos e pelo relacionamento com outros grupos e com o ambiente externo. A responsabilidade, de pessoas e grupos, foi abordada na **Seção 4.3.g** e no **Box 4.E**.

Adaptabilidade. A receita tradicional para adaptar uma organização à crescente complexidade do ambiente é o aumento da complexidade interna, com a criação de mais funções, mais sistemas de informação e mais sistemas de coordenação e controle. A teoria sociotécnica propõe uma estratégia inversa, com estruturas mais simples e papéis — estes sim — mais complexos. Sobre esta abordagem, Motta e Vasconcelos (2002) afirmam o seguinte:

- "Os papéis sociais no ambiente de trabalho não devem ser prescritivos, uma vez que, tendo autonomia, os atores sociais se sentir-se-ão mais à vontade para modificar seu comportamento e adquirir novos padrões de conduta, no caso de mudanças internas ou externas."

- "A padronização excessiva de habilidades dificulta a mudança organizacional. Uma certa ambiguidade e diversidade cultural são necessárias nesse contexto."

- "Quando o sistema de trabalho necessita ser modificado, são as funções e tarefas que devem ser modificadas, e não os indivíduos. Dessa forma, eles estarão prontos a readaptar-se e adquirir novas habilidades, sem se especializar em demasia, o que é positivo para o sistema organizacional."

- "O redesenho das atividades e tarefas, em conjunto com as pessoas que as executam, aumenta o comprometimento delas no trabalho."

Trabalho enriquecido. Os Sistemas Sociotécnicos incorporam as características requeridas do Trabalho Enriquecido (apresentadas no **Quadro 5.2**), que levam a princípios de projeto do trabalho como combinação de tarefas, unidades naturais de trabalho, rotação de funções, *canais de feedback* etc.

6.4 Sistema Toyota de Produção — STP

O Sistema Toyota de Produção (STP) é um sistema sociotécnico desenvolvido pela Toyota. Foi criado nos anos 1940 por Taiichi Ohno (1988) e Eiji Toyoda, e vem sendo aprimorado desde então.

O conceito inicial do STP foi baseado na completa eliminação de desperdícios em processos industriais (Ohno, 1988). Posteriormente, com a atenção despertada pela Toyota, foi ficando claro que os princípios do STP eram aplicáveis a qualquer tipo de organização (não apenas as industriais) e qualquer cultura (não apenas a japonesa).

Womack e Jones (1996) cunharam a expressão Pensamento Enxuto (*Lean Thinking*), que significa "uma forma de oferecer aos clientes exatamente o que eles desejam, realizando todas as atividades de forma cada vez mais eficaz, com cada vez menos desperdício de todo tipo de recurso — esforço humano, tempo, espaço, equipamentos etc."

Os elementos centrais do STP (e, por extensão, de qualquer sistema enxuto) são:

- Objetivos de excelência.
- Just-in-Time (JIT).
- Autonomia da linha de frente.
- Aperfeiçoamento contínuo.
- Envolvimento de pessoas e grupos.

Esses elementos estão representados visualmente na figura a seguir — Casa do STP.

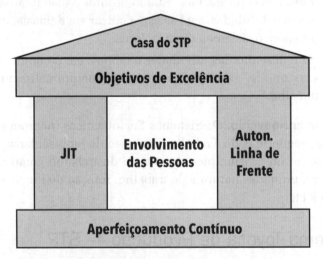

a) Objetivos de Excelência

O objetivo último do STP é **criar valor** — para os clientes, para a sociedade e para a economia. O objetivo operacional é manter a **excelência** em todos os fatores de competitividade: custo (pela incansável eliminação de perdas), qualidade, tempo, flexibilidade, inovação e sustentabilidade.

b) Just-in-Time — JIT

Just-in-Time significa que, em um processo, os recursos certos devem chegar a cada estação de trabalho quando são necessários, com a qualidade requerida e somente na quantidade necessária (Ohno, 1988). Em síntese, **JIT** é definido como recursos certos, no local certo, no momento exato, com a qualidade certa e na quantidade certa.

O Sistema **JIT** pode ser decomposto nos seguintes elementos principais (que correspondem também à sua sequência de implantação): criação de fluxo, nivelamento de fluxo e sincronização.

Criação de fluxo. Criar fluxo significa criar um processo em que os materiais (ou pessoas, no caso de serviços) "fluam" diretamente de uma etapa de adição de valor para outra, um a um, sem paradas ou demoras. No caso de produtos de alta demanda, essa condição pode ser satisfeita por uma linha de produção contínua, com equipamentos exclusivamente dedicados.

Já no caso de uma variedade de produtos de baixa demanda, a criação de fluxo exige a reorganização do setor produtivo — o layout tradicional, por funções ou departamentos, é substituído pelas células de produção, sendo cada célula responsável pela fabricação de uma família de produtos (ou por uma categoria de clientes, no caso de serviços). A organização em células requer a formação de equipes de trabalho compostas por operadores multifuncionais, cada um habilitado a executar várias atividades e, portanto, capazes de (i) cuidar cada um de mais de um equipamento (separação homem-máquina) e (ii) ajudarem-se uns aos outros.

As equipes polivalentes são usualmente autodirigidas, com delegação de autoridade para controlar a qualidade do próprio trabalho e corrigir erros, sem necessidade de pedir autorização à supervisão.

O foco da educação e do treinamento também muda: cada trabalhador, além de uma maior variedade de conhecimentos técnicos, precisa também adquirir habilidades de relacionamento.

Nivelamento de fluxo. A importância do nivelamento da produção é destacada por Ohno (1988):

> "Em uma linha de produção, as flutuações no fluxo do produto fazem aumentar o desperdício. Isto se dá porque equipamentos, operários, inventários e outros elementos exigidos para a produção precisam estar sempre preparados para um pico. Se um processo posterior varia

> sua retirada das peças em termos de tempo e quantidade, a extensão dessas flutuações aumentará conforme elas forem avançando na linha em direção aos processos anteriores [Efeito 'chicote']. Assim, a fim de evitar flutuações na produção — inclusive na cadeia de suprimentos —, é necessário manter a flutuação na linha de montagem o mais próximo possível de zero." (Ohno, 1988)

Essa redução — ou eliminação — das flutuações é o que chamamos de Nivelamento da Produção ou Nivelamento de Fluxo. **Nivelamento** é assim definido como "o meio de adaptar o ritmo de produção às variações da demanda, diminuindo tanto quanto possível as flutuações de quantidades" (Monden, 1983).

O processo de nivelamento se dá em duas fases (Monden, 1983): (1ª) nivelamento da quantidade total a ser produzida em um determinado período de tempo (ex.: um mês, uma semana), considerando todos os itens de uma família (Corolla, por exemplo); e (2ª) nivelamento da quantidade a ser produzida de cada item individual (ex.: cada modelo Corolla). Seguem-se, de forma sintética, os princípios requeridos em cada fase.

1ª) O nivelamento da quantidade total requer flexibilidade no número de operadores, em cada área de trabalho, para adaptação às variações da demanda. SHOJINKA é a palavra japonesa para "força de trabalho flexível". Três fatores são pré-requisitos para a realização desse conceito (Monden, 1983):

- Layout adequado das áreas de trabalho (células em "U").
- Uma força de trabalho versátil (multifuncional) e bem treinada.
- Mudanças dos padrões de operação a cada mudança de nível.

2ª) O nivelamento de produção de cada modelo consiste em desdobrar a quantidade total nas quantidades individuais, mantendo estável a carga de trabalho em cada período de programação (um dia, por exemplo). São três as variáveis que devem ser niveladas (Liker e Meier, 2006):

- Volume — quantidade total de cada produto a produzir no período de tempo especificado.
- Mix de Produtos — proporção dos vários modelos a serem produzidos nesse intervalo.
- Sequência de Produtos — a ordem em que os diversos itens são programados. Na medida do possível, a produção deve ser intercalada. Por exemplo, se a programação prevê a produção de quatro modelos A, três B, dois C e um D,

a sequência ideal será: A B C A B D A B C A (e não em "lotes" — A A A B B C C D). HEIJUNKA é a palavra japonesa para este método.

Sincronização. A **sincronização** pode ser definida como "o ajustamento de ritmos devido à interação", resultante de algum tipo de acoplamento entre dois sistemas (Pikovski *et al.*, 2003; Becker *et al.*, 2013).

Particularizando para os sistemas produtivos, temos que "a sincronização, entre duas ou mais atividades, ocorre quando está presente algum tipo de coordenação orientada para o fluxo" (Becker *et al.*, 2013). Essa definição se apoia na filosofia **JIT**, criada e desenvolvida por Ohno na Toyota, conforme segue:

> "No sistema convencional, um processo inicial enviava continuamente produtos para um processo final, independentemente das reais necessidades de materiais deste último. Montanhas de peças podiam, portanto, se amontoar nos processos finais. Eliminar esta forma de desperdício significava acabar com o avanço automático de peças vindas dos processos iniciais. (...). A questão era: como produzir a quantidade exata necessária? A resposta consistiu em estabelecer uma sincronia entre as atividades, partindo da linha de montagem final e voltando processo a processo. (...). Na Toyota, a implantação do novo sistema teve início em 1950, com a sincronização entre a linha de montagem e a usinagem. E foi somente em 1962 que conseguimos tê-lo instalado em toda a empresa."
> (Ohno, 1988)

Nesse sistema, portanto, uma estação de trabalho "fornecedora" somente produz e entrega alguma coisa quando for demandada ("puxada") pela estação "cliente". Daí o nome Sistema de Puxar (*Pull System*).

Em termos amplos, "Puxar significa que um processo inicial não deve produzir um bem ou serviço sem que o cliente de um processo posterior o solicite" (Womack e Jones, 1996). Assim, os ritmos de produção das diferentes estações de trabalho são relacionados uns com os outros, de forma a evitar, ou limitar, o acúmulo de estoques entre estações.

O método de operação do Sistema de Puxar é o KANBAN (Ohno, 1988). Kanban é um sinal visual (o "acoplamento" citado antes) usado para solicitar componentes à medida em que forem necessários. Usualmente é um cartão (Cartão Kanban), mas pode ser qualquer forma de comunicação visual (um espaço vazio em uma bancada, por exemplo). As duas principais regras do Kanban são (Ohno, 1988):

1) Um processo subsequente deve requisitar produtos de um processo precedente somente na quantidade necessária, e quando for necessário (comunicação feita pelo Kanban).

2) O processo precedente deve produzir seus componentes somente na quantidade e sequência indicadas pelo Kanban.

c) Autonomia da Linha de frente

A autonomia para tomada de decisões foi apresentada no **Quadro 5.2** — "Motivação pelo Trabalho em Si". É o grau em que o projeto do trabalho permite liberdade, independência e discernimento, para que os próprios indivíduos — e grupos — possam tomar decisões sobre suas próprias atividades.

A autonomia da linha de frente é um dos elementos-chave do **STP**, sobretudo sob dois aspectos: "Controle de Qualidade no Processo" e "Metodologia de Solução de Problemas".

Controle de Qualidade no Processo. O STP foi concebido, e sua implementação começou, logo após a Segunda Guerra Mundial (Ohno, 1988). Desde então, a qualidade do produto foi considerada imperativa, pois, sem Controle de Qualidade, o fluxo contínuo de produção (sincronização) seria impossível (Monden, 1983). De início, o Controle de Qualidade se baseou em inspetores independentes e métodos de amostragem estatística, mas logo (1949) mudou para um método de "autoinspeção em todas as unidades", baseado no controle autônomo de defeitos, dentro do próprio processo de fabricação (Mond, 1983). Nesse sistema, o próprio processo de produção é responsável pelo Controle de Qualidade — aqueles mais diretamente relacionados com a produção de peças com defeitos são os primeiros a identificar o problema, e a eles é atribuída a responsabilidade de corrigi-los.

Solução de Problemas. De acordo com a filosofia do **STP**, o aperfeiçoamento deve ocorrer em todos os lugares, o tempo todo. Assim, todas as pessoas — em todas as áreas e em todos os níveis — devem ser capacitadas para aplicar a Metodologia de Solução de Problemas (Liker e Meier, 2006). A este respeito, o **STP** adota a "pirâmide invertida — os grupos e pessoas da linha de frente estão no topo da hierarquia". Isso porque as pessoas que desempenham tarefas de agregação de valor são as que estão mais familiarizadas com o verdadeiro trabalho e com os problemas reais que o afetam. Na maioria das vezes, os problemas são detectados pelas pessoas e pelos grupos da linha de frente. No caso de problemas menores, os próprios grupos podem investigar as causas e implantar a solução, sem necessidade de autorização prévia da supervisão. No caso de problemas maiores, estes são encaminhados para instâncias superiores (equipes multifuncionais, gerência de fábrica etc.).

No geral, o **STP** investe na capacitação e encoraja as pessoas e grupos a agir com autonomia, nas diversas fases do que podemos chamar de "**Ciclo de Melhorias**": Controle de Qualidade, Correção de Defeitos, JIDOKA, Solução de Problemas e Aperfeiçoamento Contínuo.

Controle de Qualidade. Cada operador tem a responsabilidade de verificar a qualidade, tanto dos materiais recebidos como de seu próprio trabalho, de forma a não liberar produtos com defeitos para as etapas seguintes do processo de produção (Liker e Meier, 2006).

Correção de Defeitos. Se o operador descobre algum problema, este deve ser tratado imediatamente. Os operadores têm autonomia para corrigir erros menores por sua conta. Se necessário, o operador solicita ajuda, utilizando algum meio de sinalização visual (ferramenta Andon) (Liker e Meier, 2006).

JIDOKA. Se alguma anormalidade é percebida (peças com defeito, dificuldade em seguir o método-padrão etc.), cada operador tem o poder e a responsabilidade de parar a linha de produção. A palavra JIDOKA se referia, de início, à "automação inteligente" — equipamentos dotados de dispositivos capazes de detectar anormalidades e interromper automaticamente a produção. Foi depois estendida para todos os demais casos, em que a percepção de defeitos depende do julgamento humano. Além de impedir que produtos defeituosos sejam liberados, a parada força a atenção para o problema, a investigação das causas e o início das ações corretivas permanentes (Ohno, 1988; Monden, 1983).

Solução de Problemas. Todas as pessoas (e não apenas as selecionadas, como engenheiros ou Black Belts) são treinadas e encorajadas a identificar e resolver problemas, sejam de qualidade ou de qualquer outra forma de desperdício. As pessoas da linha de frente solucionam os problemas menores, que são a grande maioria, e eventualmente participam da solução de problemas maiores (Liker e Meier, 2006).

Aperfeiçoamento Contínuo. Todas as pessoas têm a possibilidade de (i) identificar oportunidades e propor melhorias (participando de Grupos de Solução de Problemas ou Círculos de Controle de Qualidade) e (ii) fazer sugestões de qualquer tipo de melhoria (participando dos Programas de Sugestões).

d) Aperfeiçoamento Contínuo (Kaizen)

Kaizen significa melhoramento. Mais do que isso, significa contínuo melhoramento em todos os domínios de vida de uma pessoa. Quando aplicado ao local de trabalho, Kaizen significa a acumulação contínua e gradual de pequenas melhorias, envolvendo todas as pessoas em todos os níveis (Imai, 1986). Alguns aspectos do Kaizen merecem ser destacados (Imai, 1986):

Ênfase no Processo. A administração apoia e reconhece os esforços de melhoria orientados para o processo (em contraste com a prática de avaliar o desempenho das pessoas estritamente com base nos resultados).

Padronização. Uma vez identificado, um problema dever ser resolvido, elevando, consequentemente, o patamar de desempenho. Para consolidar o novo nível, o melhoramento deve ser padronizado. Assim, o Kaizen também exige a padronização.

Note-se que a padronização não deve ser confundida com rigidez. Pela padronização das melhores práticas atuais, fica registrado o aprendizado até este ponto. A tarefa do Aperfeiçoamento Contínuo é, então, progredir além do padrão atual, sendo as melhorias incorporadas a um novo padrão (Liker e Meier, 2006).

Aprendizado. A chave para o aprendizado organizacional é o desenvolvimento de processos padronizados. Sem padrões, não pode haver aprendizado.

Note-se que os padrões vão além dos procedimentos documentados, para compartilhar o conhecimento tácito sobre a maneira certa de fazer as coisas (Liker e Meier, 2006).

Um **Programa Kaizen** pode ser dividido em três segmentos: (i) Kaizen orientado para a Administração, (ii) Kaizen orientado para o Grupo e (iii) Kaizen orientado para a Pessoa (Imai, 1986).

▫ **Kaizen orientado para a Administração**

Foco: Questões estratégicas ou multifuncionais.

Instrumento: Projetos Kaizen — empreendimentos colaborativos, planejados e executados para implementar melhoramentos definidos pela Administração.

Participantes: gerentes e profissionais de diferentes departamentos.

Resultados: melhoramentos na condição total da organização.

OBS.: A participação em Projetos Kaizen não é voluntária. Essas atividades são consideradas parte rotineira do trabalho da Administração.

□ **Kaizen orientado para o Grupo**

Foco: Solução de problemas e melhorias no local de trabalho.

Instrumento: atividades de pequenos grupos.

Participantes: membros (voluntários) dos grupos.

Resultados: melhores procedimentos, revisão de padrões.

OBS.: Os Grupos podem também participar dos Programas de Sugestões.

□ **Kaizen orientado para a Pessoa**

Foco: ideias para inovações de qualquer natureza (melhorias em processos, novos produtos etc.).

Instrumento: sistema de sugestões.

Participantes: todas as pessoas (exceto aquelas em cargos administrativos).

Resultados: melhoramentos no local de trabalho e, principalmente, contribuição para a formação de uma cultura de inovação.

OBS.: O Sistema de Sugestões aceita também sugestões de pequenos grupos.

e) Envolvimento das Pessoas

O **STP** persegue ativamente o engajamento das pessoas (Liker e Meier, 2006). A convicção é a de que um sistema como o **STP**, que busca sempre superar os níveis de excelência já alcançados, só pode ter sucesso se todas as pessoas estiverem envolvidas e comprometidas com os objetivos da organização.

Essa condição *sine qua non* foi percebida por Taiichi Ohno logo no início do desenvolvimento do **STP**. Nas palavras do próprio Ohno (1988):

> "Em 1947, organizamos as máquinas em linhas paralelas ou em forma de L, e tentamos fazer com que cada trabalhador operasse três ou quatro máquinas. Encontramos, porém, uma forte resistência por parte dos trabalhadores, apesar de não ter havido aumento de trabalho ou das horas trabalhadas. Nossos artífices não gostaram do novo arranjo, que exigia que eles passassem a funcionar como operadores de múltiplas habilidades. Eles não gostaram de mudar, de 'um operador-uma máquina' para 'um operador-muitas máquinas'. A resistência deles era compreensível — às vezes, havia tantos ajustes a fazer, que um operador despreparado achava o trabalho difícil de ser feito. Decidi então não fazer pressão por mudança rápidas, drásticas, mas ser paciente". (...). "Demorou dez anos

para estabelecer o Kanban na Toyota Motor Co. Embora pareça muito tempo, penso que foi natural, porque estávamos introduzindo conceitos completamente novos. Foi, sem dúvida alguma, uma experiência valiosa. Para fazer com que o Kanban fosse compreendido por toda a empresa, tive que envolver todos. Se os gerentes entendessem o sistema e os operários não, o Kanban não teria funcionado. Em 1962, o Kanban foi adotado em toda a empresa. Penso que a expansão gradual do Kanban tornou possível o grande rendimento da produção." (Ohno, 1988)

De fato, como vimos, os componentes do **STP** contêm quase todos os fatores de motivação citados no **Quadro 5.2**: variedade de habilidades (operadores multifuncionais), significado do trabalho (possibilitado pelas células), flexibilidade (Heijunka), trabalho em equipe, autonomia (para o Ccontrole de Qualidade, resolver problemas, parar a linha), participação (em pequenos grupos, sistemas de sugestões) etc.

Por outro lado, essas características do STP exigem alta qualificação de todos os trabalhadores, sem o que eles terão a mesma reação percebida por Ohno na década de 1940.

Podemos agora voltar aos Objetivos de Excelência (Componente n° 1 do STP): enquanto o objetivo operacional é manter a excelência em todos os fatores de competitividade, o objetivo humano é **engajar** pessoas com capacidade e disposição para perseguir a excelência. O "Sistema Humano", projetado para atingir tal objetivo, é bem descrito por Liker e Meier (2007):

> **Natureza do STP**. "Uma expressão comum ouvida na Toyota é 'Nós não fabricamos automóveis, nós desenvolvemos pessoas'. Cada novo produto, cada problema de qualidade, cada atividade Kaizen é uma oportunidade para desenvolver pessoas. O ponto-chave do **STP** é esse: o sistema força todas as pessoas a estar em plena forma em todos os aspectos, inclusive no treinamento. A natureza do STP requer pessoas altamente capacitadas — daí a importância dada ao seu desenvolvimento. Dito simplesmente: não é possível operar um sistema enxuto sem pessoas altamente capazes. E sem um sistema enxuto, não é mandatório desenvolver pessoas capazes (Liker e Meier, 2007).

> **Massas capazes**. "Um grupo selecionado de especialistas provavelmente não conseguiria lidar com todas as situações que podem surgir em um sistema 'pressurizado' como o **STP**, que força os problemas a se revelarem para que sejam resolvidos. O que o sistema criado por Ohno precisa é de **massas capazes**. A questão é: como atingir esse objetivo? Contratar apenas os melhores trabalhadores

não é necessariamente a solução. O **STP** prioriza a contratação de pessoas com forte sentido ético, com capacidade e desejo de aprender e, portanto, com potencial para se tornarem trabalhadores excepcionais. Ao serem contratadas, as pessoas devem demonstrar alguma capacidade de resolver problemas e de trabalhar em equipe. Elas desenvolverão competências específicas **depois** de terem sido contratadas" (Liker e Meier, 2007).

Crença nas pessoas. "Não há dúvida de que trabalhar com pessoas pode ser extremamente desafiante e, às vezes, frustrante. As pessoas são mais difíceis de lidar do que máquinas ou planilhas. Elas têm suas próprias opiniões e sentimentos. Pode parecer que o processo de mudança seria mais fácil se não fosse pelas pessoas. **O fato é que o processo de mudança seria impossível sem as pessoas**. O que permite à Toyota persistir, apesar dos desafios, é a filosofia dominante de que as pessoas são capazes de pensar, resolver problemas e melhorar. Elas são vistas como a chave para o crescimento e fortalecimento da empresa. O que é necessário é (i) uma crença, plena e inabalável, de que as pessoas são a chave do sucesso, e (ii) agir em consequência, desenvolvendo um sistema que as apoie em seus esforços" (Liker e Meier, 2007).

6.5 Gestão da Qualidade Total — TQM

a) Gurus da Qualidade

A Gestão da Qualidade Total (TQM — *Total Quality Management*) não tem uma única origem, mas muitas, como a Escola de Relações Humanas (Elton Mayo, a partir dos estudos de Hawthorne), os Sistemas Sociotécnicos (Tavistock Institute) ou o STP (Toyota).

A expressão Controle da Qualidade Total foi criada por Feigenbaum (1961). Já o conceito de **TQM** foi desenvolvido por meio de várias abordagens, propostas pelos assim chamados "Gurus da Qualidade", dentre os quais devem ser destacados o próprio Feigenbaum (1961), Crosby (1979), Deming (1982), Ishikawa (1985) e Juran (1989). Assim, para compreender o que é a TQM hoje, é importante conhecer as contribuições daqueles pioneiros.

A primeira constatação é a de que os "gurus" podem ser divididos em dois grupos, de acordo com o enfoque principal — Produção ou Pessoas (Kolaric, 1995; Wilkinson *et al.*, 1996).

Focados na Produção. Estes autores dão ênfase aos aspectos mais técnicos da Gestão da Qualidade (técnicas de controle estatístico, métodos de solução de problemas etc.) e consideram mínimo o papel dos empregados na solução de problemas (limitado a informar problemas à administração ou aos profissionais da qualidade): "os sistemas são a chave". Crosby e Juran incluem-se neste grupo.

Focados nas Pessoas. Dão grande importância às técnicas estatísticas, mas também acreditam que as pessoas desempenham um papel essencial na melhoria da qualidade. Nas palavras de Deming (1982), "A transformação [das práticas administrativas ocidentais] somente pode ser alcançada pelas pessoas, e não pelo *hardware* (equipamentos, dispositivos, computadores, automação)". Esta orientação dá ênfase também aos fatores intangíveis relacionados com as pessoas (liderança, cultura, envolvimento etc.). Feigennaum, Deming e Ishihawa fazem parte deste grupo. Como o tema desta parte do livro é o **envolvimento** das pessoas, analisaremos com maior profundidade as contribuições desses três autores.

Feigenbaum

Feigenbaum (1956; 1961) criou a expressão Controle de Qualidade Total com o seguinte significado: "CQT é um sistema eficiente para integrar os esforços — de desenvolvimento, manutenção e melhoria da qualidade — dos diversos grupos da organização, para permitir produção e serviços nos níveis mais econômicos que garantam a plena satisfação do consumidor". Três aspectos devem ser destacados nessa definição.

- O TQC exige a participação de todas as áreas que integram a "Cadeia da Qualidade" — marketing, projeto, compras, manufatura, inspeção, expedição, instalação e serviço. A Cadeia da Qualidade começa com a identificação das necessidades dos consumidores e termina apenas quando o consumidor está satisfeito.

- Dois fatores são determinantes da qualidade dos produtos: o fator tecnológico (equipamentos, materiais e processos) e o fator humano (operadores, supervisores e outras pessoas da organização). O fator humano é, de longe, o de maior importância — a qualidade é de responsabilidade de todas as pessoas.

- Temendo que a qualidade, que é tarefa de todos, pudesse se tornar uma tarefa de ninguém, Feigenbaum sugeriu que o CQT fosse amparado e servido por uma função administrativa bem organizada, com uma única área de especialização (a qualidade do produto) e uma única área de operação (o Controle de Qualidade). Defendia, portanto, que o CQT fosse exercido por especialistas em Controle de Qualidade.

Deming

Muitos consideram Deming (1982) o pai do movimento pela qualidade. A razão pela qual seu trabalho merece maior destaque é que sua visão era bem mais revolucionária do que a de outros pioneiros. Deming via a necessidade de uma total transformação das crenças, atitudes e práticas da alta administração (do Ocidente). No seu entender, 80% dos problemas organizacionais podem ser atribuídos à administração, pois esta é quem tem o poder de tomar decisões que impactam os sistemas e práticas da Qualidade (Knowles, 2011).

Suas contribuições mais conhecidas são os 14 Princípios para a Transformação da Administração, as Doenças Mortais da Administração e o Ciclo de Aperfeiçoamento Contínuo. Esses itens são comentados a seguir. Note-se que sua compreensão exige que sejam vistos em conjunto.

Os 14 Princípios para a Transformação da Administração. Constituem a teoria de administração de Deming. São apresentados no **Quadro 6.1**, agrupados por temas — Administração, Processos, Pessoas, Liderança e Motivação, Aprendizagem e Aperfeiçoamento Contínuo.

As Doenças Mortais da Administração. São apresentadas no **Quadro 6.2**. São práticas arraigadas no modelo de administração ocidental de então [1982] e que permanecem no caminho da transformação. Causam danos da maior gravidade e são difíceis de serem erradicadas. Sua cura exige a reconstrução total daquele tipo de administração.

Ciclo de Aperfeiçoamento Contínuo. Foi desenvolvido por Deming como apoio às transformações preconizadas nos 14 Princípios, as quais podem incluir mudanças como conectar a qualidade oferecida às necessidades dos consumidores, integrar os esforços de diferentes áreas no atendimento àquelas necessidades, introduzir qualquer melhoria em qualquer atividade produtiva etc. A evolução do Ciclo de Aperfeiçoamento Contínuo está descrita no **Quadro 6.3**.

Ishikawa

Ishikawa (1985) é considerado o pai do Controle de Qualidade japonês. Devem-se a ele, entre outras realizações, a criação do Diagrama de Causa e Efeito, a disseminação dos Círculos de Qualidade e, principalmente, a revolução do pensamento administrativo que resultou no Controle de Qualidade em Toda a Empresa (CWQC — *Company Wide Quality Control*).

A visão de Ishikawa sobre o **CWQC** pode ser desdobrada nos seguintes aspectos (ver **Quadro 6.4.**): (i) Propósito das Organizações, (ii) Fundamentos da Construção da Qualidade, (iii) Princípios para a Transformação, (iv) Conceitos do **CWQC**, (v) Características do **CWQC** e (vi) Ciclo **PDCA**.

b) Conceitos e Estruturas do TQM

As contribuições dos pioneiros da qualidade (não apenas dos que foram citados) forneceram a base para o desenvolvimento e a consolidação dos principais **conceitos**, indicados a seguir.

- **Qualidade**. É a satisfação das necessidades e expectativas dos consumidores (criação de valor para os consumidores).
- **Qualidade Total**. É a satisfação das necessidades e expectativas dos consumidores, colaboradores, mantenedores e demais *stakeholders*.
- **Gestão da Qualidade Total (TQM)**. É uma filosofia e um sistema administrativo, estruturado para garantir a Qualidade, a Qualidade Total e a próspera longevidade da organização.

A estrutura do sistema de Gestão da Qualidade Total, também baseada nas contribuições dos gurus, é composta dos seguintes elementos (que serão detalhados em seguida): (i) Propósito da Organização, (ii) Fundamentos da Construção da Qualidade e (iii) Princípios para a Transformação.

i) Propósito da Organização

O propósito de qualquer organização (empresa, empresa social, organização pública ou do terceiro setor) inclui a "próspera longevidade", o que se traduz em:

- Satisfazer as necessidades e expectativas dos consumidores, colaboradores, acionistas e demais stakeholders.
- Garantir o sucesso da própria organização.
- Proporcionar benefícios à sociedade.

ii) Fundamentos da Construção da Qualidade

São os alicerces, as condições essenciais para que o propósito possa ser cumprido.

Constância de Propósito (Deming, 1982). A organização com constância de propósito pretende se manter em atividade, cumprindo sua missão e gerando empregos. A Constância de Propósito significa que:

- O próximo dividendo trimestral não é tão importante quanto a existência da empresa daqui a dez, vinte ou trinta anos.

- É necessário alocar recursos para o longo prazo, incluindo pesquisa, formação de pessoas, inovação e aperfeiçoamento constante.

- Os *stakeholders* necessitam de uma declaração de constância de propósito — a intenção da organização de permanecer no mercado.

- Os colaboradores precisam de uma declaração formal de que ninguém perderá o emprego por motivo de contribuição à qualidade e à produtividade.

Orientação para o consumidor. A qualidade é definida em função do que os consumidores querem e ficam felizes em comprar. Os produtores não decidem o que é qualidade — eles precisam conhecer os consumidores (Ishikawa, 1985). A chave para a garantia de qualidade é manter uma relação estreita com os consumidores, tanto para entender de fato suas necessidades como para receber *feedback* sobre o nível atual de satisfação. Os consumidores devem participar do processo de desenvolvimento de novos produtos. Segundo Deming (1982), "o consumidor é a parte mais importante da linha de produção".

Envolvimento de todas as pessoas. A construção da qualidade exige a participação de todas as pessoas, em todos os níveis, de todas as áreas (inclusive subcontratantes, distribuidores e empresas afiliadas). "O CQ não é um domínio exclusivo de especialistas" (Ishikawa, 1985). O envolvimento das pessoas traz um duplo resultado (Goetsch e Davis, 1995). Por um lado, estimula o sentimento de propriedade, que leva as pessoas a se sentirem responsáveis pelo desempenho da organização (ver **Box 4.D**); por outro, a qualidade das decisões melhora, pois as pessoas que conhecem o trabalho mais de perto passam a fazer parte do processo.

Educação e treinamento. O treinamento se refere à aquisição de habilidades e conhecimentos específicos, necessários para a realização do trabalho de cada pessoa (ou de cada grupo). Já a educação é mais abrangente e oferece às pessoas conhecimentos gerais que serão utilizados em muitos e diferentes contextos. Os dois processos são fundamentais para garantir, a cada pessoa (i) o aperfeiçoamento contínuo de seu trabalho e (ii) seu próprio desenvolvimento, pessoal e profissional.

O TQM exige que todas as pessoas, em todos os níveis, estejam continuamente aprendendo. Educação e treinamento criam entendimento e a confiança na própria capacidade para analisar cada situação (distinguindo a realidade das aparências) e, individualmente ou em grupo, determinar e implementar a melhor solução (Watson, 2004).

Dependendo da situação de cada pessoa, o aprendizado pode estar com o foco em: execução do trabalho, aperfeiçoamento contínuo, inovação; trabalho em grupo, relacionamento pessoal; conhecimento dos objetivos e processos da organização; o papel da liderança, da organização ou de grupos; as necessidades e expectativas dos consumidores; os conceitos de Qualidade e Qualidade Total.

iii) Princípios para a Transformação

Tanto Deming como Ishikawa enfatizaram, cada um a seu modo, a necessidade de transformação das organizações para a implementação do TQM:

> Deming (1982) — "O estilo ocidental de administração terá de mudar para estancar o declínio da indústria do ocidente e para inverter esta tendência. (...) A transformação somente poderá ser realizada pelo homem, não por máquinas. Nenhuma empresa pode comprar uma rota para a qualidade."

> Ishikawa (1985) — "A implantação do Controle de Qualidade poderá revitalizar a indústria e efetuar uma revolução no pensamento administrativo. Muitas empresas transformaram a si próprias após a aplicação do CQ."

Os Princípios para a Transformação — resultantes das propostas de Deming, Ishikawa e demais gurus da qualidade — são apresentados a seguir, agrupados em torno dos principais elementos do TQM: Direção, Processos, Pessoas, Liderança e Motivação, Cultura de Qualidade e Aperfeiçoamento Contínuo (**Fig. 6.1**).

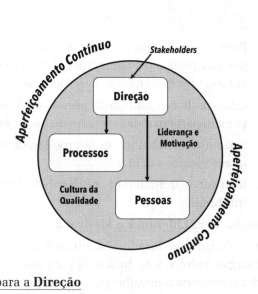

Princípios para a **Direção**

- Cabe à administração:
    - Definir e divulgar o propósito da organização.
    - Desdobrar o propósito em objetivos para as diversas áreas, processos e pessoas.
    - Garantir a realização dos fundamentos (Constância de Propósito, Orientação para o Consumidor, Envolvimento de Todas as Pessoas).
    - Tomar a iniciativa para realizar a transformação (Princípio n° 14 de Deming).

Princípios para **Processos**

- Construir a qualidade no processo. A inspeção cria custos, não qualidade (Princípio n° 3 de Deming).
- Utilizar métodos e dispositivos para impedir defeitos — CEP, ANDON, Poka-Yoke.
- Integrar os esforços de todas as áreas (Feigenbaum).
- Eliminar as barreiras entre os Departamentos (Princípio n° 9 de Deming). O próximo passo no processo é o seu cliente (Ishikawa).
- Utilizar a administração multifuncional (Ishikawa).

Princípios para **Pessoas**

- Criar condições para que as pessoas possam conhecer o significado e se orgulhar de seu trabalho (Princípio n° 12 de Deming).

- Proporcionar segurança (eliminar o medo), para que as pessoas possam assumir iniciativas e tomar decisões com autonomia (Princípio n° 8 de Deming).

- Criar condições para que as pessoas — de qualquer posição — possam participar das tomadas de decisões organizacionais.

- Estimular o trabalho em equipe (ajuda mútua, grupos semiautônomos etc.).

- Instituir o treinamento no local de trabalho (*On-the-job training*).

Princípios para **Liderança e Motivação**

Liderança Transformadora (ou Mobilizadora) é a que libera e reúne as energias coletivas na busca de uma meta comum, compartilha poder e encoraja o orgulho pela participação (**ver Quadro 4.1**). Compartilhamento de poder significa "concessão de autonomia para tomada de decisões" e "abertura para participação nos processos organizacionais" (**Quadro 5.2**).

O líder efetivo oferece uma nova visão e articula novos valores e normas, os quais são incorporados e transformam a cultura da organização. Os princípios de liderança para a transformação são (Bennis e Nanus, 1985):

- Obter **atenção** e **unidade** por meio da Visão. A visão articula uma perspectiva de futuro atrativa (no caso, o propósito da organização), que anima e mobiliza as pessoas naquela direção.

- Transmitir o **significado** (ver **Quadro 5.2.B**) por meio da comunicação. A comunicação traz o significado para as pessoas. É o que garante o alinhamento de um grupo — pequeno ou grande — em apoio ao propósito e aos objetivos da organização.

- Criar **confiança** por meio do posicionamento. Confiança é essencial. As pessoas têm de acreditar no que os líderes dizem e ter segurança de que serão apoiadas em caso de qualquer dificuldade. Para tanto, a abordagem mais poderosa é a "liderança pelo exemplo". O líder efetivo é previsível — torna claras suas posições e as mantém, demonstrando um forte compromisso com a constância de propósito.

- Promover a **mobilização** por meio da autoconsideração positiva. A autoconsideração positiva (tanto do líder como do grupo) tem três componentes principais: (i) conhecimento das próprias forças e fraquezas, (ii) capacidade de se desenvolver continuamente pela **aprendizagem** ("Os líderes são aprendizes perpétuos") e (iii) confiança em si próprio — a segurança de que saberá superar dificuldades, mesmo que imprevistas.

Princípios para **Liderança e Cultura**

Elementos da cultura de qualidade são apresentados no **Quadro 6.5**. Note-se que a liderança tem um papel essencial na sua criação e manutenção. A respeito, Schein (1985) afirma o seguinte:

> "Culturas organizacionais são criadas em parte por líderes, e uma das funções mais decisivas da liderança é a criação e administração da cultura. Pode-se argumentar que o talento inerente aos líderes é sua habilidade em entender e lidar com a cultura. Se alguém quiser distinguir liderança de administração, pode argumentar que líderes criam e administram cultura, enquanto administradores vivem dentro dela. (...). Se a sobrevivência de um grupo é ameaçada porque elementos de sua cultura se tornaram mal adaptados, é função da liderança reconhecer o fato e fazer alguma coisa a respeito. Neste sentido, liderança e cultura são conceitualmente interligadas — como os dois lados de uma mesma moeda." (Schein, 1985).

Em decorrência, temos os seguintes princípios de liderança e cultura:

- Garantir que os pressupostos básicos da Cultura da Qualidade integrem os pressupostos básicos da organização. Ex.: "Qualidade é responsabilidade de todos."

- Garantir que os valores (envolvimento das pessoas) e artefatos (círculos de qualidade) sejam coerentes com os pressupostos. Um exemplo conhecido de não observância deste princípio é o de empresas que criaram círculos de qualidade sem antes terem introduzido na cultura organizacional os pressupostos básicos e valores que compõem uma Cultura de Qualidade.

Princípios para o **Aperfeiçoamento Contínuo**

O **Quadro 6.6** apresenta elementos do Aperfeiçoamento Contínuo, que levam aos seguintes princípios:

- Instituir um processo de melhoria contínua em todas as áreas, focando tanto aspectos tecnológicos como sociais e administrativos.

- Implementar programas de aperfeiçoamento contínuo orientados para os três níveis da organização: pessoas, grupos e administração.

- Instituir processo contínuo de educação e treinamento para todas as pessoas, de todas as áreas e em todos os níveis.

| **Quadro 6.1** • 14 Princípios de Deming* para a Transformação da Administração | **1/2** |

Tema: Administração

Princípio nº 1 — Estabeleça constância de propósitos para a melhoria da posição competitiva, a fim de manter a empresa viva e proporcionar empregos.

- O próximo dividendo trimestral não é tão importante quanto a existência da empresa daqui a dez, vinte ou trinta anos.
- Seus stakeholders necessitam de sua declaração de constância de propósito — sua intenção de permanecer no mercado.
- A direção deve publicar uma resolução pela qual ninguém perderá emprego por motivo de contribuição à qualidade e à produtividade.

Princípio nº 2 — Adote a nova filosofia. Estamos [em 1982] numa nova era econômica. A administração ocidental deve acordar para o desafio, conscientizar-se de suas responsabilidades e assumir a liderança no processo de transformação. Não podemos continuar tolerando (i) níveis comumente aceitos de erros, falhas, materiais inadequados, (ii) pessoas sem entenderem seu trabalho e com medo de perguntar, (iii) métodos antiquados de treinamento, e (iv) administração sem raízes na empresa.

Princípio nº 4 — Cesse a prática de aprovar orçamentos com base no preço. Em vez disso, minimize o custo total. Estabeleça relações de longo prazo com os fornecedores, baseadas na lealdade e na confiança.

Princípio nº 9 — Elimine as barreiras entre os departamentos. As pessoas que trabalham em pesquisa, projetos, vendas e produção devem trabalhar em equipe, visando os objetivos da organização.

Princípio nº 14 — Tome iniciativa para realizar a transformação. Engaje todos no processo. A transformação é de competência de todos.

Tema: Processos

Princípio nº 3 — Cesse a dependência da inspeção em massa. Construa a qualidade no processo, desde o primeiro estágio.

Princípio nº 11b — Elimine os objetivos numéricos para os administradores. Substitua-os pela administração por processos.

Tema: Pessoas

Princípio nº 8 — Elimine o medo. Crie confiança. Crie um clima para a inovação.

ORGANIZAÇÕES DE ALTO ENVOLVIMENTO · · · 281

| [Cont.] **Quadro 6.1** • 14 Princípios de Deming* para a Transformação da Administração | **2/2** |

[Cont.] **Tema: Pessoas**

Princípio nº 10 – Elimine lemas, exortações e metas para a força de trabalho. Essas campanhas apenas criam inimizades, visto que o grosso das causas da baixa qualidade e da baixa produtividade encontram-se no sistema, fora, portanto, do alcance dos trabalhadores.

Tema: Liderança e Motivação

Princípio nº 7 –Institua Liderança. O papel do administrador é liderar, e não supervisionar. O papel do líder é motivar as pessoas, ajudá-las a fazer um bom trabalho e a se orgulhar de seu desempenho.

Princípio nº 11a — Elimine as cotas de produção. Substitua-as por liderança.

Princípio nº 12 — Remova as barreiras que privam as pessoas — de todas as áreas — do direito de se orgulharem por seu desempenho. A responsabilidade dos chefes deve ser mudada dos números absolutos para a qualidade.

Tema: Aprendizagem e Aperfeiçoamento Contínuo

Princípio nº 5 — Melhore constantemente o sistema de produção e serviços. Apagar incêndios não representa melhora do processo. Cumprir especificações também não é o suficiente. É preciso melhorar todos os aspectos do ciclo de vida do produto ou serviço, desde o conceito até o descarte. Fontes de variação devem ser identificadas e reduzidas. O aperfeiçoamento contínuo pressupõe um processo contínuo de educação e treinamento de todas as pessoas.

Princípio nº 6 — Institua treinamento no local de trabalho. Todo aquele que estiver envolvido com um produto ou serviço precisa ser treinado para entender (i) como seu padrão de trabalho contribui para o atendimento às necessidades dos consumidores e (ii) como atingir aquele padrão.

Princípio nº 13 — Institua forte programa de educação e autoaprimoramento. Uma organização não precisa apenas de gente boa, precisa de pessoas que vão se aprimorando sempre por meio da educação continuada. Isso pode ser considerado como a capacidade estratégica da educação, comparado com o uso tático do treinamento para atender a uma necessidade específica em um dado momento.

(*) Deming, 1982

Quadro 6.2 • As Doenças Mortais da Administração — Segundo Deming (*)

1) **Falta de Constância de Propósito**. Dirigir a empresa em função dos dividendos trimestrais é uma doença que incapacita. É muito melhor adotar um aperfeiçoamento para produzir resultados que trarão os consumidores de volta, sempre e sempre.

2) **Ênfase nos lucros no curto prazo**. A busca dos dividendos trimestrais anula a constância de propósito. Muitas empresas ocidentais acham que estão no negócio para fazer dinheiro, e não produtos ou serviços. As empresas verdadeiramente bem-sucedidas no mundo têm adotado uma abordagem bem diferente: tornar-se classe mundial naquilo que fazem e, em consequência, desfrutar o aumento da participação do mercado e da rentabilidade que se seguem.

3) **Avaliação de desempenho, classificação por mérito ou revisões anuais**. Esta doença empurra as pessoas para o interesse próprio, porque a avaliação focaliza apenas os resultados finais, e não o papel da liderança, de ajudar as pessoas e melhorar seu desempenho. O efeito é devastador: "Este sistema alimenta o desempenho no curto prazo, aniquila o planejamento no longo prazo, introduz o medo, demole o espírito de equipe e fomenta a rivalidade e a politicagem."

4) **Mobilidade da administração**. Esta prática pode ser boa para a carreira de muitos executivos, mas não para as organizações. Como uma empresa pode ter constância de propósito se seus administradores estão sempre mudando?

5) **Administração apenas pelos números visíveis**. Os indicadores financeiros são inegavelmente essenciais, mas outros dados — difíceis ou impossíveis de quantificar — podem ser tão ou mais importantes. Exemplos:

   ▫ Efeito multiplicador de um cliente satisfeito.

   ▫ Efeito multiplicador da melhora de qualidade em qualquer posto de trabalho.

   ▫ Melhora na qualidade e produtividade quando a administração adota a constância de propósito.

   ▫ Resultados da formação de equipes multifuncionais, especialmente com a participação de clientes e fornecedores.

   ▫ A perda decorrente da avaliação anual de desempenho etc.

(*) Deming, 1982

| Quadro 6.3 • Ciclo de Deming de Aperfeiçoamento Contínuo — Evolução | 1/2 |

O primeiro modelo circular de aperfeiçoamento foi o **Ciclo de Shewhart**, que descrevia o processo "Especificação — Produção — Inspeção" (**Figura 1**). Esses três passos constituem um processo científico de aquisição de conhecimento (Shewhart, 1939).

Figura 1 • Ciclo de Shewhart, 1939.

Em 1950, partindo do Ciclo de Shewhart, Deming propôs um novo modelo, batizado pelos japoneses como a "**Roda de Deming**" (**Figura 2**), com quatro etapas (Moen e Norman, 2010):

1) **PROJETE** o produto.
2) **FAÇA** o produto e teste na linha de produção e no laboratório.
3) **VENDA** o produto.
4) **TESTE** o produto em serviço e com pesquisas de mercado.

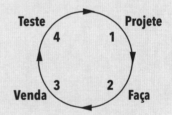

Figura 2 • Roda de Deming, 1950.

Trinta anos depois, Deming introduziu uma nova versão do seu modelo: o **Ciclo de Deming** (**Figura 3**), com novas quatro etapas (Deming, 1982):

1) Quais as realizações mais importantes desta equipe? Que **mudanças** seriam desejáveis? São necessárias novas observações? **PLANEJE** uma mudança ou um teste.
2) **EXECUTE** a mudança ou teste, de preferência em pequena escala.
3) **OBSERVE** os efeitos da mudança ou teste.
4) **ESTUDE** os resultados. O que aprendemos? O que podemos prever?

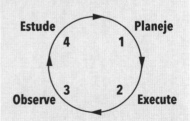

Figura 3 • Ciclo de Deming, 1982.

[Cont.] **Quadro 6.3** • Ciclo de Deming de Aperfeiçoamento Contínuo — Evolução 2/2

Em 1993, Deming criou uma nova versão, o **Ciclo PDSA de Aprendizagem e Aperfeiçoamento** (Figura 4), com as seguintes etapas (Moen e Norman, 2010):

1) **PLAN**. Planeje uma mudança ou teste.
2) **DO**. Execute a mudança ou teste, de preferência em pequena escala.
3) **STUDY**. Examine os resultados. O que aprendemos? O que deu errado?
4) **ACT**. Adote a mudança, abandone-a ou percorra um novo ciclo.

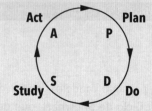

Figura 4 • Ciclo PDSA, 1993.

| Quadro 6.4 • Visão de Ishikawa sobre o CWQC[1] | 1/4 |

I. Propósito das Organizações

Companhias existem em uma sociedade com o propósito de satisfazer pessoas nessa sociedade. Esta é a razão de sua existência e deve ser seu primeiro objetivo.

- A primeira preocupação da empresa é a felicidade das pessoas ligadas a ela. Se as pessoas não se sentem felizes, e não há nada que se possa fazer para que elas fiquem felizes, a empresa não merece existir.
- A primeira ordem do negócio é fazer com que os empregados recebam uma remuneração adequada. Sua humanidade deve ser respeitada, e deve lhes ser dada a oportunidade de gostar de seu trabalho e levar uma vida feliz. O termo "empregados" inclui os empregados das subcontratadas e das organizações afiliadas de vendas e de serviços.
- Os clientes vêm a seguir. Eles devem se sentir satisfeitos ao comprar e usar produtos e serviços. E devem ser tratados com atenção e cortesia.
- O bem-estar dos acionistas também deve ser levado em consideração. Toda empresa deve auferir lucros suficientes para proporcionar dividendos aos acionistas.
- Qualidade, preço e atendimento são objetivos intermediários, necessários para que o objetivo primeiro (de satisfação das pessoas da sociedade) seja atingido.

II. Fundamentos da Construção da Qualidade[2]

São condições *sine qua non* para que a organização atinja a liderança em qualidade.

1) **Orientação para o mercado**. A qualidade pode contribuir para a competitividade quando a organização aprende a avaliar seus produtos e serviços de acordo com as perspectivas dos consumidores. Uma vez definidos os requisitos dos consumidores, os processos internos que criam valor para o mercado devem ser indissociavelmente com o consumidor externo. "Os consumidores são a única razão para nossa existência."

2) **Envolvimento de todas as pessoas**. Todos os trabalhadores devem estar envolvidos nas atividades de grupos de melhoria da qualidade, tanto para aumentar a competência de cada indivíduo como para aperfeiçoar os processos de trabalho. Todo trabalho deve incluir ações corretivas e preventivas para descobrir e resolver problemas antes da "chegada" do consumidor. Para poderem executar essas tarefas, os trabalhadores têm de ser treinados em métodos de Controle de Qualidade e de Solução de Problemas. Devem ser capacitados inclusive a participar de equipes multifuncionais. Além de tudo, o treinamento habilita os trabalhadores tanto a serem autossuficientes como a apresentarem contribuições criativas para a melhoria da qualidade e produtividade do seu trabalho.

[Cont.] **Quadro 6.4** • Visão de Ishikawa sobre o CWQC[1]	**2/4**

[Cont.] II. Fundamentos da Construção da Qualidade[2]

3) **A qualidade começa e termina com a educação**. Para Ishikawa, o treinamento melhora as habilidades e competências dos trabalhadores, enquanto a educação constrói o caráter de uma pessoa e desenvolve um nível mais profundo de entendimento. Se a administração provê educação aos seus trabalhadores, estes podem coletivamente determinar o melhor método para realizar seu trabalho e produzir os resultados requeridos pelos consumidores.

III. Princípios para a Transformação

1) **Qualidade em primeiro lugar, não o lucro no curto prazo**. A administração que enfatiza *"a qualidade em primeiro lugar"* pode ganhar a confiança dos consumidores passo a passo, e seus lucros aumentarão com o decorrer do tempo. Se uma empresa persegue o lucro no curto prazo, poderá obter lucros rápidos, mas não sustentará a competitividade por um período longo de tempo.

2) **Orientação para o consumidor, não para o produtor**. Isso significa ouvir os consumidores e levar suas opiniões em consideração. Este princípio se aplica também ao comércio internacional.

3) **O processo seguinte é o cliente**. Derrube as barreiras entre áreas e funções. Todos fazem parte de um mesmo processo de atendimento aos consumidores externos.

4) **Usar fatos e dados; utilizar métodos estatísticos**. A análise de dados com métodos estatísticos permite fazer uma estimativa, expressar um julgamento e executar a ação apropriada, o que não pode ser feito com base apenas na experiência ou na intuição.

5) **Respeito pela humanidade; administração plenamente participativa**. O termo humanidade implica em autonomia e espontaneidade. O **CWQC** propõe padronizar todos os processos e procedimentos e, em seguida, delegar autoridade à linha de frente. O princípio fundamental é permitir que todas as pessoas façam pleno uso de suas capacidades.

6) **Administração multifuncional**. Os comitês multifuncionais fornecem a trama que ajuda a empresa a trabalhar transversalmente, tornando possível o desenvolvimento da garantia da qualidade.

IV. Conceitos do CWQC

Qualidade. Coerentemente com as declarações anteriores, Ishikawa define qualidade como o "atendimento aos requisitos do consumidor, não esquecendo que esses requisitos mudam de ano para ano".

[Cont.] **Quadro 6.4** • Visão de Ishikawa sobre o CWQC[1]	3/4

[Cont.] IV. Conceitos do CWQC

Controle de Qualidade. Controlar a qualidade, portanto, consiste em "desenvolver, projetar, produzir e comercializar um produto de qualidade, que é mais econômico, mais útil e sempre satisfatório para o consumidor". Para atingir esse objetivo, "todos na empresa precisam participar e promover o controle de qualidade, incluindo os altos executivos, todas as áreas da empresa e todos os empregados".

CWQC. É definido como "uma filosofia gerencial, estruturada para atender aos requisitos dos consumidores em todos os atributos da qualidade, por meio da gestão e do aperfeiçoamento contínuo dos processos, sustentado por ferramentas da qualidade, envolvendo a participação de todas as áreas e de todas as pessoas — da alta administração à linha de frente".

V. Características do CWQC

As principais características do CWQC são:

- **Participação de todas as áreas** (notadamente projetos, compras, fabricação e marketing), inclusive empresas parceiras e afiliadas.

- **Participação de todas as pessoas**. "Cada pessoa, em cada área, precisa estar ativamente envolvida — em estudar, praticar e participar do controle de qualidade. Colocar alguns especialistas em CQ em cada divisão não é o suficiente."

- **Controle de qualidade integrado**, de todos os atributos da qualidade: características intrínsecas do produto ou serviço, custos, datas de entrega, variedade de modelos, atualização tecnológica etc.

- **Controle de qualidade no sentido mais amplo**, incluindo questões sobre como desenvolver boas atividades de vendas, como tornar mais eficiente o trabalho de escritório etc.

- Controle em todas as fases de cada processo, utilizando repetidamente o **Ciclo PDCA** (ver a seguir).

VI. Ciclo PDCA

O primeiro Ciclo PDCA (**Figura A**) foi uma adaptação da Roda de Deming feita por executivos japoneses no início da década de 1950, com as seguintes quatro etapas (Imai, 1986; Moen e Norman, 2010):

1) **PLAN**. Defina um problema e faça hipóteses sobre possíveis causas e soluções.

2) **DO**. Implemente uma solução.

3) **CHECK**. Avalie os resultados.

4) **ACT**. Padronize a solução, se os resultados forem satisfatórios, ou, caso contrário, volte ao Passo 1.

Na década de 1980, Ishikawa (1985) redefiniu o Ciclo PDCA (**Figura B**), organizando o controle nas seguintes seis categorias:

[Cont.] **Quadro 6.4** • Visão de Ishikawa sobre o CWQC[1]		4/4
[Cont.] VI. Ciclo PDCA		

PLAN	1. Determinar objetivos e metas. 2. Determinar métodos para alcançar os objetivos.
DO	3. Engajar-se em educação e treinamento. 4. Executar o trabalho.
CHECK	5. Verificar os efeitos da execução.
ACT	6. Adotar as ações apropriadas.

Figura A • Ciclo PDCA.

Figura B • Ciclo PDCA Ishikawa.

(1) Ishikawa, 1985; (2) Watson, 2004

| Quadro 6.5 • TQM — Cultura da Qualidade[1] | 1/4 |

◀ **Conceito**

A cultura de uma organização (ou de um grupo) pode ser definida como (Schein, 1985):

"A cultura organizacional é o padrão de pressupostos básicos que um dado grupo inventou, descobriu ou desenvolveu ao aprender a enfrentar seus problemas de adaptação externa e integração interna. E que funcionaram suficientemente bem para serem considerados válidos e, por conseguinte, para serem ensinados aos novos membros como sendo a maneira correta de perceber, pensar e sentir em relação a esses problemas."

Por analogia, podemos dizer que:

Cultura de qualidade é o padrão de pressupostos básicos que um dado grupo ou organização desenvolveu ao aprender a enfrentar problemas de qualidade (e de qualidade total), e que funcionaram suficientemente bem para serem considerados válidos e para serem ensinados aos novos membros do grupo ou organização.

◀ **Modelo Schein de Cultura**

Schein (1985) desenvolveu um modelo que analisa a cultura em diferentes níveis, no qual o termo "nível" se refere ao grau em que um fenômeno cultural é visível para um observador externo.

A figura a seguir mostra o Modelo de Schein com três níveis de cultura, os quais serão descritos a seguir.

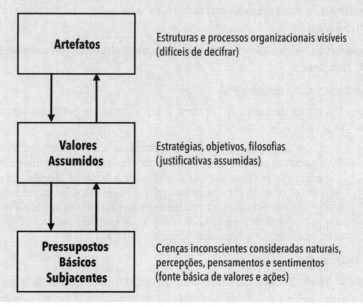

[Cont.] **Quadro 6.5** • TQM — Cultura da Qualidade[1]	**2/4**

Artefatos. Nível mais superficial e <u>consciente</u>, onde estão todos os elementos mais aparentes (visíveis, tangíveis e audíveis), que ocorrem como manifestação das camadas mais profundas (Schein, 1985; Aguiar, 2004). Exemplos:

- Arquitetura, layout de escritórios, tecnologia, produtos.
- Listas de Valores, Missão, Visão e outras declarações públicas.
- Logotipo, meios de comunicação, rotinas, sistemas de recompensa.
- Comportamentos, estilo (ex.: hábitos de vestir), linguagem escrita e falada.
- Costumes, cerimônias e rituais, mitos e histórias.

Valores. Nível <u>intermediário</u>, entre o consciente e o inconsciente. São os fundamentos para os julgamentos a respeito do que é certo e errado, ou seja, o código ético e moral que influencia as escolhas do grupo quanto às tomadas de decisão e as relações entre pessoas (Schein, 1985; Aguiar, 2004). São os conjuntos de princípios que definem os artefatos (ver, a propósito, a **Seção 3.7** — Responsabilidade pelas Inovações). Exemplos (Schein, 1985):

- "Nós valorizamos a solução de problemas mais do que a autoridade formal."
- "Nós acreditamos que muita comunicação é uma coisa boa."

Pressupostos. Nível dos elementos ocultos e <u>inconscientes</u>. Determinam por que razão um grupo percebe, pensa e sente da maneira que o faz. Os pressupostos básicos são as respostas que deram certo referentes às questões mais cruciais de sobrevivência do grupo (Schein, 1985; Aguiar, 2004). Exemplos:

- A organização mais efetiva é aquela em que a tecnologia e as pessoas se ajustam mutuamente.
- A adaptação a um ambiente complexo requer estruturas mais simples e papéis mais complexos.
- Qualidade em primeiro lugar.

Voltando à definição de cultura ("Cultura é um padrão de pressupostos básicos"), Schein (1985) sustenta que:

> "A cultura de qualquer grupo pode ser estudada nos três níveis – artefatos, valores e pressupostos básicos. Se alguém não conseguir decifrar os pressupostos básicos que podem estar operando, não saberá como interpretar corretamente os artefatos, nem quanto crédito atribuir aos valores enunciados. Em outras palavras, a essência da cultura recai no padrão de pressupostos básicos subjacentes e, uma vez que os tenha entendido, uma pessoa poderá entender facilmente os níveis mais superficiais, e lidar com eles de forma apropriada"

◀ **Cultura da Qualidade**

Aplicando o Modelo de Schein à Cultura da Qualidade, podemos identificar elementos como:

[Cont.] **Quadro 6.5** • TQM — Cultura da Qualidade[1]	3/4

Artefatos: Pesquisas de satisfação de consumidores, produtos e serviços, construção da qualidade no processo (CEP, ANDON, Poka-Yoke), Círculos de Qualidade, declarações de Missão, Visão e Valores etc.

Valores: Constância de propósito, orientação para o consumidor, envolvimento das pessoas, educação e treinamento, aperfeiçoamento contínuo etc.

Pressupostos básicos: Propósito de próspera longevidade, respeito à humanidade das pessoas, o grupo (mais do que o indivíduo) é a base para a construção da qualidade, qualidade é responsabilidade de todos etc.

◀ **Implementação do TQM**

Da definição de Schein, temos que a cultura organizacional é uma coleção de pressupostos básicos mutuamente compatíveis. Assim, se os pressupostos básicos do TQM em uma dada organização formam tal estrutura, podemos dizer que essa organização tem uma Cultura de Qualidade (Kujala e Lillrank, 2004).

Por outro lado, se alguns pressupostos são contraditórios, isso pode indicar que a gestão da qualidade nessa organização não tem uma base teórica sólida e é apenas uma coleção de abordagens administrativas aleatórias (Kujala e Lillrank, 2004). Essa organização pode estar se dedicando aos artefatos (Círculos de Qualidade, por exemplo) sem atentar para os pressupostos básicos que estão operando.

Mudança cultural. Ao planejar a implementação do TQM, a direção pode se deparar com duas situações:

1ª) Os pressupostos básicos do TQM são compatíveis com aqueles subjacentes à cultura organizacional atual. Neste caso, é de se esperar que não haja grandes resistências ao TQM, e a direção pode se dedicar aos valores e aos artefatos.

2ª) Os pressupostos básicos do TQM são incompatíveis, no todo ou em parte, com os que operam a cultura atual. Neste caso, a implementação do TQM implicará uma mudança cultural (mudança de pressupostos) que pode acarretar as resistências naturais a qualquer tipo de mudança não preparada adequadamente. Para evitar a resistência, a direção poderá adotar dois caminhos alternativos:

- Concentrar-se apenas nos artefatos (e as evidências mostram que este caminho não leva a bons resultados).

- Munir-se da "paciência de Ohno" (ver **Seção 6.4**) e planejar uma implementação gradual, passo a passo, acompanhada de um eficaz Programa de Educação e Treinamento (com o que poderá obter bons resultados em médio e longo prazo).

[Cont.] Quadro 6.5 • TQM — Cultura da Qualidade[1] 4/4

Em qualquer caso, vale lembrar dois aspectos-chave da mudança:

i) A mudança de pressupostos raramente envolve a mudança da cultura inteira. Em geral, é uma questão de mudar um ou dois pressupostos em um contexto cultural mais amplo (Schein, 1985).

ii) A implementação será facilitada se a direção encontrar uma abordagem que deixe as pessoas entusiasmadas com as perspectivas de mudança. E, certamente, muito desse entusiasmo dependerá da habilidade da liderança em ajudar a todos a entender e se preparar — com confiança — para o TQM (Goetsch e Davis, 1995). O que reforça o que foi dito antes: liderança e cultura são os dois lados da mesma moeda.

| Quadro 6.6 • TQM — Aperfeiçoamento Contínuo | 1/2 |

◀ **Aperfeiçoamento contínuo é essencial**

"O sucesso de qualquer organização depende de sua habilidade em — de forma continuamente aprimorada — entender as necessidades e entregar o valor esperado aos seus consumidores e demais *stakeholders* (Vasconcellos, 2015). O que pressupõe a capacidade da organização em se adaptar continuamente, e com sucesso, às mudanças do ambiente, notadamente as mudanças nas expectativas dos consumidores e na qualidade dos competidores. A propósito, o Princípio N° 5 de Deming (1982) estabelece que:

> "Tem que haver melhoria contínua na compreensão das necessidades dos clientes, nos projetos, nos produtos e serviços, e nos métodos de teste. Na sequência, haverá uma redução contínua do desperdício e uma melhora constante da qualidade de todas as atividades — aquisição, transporte, manutenção, vendas, contabilidade etc. (...) A melhora no processo inclui uma melhor alocação do esforço humano e o treinamento adequado, de forma a proporcionar a todos, inclusive os trabalhadores da linha de frente, uma oportunidade de aumentarem seus conhecimentos e contribuírem com o melhor de suas habilidades."

◀ **Aperfeiçoamento é inovação**

Considerando a definição de inovação (ideia + ação + resultado), podemos dizer que todo aperfeiçoamento é uma inovação, qualquer que seja sua natureza ou porte. De acordo com seu impacto, as inovações — e, portanto, os aperfeiçoamentos — estendem-se em uma linha contínua, cujos extremos são as inovações incrementais e radicais (Vasconcellos, 2015):

Inovação Incremental. Consiste em pequenos e sucessivos aperfeiçoamentos, tendo como objetivo a melhoria contínua do desempenho. O resultado cumulativo de uma série contínua de pequenas ideias pode, em muitos casos, ser maior do que o de uma inovação radical isolada. As inovações incrementais são importantes também porque valorizam o hábito de mudança e a cultura da inovação. É sempre possível que, atrás de uma pequena ideia, venha uma inovação radical (Álvares, 2010).

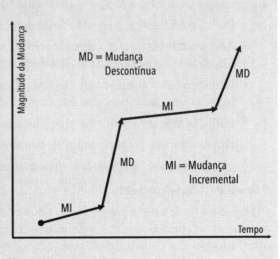

[Cont.] Quadro 6.6 • TQM — Aperfeiçoamento Contínuo 1/2

Inovação Radical. É o que traz resultados excepcionais. Consiste na quebra de paradigmas, tendo como objetivo aumentar a vantagem competitiva, no caso de empresas, ou a realização do propósito dos outros tipos de organização. As inovações radicais são, em geral, resultado de um esforço deliberado de planejamento e pesquisa.

◖ Conceito

Duas características importantes do Aperfeiçoamento Contínuo no TQM são: (i) todas as pessoas, de todas as áreas e de todos os níveis, estão envolvidas em atividades de aperfeiçoamento; e (ii) o processo é cumulativo, de forma que o patamar alcançado em cada momento serve de ponto de partida para os novos aperfeiçoamentos.

Podemos, assim, adotar a seguinte definição: Aperfeiçoamento Contínuo é o processo de acumulação — de forma continuamente aprimorada — dos resultados dos aperfeiçoamentos, incrementais e radicais, feitos por todas as pessoas, alcançando padrões cada vez mais altos de desempenho.

A palavra japonesa para pequenos aperfeiçoamentos é KAIZEN, que pode ser entendida como "acumulação contínua e gradual de pequenas melhorias, feitas por todas as pessoas" (Imai, 1986; JHRA, 1989). Para efeito deste texto, consideraremos as expressões "KAIZEN", "Melhoria Contínua" e "Inovação Incremental" como sinônimos.

◖ Papel da Administração

No TQM, todas as pessoas devem exercer atividades de aperfeiçoamento, seja resolvendo problemas, explorando oportunidades de melhorias ou ainda participando de programas de sugestões. Para tanto, todos devem estar capacitados, recebendo treinamento, recursos e apoio dos respectivos supervisores. Esse é o papel da Administração: criar as condições para que os aperfeiçoamentos sejam feitos pelas próprias pessoas que executam o trabalho, e não por especialistas "de fora". Assim, cabe à Administração:

- Definir e estabelecer a constância de propósito.
- Adotar a diretriz de que "ninguém perderá o emprego por motivo de contribuição à qualidade e à produtividade" (Deming, 1982).
- Instituir o Desdobramento de Objetivos (Hoshin), de forma que todas as áreas e todas as pessoas saibam qual é sua contribuição para os objetivos da organização.
- Instituir o programa permanente de Educação e Treinamento para todas as pessoas.
- Prover sistemas, procedimentos e estruturas úteis para o aperfeiçoamento.
- Instituir e apoiar as atividades em pequenos grupos e os sistemas de sugestões.

◖ Níveis de Aperfeiçoamento

Um programa de aperfeiçoamento contínuo pode ser dividido em três categorias, de acordo com a complexidade dos projetos e com o tipo de envolvimento: Envolvimento da Administração, dos Grupos e das Pessoas.

Esses níveis correspondem aos três segmentos do Programa Kaizen — Kaizen orientado para a Administração, para o Grupo e para a Pessoa (ver **Seção 6.4.d**).

6.6 *Empowerment*

a) Conceitos

Empowerment não é propriamente um movimento, não tem gurus ou instituições "patrocinadoras", mas está presente em todas as "Escolas de Alto Envolvimento", como as apresentadas antes.

O termo se popularizou bastante a partir do último quarto do século passado, devido à aceitação crescente do princípio de que as pessoas, bem como as organizações e comunidades, devem ter poder de controle sobre a vida.

É um tema estudado em uma ampla variedade de contextos, tais como psicologia, assistência social, emancipação da mulher, educação, pessoas com deficiência, direito, emprego etc. Como cada disciplina traz uma interpretação diferente, torna-se difícil chegar a uma definição precisa e amplamente aceita (Lincoln *et al.*, 1999).

Em vista disso, começaremos com uma conceituação de empowerment que seja suficientemente aberta para que possa ser aceita em cada um daqueles conceitos específicos:

> "***Empowerment*** é um processo pelo qual pessoas, organizações e comunidades ganham maestria sobre assuntos de seu interesse" (Rappaport, 1987).

Esse é um construto multinível, em que cada nível de análise é interdependente dos demais. O nível de análise dos indivíduos é tratado como ***Empowerment* Psicológico** (Zimmerman, 1995). Neste texto, a expressão ***Empowerment*** isolada (sem adjetivos) vai se referir ao *empowerment* psicológico (nível individual).

***Empowerment* nas comunidades**. No âmbito das comunidades, o *empowerment* psicológico inclui, entre outras, as seguintes características (Zimmerman, 1995):

- Percepção (do indivíduo) sobre suas próprias competências e seu poder de controle sobre as circunstâncias.
- Uma abordagem proativa da vida.
- Entendimento crítico do ambiente sociopolítico.
- Engajamento ativo na respectiva comunidade.
- Crença que objetivos podem ser atingidos, e disposição para alcançá-los.

- Consciência sobre recursos e fatores que podem impedir ou intensificar os esforços para atingir aqueles objetivos.

Empowerment* no trabalho**. No domínio do trabalho, o conceito de ***empowerment é derivado dos conceitos de poder e controle. Na literatura, estes dois construtos são usados de formas diferentes, o que leva a duas diferentes visões do significado de empowerment: "empowerment como construto relacional" e "empowerment como um construto motivacional" (Conger e Kanungo, 1988).

- **Empowerment como construto relacional** (Conger e Kanungo, 1988). Nesta perspectiva, poder é basicamente um conceito relacional, usado para descrever o poder ou controle percebidos que um ator (indivíduo ou unidade organizacional) tem sobre outros. Se o Ator A depende mais do Ator B do que ao contrário, então B tem poder sobre A. Nestes termos, *empowerment* se torna o processo pelo qual um líder ou administrador compartilha seu poder com seus subordinados. A ênfase recai principalmente sobre a noção de **"delegação de autoridade"**.

- **Empowerment como construto motivacional** (Conger e Kanungo, 1988). Em psicologia, poder e controle são usados como estados motivacionais que são internos aos indivíduos. (...) Poder, neste sentido motivacional, se refere a uma necessidade intrínseca de autodeterminação ou a uma crença na autoeficácia pessoal. Neste sentido, *empowerment* é equivalente a **"capacitação"**, o que implica em motivação pelo fortalecimento da eficácia pessoal.

Neste texto, será dada maior ênfase à visão motivacional do *empowerment*, significando capacitar antes de delegar. Capacitar implica criar condições para aumentar a motivação pela criação de um forte senso de eficácia pessoal. Já delegar é apenas uma parte das condições necessárias para o *empowerment*. Em outras palavras, delegação de responsabilidades para pessoas não capacitadas pode aumentar a angústia, em vez de melhorar o desempenho.

Assim, ***empowerment*** é definido por Conger e Kanungo (1988) como um "processo de fortalecimento do sentimento de autoeficácia entre os membros da organização, pela identificação e remoção, por práticas formais e informais, das condições que levam ao sentimento de impotência".

Tendo em vista que nosso foco é o Alto Envolvimento das pessoas, adotaremos a seguinte definição:

Empowerment é o processo de fortalecer os sentimentos de autoeficácia, e de criar condições para o alto envolvimento das pessoas — com seu trabalho e com a organização.

Nessa definição, é importante distinguir entre (i) Resultados (*Empowered outcomes*), que correspondem aos objetivos estabelecidos para o empowerment, e (ii) Processo (*Empowering process*), caminho para se chegar ao empowerment e, portanto, aos resultados desejados (Zimmerman, 1995).

b) Resultados do *Empowerment* (*Empowered outcomes*).

De forma sintética, podemos dizer que o resultado esperado do empowerment é o "alto envolvimento das pessoas e dos grupos com seus respectivos trabalhos e com a organização".

Elaborando um pouco mais, devemos lembrar que:

1ª) A autoeficácia — entendida como a convicção de uma pessoa ser capaz de realizar uma determinada tarefa — é condição necessária para o alto envolvimento. De fato, "é pouco provável que uma pessoa que não acredita ser capaz de atingir um objetivo tente aprender o que deve ser feito ou se esforce para atingi-lo" (Zimmerman, 1995).

2ª) O Alto Envolvimento é caracterizado por (ver **Seção 5.6**):

- Predisposição — atitude positiva em relação à organização e seus valores.

- Dedicação — esforço deliberado para melhorar o desempenho, do trabalho e da organização.

- Responsabilidade (relacionada com o Sentimento de Propriedade) — que se refere tanto ao desempenho (do trabalho e da organização) como às consequências do desempenho.

Assim, de forma mais ampla, podemos dizer que o resultado esperado do empowerment é proporcionar aos indivíduos os sentimentos de autoeficácia, predisposição, dedicação e responsabilidade.

c) Processo de *Empowerment* (*Empowering process*).

O processo de empowerment é constituído por um conjunto de princípios e programas de ação, adotados pelas organizações, que podem ser classificados nas seguintes categorias: (i) Crença nas Pessoas; (ii) Educação e Treinamento; (iii) Informação e Conhecimento; (iv) Autonomia; (v) Participação; e (vi) Qualidade de Vida no Trabalho.

i) Crença nas Pessoas. O ponto de partida para qualquer processo de *empowerment* nas organizações é a crença nas pessoas — a convicção de que as pessoas são capazes de pensar, resolver problemas, melhorar e contribuir para o crescimento delas próprias e da organização (ver **Seção 6.4.e**). Sem essa confiança, os demais passos não acontecerão de forma eficaz.

ii) Educação e Treinamento. *Empowerment* é indissociavelmente ligado à Educação e Treinamento (Lincoln *et al.*, 1999). O treinamento melhora as habilidades e competências, enquanto a educação constrói o caráter de uma pessoa e desenvolve um nível mais profundo de entendimento (ver **Quadro 5.9.II**). A educação e o treinamento proporcionam a cada pessoa:

  □ Melhores condições para entender o contexto organizacional.

  □ A confiança na própria competência para resolver qualquer situação.

iii) Informação e Conhecimento. O terceiro ingrediente é o compartilhamento de informações sobre o desempenho organizacional. O objetivo é proporcionar a todas as pessoas o senso de envolvimento, não só com o próprio trabalho ou com o desempenho do grupo, mas também com o desempenho da organização inteira (Bowen e Lawler III, 1992).

Talvez um dos melhores exemplos de mobilização das pessoas pelo conhecimento e informação seja a "reviravolta da SAS", relatada pelo próprio Jan Carlzon, seu presidente na época:

> "Em 1981, adotamos a estratégia de tornar a SAS a melhor companhia aérea do mundo para o viajante de negócios". (...) "Agora [com a nova estratégia] a companhia inteira – desde a sala da Presidência até o mais remoto terminal de check-in – estava voltada para o serviço. Os esforços dos empregados da linha de frente ganharam maior relevância repentinamente. Todos receberam treinamento especial em prestação de serviços". (...) "Além da atenção com os serviços, conseguimos insuflar uma nova energia, simplesmente pelo fato de criar a certeza de que todas as pessoas – dos diretores aos encarregados de reservas – conheciam e compreendiam a mesma ideia global. Logo que obtivemos a aprovação do Conselho, distribuímos um livrinho vermelho intitulado 'Vamos à luta' para cada um dos nossos 20.000 funcionários. O livro deu acesso a todos da mesma informação sobre a visão da companhia e seus objetivos que o Conselho e a Diretoria já tinham". (...) "O plano completo foi projetado para ser lançado no outono de 1981. Durante aquele verão, as peças ainda

> *estavam embaralhadas, mas encaixaram-se em seus lugares com surpreendente facilidade. Por quê? Porque todas as pessoas tinham sido preparadas para ter a mesma visão, e para tomar a iniciativa de colocar as peças em seus devidos lugares.*" (Carlzon, 1985)

Carlzon conclui que: "É inegável que o fato — de distribuirmos responsabilidade e transmitirmos a visão a todos os empregados — tenha aumentado a carga de exigências feitas a eles. Quem não recebe informação não pode assumir responsabilidades. Mas aquele que a recebe não pode deixar de assumi-las" (Carlzon, 1985).

iv) **Autonomia**. As pessoas ou os grupos que estejam capacitados — pela educação e pelo treinamento — podem adquirir autonomia para a realização de seu trabalho. Isso significa que "criaram competências que lhes permitem tomar decisões sem ter de depender de especialistas ou supervisores" (Zimmerman, 1995). Em sentido inverso, uma organização "não deve delegar autoridade sem que os trabalhadores estejam preparados para assumir a responsabilidade correspondente" (Eylon, 1998).

A **autonomia** para tomar decisões pressupõe a **responsabilidade** pelos resultados. Pessoas com alto grau de autonomia sabem que são pessoalmente responsáveis por sucessos e fracassos, sentem que os resultados dependem mais de suas iniciativas e de seus esforços do que de orientações da chefia ou de manuais de instruções detalhados (Hackman *et al.*, 1975) (ver, a propósito, "Autonomia Responsável", na **Seção 6.3**).

Entre os princípios e as práticas relacionados com a autonomia de indivíduos e grupos, podemos destacar:

- Trabalho Enriquecido (ver **Quadro 5.2** — Motivação pelo Trabalho em si).
- Grupos Semiautônomos (ver **Seção 6.3** — Sistemas Sociotécnicos).
- Autonomia da Linha de Frente (ver **Seção 6.4** — Sistema Toyota de Produção).

A autonomia da linha de frente implica pelo menos duas importantes inovações organizacionais:

- Mudança do papel da gerência média. Os supervisores assumem o papel de treinadores dos operadores da linha de frente, ao invés de serem controladores (Pirâmide Invertida).

□ Redução do número de níveis hierárquicos, possível pela mudança do papel dos gerentes.

v) Participação. É o grau em que é possibilitado o envolvimento das pessoas nas decisões sobre os rumos da organização, bem como seu próprio destino. A **participação** leva à "Responsabilidade percebida pelos Resultados da Organização" (ver **Quadro 5.2** — Motivação pela Liderança e Participação).

O *empowerment* **pela participação** inclui, ou proporciona às pessoas (Zimmerman, 1995):

□ Compreensão sobre o ambiente interno e externo da organização.

□ Crença que objetivos podem ser atingidos.

□ Consciência sobre recursos e fatores que podem contribuir ou dificultar a consecução dos objetivos.

□ Aprendizado em trabalhar com outras pessoas para atingir objetivos comuns.

Entre os princípios e práticas relacionados com a **participação** de indivíduos e grupos, podemos destacar:

□ Motivação pela Liderança e Participação (ver **Quadro 5.2**).

□ Participação nas decisões (ver **Seção 6.2** — Escola de Relações Humanas).

□ Envolvimento de todas as pessoas (ver **Quadro 6.4.II e Seção 6.5.b**).

□ Administração multifuncional (ver **Quadro 6.4.III**).

□ Liderança mobilizadora (ver **Quadro 5.2 e Seção 6.5.b.III**).

vi) Qualidade de Vida no Trabalho. QVT é o grau de satisfação (ou ausência de sofrimento) no trabalho, proporcionado pelos fatores higiênicos encontrados no ambiente do trabalho (Vasconcellos, 1997) (ver **Quadro 5.2.D**]. Fazendo analogia com a Teoria dos Dois Fatores (ver **Quadro 5.2**), temos que:

□ Os Fatores de Motivação, que incluem a autonomia e a participação, contribuem direta e positivamente para o *empowerment*, pois satisfazem as necessidades de autor-realização e, por meio desta, da experiência de crescimento psicológico;

□ Os Fatores de **QVT** contribuem para o *empowerment* pelo atendimento às necessidades mais básicas das pessoas, inclusive as de não sofrimento. O não atendimento a essas necessidades poderia diminuir muito a disposição das pessoas para assumir responsabilidades (Autonomia) ou para contribuir com os processos organizacionais (Participação), anulando, assim, os efeitos dos processos de motivação.

O **Quadro 5.2** apresenta exemplos de Fatores de QVT, agrupados em cinco categorias: Atenção às Pessoas; Condições de Trabalho; Sistemas de Avaliação e Recompensa; Sistemas de Coordenação e Controle; Ambiente Interno. É difícil estabelecer uma hierarquia de importância desses fatores, mas uma recomendação parece se destacar nas pesquisas sobre *empowerment* — a de que o **sistema de recompensas** seja baseado, de alguma forma, no desempenho da organização.

Referências

AGUIAR, S. M. S. P. **A Dinâmica entre Raízes e Asas: Um Estudo sobre Organizações Inovadoras**. Tese de Doutorado. FGV—EAESP, 2004.

ÁLVARES, A. C. T. **Desmitificando a Inovação**. Palestra proferida na FIESP, SP, em novembro de 2010.

APPELBAUM, E. *et al*. **Manufacturing Advantage: Why High-Performance Work Systems pay off**. Ithaca: Cornell University Press, 2000.

BECKER, T.; CHANKOV, S.Mª.; WINDT, K. **Synchronization Measures in Job Shop Manufacturing Environments**. Forty Sixth CIRP Conference on Manufacturing Systems, 2013.

BENNIS, W.; NANUS, B. **Líderes: Estratégias para Assumir a Verdadeira Liderança**. SP: Harbra, 1988 (1985).

BIAZZI Jr, F. A Conveniência e a Viabilidade da Implementação do Enfoque Sociotécnico nas Empresas. **RAE,** jan.-fev. 1994.

BOWEN, D. E.; LAWLER III, E. E. The Empowerment of Service Workers: What, Why, How and When. **Sloan Management Review**, spring, 1992.

CARLZON, J. **A Hora da Verdade**. RJ: COP Editora, 1990 (1985).

CONGER, J. A.; KANUNGO, R. N. The Empowerment Process: Integrating Theory and Practice. **Academy of Management Review**, vol. 13, n. 3, 1988.

CROSBY, P. B. **Qualidade é Investimento**. RJ: José Olympio, 1984 (1979).

_____. **Qualidade sem Lágrimas**. RJ: José Olympio, 1992 (1984).

DEMING, W. E. **Qualidade: A Revolução da Administração**. RJ: Marques-Saraiva, 1990 (1982).

DO, H. **High Performance Work Systems and Organizational Performance: Evidence from the Vietnamese Service Sector**. Doctoral Thesis. Birmingham, UK: Aston University, 2016.

DOODY, S-J. R. **High Involvement Work Systems: Their Effect on Employee Turnover and Organizational Performance in New Zealand Organizations**. Master Thesis. Christchurch, NZ: Lincoln University, 2007.

EYLON, D. Understanding Empowerment and Resolving its Paradox — Lessons from Mary Parker Follet. **Journal of Management History**, vol. 4, n.. 1, 1998.

FEIGENBAUM, A. V. Total Quality Control. **HBR**, 34 (6), 1956.

_____. **Total Quality Control: Engineering and Management**. NY: McGraw-Hill, 1961.

GOETSCH, D. L.; DAVIS, S. **Implementing Total Quality**. Englewood Cliffs, NJ: Prentice-Hall, 1995.

HACKMAN, J. R. *et al*. A New Strategy for Job Enrichment. **California Management Review**, Summer 1975.

IMAI, M.; **KAIZEN: A Estratégia para o Sucesso Competitivo**. SP: IMAM, 1988 (1986).

ISHIKAWA, K. **Controle de Qualidade Total à Maneira Japonesa**. RJ: Campus, 1993 (1985).

JHRA (Japan Human Relations Association). **KAIZEN TEIAN 1**. Cambridge, MA: Productivity Press, 1989.

JURAN, J. M. **Juran na Liderança pela Qualidade: Um Guia para Executivos**. SP: Pioneira, 1990 (1989).

KNOWLES, G. **Quality Management**. Bookboon.com, 2011.

KOLARIK, W. J.; **Creating Quality**. NY: Mc-Graw-Hill, 1995.

KUJALA, J.; LILLRANK, P. Total Quality Management as a Cultural Phenomenon. **The Quality Management Journal**, 11 (4), jan. 2004. LAWLER III, E.E. **High Involvement Management**. San Francisco: Jossey-Bass, 1986.

LIKER, J. K.; MEIER, D. **The Toyota Way Fieldbook**. NY: McGraw-Hill. 2006.

LINCOLN, N. D. *et al*.; The Meaning of Empowerment: The Interdisciplinary Etymology of a New Management Concept. **International Journal of Management Reviews**, jan. 1999.

MAYO, G.E. **The Human Problems of an Industrial Civilization**. Cambridge, MA: Harvard University Press, 1933.

_____. **The Social Problems of an Industrial Civilization**. Cambridge, MA: Harvard University Press, 1945.

MOEN, R. D.; NORMAN, C. L. Clearing up Myths about the Deming Cycle and Seeing how it Keeps Evolving. **Quality Progress**, nov. 2010.

MONDEN, Y. **Toyota Production System: An Integrated Approach to Just-in-Time**. Norcross, GA: EMP Books, 1997, 3rd Ed. (1983).

MOTTA, F. C. P.; VASCONCELOS, I. F. G. **Teoria Geral da Administração**. SP: Pioneira Thomson, 2002.

OHNO, T. **O Sistema Toyota de Produção: Além da Produção em Larga Escala**. Porto Alegre: Bookman, 1997 (1988).

PFEFFER, J. Seven Practices of Successful Organizations. **California Management Review**, vol. 40, n.. 2, winter 1998.

PASMORE, W. *et al*. Sociotechnical Systems: A North American Reflection on Empirical Studies of the Seventies. **Human Relations**, dec. 1982.

PIKOVSKI, A.; ROSENBLUM, M.; KURTHS, J. **Synchronization: A Universal Concept in Nonlinear Sciences**. Cambridge, MA: Cambridge University, 2003.

POSTHUMA, R. A. *et al*. A High-Performance Work Practices Taxonomy Integrating the Literature and Directing Future Research. **Journal of Management**, 39, 2013.

RAPPAPORT, J. Terms of Empowerment/Exemplars of Prevention: Towards a Theory for Community Psychology. **American Journal of Community Psychology**, vol. 15, n. 2, 1987.

SCHEIN, E. H. **Organizational Culture and Leadership**. San Francisco: Jossey-Bass, 1989, 2nd Ed (1985).

SHEWHART, W. A. **Statistical Method from the Viewpoint of Quality Control**. US Department of Agriculture, 1939.

SUNG, J.; ASHTON, D. **High Performance Work Practices: Linking Strategy and Skills to Performance Outcomes**. DTI in association with CIPD. <http://www.cipd.co.uk/subjects/corpstrtgy>, 2005

TOMER, J. F. Understanding High-Performance Work Systems: The Joint Contribution of Economics and Human Resources Management. **Journal of Socioeconomics**, 30 (1), 2001.

TOSI, H. L.; RIZZO, J. R.; CARROLL, S. J. **Managing Organizational Behavior**. Cambridge, MA: Backwell, 1994, 3rd Ed.

VASCONCELLOS, M. A. **Excelência e Humanização da Produção**. Monografia. SP: FGV—EAESP, 1997.

VASCONCELLOS, M. A. Coord.; **Gestão da Inovação**. SP: FNQ, 2015.

WATSON, G. The Legacy of Ishikawa. **Quality Progress**, abr. 2004.

WILKINSON, A. *et al*. Total Quality Management and Employee Involvement. **Human Resource Management Journal**, vol. 2, n. 4, dec. 1996.

WOOD, S.; DE MENEZES, L. High Commitment Management in the UK: Evidence from the Workplace Industrial Relations Survey, and Employers' Manpower and Skill Practices Survey. **Human Relations**, 51 (4), 1998.

WOMACK, J. P.; JONES,D. T. **A Mentalidade Enxuta nas Empresas**. RJ: Campus, 2004, 3ª Ed. (1996).

ZIMMERMAN, M. A. Psychological Empowerment: Issues and Illustrations. **American Journal of Community Psychology**, vol. 23, n. 5, 1995.

Alto Envolvimento nas Organizações Inovadoras

7.1 Organizações Inovadoras

Conceitos

Recapitulando alguns dos conceitos já estudados sobre as organizações, temos que:

- **Organização Inovadora** é a que pratica a inovação sistemática — é permeada por um processo contínuo e permanente de produção de inovações, de qualquer natureza. Também pode ser definida como aquela em que as **pessoas** estão envolvidas ou, em termos quantitativos, em que mais da metade de seus colaboradores está engajada nos processos de inovação (ver **Quadro 4.1**).

- **Organizações de Alto Envolvimento** são aquelas que promovem o engajamento dos colaboradores, tanto com o trabalho quanto com a organização. Esta definição pressupõe que todos os membros da organização (ou, pelo menos, a sua maioria) devem estar envolvidos — desde o Conselho Diretor até os trabalhadores voluntários (ver **Seção 6.1**).

Lembrando ainda que "as pessoas, atuando em todos os níveis e todas as áreas da organização, são os efetivos agentes de inovação e mudança" (Vasconcellos, 2015). Podemos concluir que:

- **Organizações Inovadoras** são as que promovem o engajamento dos colaboradores nos processos de inovação — de qualquer natureza (de produto, processo, gestão ou de modelo de negócios) e de qualquer magnitude (das incrementais às de ruptura).

Modelos de Alto Envolvimento para a Inovação

As pesquisas sobre as Organizações de Alto Envolvimento têm se estendido naturalmente — sobretudo a partir dos anos 2000 — ao estudo do envolvimento das pessoas nos processos de inovação.

Nesse sentido, diversos grupos de pesquisadores vêm se dedicando a desenvolver novos modelos, que possam ajudar as organizações a acelerar suas atividades de inovação e a fazer melhor uso dos diversos tipos de conhecimento em apoio àquelas atividades. Esses estudos têm revelado um papel ativo das "pessoas comuns" (que atuam fora das áreas de P&D e Engenharia) no desenvolvimento das inovações (Alasoini, 2013).

Entre os diferentes modelos que têm sido propostos, podemos destacar:

- Inovação no Local de Trabalho (*WPI — Workplace Innovation*).
- Inovação com Alto Envolvimento (*HII — High Involvement Innovation*).
- Inovação gerada pelos Empregados (*EDI — Employee-Driven Innovation*).
- Inovação baseada na Prática (*PBI — Practice-Based Innovation*).

Esses modelos serão analisados a seguir.

7.2 Inovação no Local de Trabalho

(***WPI — Workplace Innovation***) (Totterdill, 2015).

A inovação no local de trabalho vem ganhando importância, especialmente entre os países da União Europeia, como estratégia de competitividade global. Em consequência, muitos estudos vêm sendo realizados, resultando em uma variedade de conceitos e práticas recomendadas. Dois exemplos extremos (do "local de trabalho circunscrito à tarefa" à "organização como local de trabalho") são indicados a seguir:

- **WPI** pode ser entendido como um esforço consciente, de administradores e colaboradores, para desenvolver soluções para os problemas do local de trabalho. Elementos essenciais do **WPI**, nesta acepção, são tecnologia, desenvolvimento de conhecimento e entendimento das necessidades dos consumidores (Beblavý *et al.*, 2012).

- **WPI** pode ser descrito como as práticas e culturas dos locais de trabalho, que habilitam as pessoas de todos os níveis a fazerem pleno uso de seus conhecimentos, competências e criatividade. Nas organizações com **WPI**, as pessoas vêm para o trabalho para fazer duas coisas: (i) realizar sua tarefa funcional da forma mais efetiva possível e (ii) melhorar o desempenho da organização (Totterdill *et al.*, 2016).

Para efeito deste texto, adotaremos a definição proposta pelo Dortmund/Brussels Position Paper (2012), que leva em consideração todos os elementos considerados relevantes:

> "**WPI** é definida como um processo social, que molda a organização do trabalho e a vida no trabalho, combinando suas dimensões humana, organizacional e tecnológica."

> "Exemplos de práticas adotadas incluem: projeto de trabalho participativo, grupos semiautônomos, aperfeiçoamento contínuo, alto envolvimento dos colaboradores nas inovações e nas decisões corporativas."

> "Essas intervenções são altamente participativas e integram o conhecimento, a experiência e a criatividade — da administração e dos empregados de todos os níveis — em um processo de criação e projeto conjuntos."

> "É importante notar que o **WPI** não é um fim em si mesmo, mas, sim, um processo dinâmico e reflexivo, no qual todos os stakeholders estão continuamente engajados em refletir sobre, aprender e transformar os processos de trabalho e as práticas de emprego, em resposta às pressões tanto internas como externas."

Alguns pontos dessa definição merecem uma maior atenção (Kesselring *et al.*, 2014):

- **WPI** é um processo social que combinas as dimensões humana, organizacional e tecnológica. Enquadra-se, portanto, na visão dos Sistemas Sociotécnicos, apresentados na Seção 6.3.

- **WPI** se refere à organização inteira, e não apenas ao ambiente circunscrito em que é realizada cada tarefa.

- É dada grande ênfase à cooperação e ao diálogo. A seguinte declaração de Gold *et al.* (2012) ilustra este ponto: *"A Inovação no Local de Trabalho é alimentada pelo diálogo aberto, compartilhamento de conhecimentos, experimentação e aprendizagem, nos quais os diversos stakeholders — incluindo empregados, sindicatos, administradores e consumidores — têm voz na criação de novos modelos de colaboração e novas relações sociais. O **WPI** procura construir pontes entre o conhecimento estratégico da liderança e o conhecimento tácito da linha de frente. Busca engajar todos os stakeholders em um diálogo em que prevalece a força do melhor argumento"* (Gold et al., 2012).

Os diversos princípios e práticas que compõem a Inovação no Local de Trabalho podem ser agrupados em cinco categorias ou **dimensões** (Totterdill, 2015): (1) Projeto do Trabalho, (2) Estruturas e Sistemas, (3) Aprendizado e Aperfeiçoamento Contínuo, (4) Cultura de Cooperação e (5) Integração.

Dimensão 1 — Projeto do Trabalho

Criar um local de trabalho em que as pessoas possam desenvolver e aplicar suas competências e seu potencial criativo começa com o Projeto de Trabalho, cujas principais características são:

- **Significado do trabalho**. O grau em que o trabalho oferece oportunidades para a criatividade e senso de realização (Swanberg, 2010).

- **Trabalho em grupo**. Oportunidades sistemáticas para a solução de problemas e decisões diárias sobre o trabalho por meio da cooperação e comunicação horizontal entre pares.

- **Autonomia**. O grau em que as pessoas ou grupos têm liberdade e iniciativa para tomar decisões, sem necessidade de pedir autorização superior.

- **Integração da tecnologia**. Projeto de Trabalho integrando os sistemas social e técnico (ver **Seção 6.3** — Sistemas Sociotécnicos).

- **Flexibilidade**. As pessoas têm a competência e a autonomia para adaptar a execução do trabalho às mudanças nas demandas, circunstâncias e oportunidades.

Dimensão 2 — Estruturas e Sistemas

Sistemas e práticas que governam as tomadas de decisão, as alocações de recursos e os procedimentos padrão — orientados para o empowerment e para a confiança, mais do que para refletir uma cultura de controle centralizado. Apresentam características tais como:

- **Cooperação interna e externa**. Diferentes grupos de uma organização (e diferentes pessoas de um grupo) têm a possibilidade de interagir naturalmente, compartilhando conhecimentos e entendendo melhor as necessidades e potencialidades uns dos outros. Esta prática atende o Princípio n° 9 de Deming: elimine as barreiras entre os departamentos (**Quadro 6.1**). Mecanismos que estimulam a cooperação e a ajuda mútua incluem arranjos físicos que aproximam os participantes de um mesmo processo, células de produção, comitês multidisciplinares e projetos de cocriação com clientes, fornecedores e parceiros etc.
- **Coaching**. O coaching para alto desempenho pode produzir aperfeiçoamentos contínuos e sistemáticos. As conversas individuais permitem ao líder avaliar as potencialidades de cada pessoa. Nas reuniões de equipe, as boas práticas são compartilhadas e os problemas são trazidos à mesa de forma aberta e construtiva. O coaching substitui com vantagem o *feedback* tradicional, que aponta falhas e não motiva as pessoas. "O aprendizado efetivo se apoia na compreensão do que fazemos bem, e não no que fazemos mal, e certamente não na crítica de terceiros" (Buckingham e Goodall, 2019).

Dimensão 3 — Aprendizado e Aperfeiçoamento Contínuo

No coração do WPI está o fluxo contínuo e sistemático de produção de ideias, aperfeiçoamentos e inovações, o que pode ser estimulado por mecanismos de reflexão coletiva, pelo treinamento no trabalho e pelo estímulo ao comportamento empreendedor.

- **Reflexão**. A prática da reflexão coloca as pessoas de todas as áreas como atores centrais do WPI, sublinhando a importância do aprendizado contínuo e do conhecimento dos trabalhadores. Os mecanismos de reflexão incluem:
  - Momentos e espaços para discussão de ideias e compartilhamento de conhecimentos e experiências com colegas (ver **Seção 4.2** — Espaços de Inovação).

- ▫ Grupos permanentes de análise e solução de problemas (como os Círculos de Qualidade).
- ▫ Forças-tarefa para tratar de questões específicas.
- **Treinamento no trabalho.** O trabalho deve conter oportunidades para análise, solução de problemas e inovação, nos quais o próprio ambiente de trabalho é o local de aprendizagem.
- **Comportamento Empreendedor.** Estímulo ao comportamento empreendedor em todos os níveis (ver **Seção 4.3** — Espírito Empreendedor).

Dimensão 4 — Cultura de Cooperação

No nível mais básico, a Parceria no Local de Trabalho é uma forma de tratar proativamente as relações industriais, assegurando consulta prévia aos funcionários em questões como pagamentos, carreiras e reestruturação organizacional. A parceria estabelece relações positivas (em contraste com o antagonismo "tradicional"), contribuindo para minimizar conflitos e a resistência a mudanças.

A Parceria no Local de Trabalho pode assumir diversas formas, mas sempre requer diálogo, abertura, transparência e comunicação em duas mãos. Um elemento-chave é a Liderança Mobilizadora (ver **Quadro 4.1**), que compartilha poder e estimula o orgulho pela participação.

Quando a Parceria no Local de Trabalho existe em conjunto com os outros tipos de práticas de WPI, o nível de confiança mútua aumenta, o que favorece o melhor desempenho organizacional e a maior satisfação no trabalho.

Dimensão 5 — Integração

A Dimensão 5 — ou "5º elemento do WPI" — é a integração dos quatro conjuntos de práticas anteriores. Segundo Totterdill (2015), existem pesquisas suficientes para demonstrar que os diferentes conjuntos de práticas não existem de forma isolada uns dos outros. Cada um influencia e é influenciado pelos demais.

Para ser bem-sucedido, portanto, o WPI não pode ser reduzido a práticas fragmentadas ou a implementações parciais. Altos níveis de envolvimento só são factíveis com o desenvolvimento equilibrado de todos os elementos. Totterdill (2015) completa afirmando que "os executivos devem desconfiar das 'mudanças culturais', e das 'estratégias de envolvimento dos empregados' que não tratam as práticas de trabalho de forma equilibrada e sistêmica.

Enfim, a Inovação no Local de Trabalho é um processo reflexivo, caracterizado por foco no cliente, engajamento dos colaboradores, cultura estimuladora, resiliência, relações de emprego positivas e comportamento empreendedor.

7.3 Inovação com Alto Envolvimento (HII — High Involvement Innovation)

(Bessant, 2003)

Inovação com Alto Envolvimento (HII) não é propriamente um modelo, é antes um termo guarda-chuva que engloba diferentes abordagens sobre como uma instituição pode se organizar para a inovação, com ênfase no envolvimento de todos seus colaboradores (Hallgren,2008).

Por essa abordagem, todas as pessoas têm a possibilidade de se envolver, de alguma maneira, com os processos de inovação. "Todas as pessoas" implica a participação não apenas daquelas que são tradicionalmente marginalizadas dos processos de decisão organizacional, mas também dos profissionais altamente capacitados e criativos, que podem estar se sentindo frustrados com o status quo. O envolvimento de todas as pessoas cria mais inovações incrementais, e uma maior variedade de inovações, do que se apenas solicitadas a participar com ideias e sugestões (Bessant, 2003).

Quanto às inovações, podem ocorrer em qualquer área da organização. Podem ser de qualquer natureza (em produtos, processos, organizacionais ou em modelos de negócios) e de qualquer magnitude (das pequenas melhorias às inovações de ruptura). E a participação nos processos de inovação pode ser em qualquer uma de suas etapas — geração de ideias, sua implementação e a obtenção dos resultados esperados (Vasconcellos, 2015).

Mapa do Envolvimento. Considerando duas variáveis, o nível de envolvimento das pessoas e o impacto de suas inovações, Bessant (2003) identifica quatro alternativas de envolvimento nos processos de inovação (ver figura a seguir).

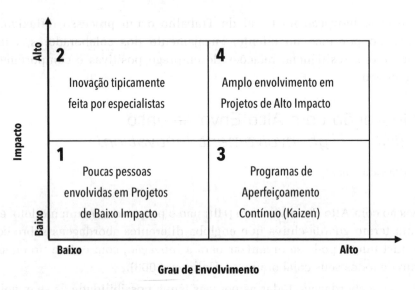

Figura 7.1 • Alternativas de Envolvimento.

Quadrante 1. Caso em que a inovação não faz parte da estratégia da organização.

Quadrante 2. Caso típico de equipes de P&D, Engenharia e Desenvolvimento de Negócios — as pessoas encarregadas de criar o futuro. Elas são dedicadas aos seus projetos e a expectativa é a de que, ocasionalmente, surjam inovações radicais.

Quadrante 3. Aqui se encontram as atividades de aperfeiçoamento contínuo. O fluxo de pequenas melhorias pode ter — e em geral tem — um impacto cumulativo significativo.

Quadrante 4. Caso em que as pessoas de todas as áreas são envolvidas na busca de inovações de maior impacto. As pessoas são capacitadas e estimuladas a agir como empreendedores corporativos ou intraempreendedores (ver **Seção 4.3.f**) ou como os *inventorpreneurs* da 3M (**Seção 4.3.f**), para que produzam ideias brilhantes (mesmo que fora das respectivas áreas de atuação) e conduzam sua implementação. Isto é o que se chama **Inovação com Alto Envolvimento (HII)**.

Jornada para o Alto Envolvimento. As pesquisas a respeito sugerem que o alto envolvimento não é conseguido com um simples "apertar de botão". Essa é uma jornada longa, através da qual a organização progride em termos de desenvolvimento de sistemas e capacidade de envolver pessoas. E progride também em termos dos benefícios finais que podem ser esperados.

De forma sintética, os cinco estágios que compõem essa jornada podem ser assim descritos (Bessant, 2003; Tidd *et al.*, 2005):

Estágio 1 — Precursor. Há pouca, se houver alguma, atividade de inovação com alto envolvimento. Quando ocorrem, são ações localizadas e pontuais.

- As pessoas realmente ajudam a resolver problemas de tempos em tempos ("bolsões de entusiasmo"), mas não há uma tentativa formal de mobilizar ou fundamentar essa atividade.

Estágio 2 — Estruturado. Primeiras tentativas conscientes da organização de mobilizar-se em torno do **HII**.

- Esta fase se caracteriza pelo estabelecimento de procedimentos formais de análise e solução de problemas, dando início ao processo de Aperfeiçoamento Contínuo (ver **Seção 6.4.d** e **Quadro 6.6**).
- Tem início a implantação de um Sistema de Sugestões (ver **Capítulo 8**), com estímulo à geração de ideias por indivíduos e grupos.
- Indivíduos e grupos passam a receber treinamento básico — em análise e solução de problemas e em trabalho em equipe.

Estágio 3 — Orientado para Metas. Indivíduos e grupos usam os objetivos estratégicos da organização para priorizar projetos de melhoria.

- O desempenho dos projetos de inovação passa a ser monitorado em função daqueles objetivos.
- Os Sistemas de Sugestão passam a contar com políticas e *softwares* mais aprimorados.
- Indivíduos e grupos recebem treinamento em Controle Estatístico de Processos e no uso do ciclo PDCA.

Estágio 4 — Proativo. Indivíduos e grupos com autonomia para tomar decisões sobre seu trabalho e com iniciativa para experimentar e encetar projetos de melhorias e inovações.

- Inovações "dirigidas internamente", e não "comandadas de fora".
- Práticas anteriores mantidas e aprimoradas.
- Conhecimento aprofundado das estratégias e da posição competitiva da organização. Treinamento de alto nível em experimentação.

Estágio 5 — Total capacidade de HII. HII é a cultura dominante — é "o jeito com que fazemos as coisas por aqui".

- As pessoas sentem um alto nível de *Empowerment* (ver **Seção 6.6**).
- Todos estão ativamente envolvidos em experimentar e melhorar as coisas, em compartilhar conhecimentos e experiências.
- A organização se caracteriza como uma organização que aprende (ver **Quadro 2.3**).

7.4 Inovação Gerada pelos Empregados (EDI — Employee-Driven Innovation)

(Høyrup, 2012)

Conceito

A Inovação Gerada pelos Empregados (**EDI — Empoyee-Driven Innovation**) é definida como "a inovação que decorre da participação ativa e sistemática dos empregados em todas as etapas do seu desenvolvimento" (Høyrup, 2012). Analisando cada um dos termos dessa definição, podemos ter uma melhor compreensão do significado do EDI (Høyrup, 2012; Li, 2016):

Empregados. Empregado, neste caso, é qualquer pessoa que não esteja formalmente designada para a tarefa de inovar. Tradicionalmente, as atividades de inovação estão concentradas em um pequeno grupo de executivos e especialistas, em geral das áreas de P&D, Engenharia e Novos Negócios (ver **Seção 8.1.a** — Fontes internas de ideias). O EDI indica que as inovações podem vir também das pessoas fora daquele grupo: pessoas que atendem diretamente aos clientes, trabalhadores do chão de fábrica, profissionais e gerentes de nível médio etc.

Inovação. O EDI contempla inovações de qualquer natureza (produtos, processos, gestão, modelos de negócios) e de qualquer magnitude (das melhorias incrementais às inovações de ruptura).

Participação. Significa que os empregados são ativos e podem iniciar, apoiar e até liderar processos de inovação (de qualquer natureza e magnitude).

Pressuposto. A filosofia do EDI é baseada no pressuposto de que as grandes ideias inovadoras não são exclusividade dos laboratórios e das salas de planejamento. A maioria das boas ideias, ao contrário, vem das pessoas que lidam com os problemas diários das organizações, em seus respectivos setores, e adquirem em profundidade um conhecimento exclusivo e contextualizado (que os administradores e pesquisadores em geral não têm) (ver **Seção 8.1.a** — Dois tipos de conhecimento). Essa "capacidade oculta" para a inovação constitui um potencial que pode ser tornado visível, reconhecido e aproveitado, em benefício tanto da organização como dos próprios colaboradores (Kesting e Ulhøi, 2008; Roderkerken, 2011).

Tipos de EDI

A participação ativa nos processos de inovação pode ocorrer tanto por iniciativa dos próprios colaboradores como em função de estratégias da organização. Com essa perspectiva, Høyrup (2012) classifica os processos de EDI em três categorias:

EDI de primeira ordem. Inovações que decorrem do trabalho diário dos empregados. Em geral são melhorias incrementais, para as quais os empregados (e grupos) têm autonomia e competência para gerar ideias, identificar problemas e oportunidades e implementar eles próprios as soluções.

EDI de segunda ordem. Processos de inovação iniciados (ou sugeridos) pelos empregados, os quais são reconhecidos, adotados e sistematizados pela administração.

EDI de terceira ordem. Projetos de inovação iniciados pela administração, nos quais os empregados têm participação ativa.

A propósito, cabe uma analogia com o Comportamento Inovador (ver **Seção 4.3.b**), que também pode se concretizar tanto por iniciativa das pessoas (intraempreendedorismo) como em função de estratégias da organização (empreendedorismo corporativo).

Fundamentos do EDI

A análise de pesquisas realizadas (Aasen *et.al.*, 2012; Alasoini, 2013; Lo, 2007; Fees e Taherizadeh) revela alguns elementos essenciais para a implementação do EDI, a seguir indicados.

1) **Cultura**. Organizações que adotam com sucesso o EDI apresentam algumas características culturais em comum, que podem ser classificadas em quatro grupos (Aasen *et al.*, 2012):

   □ **Sentimento de Propriedade** (ver **Box 5.D**). Os empregados demonstram disposição para um esforço extra, para atender aos objetivos da organização. Este grupo inclui características culturais como comprometimento, espírito de cooperação, disposição para o diálogo, orgulho pelo trabalho realizado.

   □ **Confiança**. Líderes e empregados reconhecem a interdependência entre os vários papéis profissionais e, consequentemente, a importância de se construir relações de confiança. Havendo confiança, os líderes delegam poderes para tomadas de decisão, e os empregados respondem assumindo responsabilidade pelos resultados. A diversidade é vista como uma vantagem, pois é reconhecido que pessoas com características diferentes têm habilidades complementares. A cultura de confiança é ainda caracterizada por tolerância a erros bem intencionados, clima de compartilhamento de informações, liberdade de expressão de ideias e sentimento de segurança.

- **Orientação para o Aprendizado**. A mudança é vista como uma oportunidade de aprendizado e crescimento, e não como uma ameaça. Assim, aprendizado e aperfeiçoamento contínuo são vistos como parte integrante do trabalho.

- **Abertura**. Abertura implica transparência nas tomadas de decisão, espaço para pessoas e grupos discutirem abertamente questões organizacionais, portas abertas para ouvir ideias e sugestões etc.

2) **Diálogo e Cooperação**. Um ambiente de cooperação, em termos de diálogo construtivo e envolvimento (cruzando as fronteiras horizontais e verticais da organização), é essencial para que se obtenha melhores resultados para a organização e para as pessoas (Aasen *et al.*, 2012).

No plano horizontal, a cooperação inclui a eliminação de barreiras entre os departamentos (Princípio n° de Deming — **Quadro 6.1**), o compartilhamento de conhecimentos e a busca conjunta de melhorias e inovações. Essa integração pode incluir consumidores, fornecedores e parceiros (Lotz e Kristensen, 2012).

No plano vertical, pesquisas comprovam que a participação dos empregados nas decisões administrativas, quando inseridas em um ambiente de relações cooperativas, contribui efetivamente para a maior capacidade de inovação das organizações e dos empregados (Spiegelaere e Gyes, 2012).

3) **Autonomia**. É o grau em que os indivíduos e grupos têm liberdade, independência e discernimento para tomarem decisões sobre o próprio trabalho (ver **Quadro 5.2**).

Conforme visto em seções anteriores, a **autonomia** é um dos elementos-chave de diversas filosofias administrativas, tais como Sistemas Sociotécnicos (ver **Seção 6.3** — Autonomia responsável), Sistema Toyota de Produção (ver **Seção 6.4** — Autonomia da Linha de Frente) e *Empowerment* (ver **Seção 6.6**).

A **autonomia** libera energias para a criatividade e exploração de novos conhecimentos, e encoraja o comportamento empreendedor (Teglborg *et al.*, 2012). Sobre comportamento empreendedor, ver **Seção 4.3.f**.

4) **Participação.** É o grau em que é permitido o envolvimento das pessoas nas decisões — tanto sobre os rumos da organização como sobre suas próprias carreiras (ver **Quadro 5.2**). Essa definição inclui, logicamente, as decisões sobre as inovações.

A **participação** é outro elemento-chave de diversas filosofias administrativas, tais como Escola de Relações Humanas (ver **Seção 6.2** — Participação nas Decisões), Sistema Toyota de Produção (ver **Seção 6.4.e** — Envolvimento das Pessoas), Gestão da Qualidade Total (ver **Seção 6.5.II** — Envolvimento de Todas as Pessoas) e *Empowerment* (ver **Seção 6.6**).

Além de aumentar a satisfação e o sentimento de realização no trabalho, a **participação** proporciona aos colaboradores o melhor entendimento do contexto e, portanto, o alinhamento das atividades de inovação com os objetivos estratégicos da organização (Fees e Taherizadeh, 2012).

5) **Aprendizagem.** É um processo de aquisição de conhecimentos que implica em mudanças de comportamento — de um indivíduo, grupo ou organização (ver **Capítulo 2**).

De acordo com a aprendizagem experimental, o aprendizado individual se dá a partir da experiência e das relações com o ambiente. O aprendizado em grupo se dá a partir dos conhecimentos e experiências compartilhados, e se aplica no aperfeiçoamento do trabalho (ver **Quadro 2.1**).

O Aprendizado no Local de Trabalho (*Workplace Learning*) é, portanto, o que se dá a partir da experiência de indivíduos e grupos, e é aplicado no aperfeiçoamento do próprio trabalho (Cedefop, 2012).

O conceito de EDI é associado tanto aos processos de trabalho como aos de aprendizagem, especialmente a aprendizagem no local de trabalho. A aprendizagem e a inovação são processos intimamente relacionados e constituem pré-condição um para o outro — a aprendizagem pode produzir inovações, e cada inovação leva a novos aprendizados (Høyrup, 2012).

Práticas do EDI

Uma variedade de práticas e instrumentos têm sido adotados pelas organizações na implantação do EDI. As práticas mais citadas em diversas pesquisas (Lo, 2007; Aasen, 2012; Fees e Taherizadeh, 2012; Alasoini, 2013) são:

1) **Práticas relacionadas com a cultura**. Uma condição fundamental para o sucesso na implementação do EDI é a crença compartilhada — entre administradores e empregados — de que a mudança em curso é a coisa certa a se fazer (Aasen *et al.*, 2012). Contribuem para esse sentimento ações como:

   □ Demonstração clara, pela administração, de que os conhecimentos, as experiências e o potencial dos empregados são valorizados.

   □ Descentralização, com delegação de poder e responsabilidades.

   □ Mecanismos de colaboração, entre departamentos e funções.

   □ Agilidade na tradução das ideias em resultados.

   □ Comemoração dos resultados das inovações, mesmo os de menor magnitude.

2) **Práticas relacionadas com a colaboração**. A base para uma cultura de diálogo e cooperação é uma espécie de "contrato moral" entre administradores e empregados (ver **Quadro 5.5** — Relações de Longo Prazo/Contrato Psicológico), o qual pode ser visto como um código de conduta mutuamente aceito. Um contrato moral contém uma visão compartilhada sobre quais são os comportamentos e sistemas de recompensa adequados e aceitáveis (Alasoini, 2013).

3) **Práticas relacionadas com a autonomia**. As pesquisas com EDI (Lo, 2007; Alasoini, 2013) comprovam que o processo de inovação é impulsionado quando os empregados recebem capacitação e delegação para tomarem decisões sobre o próprio trabalho, resolverem problemas e experimentarem novas ideias. Entra as práticas mais citadas com esse propósito, destacam-se:

   □ Todas as pessoas devem ser capacitadas para identificar e solucionar problemas, perceber oportunidades de melhoria e participar ativamente dos processos de inovação.

   □ A programação de atividades diárias deve deixar algum espaço para a experimentação, ou seja, não deve ser tão rígida que não tenha tempo para novas ideias. Além disso, a administração deve sinalizar que é aceitável positivamente que os empregados procurem ou testem novas ideias à medida em que emergem. Ao mesmo tempo, é importante sinalizar que erros ocasionais são admissíveis, caso contrário, os empregados serão desencorajados de buscar ideias inovadoras.

- Capacitar as equipes de trabalho para se autoadministrarem (ver **Seção 6.3** — Sistemas Sociotécnicos — Grupos Semiautônomos).

- Criar *workshops* e grupos de discussão orientados para o futuro, para o desenvolvimento de novas ideias e o consenso sobre objetivos, valores, níveis de serviço etc.

4) **Práticas relacionadas com a participação.** Um fator decisivo para o sucesso dos processos de inovação é o fato de a administração se mostrar receptiva e interessada nas ideias dos empregados. Estes devem sentir que suas ideias são levadas em consideração e implementadas (Lo, 2007).

Os instrumentos mais comumente utilizados para a captura e desenvolvimento de ideias são os Sistemas de Sugestões (ver **Capítulo 8**). Um argumento utilizado pelas organizações para a adoção dos sistemas de sugestões é o de não perder as ideias que não forem aproveitadas de imediato. Outro é o de tornar as ideias visíveis para toda a organização (Aasen *et al.*, 2012). Ambos são válidos. Entretanto, o principal efeito resultante dos sistemas de sugestões é o de contribuir para a criação de uma forte cultura de inovação.

Cabe ainda à administração comunicar claramente, a todos os membros, as estratégias e os resultados da organização, e encorajar as pessoas a participarem dos programas de sugestões e das discussões estratégicas — que conduzirão às inovações orientadas para resultados (Fees e Taherizadeh, 2012).

5) **Práticas relacionadas com a aprendizagem.** A educação e o treinamento são dois processos fundamentais para garantir a cada pessoa (i) o aperfeiçoamento contínuo de seu trabalho (e sua contribuição para o grupo e para a organização) e (ii) seu próprio desenvolvimento, pessoal e profissional (ver **Seção 6.5.b.II** — Fundamentos da Construção da Qualidade).

Dependendo da situação de cada pessoa ou grupo, o aprendizado pode estar focalizado em:

- Nível do trabalho — execução do trabalho, aperfeiçoamento contínuo, inovação, trabalho em equipe e relacionamento pessoal.

- Nível da organização — conhecimento dos objetivos e processos da organização, necessidades e expectativas dos consumidores.

A aprendizagem no local de trabalho pode ser promovida, por exemplo, por enriquecimento do trabalho (ver **Quadro 5.2.B**), trabalho em equipe, multifuncionalidade (ver **Seção 6.4.b**), atividades de mentoria (ver **Quadro 5.5**), tarefas desafiadoras, treinamento no trabalho (OJT — *On the Job Training*) e treinamento em solução de problemas e controle de processos, em tecnologia de informação e comunicação, em comportamento inovador etc.

6) **Práticas relacionadas com a organização.** São práticas que estimulam a iniciativa, a criatividade e o envolvimento das pessoas, entre as quais se destacam (Lo, 2007; Aasen *et al.*, 2012; Alasoini, 2013):

- É importante que exista uma estratégia de inovação definindo objetivos a serem atingidos e medidas concretas a serem implementadas — nos níveis dos indivíduos, dos grupos e da organização.

- Sistema de comunicação que garanta amplo acesso, por todas as pessoas, a todos os aspectos da organização, incluindo: situação financeira e competitiva atual, objetivos estratégicos, relações com consumidores e fornecedores etc.

- Orientação para processos. Unidades de trabalho organizadas em função dos processos organizacionais (ver **Seção 6.4.b** — Células).

- Orientação para os consumidores. Os empregados muitas vezes são aqueles que conhecem melhor as necessidades dos consumidores, informação essencial para o desenvolvimento de inovações em produtos e processos.

- Tecnologia de Informação e Comunicação (TIC). Desenvolvimento contínuo de novas aplicações de TIC, de forma a (i) aumentar a conectividade entre os diversos tipos de informação, funções e sistemas e (ii) alavancar a agilidade e produtividade — de pessoas, grupos e da organização.

- Aplicação, de forma sistemática, de instrumentos de QVT (ver **Quadro 5.2.D**), como os Sistemas de Saúde e Segurança e os Sistemas de Recompensa.

- Adoção de filosofias consagradas, que contribuem para o envolvimento das pessoas, como os Sistemas de Gestão da Qualidade (ver **Seção 6.5**).

7.5 Inovação baseada na Prática
(PBI — Practice-Based Innovation)

(Melkas e Harmaakorpi, 2012a)

Processos de Inovação

Qualquer processo de inovação pode ser visto como um macroprocesso, composto de três processos principais:

i) O processo de identificação de necessidades. Estas são os "gatilhos" das inovações — podem se referir à solução de problemas identificados ou ao aproveitamento de oportunidades percebidas.

ii) O processo de criação de conhecimento. Estes são as "matérias-primas" das inovações. A pessoa inovadora domina os conhecimentos em seu campo de atividades, resolve problemas, identifica oportunidades e coopera com os outros, com base no conhecimento e nas habilidades resultantes de aprendizado prévio (Melkas e Harmaakorpi, 2012).

iii) O processo de criação de inovações propriamente dito, alimentado pelos dois anteriores, é composto de três etapas (ver **Quadro 4.1**):

- Geração de ideias, que se relaciona com a **criatividade** e criação de conhecimentos.

- Execução, que se relaciona com a **expertise** e o espírito empreendedor.

- Obtenção de resultados, que devem satisfazer as necessidades identificadas.

A descrição anterior destaca algumas características dos processos de inovação:

- O conhecimento é entendido como o componente-chave de todas as formas de inovação (Tekic *et al.*, 2012). Desse ponto de vista, as inovações podem ser definidas como a materialização de conhecimentos (Tekic et al., 2012), ou como a criação de novos conhecimentos, a partir dos conhecimentos existentes (Gold et al., 2001).

- A obtenção de conhecimentos e a aprendizagem são processos intimamente relacionados (ver **Capítulo 2**). Em um sentido, a aprendizagem é definida como "um processo de aquisição de conhecimentos" (Kolb, 1984; Izquierdo,1989). No sentido inverso, o conhecimento é entendido como o "resultado da aprendizagem" (Dutrénit, 2000).

- No nível individual, o conhecimento estimula mudanças no comportamento e no desempenho de uma pessoa (ver **Seção 1.1 — Conceitos**). E a aprendizagem é um processo holístico de adaptação, que envolve o funcionamento integrado de todas a pessoa — pensamento, sentimento, percepção e comportamento (Kolb e Kolb, 2008).

- As inovações são uma função do aprendizado e da criação de conhecimento (Ellström, 2010).

Os processos de aprendizagem, criação de conhecimento e inovação são, assim, fortemente relacionados, e é recomendável que sejam estudados em conjunto.

Dois Paradigmas da Inovação

Para o adequado planejamento das inovações, é importante sua correta identificação e caracterização. Para tanto, é possível contar com alguns tipos de classificação (Vasconcellos, 2015), como:

- Quanto ao escopo — as inovações são classificadas em inovações em produtos, processos, gestão e modelo de negócios.

- Quanto ao grau de novidade — as inovações se estendem em uma linha contínua, cujos extremos são as inovações incrementais e radicais.

Em relação às fontes de conhecimento, dois tipos de inovação podem ser identificados: a inovação baseada na ciência e a inovação baseada na prática.

- **Inovação baseada na ciência** (*Science-Based Innovation*). Neste paradigma, a inovação é vista como o resultado do progresso tecnológico e dos investimentos planejados em P&D (Nielsen e Ellström, 2012).

- **Inovação baseada na prática** (*Practice-Based Innovation*). Neste paradigma, a inovação é uma função do aprendizado informal e da contínua criação de conhecimento que ocorre nos locais de trabalho (Nielsen e Ellström, 2012). Suas atividades são tipicamente realizadas por empregados, consumidores e redes de parceiros nas operações diárias (Harmaakorpi e Melkas, 2012).

Os dois modelos diferem entre si em diversos aspectos, tais como os modos de produção e conhecimento e os modos de aprendizagem para inovação.

Modos de Produção de Conhecimento

Vimos na Seção 1.2 três formas de classificação dos conhecimentos:

- Em relação à sua natureza — conhecimento científico, tecnológico e por familiaridade.
- Em relação ao grau de dificuldade de articulação — conhecimento tácito e explícito.
- Em relação ao nível organizacional — nível individual, de grupos e da organização.

Em qualquer caso, os processos de produção de conhecimentos podem ser de dois tipos, denominados por Gibbons *et al.* (1994) de "**Modo 1**" e "**Modo 2**".

Modo 1

- É baseado na pesquisa científica. Suas normas cognitivas e sociais determinam o que são problemas significativos, quem deve ser autorizado a praticar ciência e o que constitui uma boa ciência.
- É um processo linear, "puxado" pela Demanda (*Demand-Pull*) ou "empurrado" pela Ciência (*Science-Push*), meticuloso e altamente estruturado.
- Os problemas são formulados e resolvidos no contexto de uma disciplina específica. É caracterizado pela homogeneidade (parte de uma base teórica homogênea).
- Procura ser objetivo e generalizável. Predominantemente explícito.
- Relacionado primordialmente com a **inovação baseada na ciência**.

Modo 2

- Desenvolvido gradualmente a partir das experiências das pessoas em seu trabalho. Segue um conjunto de práticas cognitivas e sociais distintas daquelas que governam o Modo 1.

- É conduzido em um contexto de **aplicação**. A fonte pode ser, por exemplo, um problema específico que requer uma solução.
- Criado em um contexto mais amplo, interdisciplinar. É caracterizado pela heterogeneidade, envolvendo equipes multidisciplinares.
- Tende a ser específico e não generalizável. Predominantemente tácito.
- Relacionado sobretudo com a **inovação baseada na prática**.

Modos de Aprendizagem para Inovação

Aprendizagem é um processo contínuo de aquisição de conhecimentos e significados, que se estende por toda a vida (ver **Capítulo 2**). Especificamente, o aprendizado tecnológico é o processo que permite às organizações criar conhecimento e adquirir capacidades tecnológicas. Os mecanismos de aprendizagem podem ser classificados em três categorias:

- Esforços internos — atividades de P&D, **benchmarking**, engenharia reversa.
- Informações obtidas externamente — educação formal, informação técnica e científica.
- Relações com outras organizações — cooperação com institutos de pesquisa, cooperação na cadeia de valor, aquisição de tecnologia, aquisição de empresas e startups.

A aprendizagem é também um processo social, no qual as pessoas exploram suas próprias experiências, a partir das quais fazem reflexões, desenvolvem conceitos e os aplicam em novas situações, que levam a novas experiências (Kolb, 1984; Pässilä *et al.*, 2014). Não há, portanto — pois as experiências são variadas —, um caminho único e generalizável para aprender a ser inovativo. Ou seja, as pessoas aprendem a ser inovativas em organizações e em situações específicas (Pässilä *et al.*, 2014).

Não obstante, é possível distinguir dois **modos genéricos** de aprendizagem para inovação (Jensen *et al.*, 2007): o **Modo STI** (*Science, Technology and Innovation*), que dá maior ênfase às atividades de P&D e ao conhecimento codificado, e o **Modo DUI** (*Doing, Using and Interacting*), que privilegia o aprender fazendo, usando e interagindo. Suas características principais são (Jensen *et al.*, 2007):

Modo STI

- Refere-se à forma como as organizações utilizam e desenvolvem seus conhecimentos científicos, no contexto de suas atividades inovadoras.

- Ocorre principalmente nas universidades e nos institutos de pesquisa, nos departamentos de P&D e nas MPEs intensivas em pesquisa.
- O Modo STI se relaciona predominantemente com a **inovação baseada na ciência**.

Modo DUI

- Ocorre principalmente nos locais de trabalho, à medida que as pessoas ganham experiência e enfrentam novos problemas. É o "aprender fazendo" (*Learning-by-Doing*).
- Há características de performance, especialmente de bens duráveis, que só são aprendidas após um prolongado período de experiência com sua utilização. É assim que os operadores "descobrem" maneiras de aumentar o rendimento dos equipamentos e identificam o melhor regime de manutenção. E é o que permite o *feedback* de consumidores, identificando *"bugs"* e propondo modificações de projeto para aperfeiçoamento de produtos e serviços. É o "aprender usando" (*Learning-by-Using*).
- Em processos complexos (como a montagem de grandes aeronaves), a interação intra e entre grupos pode resultar em novas e mais eficientes rotinas de trabalho. É o "aprender interagindo" (*Learning-by-Interacting*).
- O Modo DUI se relaciona sobretudo com a **inovação baseada na prática**.

Inovação Baseada na Prática — Síntese

A inovação baseada na prática (PBI — *Bractice-Based Innovation*) é uma função do aprendizado informal e da contínua criação de conhecimento que ocorre nos locais de trabalho (Nielsen e Ellström, 2012). A PBI pode ser vista tanto como um processo (atividades diárias nos locais de trabalho) quanto como um resultado (inovações decorrentes daquelas atividades).

Na visão de processo, temos a seguinte definição:

> "PBI é o processo estimulado pela identificação e solução de problemas em contexto prático, conduzido de forma não linear, utilizando conhecimentos científicos e práticos, em redes interdisciplinares de inovação." (Melkas e Harmaakorpi, 2012b)

Melkas e Harmaakorpi (2012b) acrescentam que:

- Em tais processos, há uma forte necessidade de combinar conhecimentos técnicos e práticos, bem como conhecimentos de diferentes disciplinas.

- Uma nova forma de caracterização de **expertise** é também necessária. Os *experts* em processos de inovação não podem simplesmente "passar conhecimento para outros" e ir em frente. Eles devem ser "parceiros interativos" em processos de aprendizagem coletiva, que levam a inovações bem-sucedidas.

A visão de resultado é complementar à primeira:

> "PBI se refere à renovação, por empregados e administradores, de suas próprias atividades em algum campo — como o desenvolvimento e implementação de novos métodos de trabalho, rotinas, produtos e serviços —, onde essa renovação é baseada no treinamento informal que ocorre no âmbito dos processos de trabalho." (Nielsen e Ellström, 2012).

Nielsen e Ellström (2012) acrescentam que:

- Esta definição considera a **aprendizagem no local de trabalho** um mecanismo fundamental dos processos de inovação baseada na prática.

- A aprendizagem no local de trabalho pode ser vista como um processo de aprendizado que decorre das rotinas de trabalho diário. Fontes importantes desse aprendizado são os desafios do próprio trabalho, a organização do trabalho e as interações sociais no trabalho.

Nas duas definições, o local de trabalho passa a ser visto como um local de aprendizagem e inovação, e não apenas como um local de produção.

A Aprendizagem no Local de Trabalho se relaciona com o Modo 2 de produção de conhecimento e com o Modo DUI de aprendizagem para inovação.

Práticas da PBI

Jensen *et al.* (2007) identificam alguns princípios e práticas presentes em organizações que adotam a inovação baseada na prática, os quais podem ser agrupados em duas categorias: (i) relacionados com a capacitação e (ii) relacionados com o envolvimento.

i) **Relacionados com a capacitação**

Aquisição de conhecimentos e habilidades requeridos para a compreensão e realização do trabalho, os quais incluem tanto a competência profissional como as habilidades de relacionamento.

Essas competências são o objeto da Aprendizagem no Local de Trabalho, discutida no item anterior.

ii) Relacionados com o envolvimento

Práticas projetadas para aumentar o nível de envolvimento das pessoas, com o trabalho e com a organização, incluindo:

- Grupos semiautônomos (ver **Seção 6.3 —** SST).
- Equipes interdisciplinares (Princípio n° 9 de Deming).
- Grupos permanentes de análise e solução de problemas (como os círculos de qualidade).
- Cooperação com consumidores (ver **Seção 6.5.b.II —** Gestão da qualidade total).
- Sistemas de sugestões (ver **Capítulo 8**).

7.6 Princípios e Práticas de Alto Envolvimento nas Organizações Inovadoras

No capítulo anterior e neste, foram apresentadas diversas filosofias administrativas, cada uma com suas propostas para o alto envolvimento, a saber:

(**Seção 6.1**) Diferentes denominações das organizações de alto envolvimento

- **HIO** — *High Involvement Organizations*
- **HIM** — *High Involvement Management*
- **HCM** — *High Commitment Management*
- **HPWS** — *High-Performance Work* Systems
- **HPWP** — *High-Performance Work Practices*

(**Seções 6.2** a **6.6**) Escolas que deram origem às organizações de alto envolvimento

- **ERH** — Escola de Relações Humanas
- **SST** — Sistemas Sociotécnicos
- **STP** — Sistema Toyota de Produção
- **TQM** — Gestão da Qualidade Total
- **Emp** — *Empowerment*

(**Seções 7.2** a **7.5**) Modelos de alto envolvimento nas organizações inovadoras

- **WPI** — *Workplace Innovation*
- **HII** — *High Involvement Innovation*
- **EDI** — *Employee-Driven Innovation*
- **PBI** — *Practice-Based Innovation*

Analisando esse conjunto de filosofias, podemos identificar os princípios e as práticas mais recomendados para o alto envolvimento nas organizações inovadoras, os quais são apresentados a seguir, agrupados de acordo com as competências inovadoras (ver **Quadro 4.1**): (a) liderança, (b) meio inovador interno, (c) pessoas, (d) processos e (e) resultados.

a) Liderança

Bennis e Nanus (1985) definem a liderança mobilizadora como "a que libera e reúne as energias coletivas na busca de uma meta comum, compartilha poder e encoraja o orgulho pela participação". Em outras palavras, é a que estimula o engajamento e a mobilização de todos em prol da inovação. Pode-se dizer que a liderança mobilizadora consiste no compartilhamento de poder e na concessão de autonomia para a tomada de decisões (Bennis e Nanus, 1985; Vasconcellos, 2015).

Princípios

- Estabelecer constância de propósito. Os colaboradores precisam de uma declaração formal de que ninguém perderá o emprego por motivo de contribuição à qualidade e à produtividade (Princípio n°1 de Deming) (HPWS).
- Adotar a filosofia de que as pessoas são capazes de pensar, resolver problemas, melhorar e contribuir para o crescimento — delas próprias e da organização (STP; Emp.).
- Assumir, como valores permanentes, princípios éticos que possam ser compartilhados com todos os membros da organização. (Empresa Viva, **Quadro 5.1**).
- Criar um clima de confiança por meio da "liderança pelo exemplo" — os colaboradores devem se sentir seguros de que são efetivamente valorizados e de que o "contrato implícito" não será violado (ver P-O Fit, **Quadro 5.5**) (WPI; EDI).
- Instituir liderança. O papel do administrador é liderar, não supervisionar. O papel do líder é motivar as pessoas, ajudá-las a fazer um bom trabalho e a se orgulhar de seu desempenho (Princípio n° 7 de Deming (TQM; Emp.).
- Adotar os princípios de liderança para a transformação (Bennis e Nanus, 1985):
  - Obter atenção e unidade por meio da visão.
  - Transmitir o significado por meio da comunicação.

- Criar confiança por meio do posicionamento e pelo exemplo.
- Promover a mobilização por meio da capacitação e da autoconfiança.

- Proporcionar segurança (eliminar o medo), para que as pessoas possam assumir iniciativas e tomar decisões com autonomia (Princípio n° 8 de Deming) (TQM; Emp.).
- Cria condições para que as pessoas possam se orgulhar de seu trabalho (Princípio n° 12 de Deming).

Práticas

- Demonstração clara, pela administração, de que os conhecimentos, as experiências e o potencial dos colaboradores são valorizados (ERH; STP; TQM; Emp.).
- Estabelecer, e divulgar amplamente, uma estratégia de inovação, definindo objetivos a serem atingidos e medidas concretas a serem implementadas — nos níveis dos indivíduos, dos grupos e da organização (HII, EDI.).

b) Meio Inovador Interno

Estimula e dá suporte às pessoas para que, continuamente, sejam geradas inovações (Vasconcelos, 2015). Concretiza-se por meio dos seguintes princípios e práticas:

Princípios

- Instituir cultura de envolvimento, com as seguintes características principais (WPI; EDI):
  - Sentimento de propriedade, que leva os colaboradores a mostrar disposição para um "esforço extra" para atingir os objetivos da organização.
  - Confiança mútua entre líderes e colaboradores. A cultura de confiança é caracterizada por (i) tolerância a erros bem intencionados, (ii) clima de compartilhamento de informações, (iii) liberdade de expressão de ideias e (iv) sentimento de segurança.
  - Abertura, que implica (i) transparência nas tomadas de decisão, (ii) espaço para pessoas e grupos discutirem abertamente questões organizacionais e (iii) portas abertas para ouvir ideias e sugestões.

- Cultura de cooperação entre administradores e funcionários, caracterizada por (WPI; EDI; HII):
  - Crença compartilhada de que a mudança em curso é a coisa certa a ser feita.
  - Ambiente de diálogo, abertura e transparência, nas relações de trabalho.
- Redução ou fim das diferenças de status — entre administradores e trabalhadores, entre colarinho branco e colarinho azul —, incluindo arranjos físicos de escritórios e modos de vestir e falar (HPWS).

Práticas

- Novos processos de atração e recrutamento, dando prioridade ao ajuste pessoa-organização (em lugar do ajuste pessoa-trabalho) e ao potencial de crescimento e de aquisição de múltiplas habilidades (em lugar da especialização única) (ver **Quadro 5.5** — P-O Fit) (HIO; HPWS; HPWP).
- Programas de integração — incluindo informação, treinamento e construção de relações — desde o momento em que a pessoa entra na organização (ver **Quadro 5.5** — P-O Fit) (HIO; STP; Emp.).
- Oferecimento de adequadas condições de trabalho, incluindo (**Quadro 5.2** — QVT):
  - Adequação entre pessoas e tecnologias (SST).
  - Garantia de segurança física.
  - Garantia de saúde física e mental.
  - Equilíbrio entre o trabalho e a vida pessoal e familiar (HPWP).
- Sistemas de recompensa. Novas abordagens de remuneração, incluindo (i) pagamento em função das competências que cada indivíduo tem (em de pagamento pelo trabalho realizado), (ii) alguma forma de participação nos resultados e (iii) adequação e equidade dos benefícios extrassalariais (HIO; HIM; HPWS; HPWP).
- Sistemas de avaliação. Novas formas de avaliação de desempenho, incluindo (i) acompanhamento para apoio e orientação e (ii) avaliação do desempenho de grupos (e não de indivíduos) (HPWP).

- Organização. Estruturas mais enxutas, com (i) redução dos níveis hierárquicos, (ii) redução das diferenças salariais entre níveis e (iii) mudança do papel dos gerentes — de controladores para professores/orientadores (HIO; HCM; STP; EDI).

- Sistemas de poder. Promover, ao mesmo tempo, (i) a descentralização, com delegação de poder e responsabilidades e (ii) eliminação das barreiras entre departamentos (as pessoas de diferentes áreas devem trabalhar em equipe, visando os objetivos da organização) (Princípio n° 9 de Deming) (HIM; HPWS; EDI; WPI).

- Informação e conhecimento. Sistema de comunicação que garanta amplo acesso, por todas as pessoas, a todos os aspectos da organização, incluindo (i) situação financeira e competitiva atual, (ii) estratégias, objetivos e resultados da organização e (iii) relações com consumidores e fornecedores (HIM; HPWS; Emp.; HII; EDI).

- Práticas relacionadas com a cultura incluem (STP; TQM; Emp.; EDI):

  □ Agilidade na tradução de ideias em resultados.

  □ Comemoração dos resultados das inovações, mesmo os de menor magnitude.

  □ As pessoas passam a se perceber como realizadoras e inovadoras.

c) Pessoas

Esta competência organizacional trata das características específicas de cada pessoa, que são essenciais para que se possa realizar com efetividade seu papel de agente de inovação e mudança. Essas características são:

- Competências, que decorrem dos processos contínuos de educação e treinamento.

- Motivação, que decorre do grau de autonomia e de participação de cada pessoa (ver **Quadro 5.2**).

Princípios

- Promover o envolvimento de todas as pessoas, em todos os níveis, de todas as áreas, tanto com o respectivo trabalho como com a organização (Ishikawa; TQK; Emp.).

- Instituir programa permanente de educação e autoaprimoramento, para todas as pessoas, em qualquer estágio da carreira (Princípio n° 13 de Deming) (TQM; Emp.).

332 · · · INOVAÇÃO PELAS PESSOAS

- Proporcionar segurança (eliminar o medo) para que as pessoas possam assumir iniciativa e tomar decisões com autonomia (Princípio nº 8 de Deming) (HIM; SST; STP; Emp.; WPI; EDI).

- Promover a participação de todas as pessoas nas decisões, tanto sobre os rumos da organização como sobre sua própria carreira (ver **Quadro 7.1** — Formas de Participação) (ERH; STP; TQM; Emp.; EDI).

Práticas — Educação e Treinamento

- Educação. Por meio de programas de educação, internos e externos, reforçar continuamente as competências da força de trabalho — referentes à multifuncionalidade, às novas tecnologias e às novas demandas da sociedade (HIO; HCM; Ishikawa; TQM; Emp.).

- Treinamento. Manter programa permanente para reforçar os conhecimentos e habilidades em (HIO; HPWS; EDI; PBI):

  i) Expertise e maestria na execução do trabalho, o que inclui a compreensão de seus pressupostos e de suas consequências.

  ii) Competências para a identificação, análise e solução de problemas.

  iii) Competências para a percepção de oportunidades e formulação de propostas de melhorias e soluções.

  iv) Multiespecialização, garantindo um alto nível de flexibilidade funcional.

  v) Métodos de CQ, incluindo: CEP — Controle Estatístico de Processos, uso do Ciclo PDCA, correção de defeitos e JIDOKA (ver **Seção 6.3** — STP).

  vi) Habilidades interpessoais, para atividades em grupo e relações com pessoas de diferentes áreas.

  vii) Comportamento inovador, incluindo: criatividade, espírito empreendedor e responsabilidade.

  viii) Tecnologias de Informação e Comunicação (TIC).

- Os métodos de educação e treinamento podem incluir:

  i) Treinamento no Trabalho (OJT — *On-the-Job-Training*). É o que se dá a partir da experiência com o trabalho de indivíduos e grupos. O próprio projeto do trabalho pode proporcionar o OJT, por exemplo, estabelecendo a rotação no trabalho (*Job Rotation*), canais diretos de comunicação com os clientes do trabalho etc.

Com o auxílio de supervisores e pares, o indivíduo aprende a importância do padrão de trabalho e como atingir e melhorar o padrão (Princípio n° 6 de Deming) (WPI; TQM; EDI).

ii) Mecanismos de reflexão coletiva, que colocam em contato pessoas — de uma mesma ou de diferentes áreas — que compartilham um mesmo interesse ou preocupação (WPI; HPWP; STP; TQM; PBI). Exemplos:

- Momentos e espaços para discussão e compartilhamento — de ideias e conhecimentos — com os colegas (ver **Seção 4.3**).

- Grupos permanentes de análise e solução de problemas (como os círculos de qualidade), reunindo pessoas de uma mesma área;.forças-tarefa para tratar de questões específicas.

iii) Coaching. Objetiva auxiliar o indivíduo a compreender e realizar melhor seu trabalho. Substitui com vantagem o *feedback* tradicional, que aponta falhas e não motiva as pessoas (WPI).

iv) Mentoring. É o processo pelo qual profissionais mais maduros compartilham seus conhecimentos e suas experiências com profissionais mais jovens, visando dar-lhes orientação para o desenvolvimento de suas carreiras (EDI).

Práticas — Motivação

- Projeto do trabalho. Suas principais características são (ver **Quadro 5.2**):

i) Significado do trabalho. O grau em que o trabalho oferece oportunidade para a criatividade e o senso de realização.

ii) Trabalho em grupo. Oportunidades sistemáticas para a solução de problemas e decisões diárias sobre o trabalho, por meio da cooperação e comunicação horizontal entre pares.

iii) Integração da tecnologia. Os subsistemas social e técnico não são independentes. Devem ser projetados um para outro, e para as demandas do ambiente externo (**Seção 6.3** — SST).

iv) Flexibilidade. As pessoas têm a competência e a autonomia para adaptar a execução do trabalho às mudanças — nas demandas, circunstâncias e oportunidades.

v) Rotação de funções (*Job Rotation*). Consiste no intercâmbio estruturado de trabalhadores entre diferentes funções. Requer que eles não sejam especializados em uma única tarefa. Contribui para a flexibilidade e para a redução da monotonia.

vi) *Feedback* dos clientes do trabalho. Acesso direto, pelo indivíduo ou grupo, às informações sobre as necessidades e reações dos consumidores.

(HIO; HPWP; SST; TQM; WPI; EDI)

- Autonomia. Concessão de autonomia a indivíduos e grupos para a tomada de decisões sobre o próprio trabalho. Algumas das práticas adotadas são:

  i) Grupos semiautônomos (GSA). Os GSA se caracterizam pela responsabilidade coletiva frente a um conjunto de tarefas, o que pressupõe que o grupo deve ter autonomia — para tomar decisões e assumir responsabilidade pelos resultados (HIO; HPWS; HPWP; SST; TQM; EDI; PBI).

  ii) Autonomia da linha de frente. Refere-se ao grau de liberdade com que a linha de frente toma decisões sobre vários aspectos de seu trabalho (STP; TQM).

    – Controle de qualidade. Cada operador tem a responsabilidade de verificar a qualidade, tanto dos materiais recebidos como de seu próprio trabalho (CEP).

    – Correção de defeitos. Se o operador descobre algum problema, deve tratá-lo imediatamente. O operador tem autonomia para corrigir erros menores por sua conta. Se necessário, solicita ajuda.

    – JIDOKA. Cada operador tem o poder e a responsabilidade de parar a linha de produção quando alguma anormalidade é percebida (ver **Seção 6.4** — STP).

    – Solução de problemas. Todas as pessoas são treinadas e encorajadas a identificar e resolver qualquer tipo de problema. As pessoas da linha de frente solucionam os problemas menores e, eventualmente, participam da solução de problemas maiores.

    – Aperfeiçoamento contínuo. Todas as pessoas têm a possibilidade de identificar oportunidades e propor melhorias.

iii) Experimentação. A programação das atividades diárias deve deixar algum espaço para a experimentação — para o teste de novas ideias à medida que emergem. Um exemplo desta prática é a "Regra dos 15%" da 3M (ver **Seção 4.3.f**).

(Aperfeiçoamento Contínuo [Quadro 6.6]; STP; WPI; HII; EDI)

iv) Workshops e grupos de discussão. Encontros orientados para o futuro — para o desenvolvimento de novas ideias e para o consenso sobre objetivos, valores, níveis de serviço etc. (EDI).

- Informação e conhecimento. A comunicação aberta e a informação transparente são determinantes para a motivação das pessoas (ver **Quadro 5.2.c**). A informação (sobre estratégias, processos, qualidade, satisfação dos consumidores e resultados organizacionais) e o conhecimento (sobre o trabalho, a organização e a rede de operações) propiciam aos indivíduos a compreensão sobre a organização, seu ambiente e seus desafios (HIM; HPWS; HPWP; Emp.; EDI).

- Participação. Grau em que as pessoas têm possibilidade de participar das decisões sobre os rumos da organização e sobre seu próprio desenvolvimento (ver **Quadros 5.2** e **7.1**). Os instrumentos mais comumente utilizados para promover a participação são os sistemas de sugestões. O principal efeito resultante dos sistemas de sugestões é o de contribuir para a criação de uma forte cultura de inovação. Pela sua importância, serão analisados mais detidamente no Capítulo 8 (TQM; HII; PBI).

d) Processos

Processo é um conjunto de atividades organizadas, que resultam em um produto ou serviço que representa valor para um determinado cliente ou *stakeholder* (Davenport, 1993). Toda organização consiste de um conjunto de processos. Os processos são o que as organizações executam. Correspondem às atividades naturais da organização, mas costumam estar fragmentados e encobertos pelas estruturas organizacionais. Em uma organização funcional, os processos são invisíveis e sem nome, porque as pessoas pensam e respondem apenas por seus setores individuais. Tendem, portanto, a não ser geridos, pois ninguém é responsável por todo o ciclo, ou seja, pelo processo (Hammer e Champy, 1993). A adoção da abordagem de processos se traduz na adesão aos seguintes princípios e práticas.

Princípios

- Orientação para resultados. Os processos devem ser organizados prioritariamente para produzir valor para os clientes e stakeholders (Davenport, 1993). Os participantes de um processo precisam estabelecer relações com seus clientes e *stakeholders*, entendendo suas necessidades e recebendo *feedback* sobre o nível atual de satisfação (CWQC [Quadro 6.4]; TQM; EDI).

- Colaboração. Diferentes grupos de uma organização (e diferentes pessoas de um grupo) devem ter a possibilidade de interagir naturalmente, compartilhando conhecimentos e entendendo as necessidades e potencialidades uns dos outros. A colaboração gera novas ideias e novas soluções, que emergem da interação de diferentes perspectivas, experiências e conhecimentos. A colaboração pode se dar na execução do trabalho diário, na análise e solução de problemas, nos processos de inovação etc. (Princípio nº 9 de Deming — Eliminar Barreiras) (WPI; EDI).

- Responsabilidade. O projeto de trabalho para o alto envolvimento estabelece a responsabilidade dos operadores de um processo com o seguinte escopo (ver **Quadro 5.4.B**): autonomia no planejamento e execução do trabalho (Princípio nº 12 de Deming), controle de qualidade no processo (Princípio nº 3 de Deming) e colaboração na identificação, análise e solução de problemas (EDI).

Práticas

- *Feedback*. Sistema de comunicação que garanta amplo acesso, por todos os colaboradores de um processo, a informações sobre:

    i)   O grau de satisfação dos "clientes do processo" em relação ao atual nível de desempenho (ver **Quadro 2.2** — Objetivos de Desempenho/SLL).

    ii) A expectativa dos "clientes do processo" em relação a novos patamares de desempenho (ver **Quadro 2.2** — Objetivos de Mudança/DLL).

- Colaboração. Mecanismos que estimulam a cooperação e a ajuda mútua incluem arranjos físicos que aproximam os participantes de um mesmo processo, células de produção, comitê multidisciplinares e projetos de cocriação com clientes, fornecedores e parceiros etc. (WPI; EDI).

- A organização em células requer a formação de equipes de trabalho compostas por operadores multifuncionais, cada um habilitado a executar várias atividades e, portanto, capazes de se ajudarem mutuamente (STP).

- Os comitês multifuncionais fornecem a trama que ajuda a organização a trabalhar transversalmente, acelerando a introdução de produtos, processos e serviços (Ishikawa [**Quadro 6.4**]).
- Construir a qualidade no processo desde o primeiro estágio (a inspeção cria custos, não qualidade). Utilizar métodos e dispositivos para impedir defeitos — CEP, ANDON, Poka-Yoke, JIDOKA (Princípio n° 3 de Deming — Cesse a dependência da inspeção em massa) (STP).

e) Resultados

A **Figura 7.2** mostra o encadeamento dos resultados esperados das práticas de alto envolvimento, a saber:

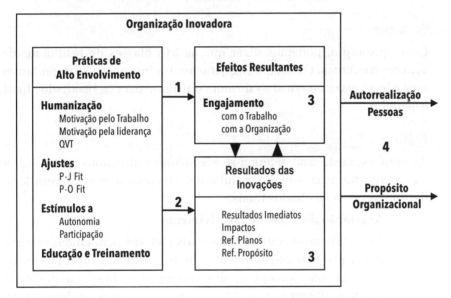

Figura 7.2 • Resultados das Práticas de Alto Envolvimento.

1) Espera-se que as práticas elencadas levem ao alto envolvimento das pessoas, tanto com seu trabalho como com a organização.

2) Em particular, as práticas de educação e treinamento contribuem para a capacitação das pessoas para a inovação e, portanto, para melhores resultados das inovações.

3) O engajamento das pessoas e os resultados das inovações se reforçam mutuamente — pessoas engajadas tendem a produzir mais inovações, e mais inovações estimulam o maior envolvimento.

4) Resultados de longo prazo. Dizem respeito à própria razão de existir da organização. Voltando a de Geus (1997): a Empresa Viva — cujo propósito é se perpetuar como uma comunidade estável — é gerenciada principalmente em função das pessoas. Estas acreditam que os objetivos da organização as ajudarão a atingir seus próprios objetivos. Assim, podemos identificar os seguintes resultados esperados de longo prazo:

  □ Para a organização — realização do propósito (ver **Quadro 8.8** — Propósito das Organizações).

  □ Para as pessoas — autorrealização (ver **Quadro 5.2** — Hierarquia de Necessidades).

Princípio

Como princípio, podemos dizer que as três classes de resultados devem ser coerentes. Ou seja, o engajamento e a inovação são importantes, mas não se esgotam em si — devem contribuir para os resultados finais esperados.

Práticas

As práticas, neste caso, referem-se aos métodos utilizados para medir as variáveis estudadas — efeitos resultantes no comportamento, resultados das inovações e resultados finais.

- **Avaliação do Nível de Envolvimento**

  As ferramentas consideradas mais efetivas para entender e avaliar o nível de envolvimento são as pesquisas organizacionais, baseadas nas percepções dos empregados sobre o ambiente de trabalho (Werner *et al.*, 2011). Existem muitos modelos desenvolvidos para medir o envolvimento dos empregados nas organizações. Ababneh (2015) identificou cerca de vinte desses instrumentos, muitos criados por empresas de consultoria, outros por pesquisadores acadêmicos. Muitas dessas métricas, especialmente as propostas por consultores, focalizam os **antecedentes** (Ex.: *"Eu disponho dos equipamentos necessários para o trabalho?"* ou *"Tenho oportunidades para aprender e crescer?"*). Podem ser úteis para avaliar as condições do ambiente de trabalho, mas não medem o nível de envolvimento propriamente dito.

Um exemplo de modelo que efetivamente mede o nível de envolvimento é o proposto por Saks (2006), composto por duas escalas de seis questões, uma para medir o envolvimento com o trabalho (Ex.: *"Algumas vezes, fico tão concentrado com o meu trabalho, que perco a noção do tempo"*) e outras para medir o envolvimento com a organização (Ex.: *"É estimulante fazer parte desta organização"*). Nos dois casos, os participantes indicam suas respostas em uma Escala Likert de cinco pontos.

Uma organização interessada em medir o grau de envolvimento de seus colaboradores pode adotar uma das métricas já existentes ou desenvolver uma própria, adaptada às suas características.

- **Resultados das Inovações**

Os resultados das inovações podem ser analisados sob quatro prismas complementares: "Resultados imediatos das inovações", "Impactos das inovações", "Cumprimento dos objetivos e planos de inovação" e "Resultados relacionados com o propósito da organização". Vale lembrar que os resultados devem ser positivos para fundadores, investidores e demais *stakeholders*, com responsabilidade social e por um prazo razoável. Isso significa que um projeto de mudança somente será considerado uma efetiva inovação se apresentar resultados que (i) sejam positivos para todos os *stakeholders*, sem impactos negativos de qualquer espécie e (ii) não sejam efêmeros, isto é, que apresentem benefícios por algum período de tempo, até que a inovação seja aperfeiçoada ou substituída por outra (Vasconcellos, 2015).

  - Resultados imediatos das inovações. Sob esta perspectiva, a análise consiste em avaliar o sucesso (ou não) de cada inovação.

  - Impactos das inovações. São as consequências, planejadas ou não, das inovações.

  - Cumprimento dos objetivos e planos de inovação. Esta análise consiste em avaliar se foram cumpridos os planos de inovação e se foram atingidos seus objetivos. Como exemplos de objetivos, podem ser citados a sustentabilidade ambiental, inclusão social, reforço da imagem da organização, relações de longo prazo com colaboradores, clientes e fornecedores, aumento de produtividade, maior participação de mercado, etc.

- Resultados relacionados com o propósito da organização são discutidos no Quadro 8.8.

- **Resultados finais (de longo prazo)**

  Considerando os três tipos de resultados esperados em longo prazo, temos os seguintes indicadores:

  - Organizações — Realização do propósito. Indicadores no Quadro 8.8 – Propósito das Organizações.

  - Pessoas. Autorrealização. Para a avaliação do atendimento às Necessidades de Maslow (ver **Quadro 5.2**), são utilizadas pesquisas organizacionais, baseadas nas percepções dos empregados sobre seu grau de satisfação.

  De acordo com a Teoria de Maslow (1943; 1954), uma vez atendida a necessidade de um dos quatro primeiros níveis (ver **Quadro 5.2** — Hierarquia de Necessidades), a principal fonte de motivação passa a ser a necessidade do nível seguinte. Nesses casos, a questão a ser respondida se refere à satisfação das necessidades, isto é, *"Quão satisfeito você está com...?"* (Taormina e Gao, 2013).

  Já a autorrealização é uma exceção, pois continua a se desenvolver mesmo após ter sido atendida (daí ser chamada também de Necessidade de Crescimento). Neste caso, a questão a ser respondida se refere à autopercepção da pessoa: *"Quanto você concorda ou discorda em que as seguintes assertivas descrevem você?"* (Taormina e Gao, 2013).

  Note-se que a autorrealização tem sido uma das necessidades mais difíceis de se definir, porque está no nível mais alto da hierarquia e, portanto, é um conceito mais abstrato (Taormina e Gao, 2013).

  Os modelos existentes, para medir a satisfação das necessidades de autorrealização exigem, portanto, muitos cuidados em sua validação (Machado, 2013). Um modelo, suficientemente testado para medir a autorrealização, é o proposto por Machado (2013), composto por dez assertivas. Sete se referem à autorrealização intrínseca (Ex.: *"Em muitos dias, eu tenho um sentimento de realização com meu trabalho"*). Três se referem à autorrealização extrínseca (Ex.: *"Eu ativamente contribuo para a felicidade e bem-estar de outros"*). Os participantes indicam suas respostas em uma Escala Likert de sete pontos.

  Uma organização interessada em medir o grau de autorrealização de seus colaboradores pode adotar uma das métricas já existentes ou desenvolver uma própria, ajustada às suas características.

Quadro 7.1 • Formas de Participação	1/4

A participação é definida como "o grau em que é permitido o envolvimento das pessoas nas decisões sobre os rumos da organização, bem como seu próprio destino. O grau em que as pessoas têm liberdade e independência para expressarem suas opiniões" (ver Quadro 5.2.C). Este quadro apresenta uma síntese das formas mais comuns de participação.

No que se refere ao escopo, podemos dividir as formas de participação em duas categorias (Hodgkinson, 1999):

- **Nível do Trabalho** — Participação nas decisões sobre o trabalho em contexto amplo (ver Quadro 5.2.C). Essas decisões se beneficiam da expertise das pessoas envolvidas nos processos de trabalho.
- **Nível da Organização** — Participação nas decisões sobre as condições do trabalho e formas de recompensa. Essas decisões afetam os aspectos tradicionalmente mais contenciosos das relações de trabalho, como a divisão dos ganhos de produtividade e mudanças nos critérios de remuneração. Estes são itens de maior interesse dos indivíduos e tendem a envolver mecanismos formais de representação.

I. Participação no Nível do Trabalho

De acordo com o exposto no Quadro 5.2, cada indivíduo é membro da organização inteira, e seu trabalho não se circunscreve à tarefa que está executando em um determinado momento. Isso significa que a compatibilidade pessoa-organização (P-O Fit) é no mínimo tão importante quanto o ajuste pessoa-trabalho (P-J Fit) (ver Quadro 5.5). O envolvimento de cada pessoa, portanto, se dá tanto com o trabalho (considerado em contexto amplo) como com a organização.

As formas mais comuns de participação, em cada caso, são:

- Participação em atividades colaborativas como grupos de análise e solução de problemas, círculos de qualidade, comitês multidisciplinares; projetos de cocriação com consumidores, fornecedores e parceiros etc. Essa atividade está relacionada com o KAIZEN orientado para o grupo (ver Seção 6.4.d).
- Participação em programas de geração de ideias — Sistemas de Ideias (ver Capítulo 8). Essa atividade está relacionada com o KAIZEN orientado para a pessoa (ver Seção 6.4.d).

[Cont.] **Quadro 7.1** • Formas de Participação	2/4

II. Participação no Nível da Organização

No nível da organização, a participação pode ser diferenciada entre participação nas decisões e participação financeira. A primeira diz respeito ao envolvimento nos processos de decisões organizacionais, especialmente sobre as condições de trabalho e as formas de recompensa. Pela participação financeira, os empregados recebem benefícios adicionais, relacionados, por algum critério, com os resultados globais da organização.

A) Participação nas decisões

Existem muitos métodos de participação dos empregados nas decisões, os quais podem ser classificados, pelo menos, de três maneiras: quanto ao nível, quanto à intensidade e quanto à forma.

Na primeira classificação, a participação pode ter lugar em dois níveis — do trabalho e da organização:

- No nível do trabalho, são tratados todos os assuntos que afetam os empregados e seus locais de trabalho. Ex.: horas de trabalho, sistemas de remuneração, seguros sociais contra o encerramento ou mudança das operações etc.

- No nível da organização, o foco principal é o planejamento econômico, além de objetivos não materiais.

A intensidade indica o grau em que os empregados têm a possibilidade de influenciar as decisões sobre vários aspectos da administração. Utilizando uma escala de três pontos, podemos ter, por exemplo:

- 1º grau — os empregados são informados sobre a situação atual da empresa, e mudanças previstas.

- 2º grau — eles são consultados sobre mudanças previstas, antes que as decisões sejam tomadas em outras instâncias.

- 3º grau — os empregados participam das tomadas de decisão (codeterminação).

Quanto à forma, os métodos de participação podem ser classificados em participação direta e indireta (representativa).

- Na primeira, os empregados participam pessoalmente das tomadas de decisão. Isso pode ser feito individualmente ou no contexto de um grupo, mas a característica marcante é que eles apresentam seus próprios pontos de vista, falam por si próprios.

- A participação indireta é representativa por natureza. Inclui qualquer método no qual os empregados são representados por outros nas tomadas de decisão.

Exemplos de práticas adotadas, nas duas categorias, são indicados a seguir.

[Cont.] **Quadro 7.1** • Formas de Participação	3/4

[Cont.] II. Participação no Nível da Organização

A1) Participação direta. Visa proporcionar a todas as pessoas conhecimento sobre a situação atual da organização (competitiva e financeira), bem como planos para desenvolvimento futuro da organização e dos colaboradores. As práticas de participação direta mais comuns são:

- Compartilhamento das informações. Os canais de comunicação podem ser boletins internos, impressos ou eletrônicos, e-mails e intranet corporativa.

- Reuniões informais — da liderança com grupos de colaboradores ou de supervisores com suas equipes. Nessas reuniões, as pessoas têm a possibilidade de exprimir seus pontos de vista e dar sugestões.

A2) Participação Indireta. Por meio da participação representativa, os empregados participam de decisões mais amplas, ligadas à estratégia da organização, em um processo de codeterminação (correspondente ao 3º grau de intensidade) (Rachid, 2011). As instituições e mecanismos mais comuns de representação, além dos sindicatos, são:

No Nível do Trabalho

- Conselhos de trabalhadores ou comissões de fábrica (*Work Councils*). Suas principais tarefas incluem o monitoramento da aderência da organização a exigências legais, regulamentos de segurança, acordos coletivos etc. Em geral, "a representação dos trabalhadores e a representação sindical coexistem na vida da empresa, mas ocupam espaços diferenciados. Os conselhos de trabalhadores tratam de questões gerenciais e até institucionais. Já a ação sindical é voltada mais para a negociação salarial em convenções coletivas de trabalho." (Silva, 1997)

- Comissões especiais. Constituídas para tratar de projetos específicos.

No Nível da Organização

- Participação no Conselho de Administração (*Supervisory Board*). Representantes eleitos pelos empregados têm assento no conselho de administração, com plenos direitos. Trata-se, portanto, de uma participação de 3º grau — Codeterminação.

- Outros mecanismos. Outras formas de participação que também são utilizadas, em menor escala, são a participação na diretoria (*Executive Board*) e nas assembleias anuais (Williamson, 2013).

B) Participação Financeira

É uma forma de pagamento variável, relacionada com o desempenho da organização como um todo. Com a participação financeira, os empregados se beneficiam do êxito de suas organizações como recompensa por seus esforços de trabalho.

[Cont.] **Quadro 7.1** • Formas de Participação	4/4

[Cont.] II. Participação no Nível da Organização

Os principais esquemas de participação financeira são participação nos lucros, participação nos ganhos e participação acionária. Em qualquer caso, a participação financeira se constitui em um adicional ao salário-base. Não substitui nem complementa a remuneração devida a cada empregado. Deve abranger todos os funcionários "elegíveis".

Participação nos lucros (*Profit Sharing*). Implica o recebimento de um valor adicional, relacionado com o lucro líquido da organização (depois dos impostos).

Participação nos ganhos (*Gain Sharing*). Neste caso, os bônus são baseados em algumas métricas sobre as quais os empregados têm controle direto, relacionadas, por exemplo, com aumento de produtividade, melhoria de qualidade, crescimento das vendas etc. Essas métricas permitem que as pessoas percebam a conexão entre o bônus recebido e o que elas próprias fizeram.

Participação acionária. Restrita às empresas de capital aberto, a participação acionária propicia a aquisição de cotas acionárias, fazendo com que, em alguma medida, os trabalhadores possam interferir em decisões futuras sobre o processo produtivo e as relações de trabalho (Corrêa e Lima, 2006). A participação dos empregados no capital da empresa pode ocorrer por meio de (Dal Mas, 2007; Kaarsemaker *et al.*, 2009):

i) Planos de concessão de ações. Esquemas projetados para permitir que todos os empregados se tornem acionistas de suas empresas. Duas vertentes são mais utilizadas (especialmente nos Estados Unidos e na Europa):

- Doações de ações pela empresa aos empregados ou compra de ações pela empresa em nome dos empregados.

- Planos de concessão de ações (*Employee Share Ownership Plans — ESOP*). O valor anual é repassado a um fundo, que adquire ações da empresa em nome dos empregados. As ações são então distribuídas, ao longo do tempo, aos empregados individualmente.

Pelas suas características (benefício proporcional ao lucro da empresa, abrangendo todos os empregados), esses esquemas têm potencial de contribuir para o maior envolvimento dos empregados com a organização.

ii) Planos de concessão de opções de ações (*Stock Options*). Mecanismos pelos quais opções de ações são concedidas a empregados selecionados de acordo com critérios da empresa, usualmente administradores seniores.

Referências

AASEN, T. M. *et al.* **In search of Best Practices for Employee-Driven Innovation: Experiences from Norwegian Work Life**. In: "Employee-Driven Innovation: a New Approach" (S. Høyrup *et al.*, Eds.). Basingstoke, Hampshire, UK: Palgrave MacMillan, 2012.

ABABNEH, O. M. A. **Conceptualizing and Measuring Employee Engagement, and Examining the Antecedents of Leadership Styles and Personality Attributes**. Ph.D. Thesis. Auckland University of Technology, 2015.

ALASOINI, T. **Promoting Employee-Driven Innovation: Putting broad-based Innovation Policy into Practice**. Linköping, Sweden: International Helix Conference, jun. 2013.

BEBLAVÝ, M.; MASELLI, I.; MARTELLUCCI, E. **Workplace Innovation and Technological Change**. CEPS Special Report n. 65, set. 2012.

BENNIS, W.; NANUS, B. **Líderes**. São Paulo: Editora Harbra, 1988 (1985).

BESSANT, J. **High Involvement Innovation: Building and sustaining Competitive Advantage through Continuous Change**. Chichester, England: Wiley, 2003.

BUCKINGHAM, M.; GOODALL, A. The Feedback Fallacy. **HBR**, mar.–abr. 2019.

CEDEFOP. **Learning and Innovation in Enterprises**. Research Paper n. 27. Luxembourg: Centre for the Development of Vocational Training (CEDEFOP), 2012.

CORRÊA, D.; LIMA, G. T. Participação dos Trabalhadores nos Lucros e Resultados das Empresas: Lições da Experiência Internacional. **Revista de Economia Contemporânea**, 10 (2), maio–ago. 2006.

DAL MAS, V. C. N. P. M. **Stock Options nas Relações de Emprego**. Dissertação de Mestrado. PUC São Paulo, 2007.

DAVENPORT, T. H. **Reengenharia de Processos**. RJ: Editora Campus, 1994 (1993).

DORTMUND/BRUSSELS POSITION PAPER. **Workplace Innovation as Social Innovation**. Dortmund; Brussels: Seminar of WPI, jun. 2012.

DUTRÉNIT, G. **Learning and Knowledge Management in the Firm**. Cheltenham, UK: Edward Elgar, 2000.

ELLSTRÖM, P.-E. Practice-Based Innovation: A Learning Perspective. **Journal of Workplace Learning**, 22 (1/2), 2010.

FEES, W.; TAHERIZADEH, A. H. **Exploring the Employee-Driven Innovation Concept by Comparing "Innovation Capability Management" among**

German and Chinese firms. In: "Employee-Driven Innovation: a New Approach" (S. Høyrup et al., Eds.). Basingstoke, Hampshire, UK: Palgrave MacMillan, 2012.

GIBBONS, M. et al. **The New Production of Knowledge**. London: SAGE Publications, 1994.

GOLD, M. et al.; Closing the Gap between Evidence-based and Common Practice — WPI and Public Policy in Europe. **ELM Magazine**, Issue 4, dez. 2012.

GOLD, A. H.; MALHOTRA, A.; SEGARS, A. H. Knowledge Management: An Organizational Capabilities Perspective. **Journal of Management Information Systems**, (18:1), 2001.

HALLGREN, E. W. **Employee Driven Innovation: A Case of Implementing High-Involvement Innovation**. Ph.D. dissertation. Technical University of Denmark, maio, 2008.

HAMMER, M.; CHAMPY, J. **Reengenharia**. RJ: Editora Campus, 1994 (1993.)

HARMAAKORPI, V.; MELKAS, H. **Epilogue: Two Modes of Practice-Based Innovation**. In: "Practice-Based Innovation: Insights, Applications and Policy Implications" (H. Melkas e V. Harmaakorpi, Eds.). Heidelberg, Berlin: Springer-Verlag, 2012.

HODGKINSON, A. **Employee Involvement and Participation in the Organizational Change Decision: Illawarra and Australian Patterns**. Working Paper 99-7. Department of Economies, University of Wollongong, 1999.

HØYRUP, S. **Employee-Driven Innovation: A New Phenomenon, Concept and Mode of Innovation**. In: "Employee-Driven Innovation: a New Approach" (S. Høyrup et al., Eds.). Basingstoke, Hampshire, UK: Palgrave MacMillan, 2012.

IZQUIERDO, I. **Memórias**. Estudos Avançados USP, vol. 3, n. 6, maio–ago. 1989.

KAARSEMAKER, E.; PENDLETON, A.; POUTSMA, E. **Employee Share Ownership Plans: A Review**. Working Paper 44. University of York. The York Management School, 2009.

JENSEN, M. B. et al; Forms of Knowledge and Modes of Innovation. **Research Policy**, 36, 2007.

KESSELRING, A.; BLASY, C.; SCOPPETA, A. **Workplace Innovation: Concepts and Indicators**. Exploratory Report. European Commission, ago. 2014.

KESTING, P.; ULHØI, J. P. **Employee-Driven Innovation (EDI: The Discovery of the Hidden Treasure**. Proceedings of the Workshop of the European Network of the Economics of the Firm, set. 2008.

KOLB, D. A. **Experiential Learning**. NJ: Prentice-Hall, 1984.

KOLB, A. Y.; KOLB, D. A. **Experimental Learning Theory: A Dynamic, Holistic Approach to Management Learning, Education and Development**. In: "Handbook of Management Learning" (Armstrong e Fukami, eds.) London: Sage Publications, 2008.

LI, S. X. **Management Control and Employee-Driven Innovation**. Doctoral Thesis. Cambridge, MA: Harvard University, maio, 2016.

LO. **Employee-Driven Innovation — A Trade Union Priority for Growth and Job Creation in a Global Economy**. Report. Lo — The Danish Conference of Trade Unions. Copenhagen: Lo, out. 2007.

MACHADO, I. D. T. **Intangibles that Matter for HCM: Self-actualization — A Case Study of a Brazilian Company**. Master Thesis. University Institute of Lisbon, mar. 2013.

MELKAS, H.; HARMAAKORPI, V. Editors; **Practice-Based Innovation: Insights, Applications and Policy Implications**. Heidelberg, Berlin: Springer-Verlag, 2012a.

MELKAS, H.; HARMAAKORPI, V. **Introduction**. In: "Practice-Based Innovation: Insights, Applications and Policy Implications" (H. Melkas e V. Harmaakorpi, Eds.). Heidelberg, Berlin: Springer-Verlag, 2012b.

NIELSEN, P.; ELLSTRÖM, P.-E. **Fostering Practice-Based Innovation through Reflection at Work**. In: "Practice-Based Innovation: Insights, Applications and Policy Implications" (H. Melkas e V. Harmaakorpi, Eds.). Heidelberg, Berlin: Springer-Verlag, 2012.

PÄSSILÄ, A. **Practice-Based Innovation Pedagogy: Learning in the Middle of Action**. Working Paper, 2014.

RACHID, A. **Participação dos Trabalhadores na Gestão da Produção**. Relatório Científico. UFSCAR, jun. 2011.

RODERKERKEN, J. **Employee-Driven Innovation: The Manager's Guide to EDI**. Bachelor Thesis. Helsinki, Finland: Haaga-Helia University, 2011.

SILVA, S. C. Experiências das Comissões de Fábrica na reestruturação produtiva da Autolatina. **Lutas Sociais**, n. 2, 1997.

SWANBERG, J. **The Innovative Workplace**. University of Kentucky. Institute for Workplace Innovation. Lexington, KY: 2010.

TAORMINA, R. J.; GAO, J. H. Maslow and the Motivation Hierarchy: Measuring Satisfaction of the Needs. **American Journal of Psychology,**, vol. 126, n. 2, summer 2013.

TEGLBORG, A-C. *et al*. **Employee-Driven Innovation: Operating in a Chiaroscuro**. In: "Employee-Driven Innovation: a New Approach" (S.

Høyrup *et al.*, Eds.). Basingstoke, Hampshire, UK: Palgrave MacMillan, 2012.

TEKIC, Z., COSIC, I.; KATALINIC, B. **The Missing Link — Knowledge Creation and Innovation**. Proceedings of DAAAM International, vol. 23, n. 1, 2012.

TIDD, J.; BESSANT, J.; PAVIT, K. **Gestão da Inovação**. Porto Alegre: Bookman, 2008, 3ª Edição (2005, 3rd Ed.).

TOTTERDILL, P. Closing the Gap: the Fifth Element and Workplace Innovation. **European Journal of Workplace Innovation**, vol. 1, n. 1, fev. 2015.

TOTTERDILL, P.; DHONDT, S.; BOERMANS, S. **Your Guide to Workplace Innovation**. EUWIN — European Workplace Innovation Network, 2016.

VASCONCELLOS, M. A. Coord.: **Gestão da Inovação**. São Paulo: FNQ, 2015.

WERNER, H.; KAREL, S.; JAN, V. Evaluating the Difference in Employee Engagement before and after Business and Cultural Transformation Interventions. **African Journal of Business Management**, vol. 5 (22), set. 2011.

WILLIAMSON, J. **Workers on Board: The Case for Worker's Voice in Corporate Governance**. Economic Report. TUC — Trades Union Congress, 2013.

Sistemas de Ideias

8.1 Importância dos Sistemas de Ideias

Entre tantas ferramentas de estímulo ao alto envolvimento, os Sistemas de Udeias merecem destaque, pelos seguintes motivos principais:

- As ideias são a força motriz do progresso (Robinson e Schroeder, 2004). "As ideias melhoram a vida das pessoas, porque permitem a descoberta de formas mais práticas de fazer as coisas e também a construção e o crescimento de organizações bem-sucedidas, e as mantêm saudáveis e prósperas" (Robinson e Schroeder, 2004). Além do que, como já vimos (**Quadro 4.1**), as ideias são o ponto de partida para todos os tipos de inovação. Esse é o **Poder das Ideias da Linha de Frente**.

- Os Sistemas de Ideias eficazes contribuem para o alto envolvimento de todos os colaboradores e, portanto, para a construção de uma cultura de alto desempenho. Existe uma forte conexão entre o ***número de ideias apresentadas pelos empregados*** e seu ***nível de envolvimento.*** Se as pessoas têm muitas ideias, isso significa que estão obviamente envolvidas; se há envolvimento, por outro lado, há também a motivação para apresentar ideias (o poder do envolvimento de todas as pessoas). Esse é o **Poder do Alto Envolvimento**.

a) O Poder das Ideias da Linha de Frente

Para esta análise, seguiremos o seguinte roteiro: Significado das Ideias; Sugestões e Propostas; Invenção e Inovação; Fontes de Ideias; Tipos de Conhecimento; e Ideias da Linha de Frente.

Significado das Ideias

Os dicionários registram uma variedade de acepções da palavra IDEIA, algumas das mais importantes sendo reproduzidas a seguir (Houaiss e Villar, 2001; Longman, 1978; Audi, 1995):

i) Imagem ou representação mental de algo concreto, abstrato ou quimérico [*a ideia de uma pedra, do belo ou de um cavalo alado*].

ii) Conhecimento, informação, noção. Entendimento de alguma coisa, com base no que se sabe a respeito [*Eu preciso ter alguma ideia dos problemas envolvidos. Não faço ideia do que seja mecânica quântica*].

iii) Maneira de ver, opinião, crença [*Ainda não tenho ideia formada sobre o assunto. José tem ideias próprias sobre o esporte*].

iv) **Conceito**. "Conceito corresponde à ideia ou noção pela qual uma inteligência é capaz de entender algum aspecto do mundo" (Hampton e Dubois, 1993).

v) **Invenção**. "Invenção é o processo pelo qual uma nova ideia é descoberta ou criada" (Rogers, 1995). "Invenção é a primeira ocorrência de uma ideia para um novo produto ou processo" (Fagerberg, 2005). "Invenção é uma ideia elaborada ou uma concepção mental de algo que se apresenta na forma de planos, fórmulas, modelos, protótipos, descrições e outros meios de registrar ideias" (Barbieri, 2003).

vi) Intenção de realizar algo, propósito, desígnio [*Ia ao teatro, mas mudei de ideia*].

vii) Solução possível, plano ou sugestão para um possível curso de ação [*À falta de ideia melhor, recuou a tropa. O que você acha da ideia de contratar mais pessoas?*].

As duas últimas acepções se distinguem pela **intencionalidade** e estão, portanto, mais próximas dos Sistemas de Ideias.

Ideias, Sugestões e Propostas

Os termos "ideia" e "sugestão" são tratados por alguns autores como sinônimos, pois "são entendidos como constituintes do processo de invenção e inovação" (Barbieri *et al.*, 2009).

Outros consideram que (Robinson e Schroeder, 2004; 2014; JHRA, 1988): (i) "Uma ideia, ainda que pequena, nasce quando alguém toma consciência de um problema ou oportunidade"; (ii) "sempre que possível, os funcionários implementam suas próprias ideias"; (iii) "quando não tem autorização ou habilidade para implementar a ideia sozinho, o funcionário a encaminha para aprovação e implementação". Este entendimento pressupõe os seguintes significados:

- **Ideia** é o que vem à mente das pessoas.
- **Sugestão** é a ideia registrada e informada a outras pessoas.

A Japan Human Relations Association (JHRA, 1989) faz, ainda, uma distinção entre os termos "sugestão" e "proposta" (Teian), aos quais atribui os seguintes significados:

- A **sugestão** usualmente consiste em uma informação (sobre algum problema identificado). É uma ideia apresentada sem justificativa ou argumento.
- A **proposta** (Teian) é mais proativa. Indica um caminho para a implementação, podendo, inclusive, considerar custos e benefícios e quantificar os resultados esperados.

Nem todos os autores fazem uma distinção tão extrema. Alguns dicionários, inclusive, tratam esses dois termos como sinônimos. De qualquer forma, sempre podemos admitir que tanto a sugestão como a proposta são **ideias**. A **sugestão** é uma ideia registrada e apresentada com algum tratamento. A **proposta** (**Teian**) é uma sugestão aprimorada com indicações para a implementação.

Assim, neste texto, utilizaremos a expressão **"Sistemas de Ideias"** para designar os sistemas de estímulo ao alto envolvimento. Este é o critério adotado por Robinson e Schroeder (2004). E as expressões "Sistemas de Sugestões" e "Sistemas de Propostas" (Teian Systems) serão consideradas como sinônimos.

Ideia, Invenção e Inovação

A ideia está relacionada com a invenção (ver acepção V anteriormente). E as ideias, ou invenções, são o ponto de partida para qualquer tipo de inovação (Vasconcellos, 2015). De fato, "não existe inovação que não tenha se originado de uma ou mais ideias" (Barbieri e Álvares, 2016).

A fase inicial dos Processos de Inovação, que inclui a Percepção e a Geração de Ideias, encontra-se descrita na **Seção 4.3.c**. E a Criatividade — a competência para a Geração de Ideias — é apresentada na **Seção 4.3.e**.

Fontes de Ideias

As organizações podem recorrer a um sem número de fontes de ideias. Entre as **fontes externas**, podem ser citadas (Barbieri *et al.*, 2009): clientes, parceiros e fornecedores, competidores, universidades e institutos de pesquisa, congressos, feiras e revistas técnicas, documentos de patentes etc.

As **fontes internas** advêm do próprio pessoal da organização e podem ser divididas em dois grupos (Barbieri *et al.*, 2009):

i) Dirigentes e pessoas designadas especificamente para atividades inovadoras, tais como P&D, engenharia, pesquisa de mercado e planejamento de negócios.

ii) Pessoas que foram contratadas para outras funções, tais como produção de bens, prestação de serviços, compras, vendas, atividades administrativas etc.

Este segundo grupo constitui o que chamamos de **Linha de Frente**. Ou seja, para efeito deste texto, a Linha de Frente não se limita ao atendimento aos clientes ou ao chão de fábrica; abrange todas as pessoas não designadas especificamente para atividades inovadoras. Nestes termos, podemos dizer que os **Sistemas de Ideias** foram concebidos especialmente para as pessoas da **Linha de Frente**.

Dois Tipos de Conhecimento (e de Ideias)

Em seu importante ensaio sobre os problemas econômicos da sociedade, Hayek (1945) definiu dois tipos de conhecimento:

i) Conhecimento "científico" (adjetivação do autor), que "inclui informações e estatísticas agregadas".

ii) Conhecimento disperso, que "consiste no conhecimento das circunstâncias de tempo e espaço e que existe somente como pedaços de conhecimento — incompletos e frequentemente contraditórios — distribuídos por todos os indivíduos separados".

Robinson e Schroeder (2004; 2014) adaptaram os conceitos de Hayek ao âmbito das organizações, chegando às seguintes definições:

Conhecimento Agregado sobre a Organização

▫ "É o que lida com dados e números de desempenho de alto nível. Esses números são decorrentes da quantificação, simplificação e combinação dos resultados de todas as atividades que ocorrem em toda a organização e fora dela."

▫ "Esses dados fornecem uma boa imagem do desempenho e das tendências gerais, e são necessários para as tomadas de decisão em nível estratégico e para estabelecer os rumos da organização."

- "Os administradores quase sempre lidam com o conhecimento agregado. Quanto mais alta for a posição de uma pessoa na empresa, mais agregadas tendem a ser suas informações."

Conhecimento das Circunstâncias Particulares de Tempo e Espaço

- "É o conhecimento detalhado de fatos específicos, de problemas e oportunidades cotidianos e da maneira exata como as coisas são feitas."

- "É mais útil na geração de ideias para melhorar o desempenho."

- "Este é precisamente o conhecimento adquirido pelos empregados da Linha de Frente, que os habilita a ter ideias melhores para alcançar os objetivos da organização."

Ideias da Linha de Frente

As ideias da Linha de Frente, que resultam do conhecimento detalhado das circunstâncias do trabalho, apresentam algumas características principais, destacadas por Robinson e Schroeder (2014):

- "Essas ideias respondem a problemas e oportunidades que são vistos facilmente pelas pessoas da linha de frente, mas não por seus gestores (cujo foco principal é o conhecimento agregado)."

- "Muitas das ideias são pequenas e simples. Não requerem muito esforço para serem analisadas e podem ser implementadas praticamente sem custos."

- "As ideias não são dispersas nem interesseiras. Elas sistematicamente propõem melhorias de desempenho em áreas estratégicas da organização."

- "Endereçam aspectos importantes, mas intangíveis, das operações e do ambiente. Muitas vezes, são os aspectos intangíveis que determinam se um cliente voltará ou não."

- "Tomadas em conjunto, as ideias ilustram um profundo entendimento sobre as operações e os consumidores, um entendimento que somente as pessoas da linha de frente podem adquirir."

Cada ideia, ainda que pequena, contribui para melhorar a organização de alguma maneira. Mais significativo ainda é o **impacto acumulado**, ao longo do tempo, de uma grande quantidade de pequenas ideias.

Robinson e Schroeder (2014) criaram o *"Princípio de Melhoria 80/20"*, segundo o qual "cerca de 80% do potencial de melhoria do desempenho de uma organização estão nas ideias da linha de frente, e apenas 20% nas iniciativas da Administração."

O Princípio 80/20 ilustra o poder das pequenas ideias, cujo impacto acumulado apresenta os seguintes resultados principais (Robinson e Schroeder, 2004):

i) As pequenas ideias levam à excelência. Graças ao "conhecimento das circunstâncias" e à prática do trabalho diário, os empregados desenvolvem a capacidade de perceber problemas e oportunidades e apresentar ideias de melhorias. Sem essas ideias, que endereçam questões não visíveis para a administração, seria muito difícil atingir a excelência em qualquer aspecto de desempenho.

ii) As pequenas ideias aceleram o aprendizado organizacional. O processo de geração e implementação de ideias é, em si, um processo de aprendizagem, pois identifica e soluciona problemas e oportunidades, e incorpora os resultados na memória organizacional.

Toda ideia, ainda que seja má, traz consigo uma oportunidade de aprendizagem: uma má ideia, oferecida de boa-fé, identifica um colaborador que não entende alguma coisa sobre seu trabalho e que precisa de treinamento adicional (Robinson e Stern, 1997).

iii) As pequenas ideias proporcionam vantagens competitivas sustentáveis. Quanto maior for uma ideia, maior será a probabilidade de ser descoberta — e copiada. Já as pequenas ideias são, em geral, específicas de cada situação e de cada empresa. Cada pequena ideia isolada, mesmo que visível, é difícil de ser copiada, além de ser de muito pouca utilidade para algum concorrente.

(iv) As pequenas ideias favorecem as inovações. Como vimos, toda inovação se origina de uma ou mais ideias. As pequenas ideias, em particular, podem contribuir para as inovações por diferentes caminhos.

- **Da ideia para a inovação** (Barbieri *et al.*, 2009). "Uma pequena ideia surge quando alguém (indivíduo ou grupo) percebe um problema ou oportunidade. Essa ideia, ao ser divulgada, pode inspirar outras — pequenas e grandes — e dar início a um processo de inovação. A partir das ideias iniciais, novas ideias vão sendo estimuladas, em função das características, necessidades e desafios de cada etapa do processo de inovação, tal como um rio caudaloso, que nasce como um olho d'agua e vai crescendo com as contribuições dos afluentes. Mesmo depois de implementada a inovação, muitas novas pequenas ideias serão necessárias para o seu refinamento."

- **Da inovação para a ideia** (Robinson e Schroeder, 2004). Inversamente, "uma inovação latente (um problema ou oportunidade ainda não claramente percebidos) pode se manifestar por meio de um conjunto de sintomas, cada um podendo dar origem a uma ou menores ideias, que poderão ajudar a identificar a questão maior".

- **Cultura de inovação.** Quando as pessoas percebem que suas ideias são valorizadas e implementadas, sentem-se estimuladas a apresentar mais e mais ideias, criando, assim, um círculo virtuoso de ideias e inovações. O fluxo constante de pequenas ideias por todas as pessoas, por sua vez, contribui para a criação de uma cultura de inovação, pavimentando o caminho também para as grandes ideias e inovações radicais. A criação de uma cultura de inovação é, com certeza, o "produto" mais importante de qualquer Sistema de Ideias.

b) O Poder do Alto Envolvimento da Linha de Frente

Os sistemas bem-sucedidos produzem um fluxo contínuo de ideias, pequenas e grandes, que dão origem a inovações de todos os tipos, as quais melhoram o desempenho da organização em todos seus aspectos. Estes são os benefícios tangíveis, bastante significativos dos Sistemas de Ideias.

Muitos pesquisadores e dirigentes de empresas, não obstante, acreditam que o principal objetivo dos Sistemas de Ideias são os benefícios intangíveis — a melhoria do ambiente humano e o alto envolvimento das pessoas. De acordo com esse entendimento, o aumento de produtividade trazido pelas ideias seria "apenas um subproduto" daqueles sistemas (Barbieri e Álvares, 2005). O mecanismo pelo qual os Sistemas de Ideias levam ao **alto envolvimento** pode ser sintetizado nos seguintes passos:

1) **Confiança**. O ponto de partida para a implantação de um Sistema de Ideias (como para qualquer outro processo de *empowerment*) é a crença nas pessoas — a convicção de que as pessoas são capazes de pensar, melhorar e contribuir para o crescimento, delas próprias e da organização. Sem esta confiança, os demais passos não acontecerão. A propósito, reveja as **Seções 6.4.e** (STP — Envolvimento das Pessoas) e **6.5.b.III** (TQM — Princípios para a Liderança e Motivação).

2) **Capacitação**. A eficácia de um Sistema de Ideias está indissociavelmente ligada à preparação das pessoas — para realizar o

trabalho com maestria, entender o contexto e contribuir para o aperfeiçoamento organizacional. O que inclui Educação e Treinamento, Informação e Conhecimento (ver **Seção 6.6.b** — Processo de Empowerment). Vale lembrar que "Qualificação e Aprendizagem" faz parte da Gestão de Pessoas — uma das competências da Organização Inovadora (Vasconcellos, 2015).

3) **Valorização das Ideias**. Nos Sistemas de Ideias eficazes, a tomada de decisão é rápida e eficiente, o *feedback* aos funcionários é ágil e completo, e a implementação das ideias é imediata, ou no prazo mais curto possível (Robinson e Schroeder, 2004). Com isso, os colaboradores percebem que suas ideias são <u>mesmo</u> valorizadas.

4) **Alto Envolvimento**. A demonstração de confiança, a ênfase na capacitação e a valorização das ideias contribuem para o **alto envolvimento** dos colaboradores, que se caracteriza por (ver **Seção 5.6**):

   ◦ **Predisposição** — atitude positiva em relação ao trabalho e à organização.

   ◦ **Dedicação** — disposição para empregar tempo e energia para melhorar o desempenho do trabalho e a saúde da organização.

   ◦ **Responsabilidade** — é a responsabilidade moral assumida, tanto pelo desempenho (do trabalho e da organização) como pelas consequências do desempenho. Relaciona-se com o Sentimento de Propriedade (ver **Box 4.D**).

5) **Cultura de Alto Desempenho**. Como vimos na **Seção 5.6**, "o Alto Envolvimento é a força que motiva as pessoas para níveis cada vez mais altos de desempenho" (Macey e Schneider, 2008). Ao mesmo tempo, um dos Princípios de Mudança de Cultura Organizacional (propostos por Katzenbach *et al.*, 2016) reza o seguinte: "Mude comportamentos, os modelos mentais irão segui-lo." Segue-se que as novas atitudes (predisposição), comportamentos (dedicação) e sentimentos (responsabilidade), ao se incorporarem às rotinas de trabalho, contribuem para a criação de uma **Cultura de Alto Desempenho**, caracterizada pela confiança mútua e pelo espírito de colaboração.

6) **Espiral de Crescimento**. Uma cultura de cooperação reforça a confiança mútua, com o que a organização retoma o Estágio 1. Com isso, o ciclo se repete, cada volta atingindo um patamar mais alto de desempenho, caracterizando uma espiral de crescimento, cada vez com mais e melhores ideias.

8.2 Origens e Desdobramentos dos Sistemas de Ideias

O Sistema de Ideias é a ferramenta mais antiga usada pelas organizações para envolver os funcionários e obter ideias criativas (Lasrado *et al.*, 2016).

Suas origens remontam ao fim do Século XIX, sendo de se destacar, nessa época, o sistema pioneiro do estaleiro escocês **Denny**, e o impulso dado nos Estados Unidos pela **NCR**. No pós-guerra, viria a surgir, no Japão, a segunda geração de Sistemas de Ideias — o Kaizen Teian ou Proposta de Aperfeiçoamento Contínuo (Robinson e Stern, 1997). Esses três momentos são relatados sucintamente a seguir.

Denny — o sistema pioneiro

A primeira tentativa registrada de promover sistematicamente a criatividade em uma empresa ocorreu em 1880, no estaleiro escocês "William Denny & Brothers". A história desse sistema pioneiro é contada por Robinson e Stern (1997):

> "Desde que se tornou sócio da empresa, W. Denny se preocupou em rever as práticas administrativas. O estaleiro estava crescendo e os proprietários já não tinham condições de supervisionar cada aspecto da construção de um navio. Para manter a cultura e a reputação únicas da empresa, novos métodos operacionais teriam que ser criados. (...). O sistema criado por Denny era dividido em cinco conjuntos de regras, cópias das quais eram distribuídas a todos os empregados. O objetivo declarado dessas regras era não só tornar o trabalho mais eficiente e seguro, mas também aumentar a preocupação dos empregados com a eficiência e a segurança. Uma das cinco categorias compreendia as "Regras para recompensar os trabalhadores por invenções e aperfeiçoamentos" — foi o primeiro Sistema de Sugestões, embora com outro nome."

As regras eram breves e simples (Robinson e Stern, 1997):

> *"Qualquer empregado (exclusive supervisores, membros do Comitê de Recompensas e Chefes de Departamento) pode reivindicar uma recompensa, com base nos seguintes motivos:*
>
> a) *Ter inventado ou introduzido um novo equipamento ou ferramenta de trabalho.*
>
> b) *Ter melhorado qualquer equipamento ou ferramenta existente.*
>
> c) *Ter aplicado qualquer equipamento ou ferramenta existente a um novo tipo de trabalho.*
>
> d) *Ter descoberto ou introduzido qualquer novo método de conduzir ou organizar o trabalho.*

e) *Ter inventado ou introduzido qualquer dispositivo para a prevenção de acidentes.*

f) *Ter sugerido meios de evitar o desperdício de material.*

g) *Ou, em geral, que tenha feito qualquer mudança pela qual o trabalho se tornou, ou superior em qualidade, ou mais econômico em custos."*

Implantado em 1880, o sistema logo se tornou um sucesso. Despertou grande interesse e foi amplamente copiado por toda a Grã-Bretanha e Europa ao longo das décadas seguintes (Robinson e Stern, 1997).

NCR — pioneira nos Estados Unidos

Em 1894, a NCR — National Cash Register, empresa fabricante de caixas registradoras, deu partida ao seu próprio Sistema de Ideias, denominado "Hundred-Headed Brain". Pioneiro nos Estados Unidos, esse sistema foi desenvolvido, até onde se tem notícia, de forma independente do sistema de Denny.

A história desse sistema é contada por Robinson e Stern (1997) e por Robinson e Schroeder (2004):

> "Em 1894, a NCR recebeu a devolução de um grande carregamento de máquinas defeituosas que enviara para a Grã-Bretanha. Quando o presidente da companhia, John Patterson, investigou a causa dos defeitos, levou um choque, pois descobriu que as máquinas tinham sido sabotadas pelos próprios empregados. Ele descobriu que:
>
> **1º)** O moral estava extremamente baixo, com os empregados pouco se interessando em realizar um bom trabalho.
>
> **2º)** Esse comportamento era provocado por condições de trabalho muito ruins — a fábrica era insegura, escura e suja.

Patterson tomou providências imediatas para corrigir tanto o ambiente como os métodos de trabalho.

- Para melhorar o ambiente de trabalho, foram feitas mudanças significativas, como melhoria da ventilação e da claridade, instalações de conforto para os empregados, serviços médicos, refeições subsidiadas etc.

- No que se refere aos métodos, a principal mudança foi a criação do Sistema de Caixas de Sugestões (Hundred-Headed Brain), que permitiu que as sugestões dos empregados fossem levadas diretamente à administração, sem passar pelo crivo dos supervisores.

No global, o programa implantado era ainda mais produtivo do que o do Estaleiro Denny, pois Patterson também instituiu um programa extensivo de educação e treinamento para reforçar a habilidade dos empregados em contribuir.

Devido à importância de Patterson no mundo dos negócios da época, e à eloquência com que advogou os benefícios trazidos pelas ideias dos empregados, a Caixa de Sugestões se espalhou rapidamente. O segundo Sistema de Ideias nos Estados Unidos foi implantado em 1898 na Kodak, depois que seu presidente, George Eastman, se inspirou em uma palestra de Patterson em Londres (Robinson e Stern, 1997; Robinson e Schroeder, 2004). No Japão, uma das primeiras empresas a adotar o sistema, em 1905, foi a Kanebuchi Boseki, uma empresa têxtil cuja equipe administrativa teve a ideia durante uma visita à NCR nos Estados Unidos (JHRA, 1988; Robinson e Stern, 1997).

Sistemas de Ideias na primeira metade do Século XX

Os Sistemas de Ideias (ainda referidos como Caixas de Sugestões) tornaram-se muito populares no ocidente no início do Século XX. No Japão, na mesma época, os Sistemas de Ideias foram poucos (como o da Kanebuchi Boseki) e semelhantes aos ocidentais.

As empresas que adotaram o sistema (além da Denny e da NCR) visavam na época os seguintes objetivos principais (Robinson e Stern, 1997; Robinson e Schroeder, 2004):

- **Melhoria do trabalho e de suas condições**. Estimular ideias de todo tipo, desde pequenas melhorias até grandes invenções patenteáveis, para aumentar a eficiência e a segurança do trabalho.

- **Engajamento**. À medida que as organizações cresciam, tornavam-se cada vez mais impessoais, e os empregados tinham maiores dificuldades para se identificar com seu trabalho. O ponto de vista predominante na época era o de que o maior benefício das Caixas de Sugestões não estava nas ideias propriamente ditas, mas, sim, no **reengajamento** dos empregados com seu trabalho (Robinson e Schroeder, 2004). Um maior engajamento significa que também os empregados, e não apenas a administração, se preocupam com eficiência e segurança.

- **Confiança mútua**. Quando a Associação Nacional dos Sistemas de Sugestões foi criada, em 1942, sua meta fundamental era aperfeiçoar as relações entre empregados e empregadores (Robinson e Schroedre, 2004).

Não obstante todos os benefícios alcançados, os Sistemas de Ideias de então traziam duas limitações (Robinson e Stern, 1997):

i) O sistema era passivo — ele esperava as propostas para então reagir a elas.

ii) O sistema tentava estimular a criatividade com base em recompensas extrínsecas.

Seja por essas razões, seja pelo desaparecimento dos líderes pioneiros (Patterson faleceu em 1922), os Sistemas de Sugestões foram perdendo impulso nos anos seguintes. Apenas como exemplo, a taxa de sugestões da NCR, que chegara a 2 ideias por empregado/ano em 1904 (7 mil sugestões, com 3.700 empregados), foi reduzida a 0,3 ideias por empregado/ano em 1940 (3 mil sugestões, com 10 mil empregados).

Segunda geração de Sistemas de Ideias

Na década de 1940 e nas seguintes, muitas empresas, ocidentais e japonesas, tiveram despertado seu interesse pelos Sistemas de Ideias, graças aos Programas TWI Training Within Industry (ver **Quadro 8.1**).

Nos Estados Unidos, as empresas foram estimuladas a revitalizar seus Sistemas de Ideias, os quais ainda mantinham a ênfase nos benefícios econômicos das sugestões e ofereciam incentivos financeiros para a criatividade (Imai, 1986; Robinson e Stern, 1997).

No pós-guerra, as empresas japonesas, que não tinham um Sistema de Ideias a "revitalizar", tiveram seu interesse despertado por um conjunto de fatores (Imai, 1986; Robinson e Stern, 1997):

- Os Programas TWI e MTP (**Quadro 8.1**), que ressaltavam a importância das ideias dos funcionários.

- As visitas feitas a fábricas norte-americanas por executivos japoneses, que tomaram conhecimento direto dos Sistemas de Ideias locais.

- A cultura da Qualidade Total e do Aperfeiçoamento Contínuo, que se estabelecia graças aos trabalhos pioneiros de Deming, Juran e Ishikawa.

Nesse contexto, os Sistemas de Ideias japoneses tornaram-se naturalmente parte integrante do KAIZEN orientado para Pessoas, ou Sistema KAIZEN TEIAN (Imai, 1986), substituindo a ênfase nas "**sugestões remuneradas**" pela ênfase na "**participação**". Robinson e Sten (1997) denominaram esta nova abordagem de "**segunda geração dos Sistemas de Ideias**".

A partir dessa época, as duas abordagens (ou "gerações") tomaram caminhos de desenvolvimento diferentes.

O modelo de **"sugestões remuneradas"** foi se distanciando dos objetivos iniciais, de "engajamento" e de "relações de confiança", à medida que foram crescendo as reivindicações, por parte dos geradores de ideias, de aumentos no valor dos prêmios. Quando (como aconteceu na Ford) os empregados passaram a exigir um pagamento em dinheiro equivalente a 50% da economia anual, muitas empresas perderam o interesse em continuar os Sistemas de Sugestões (Barbieri *et al.*, 2008; Barbieri *et al.*, 2009). A própria NCR, que tanto contribuiu para a difusão dos Sistemas de Sugestões, aboliu seu sistema em 1987 (Robinson e Stern, 1997).

Em contraposição, o modelo de **"participação"** caminhou para as recompensas simbólicas como estímulo à geração de ideias. Essa abordagem requer um estilo de gestão participativo, no qual a contrapartida para os empregados geradores de ideias não se restringe aos prêmios simbólicos — a empresa deve proporcionar recompensas econômicas coletivas, como a participação nos resultados, oportunidades de crescimento, garantia de não demissão por motivo de aumento de produtividade etc. (Barbieri *et al.*, 2008).

O número de empresas que adotaram o modelo participativo cresceu de forma acelerada. No Japão, Sistemas KAIZEN TEIAN tornaram-se lugar comum — quase toda empresa japonesa, pequena ou grande, tem hoje o seu sistema (Robinson e Stern, 1997). Apenas à guisa de comparação, na mesma época em que muitos sistemas de sugestões remuneradas estavam sendo desativados, as três pioneiras japonesas (Toshiba, Matsushita e Toyota) estavam recebendo, em conjunto, cerca de 5 milhões de ideias por ano.

O sistema participativo cresceu também fora do Japão, muito em função do Movimento da Qualidade e do Sistema Toyota de Produção (Barbieri *et al.*, 2009). Em seu livro *Organizações Guiadas por Ideias* (2014), Robinson e Schroeder destacam a brasileira Brasilata como um exemplo de que "o KAIZEN TEIAN também pode funcionar em um contexto não japonês".

O **Quadro 8.2** apresenta, de forma comparada, as principais características dos dois modelos de Sistemas de Ideias. Deste ponto em diante, estaremos nos referindo apenas aos Sistemas de Ideias **participativos**, que se coadunam com o objeto de estudo deste livro: o **estímulo ao alto envolvimento**.

| Quadro 8.1 • TWI, USAF e o Sistema de Ideias japonês | 1/6 |

"O moderno Sistema de Ideias japonês sem dúvida teve origem no Ocidente." (JHRA, 1988)

> *"É fato bem conhecido que os conceitos iniciais do controle estatístico, da qualidade e as suas implicações administrativas foram levados ao Japão por pioneiros como Deming e Juran nos anos pós-guerra. É menos conhecido o fato de que o Sistema de Sugestões foi levado ao Japão, aproximadamente na mesma época, pelo TWI (Treinamento dentro da Indústria) e pela Força Aérea Americana."* (Imai, 1986)

> *"É seguro dizer que, sem os Programas TWI (Training Within Industry) e MPT (Management Training Program, da USAF), os locais de trabalho no Japão não teriam o nível de excelência que têm hoje."* (Imai, 1997)

Este quadro procura explicar, de forma sintética, os porquês dessas assertivas.

TWI — Training Within Industry[1]

◀ O TWI nos Estados Unidos

Após a queda da França em 1940, o governo norte-americano criou o TWI Service para aumentar a produção e apoiar o esforço de guerra das Forças Aliadas. O objetivo era aumentar a qualidade e a produtividade em escala nacional por meio do treinamento intensivo de supervisores de todo tipo de indústria.

Para atingir um número significativo de supervisores em todo o país, o TWI adotou a estratégia do "efeito multiplicador":

> "Desenvolver um método padrão, e então treinar pessoas que treinarão outras pessoas que treinarão grupos de pessoas para usar o método." (TWI Service, 1945)

Como ponto de partida, o TWI identificou as cinco necessidades de todo supervisor:

1) **Conhecimento do Trabalho**. Diz respeito à familiaridade com materiais, ferramentas, equipamentos, processos e habilidades técnicas específicas da indústria do supervisor.

2) **Conhecimento das Responsabilidades**. Corresponde ao entendimento da situação específica da empresa, incluindo políticas, normas, procedimentos, processos, relações de trabalho etc.

   Obs.: As duas primeiras necessidades são específicas da indústria e da empresa do supervisor. São necessidades de **conhecimento**, a serem atendidas pela própria empresa.

3) **Habilidade em Instrução**. Compreende o entendimento da importância do treinamento apropriado da força de trabalho e o saber como proporcionar esse treinamento.

4) **Habilidades em Métodos de Aperfeiçoamento**. Refere-se ao saber como gerar e implementar ideias para o aperfeiçoamento contínuo.

[Cont.] **Quadro 8.1** • TWI, USAF e o Sistema de Ideias japonês	**2/6**

[Cont.] **TWI — Training Within Industry**[1]

5) **Habilidades em Liderança e Relações Humanas**. Corresponde ao saber como lidar com situações humanas no trabalho e garantir um ambiente de cooperação.

Obs.: Estas são necessidades universais, presentes em organizações de qualquer natureza e de qualquer porte. Devem ser adquiridas individualmente.

Para estas últimas, o TWI desenvolveu os Programas de Treinamento conhecidos como "Programas J", visando capacitar os supervisores — novos e experientes — a reconhecer e resolver prontamente os problemas diários.

Necessidades dos Supervisores	Programas TWI de Treinamento
Conhecimento do Trabalho Conhecimento das Responsabilidades	**Responsabilidade da Empresa**
Habilidades em Instrução Habilidades em Métodos de Aperfeiçoamento Habilidades em Liderança e Relações Humanas	JIT — Job Instruction Training JMT — Job Methods Training JRT — Job Relations Training

Job Instruction Training. O JIT tem por objetivo capacitar os supervisores para desenvolver uma equipe bem treinada, capaz de aprender rapidamente e realizar o trabalho corretamente, com segurança e conscientemente.

Job Methods Training. O objetivo do JMT é desenvolver nos supervisores: (i) uma atitude construtivamente crítica em relação ao seu trabalho e (ii) a competência para aperfeiçoar os métodos de trabalho, de forma a *"obter produtos de melhor qualidade, em maior quantidade e em menos tempo, pelo uso mais eficiente de mão de obra, equipamentos e materiais agora disponíveis"*. É, em essência, um curso de Aperfeiçoamento Contínuo — ensina como encontrar oportunidades de aperfeiçoamento, como gerar ideias e como colocá-las em prática.

O JMT foi projetado com base em uma série de princípios e técnicas, que mais tarde viriam a ser popularizados como sendo parte das "técnicas industriais japonesas". Alguns desses princípios são:

- Sempre existe um método melhor. Continue procurando por melhorias adicionais.
- Utilize técnicas da análise e solução de problemas (como o 5W1H).
- Os métodos de aperfeiçoamento são inerentes ao trabalho do supervisor — não são uma atividade extra.
- Busca reconhecimento e valorização das ideias dos subordinados. Estes devem se sentir seguros de que *"ninguém perderá o emprego como resultado de uma mudança nos métodos de trabalho"*.
- Trate as pessoas como indivíduos, que devem receber informação sobre o trabalho e reconhecimento pelo desempenho.

[Cont.] **Quadro 8.1** • TWI, USAF e o Sistema de Ideias japonês	**3/6**

[Cont.] **TWI — Training Within Industry**[1]

Job Relations Training. O JRT foi criado para "melhorar e acelerar o treinamento dos supervisores, para saberem lidar com situações humanas no trabalho". Com o JRT, os supervisores aprendem (i) como desenvolver e manter relações positivas no trabalho para prevenir problemas e (ii) como resolver conflitos que venham a acontecer.

Os três Programas "J" foram estruturados com base no Princípio do "aprender fazendo" — o aprendiz aplicando os procedimentos em uma situação real e apresentando os resultados ao grupo. "Não há substituto para a prática."

O TWI Service foi desativado no outono de 1945. Nos seus cinco anos de existência, foram certificados 1.750.650 supervisores, de 16.511 fábricas, além de 571.640 supervisores de órgãos governamentais.

Após seu encerramento, muitos de seus consultores criaram empresas próprias para continuar atendendo à demanda por treinamento TWI, dentro e fora dos estados Unidos. Alguns dos países que receberam Programas TWI foram Grã-Bretanha, França, Itália, Benelux (Bélgica, Holanda e Luxemburgo), países nórdicos, Turquia, Nova Zelândia, Austrália, Indonésia e México.

◖ O TWI e os Sistemas de Ideias

Sobre a influência do TWI nos Sistemas de Ideias, Robinson e Stern (1997) afirmam o seguinte:

> "Entre outras coisas, o TWI desempenhou um papel central no desenvolvimento dos Sistemas de Ideias. O impulso foi dado pelo Programa JMT, que ressaltava enfaticamente a importância das muitas pequenas ideias de aperfeiçoamento que uma empresa podia receber de seus empregados. O TWI não recomendava nenhum método particular a ser adotado. Seu objetivo era convencer os supervisores de que os subordinados poderiam gerar muitas boas ideias, se lhes fosse dada oportunidade de exprimi-las."

Muitas empresas norte-americanas foram estimuladas pelo JMT a revitalizar seus Sistemas de Ideias, os quais, entretanto, ainda tentavam estimular a criatividade com base nas recompensas extrínsecas.

◖ O TWI no Japão

A ocupação aliada no Japão, sob o comando do general Douglas MacArthur, durou sete anos. Um de seus objetivos era apoiar a recuperação da capacidade de produção da indústria japonesa. O setor do comando aliado responsável pelos assuntos econômicos era conhecido como ESS — Economic and Scientific Section. O ESS identificou "os baixos padrões de supervisão e administração, prevalecentes na indústria japonesa, como o principal gargalo para a desejada rápida recuperação" (Robinson e Stern, 1997).

O TWI, com seu foco no nível de supervisão, foi naturalmente lembrado. Os primeiros instrutores-multiplicadores começaram a ser treinados em janeiro de 1951. Em junho, o Ministério do Trabalho assumiu o TWI e licenciou uma série de organizações para aplicarem os Programas "J" em nível nacional. Muitas empresas japonesas aderiram ao TWI. Algumas, como a CANON e a TOYOTA, criaram versões próprias, adaptadas às respectivas necessidades.

SISTEMAS DE IDEIAS · · · 365

| [Cont.] **Quadro 8.1** • TWI, USAF e o Sistema de Ideias japonês | 4/6 |

[Cont.] **TWI — Training Within Industry**[1]

A aplicação massiva dos Programas TWI nas décadas seguintes levou os princípios ensinados a serem popularizados como sendo parte do que é hoje conhecida como "Administração Japonesa".

◀ O TWI e os Sistemas de Ideias no Japão

Assim como nos Estados Unidos, também no Japão o TWI-JMT despertou o interesse das empresas pelos Sistemas de Ideias. Além disso, muitos executivos japoneses tomaram conhecimento dos Sistemas de Sugestões em visitas feitas a fábricas norte-americanas logo após a guerra.

A JHRA (1988) registra que "muitas empresas japonesas criaram os seus Sistemas de Ideias para acompanhar o movimento iniciado pelo TWI. As primeiras foram a Toshiba (1946), a Matsushita (1950) e a Toyota (1951). Muitas outras se seguiram".

Diferentemente das americanas, as empresas japonesas não tinham um Sistema de Sugestões a "revitalizar". Tiveram que desenvolver seus próprios sistemas a partir do zero (Robinson e Stern, 1997). Nessa época, o ambiente empresarial japonês estava sendo moldado pela cultura da Qualidade Total e do Aperfeiçoamento Contínuo, graças aos trabalhos pioneiros de Deming, Juran e Ishikawa (ver **Seções 6.4** — STP, e **6.5** — TQM).

Nesse contexto, a administração japonesa entendia que seu principal papel era despertar o interesse pelo KAIZEN, encorajando os colaboradores a apresentarem muitas sugestões, não importando quão pequenas fossem (Imai, 1997). Com isso, os Sistemas de Ideias japoneses (KAIZEN TEIAN) tornaram-se naturalmente parte integrante do KAIZEN orientado para pessoas, contribuindo para a participação positiva e consequente elevação do moral dos empregados (Imai, 1986). A partir daí, os Sistemas de Ideias japoneses — que valorizavam a participação — foram se afastando da abordagem original, baseada na recompensa financeira de cada ideia.

USAF: MTP — Management Training Program[2]

Durante a ocupação, a principal base da U.S. Air Force (USAF) estava localizada em Tachikawa (subúrbio de Tóquio), que empregava cerca de 7 mil civis japoneses.

Em 1949, o comando da base decidiu desenvolver um programa de treinamento em atividades operacionais, tais como procedimentos de segurança, manutenção e reparo de equipamentos etc. Entretanto, logo de início ficou claro que esse esforço seria desperdiçado, a menos que fosse melhorada a capacidade administrativa dos civis japoneses que supervisionavam aquela força de trabalho.

Decidiu-se então criar um programa de treinamento específico para o nível gerencial. Esse programa, chamado de "Management Training Program — MPT", começou a rodar em 1950 (quase um ano antes de o TWI ter sido levado ao Japão).

Para acelerar sua disseminação, o grupo criador do MTP adotou a mesma estratégia do TWI — a de "treinar o treinador" e assim obter o efeito multiplicador.

[Cont.] Quadro 8.1 • TWI, USAF e o Sistema de Ideias japonês	5/6

[Cont.] USAF: MTP — Management Training Program[2]

◀ Características do MTP

O Programa MTP é dividido em quatro partes principais: a Teoria Básica de Organização e Administração, e os três cursos TWI: JIT, JMT e JRT.

Tópico 1. Teoria Básica de Organização e Administração. Em sua primeira versão, o objetivo do MTP era ensinar aos supervisores-aprendizes os princípios e as funções da administração. Ao longo das décadas seguintes, este tópico sofreu várias revisões (aproximadamente uma a cada cinco anos), que o mantiveram sempre atualizado com os novos avanços da teoria administrativa, como Análise de Processos, Administração de Pequenos Grupos, Teorias de Chandler, Maslow e Herzberg etc.

Tópico 2. JIT — Job Instruction Training. Nesta parte do curso, a ênfase é dada a alguns princípios:

- A responsabilidade pelo treinamento é do supervisor, e "todo supervisor pode se tornar um instrutor competente".
- O supervisor-aprendiz deve ser ensinado a enfatizar — a um operador aprendendo seu trabalho — a qualidade do produto, e não a velocidade da produção.
- Atenção especial deve ser dada à orientação de novos empregados, para garantir uma boa adaptação (ver o **Quadro 5.5** — Ajuste Pessoa-Organização).

Tópico 3. JMT — Job Method Training. Para que os objetivos de aumento da Qualidade e Produtividade sejam atingidos, alguns princípios do JMT são essenciais:

- Não existe fim para os aperfeiçoamentos. A busca por melhorias adicionais é permanente. Esta é a base do KAIZEN.
- Mesmo uma melhoria muito pequena vale a pena.
- Supervisores devem adquirir o hábito de buscar métodos para aperfeiçoar o trabalho e para aperfeiçoar o método de aperfeiçoar.
- Sempre é possível conseguir melhorias com os recursos atuais (o que significa não esperar pela compra de novos equipamentos).
- Condições adequadas de segurança são essenciais para o moral e para a prevenção de acidentes.

Tópico 4. JRT — Job Relations Training. Alguns princípios de destaque neste tópico são:

- A importância de desenvolver a confiança e a iniciativa dos subordinados. A necessidade de estar consciente de que cada subordinado é uma pessoa diferente, com suas próprias características.

Quando, em 1950, os grupos responsáveis pelo TWI e pelo MTP no Japão tomaram conhecimento das atividades um do outro, estabeleceu-se o entendimento de que os dois Programas eram compatíveis (apesar da sobreposição de conteúdos), já que se destinavam a públicos diferentes: o TWI visava os supervisores de mais baixo escalão, enquanto o MTP se destinava aos gerentes de nível médio.

[Cont.] **Quadro 8.1** • TWI, USAF e o Sistema de Ideias japonês	**6/6**

[Cont.] **USAF: MTP — Management Training Program[2]**

◀ O MTP e os sistemas de ideias

Juntamente com o TWI, o MTP ajudou a introduzir no Japão a prática do Aperfeiçoamento Contínuo e dos Sistemas de Ideias. Não por acaso, na pesquisa que fizeram a respeito, Robinson e Stern (1995) constataram que muitas das empresas estudadas iniciaram seus Sistemas de Ideias logo depois de terem adotado o MTP.

O MTP também não sugeriu um método específico para estimular o envolvimento dos empregados, mas ensinava um método para que as ideias de aperfeiçoamento dos destes fossem além do "estágio da conversa". O método MTP de análise e aperfeiçoamento do trabalho é constituído de cinco etapas:

1) Selecionar a tarefa a ser melhorada.

2) Dividi-la em seus movimentos constituintes (Operação – Inspeção – Transporte – Espera).

3) Examinar cada detalhe (aplicando o 5W1H).

4) Aperfeiçoar o método.

5) Aplicar o novo método.

Os participantes são levados a concluir que "a atividade mais crítica é a de 'vender' a ideia aos superiores e aos operadores afetados".

◀ Disseminação do MTP

A primeira versão do MTP foi lançada em 1950. Foi muito bem-sucedida e logo copiada por outras bases norte-americanas no Japão. O programa atraiu também a atenção da indústria e do governo japoneses.

Ainda em 1950, o MITI (Ministry of International Trade and Industry) solicitou e obteve permissão para disseminar o curso na indústria e nos órgãos de governo japoneses. Em 1952, com a saída das forças de ocupação, o MITI assumiu a administração do curso.

Nos anos seguintes, outros institutos governamentais e muitas empresas adotaram o MTP, em versões integrais ou adaptadas. Algumas das empresas mais conhecidas que adotaram o MTP foram: Canon, Hitachi, Japan Air Lines, Japan Radio, Nippon Steel, Nissan, Olympus, Sharp, Sumitomo Electric, Toshiba e Toyota.

O MTP veio a ser adotado também em outros países, entre os quais a Coreia (1976) e Taiwan (1984).

(1) TWI Service (1945); Robinson e Schroeder (1993); Robinson e Stern (1997); Huntzinger (2002; 2006)

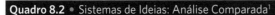

| Quadro 8.2 • Sistemas de Ideias: Análise Comparada[1] | 1/3 |

Apesar de a multiplicidade de sistemas criados ao longo do tempo, as abordagens de "sugestões remuneradas" e de "participação" continuam a ser as mais adotadas pelas empresas, de forma pura ou adaptada. Este quadro apresenta um resumo comparado desses dois modelos.

◀ **Denominações**

- **Sugestões Remuneradas**: Primeira geração, Caixa de Sugestões, sistema norte--americano ou ocidental.
- **Participação**: Segunda geração, KAIZEN TEIAN, sistema japonês ou oriental.

◀ **Objetivos**

- **Sugestões Remuneradas**: Promover ideias para redução de custos ou aumento de receitas.
- **Participação**: Promover o envolvimento de todas as pessoas.

◀ **Participantes**

- **Sugestões Remuneradas**: Poucas pessoas, em geral preparadas tecnicamente para elaborar sugestões.
- **Participação**: Todas as pessoas da Linha de Frente. Quanto aos dirigentes e pessoas designadas para atividades de inovação, seu envolvimento se dá pelas atitudes de predisposição, dedicação e responsabilidade (ver **Seções 5.5 e 5.6**).

  Esta abordagem admite dois segmentos — as sugestões individuais e as sugestões em grupos, incluindo os círculos de qualidade e outras atividades baseadas no grupo (Imai, 1986; 1997).

◀ **Recompensa**

- **Sugestões Remuneradas**: Remuneração em dinheiro, de acordo com o resultado financeiro de cada ideia. De acordo com Robinson e Schroeder (2004), "os métodos mais comuns oferecem uma porcentagem — em geral entre 5% e 25% — das economias ou dos lucros advindos de cada ideia durante o primeiro ano".

  Este sistema apresenta três inconvenientes principais: (i) como a única recompensa é o pagamento em dinheiro, os empregados podem se sentir no direito de reivindicar porcentagens cada vez mais altas, contribuindo para um ambiente de antagonismo, e não de cooperação; (ii) o cálculo da economia gerada é complexo e muitas vezes impreciso, o que pode levar a ações na justiça e muita dor de cabeça; (iii) o custo da mensuração tende a ser muito alto, pois pode incluir até processos de arbitragem e de auditoria (Robinson e Schroeder, 2004).

- **Participação**: Premiação simbólica às melhores ideias. As empresas proporcionam recompensas econômicas coletivas, como participação nos resultados, oportunidades de crescimento, garantia de não demissão por motivo de aumento de produtividade etc.

| [Cont.] **Quadro 8.2** • Sistemas de Ideias: Análise Comparada[1] | 2/3 |

◀ Autoridade para aprovação das Propostas

- **Sugestões Remuneradas**: Pelas suas implicações financeiras, a aprovação de cada ideia e a autorização para sua implementação ficam geralmente restritas à alta administração.

- **Participação**: Tomada de decisão descentralizada. Em muitas empresas, os empregados inclusive são encorajados a discutir suas ideias informalmente com os supervisores e implementá-las imediatamente, sem esperar a aprovação formal (Imai, 1997). Os supervisores gozam de autoridade para aprovar e implantar as sugestões de seus subordinados aplicáveis ao respectivo setor (Barbieri *et al.*, 2009). Ideias que impliquem em custos acima de determinado valor, ou que se apliquem também a outros setores, são avaliadas pela gerência intermediária ou pela alta administração, de acordo com as normas internas de cada empresa (Barbieri *et al.*, 2009). Para Robinson e Schroeder (2004), "as avaliações, sempre que possível, devem se dar nos mesmos níveis em que as ideias surgiram, pois isso propicia decisões melhores e implementação mais rápida".

◀ Normas que regem as Tomadas de decisão

- **Sugestões Remuneradas**: Sistema regido por normas complexas e detalhadas, com muitas restrições, etapas e critérios para aferir os resultados.

- **Participação**: Sistema regido por normas simples e pouco detalhadas, a serem aplicadas de forma descentralizada em todas as áreas da organização.

◀ Gestão do Sistema

- **Sugestões Remuneradas**: Centralizada na alta administração, usando comissões para avaliar as propostas. Este sistema funciona como uma peça independente do sistema de gestão da organização, podendo ser ativado e desativado sem maiores dificuldades.

- **Participação**: Descentralizada, envolvendo pessoas de todas as áreas e níveis da organização. Este sistema é integrado aos demais sistemas de gestão, e partilha de todos os princípios e estratégias que norteiam a organização.

◀ Resultados Comparados

A tabela a seguir apresenta uma comparação dos resultados de duas empresas típicas, uma usando a abordagem das "Sugestões Remuneradas", e outra a de "Participação".

Item	Modelo "REM"	Modelo "PART"
[A] Número médio de propostas por empregado/ano*	20	3.000
[B] Taxa da aprovação*	40%	90%
[C] Número de propostas aprovadas por ano = [A] x [B]	8	2.700
[D] Economia média anual por ideia*	$6.000	$100
[E] Resultado financeiro por ano = [C] x [D]	$48.000	$270.000
(*) Números hipotéticos, baseados livremente em pesquisas feitas por Robinson e Stern (1997) e pela JHRA (1989)		

[Cont.] **Quadro 8.2** • Sistemas de Ideias: Análise Comparada[1]	3/3

Note-se que a segunda empresa apresenta resultados financeiros superiores (mesmo não sendo essa sua prioridade), graças ao grande número de propostas apresentadas e à alta taxa de aprovações.

◀ **Casos brasileiros**

Barbieri *et al.* (2008; 2009) pesquisaram em profundidade três empresas brasileiras reconhecidas como inovadoras e que apresentam Sistemas de Ideias diferentes em sua concepção e em seu processo de gestão:

Brasilata — Sistema Participativo Orientado para Pessoas (KAIZEN TEIAN).

WEG — Sistema Participativo Orientado para Grupos (círculos de qualidade).

Suzano — Sistema de Sugestões Remuneradas.

Chegaram, entre outras, às seguintes conclusões:

- Em cada caso, a escolha do Sistema de Ideias foi muito influenciada pela história, pela cultura e pelas estratégias da organização.

- Apesar das diferentes abordagens, os três sistemas apresentavam elevado desempenho e eram passíveis de se constituir em ***benchmark*** em suas respectivas tipologias.

- É muito difícil a convivência em uma mesma empresa de um Sistema Participativo com um Sistema de Remuneração, "porque este acaba por aniquilar aquele — a premiação em dinheiro é um atrativo tão forte, que inibe a geração de ideias por uma perspectiva exclusivamente participativa".

(1) Barbieri *et al.* (2008; 2009); Imai (1986; 1997); Robinson e Schroeder (1997); Robinson e Stern (1995; 1997)

8.3 Organizações guiadas por Ideias

O que foi dito antes, sobre a importância das ideias e do envolvimento da Linha de Frente, justifica o Princípio 80/20 (Robinson e Schroeder, 2014), segundo o qual "cerca de 80% do potencial de aperfeiçoamento de uma organização estão nas ideias da Linha de Frente". Isso significa que as organizações despreparadas para ouvir a Linha de Frente estão usando apenas os 20% restantes dos mecanismos de aperfeiçoamento. E isso é o que ainda acontece em muitas organizações, que são "melhores em reprimir do que em promover aquelas ideias" (Robinson e Schroeder, 2014).

Por outro lado, existe um número crescente de organizações que vêm adotando a estratégia inversa — a de promover as ideias da Linha de Frente. Essas organizações foram batizadas, por Robinson e Schroeder, de "**organizações guiadas por ideias**".

A organização guiada por ideias é projetada e levada a buscar e implementar sistematicamente um grande número de ideias (em sua maioria pequenas), vindas de todas as pessoas, em especial da Linha de Frente (Robinson e Schroeder, 2014).

Em muitas organizações, famosas por sua capacidade de inovar, as ideias vêm de pessoas designadas especificamente para atividades inovadoras, como P&D, engenharia etc. (ver "Fontes de Ideias"). Essas organizações, mesmo que bem-sucedidas, não se enquadram na definição de "organizações guiadas por ideias", a menos que estimulem também as ideias da linha de frente.

Existe uma interação multifacetada entre a inovação e as ideias da linha de frente. Nas organizações guiadas por ideias, estas fluem livremente, e a inovação permeia todos os processos — tecnológicos e administrativos. A organização guiada por ideias se enquadra, portanto, na definição de organização inovadora, que é "permeada por um processo contínuo e permanente de produção de inovações, de qualquer natureza e de qualquer porte" (Vasconcellos, 2015) (**Quadro 4.1**).

Transformar uma organização para que ela seja guiada por ideias implica mudanças significativas no estilo de liderança, no ambiente interno, nas pessoas e nos processos. O primeiro passo é estabelecer um Sistema de Ideias de Alto Desempenho, o que será tratado no restante deste capítulo.

Dois conceitos que estão intimamente relacionados com a organização guiada por ideias serão comentados a seguir: a **Inovação Horizontal** e a **Ambidestria Organizacional**.

Inovação Horizontal

Inovação Horizontal é uma expressão criada por Álvares (2018) para designar as inovações provenientes de todas as pessoas da organização, especialmente da Linha de Frente.

Segundo Álvares (2018), "Inovação Horizontal é o processo de democratização da inovação, com a captação de ideias de todas as pessoas de todas as áreas da organização" (e não apenas das pessoas designadas para atividades inovadoras).

A propósito da "participação de todas as pessoas", Álvares (2018) e Álvares *et al.* (2019) fazem um paralelo com evolução do Controle de Qualidade, que deixou de ser um domínio dos inspetores de qualidade e passou a ser responsabilidade de todos os operadores. De fato, uma das teses de Ishikawa (1985) era a de que "todos na empresa precisam participar e promover o Controle de Qualidade, incluindo os altos executivos, todas as áreas da empresa e todos os empregados" (ver **Quadro 6.4**).

O conceito de Inovação Horizontal está relacionado com as fontes internas de ideias, que são todas as pessoas que atuam na organização, qualquer que seja o cargo ou área de atuação. Não depende, portanto, nem do grau de novidade e nem de qualquer outra característica da inovação.

Duas características da Inovação Horizontal são (Álvares, 2018; Álvares *et al.*, 2019):

- As decisões estão próximas dos geradores de ideias (diferentemente, por exemplo, das inovações derivadas de P&D, que envolvem um complexo de áreas e níveis hierárquicos).

- É impulsionada pelo meio inovador interno, que estimula as iniciativas de inovação (ver **Quadro 4.1**).

Para Álvares (2018), a chave para a promoção da Inovação Horizontal é a abertura dos canais de comunicação, com a implantação de um Sistema de Ideias de Alto Desempenho.

As inovações horizontais são, em sua maioria, incrementais (baseadas no conhecimento da maioria das pessoas sobre os problemas e oportunidades cotidianos), mas não excluem as inovações radicais. Como exemplos de inovações radicais provenientes das ideias dos funcionários, podem ser citados:

- **3M** — fita reflexiva, Scott Gard, Post-it (Gundling, 2000).
- **Google** — Gmail (Edelman e Eisenmann, 2011).
- **Brasilata** — Fechamento Plus, Biplus, Ploc Off (ver **Quadro 8.6**).

Ambidestria Organizacional

Ambidestria é a capacidade de utilizar ambas as mãos com a mesma facilidade (Houaiss Villar, 2001).

Ambidestria Organizacional, por analogia, é a capacidade de criar competências organizacionais para atingir a excelência no presente bem como no futuro. Excelência no presente significa cumprir o **Propósito da Organização** (ver **Quadro 8.3**) com eficiência, consistência e confiabilidade. Excelência no futuro diz respeito à **sobrevivência** — pressupõe que a organização esteja preparada hoje para as inevitáveis revoluções organizacionais que ocorrerão, o que requer experimentação, flexibilidade e capacidade de resposta (Tushman e O'Reilly, 1997).

A Ambidestria Organizacional — de acordo com metapesquisa realizada por O'Reilly e Tushman (2013) — tem efeito positivo sobre o desempenho das organizações, incluindo aspectos como crescimento de vendas, inovação e sobrevivência.

Ambidestria e Inovação

Para prosperar no curto e no longo prazos, uma organização precisa manter uma variedade de esforços de inovação. Ela deve continuamente realizar **inovações incrementais**, para operar no presente com eficiência e entregar valor sempre crescente aos consumidores, e precisam também realizar **inovações descontínuas**, que garantirão sua sobrevivência no futuro (O'Reilly e Tushman, 2004).

A **inovação incremental** consiste em pequenos e sucessivos aperfeiçoamentos, baseados em conceitos tecnológicos estabelecidos, tendo como objetivo a melhoria contínua do desempenho. As inovações incrementais são importantes também porque valorizam o hábito de mudança e a cultura de inovação (Vasconcellos, 2015).

Definimos **inovação descontínua** como a inovação associada à criação ou emergência de um novo paradigma de comportamento, tecnológico ou de mercado, com potencial para introduzir alguma mudança na dinâmica da indústria. É, em geral, resultado de um esforço deliberado de planejamento e pesquisa.

A inovação descontínua pode resultar da percepção de (i) demandas não atendidas — sociais, ambientais e mercadológicas, e (ii) necessidade de aumento dos níveis de qualidade e produtividade. Ou, inversamente, pode ocorrer como reação a mudanças externas, referentes à tecnologia, concorrência, comportamento do consumidor, regulação etc. Podem ser **radicais** ou de **ruptura**.

Inovação Radical. É a que traz resultados excepcionais ao longo de uma trajetória de desempenho estabelecida (Christensen *et al.*, 2004). Tem como objetivo aumentar a vantagem competitiva, no caso de empresas, ou a realização do propósito de outros tipos de organizações. A inovação radical pode envolver (Christensen, 1999):

i) uma nova arquitetura — rearranjo da forma como os componentes de um sistema se relacionam (Inovação Arquitetural); e/ou

ii) uma nova abordagem fundamental no nível dos componentes (Inovação Modular).

Inovação de Ruptura. É a que cria um novo Modelo de Negócios, com uma nova Proposta de Valor para os consumidores (Vasconcellos, 2015). Pode assumir duas formas (Christensen *et al.*, 2004):

i) **Inovação de Ruptura de Baixo Mercado.** Pode ocorrer quando os produtos e serviços existentes são "muito bons" e, portanto, com um preço superestimado em relação ao valor que os consumidores podem ou estão dispostos a pagar.

ii) **Inovação de Ruptura de Novo Mercado.** Pode ocorrer quando as características dos produtos existentes não acompanham as necessidades dos consumidores, em termos de avanços tecnológicos, conveniência, preços baixos etc.

Note-se que existem dois tipos de inovações no Modelo de Negócios: as "de ruptura" e as "sustentadoras". **Sustentadora** é uma inovação que move a organização ao longo de uma trajetória de desempenho estabelecida, pela introdução de melhorias de desempenho relativas aos produtos e serviços existentes. Pode ser radical ou incremental (Christensen *et al.*, 2004).

Mão dupla

A ambidestria é uma via de mão dupla. As inovações radicais estimulam o aparecimento de inovações incrementais, e vice-versa (Álvares, 2018).

Por um lado, toda inovação radical gera novos problemas e novas oportunidades, que demandarão ajustes a serem feitos por meio de inovações incrementais. Quanto mais inovações de alto grau de novidade, maior o número de ajustes a serem feitos (Álvares, 2018). Como exemplo, podemos lembrar as fábricas com layout funcional, com cada seção especializada em um tipo de equipamento, nas quais as ações de melhoria visavam, em geral, o "aumento da velocidade de corte". Com a mudança para layout celular, o foco mudou para outros itens, antes "invisíveis", como "qualificação dos operadores para polivalência", "troca rápida de ferramental" etc.

No sentido inverso, uma organização focada em inovações incrementais, originadas a partir de todas as pessoas, pode adquirir a capacidade de produzir constantemente inovações radicais (Álvares, 2018). Como exemplo, podemos citar a Brasilata, apresentada no **Quadro 8.4**.

Exploração e Explotação

Em artigo seminal de 1991, March constatou que, para enfrentar o desafio fundamental de adaptação e sobrevivência, as organizações precisam atuar em duas frentes: **Exploração** (*Exploration*) e **Explotação** (*Exploitation*). A **Explotação** diz respeito ao uso e refinamento de conhecimentos já existentes, enquanto a **Exploração** consiste na busca de novos conhecimentos e oportunidades (Levinthal e March, 1993; Álvares *et al.*, 2019).

A **Explotação** é mais característica de ambientes estáveis e previsíveis. Inclui atividades tais como produção, implementação, execução, escolha, seleção e refinamento. E requer competências como eficiência, controle, consistência e confiabilidade (March, 1991; O'Reilly e Tushman, 2013). Está, portanto, mais relacionada com os objetivos de excelência no presente e com as inovações incrementais.

A **Exploração** é mais característica de ambientes turbulentos e imprevisíveis. Inclui atividades como pesquisa, experimentação, jogo e descoberta, e requer competências como flexibilidade, diversidade, tomada de risco e capacidade de resposta (March, 1991; O'Reilly e Tushmanm 2013). Está, portanto, mais relacionada com os objetivos de excelência no futuro e com as inovações descontínuas.

Continuum. Para Lavie *et al.* (2010), a distinção entre exploração e explotação é mais uma questão de grau do que de substância. Assim, exploração-explotação deveria ser visto como um **continuum**, em vez de como uma escolha entre duas opções discretas. O grau de relacionamento entre o conhecimento incorporado em uma inovação e a base de conhecimentos existente na organização define a posição dessa inovação no **continuum** exploração-explotação.

Conceituar exploração-explotação como um continuum é também consistente com a tendência de as organizações transitarem de um polo a outro ao longo do tempo (Lavie *et al.*, 2010):

- Por um lado, a habilidade de adquirir e desenvolver novos conhecimentos depende da atual base de conhecimentos da organização (Cohen e Levinthal, 1990).

- Por outro, a exploração dá lugar à explotação, com as subsequentes aplicações de conhecimento.

Ambidestria. Considerando os conceitos expostos, a Ambidestria Organizacional pode também ser definida como a capacidade de uma organização, tanto para explorar como para explotar (O'Reilly e Tushman. 2013).

Como alcançar a ambidestria

O termo "ambidestria", no contexto das organizações, foi utilizado pela primeira vez por Robert Duncan, em 1976. Desde então, diversos estudos têm sido feitos buscando definir o melhor caminho a ser adotado para uma organização alcançar a ambidestria. Hoje, entre as abordagens consideradas mais relevantes, podemos destacar Ambidestria Sequencial, Ambidestria Simultânea ou Estrutural, Ambidestria Contextual ou Comportamental e Ambidestria de Domínio ou Especialização. Essas abordagens são apresentadas, de forma suscinta, no **Quadro 8.3**.

Deve-se observar que, embora desenvolvidas de forma independente, as diferentes abordagens não são estanques. Pesquisas compiladas por O'Reilly e Tushman (2013) evidenciam que:

- Exploração e explotação não são sempre atividades concorrentes; elas podem e devem ser complementares.
- Ao longo do tempo, as organizações podem usar diferentes combinações de exploração e explotação. O'Reilly e Tushman (2013) citam dois exemplos:
  - Firmas estabelecidas criam novos negócios utilizando inicialmente a **ambidestria estrutural**, mudando para uma **concepção integrada** quando a unidade exploratória atingiu sua legitimidade política e econômica.
  - **HP**. O negócio de impressoras a laser resultou de uma combinação de **ambidestria contextual** (descoberta de uma tinta usada para circuitos integrados), **ambidestria estrutural** (criação em seguida de uma unidade separada para a impressora) e **ambidestria sequencial** (ampla reorganização para alinhar melhor com o negócio de PCs).
- Tipicamente, as organizações se defrontam com uma variedade de mercados competitivos, cada um deles exigindo diferentes graus de exploração e explotação.

Quadro 8.3 • Quatro Caminhos para a Ambidestria	1/3

Entre as propostas consideradas mais relevantes para uma organização atingir a Ambidestria, destacam-se as seguintes:

Ambidestria Sequencial

Duncan (1976) sugeriu que, para acomodar as exigências do presente com a pavimentação do futuro, as organizações têm de mudar suas estruturas ao longo do tempo, de forma a alinhar a estrutura à estratégia da organização. Ou seja, de acordo com este ponto de vista, a organização consegue a ambidestria em um **modo sequencial**, mudando as estruturas ao longo do tempo.

Evidências empíricas sugerem que esta abordagem pode ser mais útil em ambientes estáveis (que dão tempo à adaptação) e para empresas de menor porte (que não dispõem de recursos para explorar e explotar ao mesmo tempo) (O'Reilly e Tushman, 2013).

Ambidestria Simultânea ou Estrutural

Abordagem proposta por Tushman e O'Reilly (1996), cuja tese é a de que a exploração e a explotação precisam acontecer de modo simultâneo. Argumentam que, face às rápidas mudanças do ambiente, a Ambidestria Sequencial pode ser ineficaz.

Eles sugerem que a simultaneidade pode ser conseguida com a criação de subunidades autônomas, umas dedicadas à exploração e outras à explotação.

Desta perspectiva, a chave da ambidestria é a capacidade da organização para perceber e aproveitar novas oportunidades por meio da exploração e explotação simultâneas (O'Reilly e Tushman, 2013).

Ambidestria Contextual ou Comportamental

Gibson e Birkinshaw (2004), subsequentemente, argumentaram que as organizações podem ser ambidestras criando um projeto organizacional que permita aos indivíduos decidir com dividir seu tempo entre atividades exploratórias e explotativas.

Deste ponto de vista, a Ambidestria Contextual é alcançada pelo estabelecimento de "processos ou sistemas que habilitam e encorajam as pessoas a fazer seu próprio julgamento sobre como dividir seu tempo".

Uma boa ilustração do que é a Ambidestria Contextual é o Sistema Toyota de Produção (ver **Seção 6. 4**). Nesse sistema, os trabalhadores desempenham dois tipos de atividades (O'Reilly e Tushman, 2013): (i) atividades rotineiras, como a montagem de automóveis (**Explotação**) e (ii) aperfeiçoamento contínuo do seu trabalho, para torná-lo mais eficiente (**Exploração**).

Outro exemplo de Ambidestria Contextual é o da brasileira Brasilata, apresentado no **Quadro 8.4**.

[Cont.] **Quadro 8.3** • Quatro Caminhos para a Ambidestria 2/3

Ambidestria de Domínio ou Especialização

Mais recentemente, Lavie e Rosenkopf (2006) desenvolveram uma nova abordagem, baseada em dois pressupostos: (1º) exploração e explotação podem ser desdobradas em **domínios da organização**; e (2º) a ambidestria pode ser alcançada por meio de **alianças estratégicas**.

1º) **As atividades de exploração e explotação podem ser desdobradas em múltiplo domínios.**

Como ilustração desta hipótese, Zacharias (2017) destaca as inovações em produtos, que podem ocorrer em (pelo menos) dois domínios: produto e mercado. Note-se que outros domínios poderiam ser considerados, como tecnologia e cadeia de Valor.

Inovações naqueles dois domínios são conceitualmente distintas, em termos de sua relação com os bens e serviços existentes ou com os consumidores e segmentos de mercado existentes (Zacharias, 2017). E diferem também em relação às habilidades e conhecimentos requeridos: know-how em engenharia e produção, no domínio "produto", e conhecimento das necessidades dos consumidores e dos canais de vendas e distribuição, no domínio "mercado".

Com base na Matriz de Crescimento de Ansoff (1957), Zacharias (2017) propõe uma Matriz de Explotação-Explotação, cujos quadrantes representam quatro diferentes estratégias de crescimento (ver figura a seguir).

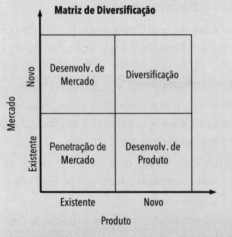 

Explotação. Estratégia de crescimento baseada em aumento da qualidade e produtividade, sem alteração dos produtos e mercados atuais.

Exploração baseada no mercado. Refere-se à busca de novos conhecimentos, que serão usados para criar oportunidades para atrair novos consumidores ou novos mercados.

[Cont.] **Quadro 8.3** • Quatro Caminhos para a Ambidestria	**3/3**

[Cont.] **Ambidestria de Domínio ou Especialização**

Exploração baseada no produto. Busca de novos conhecimentos a serem aplicados no desenvolvimento de novos produtos.

Exploração baseada no mercado e no produto. Corresponde ao conceito "clássico" de exploração.

2º) A ambidestria pode ser alcançada por meio de alianças estratégicas.

Para algumas organizações, pode ser difícil praticar exploração e explotação simultaneamente, por diversos motivos: falta de recursos (como é o caso principalmente das organizações de menor porte), dificuldade em conciliar as tensões entre os "resultados do trimestre" e a "visão de longo prazo" etc.

Como foi dito anteriormente, um pressuposto fundamental da Ambidestria de Domínio é que as atividades de exploração e explotação podem ser realizadas em múltiplos domínios. Lavie *et al.* (2010) observam que, embora as organizações devam buscar o equilíbrio entre exploração e explotação, esse equilíbrio não é necessário em cada domínio. Lavie e Rosenkopf (2006) acrescentam que as alianças estratégicas podem servir para que uma organização possa simultaneamente explorar e explotar em diferentes domínios.

Uma organização pode, assim, se especializar em exploração ou em explotação, e conseguir a outra competência por meio de alianças com parceiros (ou redes) que tenham atributos complementares (Hughes, 2018).

Em síntese, a Ambidestria de Domínio ocorre quando uma organização se especializa — em exploração ou explotação — em determinado domínio e alcança a outra competência por meio de alianças.

A consideração leva a diferentes formas de ambidestria, com diferentes soluções organizacionais e estratégicas:

- **Ambidestria e Organização**. Diferentemente da Ambidestria Estrutural, em que as atividades de exploração e explotação são conduzidas por unidades organizacionais separadas, a Ambidestria de Domínio admite que uma mesma unidade possa praticar, simultaneamente, exploração em um domínio e explotação em outro.

- **Ambidestria e Estratégia**. A questão estratégica passa a ser "em quais domínios a organização deve ser ambidestra ou não?" ou "que estratégia de ambidestria adotar em cada domínio?"

8.4 Características dos Sistemas de Ideias de Alto Desempenho

Robinson e Schroeder (2004) destacam algumas características que são comuns aos sistemas de ideias bem-sucedidos.

1) As ideias são incentivadas e bem-vindas.

2) A apresentação das ideias é simples.

3) A avaliação das ideias é rápida e eficaz.

4) O *feedback* é oportuno, construtivo e informativo.

5) A implementação é ágil e simples.

6) A revisão das ideias pode detectar novos potenciais.

7) As pessoas ganham reconhecimento e o sucesso é celebrado.

8) A eficiência do próprio Sistema de Ideias é avaliada, revista e aprimorada.

Característica 1: As ideias são incentivadas e bem-vindas

Acima de tudo, as pessoas precisam acreditar que suas ideias são importantes e bem-vindas. Para tanto, a administração pode (deve) tomar algumas medidas (Robinson e Schroeder, 2004):

- Demonstração visível de que existe envolvimento pessoal do presidente e de toda a alta administração, pela participação direta tanto na avaliação das ideias como no monitoramento da eficiência do sistema.

- Avaliação da gerência média em função do número de ideias apresentadas pelas respectivas equipes.

- Demonstração clara de que todas as ideias são sempre levadas a sério, independentemente de seu objeto e de seu tamanho.

- Treinamento dado a todas as pessoas — para identificação de problemas e oportunidades e para análise e proposta de soluções.

- Treinamento dos supervisores, para buscar, reconhecer e valorizar as ideias dos subordinados (ver **Quadro 8.1** — Job Method Training).

Característica 2: A apresentação das ideias é simples

O procedimento para apresentação deve ser adequado ao nível da proposta e fácil para o criador da ideia. Além disso, o sistema deve ser projetado para também facilitar a implementação das ideias (Robinson e Schroeder, 2004; Barbieri et al., 2009; JHRA, 1989).

- Muitas ideias envolvem melhorias no local de trabalho de seu próprio criador. Essas ideias podem ser implementadas imediatamente e registradas no sistema posteriormente.

- Outras dependem apenas da aprovação do superior imediato.

- Ideias que impliquem em custos acima de determinado nível, ou que se apliquem a mais de um setor, são avaliadas pela gerência intermediária ou pela administração superior, de acordo com as normas adequadas a cada empresa.

- O sistema pode aceitar a submissão de propostas por formulário impresso ou meios eletrônicos, o que for mais prático para cada grupo de funcionários.

Característica 3: A avaliação das ideias é rápida e eficaz

A melhor demonstração de que as ideias são levadas a sério está na velocidade com que cada proposta é tratada. O primeiro passo nesse sentido é avaliar a ideia no prazo mais curto possível e decidir se (a) está aprovada para implementação, (b) é recusada (neste caso, com justificativas) ou (c) simplesmente é uma ideia repetida.

No caso em que uma ideia não é executada imediatamente por seu próprio autor, alguns princípios são importantes para garantir a eficácia da tomada de decisão (Robinson e Schroeder, 2004):

- As tomadas de decisão devem ter lugar, sempre que possível, nos mesmos níveis em que as ideias surgiram.

- As decisões devem ser tomadas por pessoas que trabalham no mesmo local do criador (ou criadores) da ideia.

- No mínimo, a pessoa incumbida da decisão deve conhecer a área em que a ideia será aplicada. Quanto menos conhecimento essa pessoa tiver do contexto da proposta, maiores serão as probabilidades de (i) necessidade de pedir mais informação e de mais tempo para a análise e (ii) rejeição de ideias boas simplesmente por falta de segurança do decisor.

As empresas que mantêm Sistemas de Ideias bem-sucedidos costumam estabelecer um prazo limite para que uma proposta seja avaliada (Ex.: três dias — Milliken; uma semana — Brasilata). Esses prazos são controlados, e, quando não cumpridos, a proposta em tela pode ser encaminhada à alta administração.

Característica 4: O *feedback* é oportuno, construtivo e informativo

Um bom *feedback* é mais uma demonstração de que as ideias são levadas a sério. Além disso, contribui para o processo de aprendizagem tanto das pessoas como da organização (Robinson e Schroeder, 2004).

- Um *feedback* oportuno permite às pessoas acompanhar suas ideias e, com isso, ganhar confiança em todo o processo.
- Um *feedback* informativo permite às pessoas aprofundar seu entendimento sobre suas próprias ideias e ganhar confiança para submeter novas ideias.
- Um bom *feedback* dá ao empregado a oportunidade de refinar sua ideia ou de apresentá-la melhor. Além disso, pode proporcionar *insights* que levarão o empregado a criar novas ideias a partir daquela.
- Mesmo as ideias rejeitadas revelam oportunidades de melhoria. Talvez alguma informação essencial não esteja sendo bem divulgada. Talvez haja necessidade de mais treinamento.
- O *feedback* não precisa ser longo nem deve tomar muito tempo. Em muitos casos, ele pode ser dado oralmente, no próprio local de trabalho.

Característica 5: A implementação é ágil e simples

A agilidade na implementação das ideias é outro fator crucial para a credibilidade do sistema. A execução rápida incentiva a continuidade na apresentação de propostas. Demoras fazem efeito contrário. Para a implementação das ideias de forma rápida e eficiente, são necessários processos e recursos adequados e, principalmente, disposição e flexibilidade da alta administração para providenciar os recursos quando necessários (Robinson e Schroeder, 2004; Barbieri *et al.*, 2009).

Processos adequados devem considerar que:

- A implementação — tal como a tomada de decisões — é mais bem-sucedida quando realizada no próprio local de trabalho.
- O volume de ideias pode variar de acordo com as circunstâncias de cada empresa — "maré" de ideias que estavam represadas antes da adoção do sistema, "campanhas" para resolver problemas emergenciais, curvas de aprendizagem etc.
- Em determinados momentos, as ideias podem se concentrar em questões técnicas (manutenção, engenharia, tecnologia da informação etc.) ou, em outros, relacionados com o ambiente de trabalho (saúde e segurança, ergonomia, layout etc.).

Os **recursos** adequados variam de empresa para empresa, e podem incluir:

- Equipes multidisciplinares (com pessoas de áreas técnicas e administrativas) dedicadas à execução das ideias.

- Equipes SWAT, mobilizadas para evitar gargalos, sempre que acontece uma grande concentração de ideias em uma determinada área.

- *Software* de gerenciamento do sistema, que permita a cada pessoa (i) submeter suas propostas, (ii) acompanhar o andamento dos processos de avaliação e execução de suas ideias e (iii) obter totalizações de ideias, por área, por unidade, por pessoa etc.

- Outros recursos (em termos de orçamento, pessoas e tempo) podem ser colocados à disposição da pessoa ou equipe encarregada da implementação de uma ideia. A magnitude desses recursos varia em função do retorno previsto de cada ideia e de acordo com a cultura e as normas da empresa.

Robinson e Schroeder (2004) consideram que "a maioria das ideias tem retorno tão rápido, que podem ser consideradas pagas ainda dentro do período de vigência do orçamento anual".

Acima de tudo, é essencial que haja, por parte da administração, **disposição e flexibilidade** para remanejar recursos e recriar processos, sempre que necessário.

Característica 6: A revisão das ideias pode detectar novos potenciais

Ideias podem levar a outras ideias. Em particular, as pequenas ideias podem abrir caminho para ideias muito maiores, principalmente se foram bem divulgadas para fora da área de origem. Algumas abordagens, comumente usadas pelas empresas para estimular o desdobramento de ideias, são (Robinson e Schroeder, 2004):

- Criação de um Sistema de Ideias com banco de dados acessível a todas as pessoas da organização.

- Os próprios meios de comunicação da organização — intranet, jornal interno etc.

- Criação de fóruns de debates, para que gerentes e empregados compartilhem ideias passíveis de desdobramento.

Característica 7: As pessoas ganham reconhecimento e o sucesso é celebrado

"As pessoas apresentam ideias porque desejam que elas sejam usadas. Sentem orgulho de seu trabalho e gostam de contribuir para o sucesso da organização. Isso significa que a maneira mais eficiente de reconhecer o valor de uma ideia é usá-la." (Robinson e Schroeder, 2004). Cada ideia implementada é mais um estímulo à geração de mais ideias.

Além disso, é também muito importante que (i) as pessoas recebam o devido crédito por suas ideias e (ii) o sucesso das inovações seja celebrado.

i) O **reconhecimento** pode ser demonstrado por uma variedade de ações, como (Robinson e Schroeder, 2004; Barbieri *et al.*, 2008):

- Reuniões semanais de supervisores, em que cada um tem a missão de promover as ideias de sua equipe. Esse processo tem dois propósitos. Primeiro, a defesa que um supervisor faz da ideia de um subordinado é uma poderosa forma de reconhecimento. Segundo, todos os supervisores tomam conhecimento das ideias mais significativas, e possivelmente aplicarão algumas delas em suas próprias áreas.

- A cada mês, é escolhida uma ideia vencedora em cada unidade.

- Colocação de cartazes nos locais em que as ideias mais significativas foram aplicadas. Cada cartaz indica o nome do autor e uma breve descrição da ideia. O cartaz é uma demonstração visual de reconhecimento. O leitor pode ver a analogia com o ANDON, que é uma sinalização visual de que um operador precisa de ajuda (ver **Seção 6.4** — STP).

- Participação do presidente da organização (e outros altos executivos) na equipe que seleciona as melhores ideias do ano (ou do semestre). Essa equipe visita os locais de trabalho dos "finalistas", ouve as apresentações e acompanha a operacionalização de cada ideia. A atenção pessoal dos altos executivos talvez seja o mais eficaz dos mecanismos de reconhecimento.

- Premiação simbólica para as melhores ideias do ano (ou do semestre). O prêmio simbólico pode ser uma placa e/ou um presente de pequeno valor — é uma homenagem, e não uma recompensa. A recompensa financeira é coletiva, representada pela participação de todos os empregados nos resultados da empresa.

ii) A **celebração**, pelo seu caráter festivo e de confraternização, é considerada a ação que mais estimula a continuidade da geração de ideias. Entre as formas de celebração mais utilizadas, podem ser citadas (Robinson e Schroeder, 2004; Barbieri *et al.*, 2009):

SISTEMAS DE IDEIAS · · · 385

- Breakfast semanal para os autores das ideias.
- Grande festa anual (ou semestral), com a participação de todos os funcionários.

A título de exemplo, podemos citar a Brasilata. A celebração é um ponto forte do Sistema de Ideias dessa empresa, e é assim descrita por Barbieri *et al.* (2009):

> "A cada seis meses, uma grande festa é realizada, da qual participam todos os funcionários. Nela são entregues prêmios aos autores das melhores ideias do semestre, ao criador com maior número de ideias e ao coordenador com maior média de ideias por funcionário. Os autores apresentam a todos suas ideias premiadas e devidamente implantadas. A entrega solene dos prêmios fica a cargo dos diretores e gerentes. Em seguida, é servido um grande almoço festivo. (...). Além das duas festas anuais, celebradas em cada unidade, realiza-se também, anualmente, cada vez em uma unidade diferente, uma festa global em que são premiadas as melhores ideias do ano anterior em cada unidade. Essa celebração é denominada Supercopa."

Característica 8: A eficiência do Sistema de Ideias é avaliada, revista e aprimorada

O próprio Sistema de Ideias precisa ser monitorado e continuamente aprimorado. Para tanto, três medidas básicas são indispensáveis: a quantidade, a origem e a velocidade de processamento das ideias (Robinson e Schroeder, 2004).

Medidas de Quantidade. Fornecem o número médio de ideias apresentadas por empregado por período (mês, ano etc.). É o indicador primário da eficiência do sistema. Permite a compreensão das causas das variações de volume das ideias apresentadas. Estas podem ocorrer devido a fatores sazonais ou a eventos específicos (um novo produto, um novo sistema de informações, uma mudança organizacional, um desafio proposto pela administração etc.).

Medidas de Origem. Indicam os locais em que as ideias foram criadas. A mais comum é a média de participação — porcentagem de pessoas, de um determinado setor ou de toda a organização, que apresentaram ideias em um dado período de tempo. Essa medida permite detectar desequilíbrios, como uma alta concentração de ideias em uma única área ou total ausência de sugestões em outra. Nos dois casos, a organização pode aprender muito com a investigação das causas.

Medidas de Velocidade. Revelam a capacidade de reação da organização às ideias apresentadas, identificando quanto tempo é necessário para a tomada de decisão a respeito de cada ideia, sua implementação e o *feedback* aos autores da proposta. A capacidade de reação é importante para motivar a participação das pessoas. Além disso, quanto mais cedo uma ideia for implantada, mais cedo a organização colherá seus benefícios.

8.5 Gestão dos Sistemas de Ideias

Os Sistemas de Ideias são instrumentos de estímulo à criação de conhecimento por pessoas e grupos, tema tratado no **Capítulo 4**. Assim, por analogia, podemos dizer que:

1°) Gestão dos Sistemas de Ideias é o processo de criar e manter um ambiente no qual indivíduos e grupos são encorajados, e têm condições, para produzir e implementar ideias de aperfeiçoamento — do trabalho, da organização e de seu desenvolvimento pessoal.

2°) Essas condições são determinadas pelas competências inovadoras da organização: Liderança e Estratégia, Meio Inovador Interno, Pessoas, Processo e Resultados (Vasconcellos, 2015). Essas competências serão discutidas a seguir.

Um exemplo ilustrativo da Gestão de Sistemas de Ideias é apresentado no **Quadro 8.4**. Trata-se do "Projeto Simplificação — o Sistema de Ideias da Brasilata".

a) A Liderança e os Sistemas de Ideias

Para analisar a relação da Liderança com o Sistema de Ideias de uma organização, estudaremos primeiro o conceito de Liderança Mobilizadora e, a seguir, seus desdobramentos.

Liderança Mobilizadora

Um atributo comum aos líderes capazes de promover o engajamento de pessoas e grupos — e o estímulo à geração de ideias — é a **Liderança Mobilizadora**, assim definida por Bennis e Nanus (1985):

> "A Liderança Mobilizadora (ou Transformadora) é a que libera e reúne as energias coletivas na busca de uma meta comum. Pode mover os seguidores para graus superiores de consciência e autorrealização, ajuda os colaboradores a encontrarem significado em seu trabalho e compartilha poder e encoraja o orgulho pela participação."

Pode-se dizer que a marca da Liderança Mobilizadora consiste no compartilhamento de poder e na concessão de autonomia para a tomada de decisões, o que se concretiza por meio de uma convicção e de quatro estratégias.

A convicção é a **crença nas pessoas** — a certeza de que as pessoas são capazes de pensar, resolver problemas e melhorar (ver **Seção 6.4.e** — Crença nas Pessoas).

As estratégias se referem às quatro áreas de competência definidas por Bennis e Nanus (1985):

I — Atenção às pessoas, alinhamento e inspiração, através da Visão.

II — Entendimento da Missão e do seu Significado, através da Comunicação.

III — Confiança, através do exemplo e do posicionamento;

IV — Auto e alterconsideração positiva.

Crença nas Pessoas

Como vimos na **Seção 6.6**, o ponto de partida para a implementação de qualquer Sistema de Ideias (como de qualquer processo de *empowerment*) é a crença nas pessoas — a convicção de que (1°) as pessoas são capazes de pensar, resolver problemas, criar e executar ideias e (2°) as ideias da Linha de Frente têm o poder de contribuir para o crescimento — delas próprias e da organização. Quando os líderes acreditam que podem confiar em seus colaboradores para tomarem decisões sobre suas próprias ideias, estão prontos para efetivar algumas mudanças "radicais" (Robinson e Schroeder, 2004; 2014):

- Substituir o "Pensar não é sua função!" pela delegação de poder à Linha de Frente — para pensar, produzir e implementar ideias;
- Substituir o "Administrar com regras e controle" pelo "Administrar **com** ideias", com a devida atenção às ideias da Linha de Frente.

A capacidade de estimular, ouvir e respeitar ideias é, portanto, uma competência essencial da liderança. Outros pré-requisitos da liderança voltada para ideias são a orientação para o aperfeiçoamento contínuo, a mentalidade de execução e a habilidade de trabalhar bem de forma coletiva (Robinson & Schroeder, 2014).

I — Atenção às pessoas, alinhamento e inspiração, através da Visão

Como vimos no Quadro 5.2, a visão é uma declaração do que a organização pretende ser ou alcançar a médio ou longo prazos. Transmite um senso de direção e é fonte de inspiração para as tomadas de decisão por todas as pessoas em todas as áreas e níveis.

> De acordo com Bennis e Nanus (1985): "A visão anima, inspira, transforma o propósito em ação. (...) A visão cria unidade — uma visão compartilhada de futuro ajuda as pessoas a distinguir o que é melhor para a organização. E, da maior importância, possibilita descentralizar amplamente as tomadas de decisão. (...) Quando a organização tem um senso claro de propósito e visão, e quando esta imagem é amplamente compartilhada, as pessoas são capazes de encontrar seus próprios papéis na organização e na sociedade. Isto concede poder aos indivíduos, assim como status, porque podem ver-se como parte de um empreendimento digno".

Nas organizações guiadas por ideias, a descentralização das tomadas de decisão inclui o incentivo à geração de ideias pela Linha de Frente. Neste caso, principalmente, para que ocorra o fluxo de ideias, o compartilhamento da visão é apenas o primeiro passo. De acordo com Robinson e Schroeder (2004; 2014), "um exército de mudanças adicionais precisa ser feito; cabe à liderança realinhar toda a organização para ser efetivamente guiada por ideias". O alinhamento segue a seguinte lógica:

i) A liderança adota a estratégia de estimular e implementar as ideias da Linha de Frente.

ii) A estrutura e as políticas da organização são reprojetadas para apoiar essa estratégia.

iii) Os sistemas e procedimentos devem ser consistentes com a estratégia, a estrutura e as políticas.

iv) Do mesmo modo, os sistemas de Gestão de Pessoas e de treinamento em todos os níveis.

v) O objetivo final é assegurar que o comportamento individual esteja alinhado com a direção estratégica.

vi) A persistência fará com que a geração de ideias por todas as pessoas passe a fazer parte da cultura da organização.

II — Entendimento da Missão e do seu Significado, através da Comunicação

Significado é o grau em que uma pessoa percebe que o seu trabalho tem um impacto substancial nas vidas ou trabalhos de outras pessoas — seja na própria organização, seja no ambiente externo (ver **Quadro 5.2.B**). O significado está relacionado com o **know-why** (saber por quê), mais do que com o know-how (saber como).

*Todas as organizações dependem da existência de significados e inter-
pretações compartilhadas que favorecem a ação coordenada. Segue-se
que um fator essencial em liderança é capacidade de **organizar significado** para os membros da organização. Para tanto, os líderes inven-
tam imagens, metáforas e modelos, proporcionando um foco para nova
atenção Bennis e Nanus (1985).* Um exemplo de metáfora é o utilizado
pela Brasilata: "A Brasilata joga futebol, e não tênis"! A mensagem por
trás dessa simples frase é a de que "Todas as pessoas são importantes,
mas é o jogo coletivo que garante o sucesso".

*Os símbolos e mensagens são transmitidos por meio da **comunicação**.
A comunicação, pode-se dizer, cria significado; é a única maneira pela
qual qualquer grupo pode se alinhar em apoio às metas da organização.*

Nas organizações guiadas por ideias, diversos mecanismos podem ser
adotados pela liderança para manter comunicação direta com a Linha
de Frente, a escolha de cada um dependendo do porte e da cultura da
organização (Robinson e Schroeder, 2004; 2014; Barbieri *et al.*, 2009):

- Caminhar pelos locais de trabalho e falar diretamente com os tra-
  balhadores.
- Utilizar horários adequados para transmitir mensagens a todos
  os participantes de um local de trabalho ou de um turno.
- Participar de Comitês de Avaliação de Ideias, fazendo visitas aos
  locais em que foram criadas e/ou ouvindo as apresentações dos
  criadores.
- Reuniões de equipe de liderança nos diferentes locais de trabalho.
- Encontros periódicos com os criadores de ideias.
- Apresentações das melhores ideias à alta administração.
- Festas de celebração das melhores ideias.
- Comunicados a todos os funcionários, utilizando a intranet ou
  qualquer outro meio de comunicação.

É importante ressaltar que:

i) A comunicação pode ser feita por meio de eventos regulares (com
periodicidade preestabelecida) ou tempestivamente, sempre que
ocorrer um fato novo, importante para a organização e seus colaboradores.

ii) A comunicação é uma via de mão dupla. Por um lado, propicia
a todas as pessoas o conhecimento das estratégias e da situação

atual da organização. Por outro, permite aos administradores tomar conhecimento dos problemas e das realizações da Linha de Frente.

iii) Outra atribuição importante do presidente é garantir, em prol do alinhamento, que todos os membros da alta administração participem ativamente do processo de comunicação.

III — Confiança, através do exemplo e do Posicionamento

A *confiança possibilita que as organizações operem. É a liga que mantém a integridade organizacional, isto é, que sustenta a harmonia entre os diversos segmentos da organização. Sem confiança, não existe de fato uma "organização". (...) A confiança se baseia na **previsibilidade**: nós acreditamos nas pessoas que são previsíveis — aquelas cujo posicionamento é conhecido e mantido ao longo do tempo. Entende-se **posicionamento** como o conjunto de ações e atitudes necessárias para implementar a visão do líder. Os líderes efetivos não só mantêm o posicionamento (ver Princípio N° 1 de Deming) como são incansavelmente persistentes (Bennis e Nanus, 1985).*

Nas organizações guiadas por ideias, o posicionamento começa com a própria decisão de implantar um Sistema de Ideias, e continua com a determinação e persistência para enfrentar as resistências, corrigir os desalinhamentos e remover as barreiras ao livre fluxo de ideias. O comprometimento da liderança se demonstra por atitudes como participação pessoal nos processos de informação, avaliação e celebração, além de parada de produção quando há necessidade de transmitir alguma informação extremamente importante (Robinson e Schroeder, 2004; 2014).

A constância do posicionamento e o envolvimento contínuo proporcionam a previsibilidade que é a base da **confiança**.

IV — Auto e alterconsideração positiva

*Um fator-chave da liderança é a **Autoconsideração Positiva**, a capacidade de desenvolver e melhorar suas habilidades, explorando seus pontos fortes e compensando os pontos fracos. Os líderes efetivos confiam em si próprios, confiança aqui entendida como a certeza de que sempre saberemos enfrentar quaisquer dificuldades que venham a ocorrer.*

*Um resultado notável da Autoconsideração Positiva dos líderes é a **Alterconsideração Positiva** dos liderados, o que significa criar também nos outros o mesmo senso de confiança e de altas expectativas, ou seja, os sentimentos de autoestima e autorrealização (ver **Quadro 5.2.A** e **Seção 5.4**).*

*Considerando que o potencial de cada indivíduo é derivado direto de sua autoestima, Bennis e Nanus (1985) concluem que "fazer outra pessoa se sentir bem e acreditar no próprio valor são a própria **essência** da liderança".*

Nas organizações guiadas por ideias, a relação produtiva entre líderes e liderados dá início a um ciclo virtuoso (Robinson e Schroeder, 2004):

i) Os empregados se sentem valorizados como integrantes da equipe e, portanto, envolvem-se muito mais com o trabalho quando veem que suas ideias são aproveitadas.

ii) Os gestores, por sua vez, passam a respeitar mais os funcionários diante dessa mudança de atitude e do impacto que as novas ideias têm sobre o desempenho.

iii) Os empregados são vistos com maior confiança, recebendo por isso mais informações, treinamento e autoridade.

iv) Esse quadro propicia, assim, a geração de mais e melhores ideias — e o ciclo prossegue, apresentando, como produto final, uma cultura de alto desempenho muito positiva.

Liderança em Todos os Níveis

Para efeito deste texto, todos os gestores são líderes, cada um em sua esfera de atuação. Assim, a busca e a obtenção de ideias fazem parte das funções de cada gestor — do presidente aos supervisores (Robinson e Schroeder, 2004). Cada nível tem seu papel específico na organização guiada por ideias (Robinson e Schroeder, 2014).

Presidente (ou título equivalente). É o primeiro defensor do Sistema de Ideias. É dele a tarefa de ganhar os outros membros da equipe de liderança, conduzir com determinação a implantação do sistema e demonstrar firmeza para enfrentar as resistências naturais aos projetos de mudança. As pesquisas feitas por Robinson e Schroeder (2004; 2014) mostram que as resistências raramente vêm da Linha de Frente, onde as pessoas estão cheias de ideias e ansiosas por apresentá-las. Vêm mais comumente dos altos executivos, que têm medo da "perda de poder" e, não raro, pedem para sair.

Cabe também ao presidente: (i) responsabilizar todos os gestores pelo incentivo e implementação das ideias da Linha de Frente e (ii) mobilizar todas as pessoas por meio das quatro estratégias descritas antes.

Gerentes de Nível Médio. Desempenham um papel essencial no processo de desenvolvimento de ideias. São os gerentes de nível médio que garantem os recursos necessários para avaliar, testar e executar as propostas, e providenciam o treinamento indispensável. Devem também acompanhar todas as etapas dos processos e envolver-se pessoalmente com as ideias mais significativas (Robinson e Schroeder, 2004).

Isto representa uma mudança significativa no papel dos gerentes médios. Lembrando Carlzon (1985), sempre que uma organização concede mais autonomia à Linha de Frente, o papel da gerência média muda — de "comando" para "apoio". E, por "**apoio**", entende-se que o novo papel do gerente médio passa a "estar à disposição da Linha de Frente, fazendo com que sejam entendidos os objetivos da organização, e fornecendo as informações e recursos indispensáveis — à execução do trabalho e à geração de ideias de aperfeiçoamento". Claramente, um dos cuidados a serem tomados na implantação de um Sistema de Ideias é exatamente esse: preparar os gerentes médios para as novas funções.

Supervisores. Os supervisores estão em contato direto com a Linha de Frente e, dessa forma, em uma posição ímpar para motivar suas equipes a participar no Sistema de Ideias. O supervisor desempenha três papéis importantes na gestão de ideias (Robinson e Schroeder, 2004):

i) Criar um ambiente capaz de estimular a produção de ideias.

ii) Ajudar os membros da equipe a desenvolver seus conhecimentos e aumentar sua capacidade de identificar oportunidades e resolver problemas. Ajudá-los inclusive a aprimorar a qualidade e o impacto de suas ideias, mesmo as (aparentemente) más ideias.

iii) Promover as ideias de sua equipe, perante os superiores e toda a organização, e procurar por aplicações mais amplas, dentro ou fora de sua área de trabalho.

Faz parte também das funções do supervisor a **responsabilidade** pela boa gestão das ideias de sua equipe. Isso inclui o acompanhamento da implementação de cada ideia, o monitoramento das estatísticas pertinentes e a busca, com a equipe, de formas de melhorar o desempenho atual.

b) O Meio Inovador Interno e a Geração de Ideias

*Meio Inovador Interno é o ambiente que estimula as iniciativas individuais e grupais de inovação (Vasconcellos, 2015) (**Quadro 4.1**). Algumas características do Meio Inovador Interno são (Vasconcellos, 2015):*

- A gestão é participativa.

- As pessoas percebem que são valorizadas.

- O desempenho pelo trabalho é coletivo, e não existe punição para desempenho abaixo da média.

- As pessoas sabem que a aprendizagem continuada é valorizada.

- O clima é de confiança, as pessoas sabem que têm liberdade para emitir opinião.

- Os problemas são enfrentados abertamente, com cada grupo sempre confiando na outra parte, levando à solução dos eventuais conflitos.

*Fatores determinantes do Meio Inovador Interno são (Vasconcellos, 2015) (ver **Quadro 4.1**):*

- As relações formais, derivadas do Modelo de Gestão e determinantes da qualidade de vida no trabalho.

- As relações socioculturais, que compreendem a cultura de inovação e as redes internas informais.

Em uma organização guiada por ideias, os fatores determinantes — do Meio Inovador Interno e do Sistema de Ideias — são os mesmos. Os melhores Sistemas de Ideias estão tão integrados com os sistemas de gestão da organização, que não se distinguem uns dos outros — a geração de ideias simplesmente faz parte do trabalho das pessoas (Robinson e Schroeder, 2004). Diversos condicionantes do sucesso dos Sistemas de Ideias estão relacionados com o Meio Inovador Interno, tais como (Robinson e Schroeder, 2004; 2014; Barbieri *et al.*, 2009; Vasconcelos, 2015):

Políticas Administrativas

- Garantia de que ninguém perderá o emprego por motivo de aumento de produtividade.

- Princípio de que a geração de ideias faz parte das funções de todas as pessoas de todas as áreas, e deve ser incentivada por todos os gestores.

Modelo de Gestão

- Autonomia — a estrutura e as normas favorecem a descentralização das tomadas de decisão.

- Desburocratização — remoção do "arame farpado" que separa o pensar do fazer nas políticas e práticas operacionais.

Sistemas de Avaliação e Recompensa

- O reconhecimento do trabalho é coletivo.

□ Participação coletiva nos resultados da organização.

Relações Interpessoais

□ O trabalho em equipe é valorizado.

□ Estímulo à cooperação informal, entre pessoas e áreas.

Cultura

A cultura de qualquer organização sempre foi, e sempre será, essencial para seu sucesso. A propósito, as organizações com Sistemas de Ideias bem-sucedidos descobriram que (Robinson e Schroeder, 2004):

- O desempenho de um Sistema de Ideias está diretamente relacionado com aspectos importantes da cultura, tais como confiança, respeito, moral elevado, comprometimento e trabalho em equipe.

- Existe um vínculo muito forte entre a cultura e o fluxo de ideias — quando os empregados veem que suas ideias são valorizadas, as atitudes mudam e a cultura organizacional é aprimorada.

Cria-se um ciclo virtuoso — a valorização das pessoas estimula a geração de ideias, e o fluxo de ideias aprimora a cultura.

c) Pessoas — Educação e Treinamento

*As pessoas, atuando em todas as áreas da organização, são os efetivos agentes de inovação e mudança (Vasconcellos, 2015) (ver **Quadro 4.1**). O que ocorre quando:*

- *Há compatibilidade entre as características da organização (cultura, clima, valores, objetivos e normas) e as das pessoas (personalidade, valores, objetivos e atitudes) (ver **Quadro 5.5**).*

- *As pessoas se sentem engajadas — com o seu trabalho e com a organização (tema central dos capítulos de 5 a 7)*

- *As pessoas têm, ou estão dispostas a adquirir, as competências necessárias — para a realização de seu trabalho e para a participação nos processos organizacionais.*

O Processo de Qualificação e Aprendizagem obedece aos seguintes princípios:

- *A busca da excelência — e da inovação — é um processo sem fim. A capacitação, portanto, não se resume a um "episódio", é antes um processo contínuo de aprendizado.*

- *Os programas de educação e treinamento são extensivos a todas as pessoas, em todos os níveis.*

Educação e treinamento podem envolver os seguintes campos de conhecimento (Vasconcellos, 2015):

- *Expertise, incluindo a compreensão dos fundamentos do trabalho e a maestria na sua execução.*
- *Trabalho em Equipe, incluindo grupos semiautônomos e comitês interdisciplinares.*
- *Relações com clientes internos e externos.*
- *Controle da qualidade do trabalho, incluindo CEP, autonomia para correção de defeitos e "parar a linha".*
- *Aperfeiçoamento dos métodos de trabalho de segurança.*
- *Comportamento inovador, incluindo criatividade, espírito empreendedor e responsabilidade pelos resultados.*
- *Aperfeiçoamento contínuo, incluindo o "como encontrar oportunidades de aperfeiçoamento, como gerar ideias e como colocá-las em prática".*

Treinamento para a Criatividade

Recapitulando o que vimos na Seção **4.3.c**, as ideias constituem a etapa de iniciação de qualquer processo de inovação, etapa essa que consiste basicamente em **percepção** e **geração de ideias**.

Percepção. Compreende a percepção das necessidades (de solução de problemas) e oportunidades (de inovação). A propósito da percepção, vale lembrar que:

i) *A inovação por indivíduos e grupos começa pela observação ativa do trabalho e seu entorno, o que leva à percepção de possíveis situações problemáticas, resultantes de problemas de execução, quebra-cabeças que precisam ser resolvidos, ameaças que exigem resposta imediatas, oportunidades tecnológicas e de mercado etc. (De Jong, 2007).*

ii) *A **percepção** inclui comportamentos como (Kaplan, 1964; De Jong, 2007; Robinson e Schroeder, 2004):*

- Observação Ativa — busca consciente e deliberada de indícios de problemas e de oportunidades de inovação.
- Atenção às fontes internas e externas de inovação.
- Disciplina para observar exceções — tudo o que parece estranho ou deslocado.

- Utilizar pensamento divergente para refletir sobre o que foi observado.
- Registro das observações e dos pensamentos decorrentes.
- Dedicar tempo ao estudo dos problemas e oportunidades identificados.

Geração de Ideias. Consiste na criação sistemática de novos conceitos, para resolver problemas e aproveitar as oportunidades. A propósito, vale lembrar que:

i) *A geração de ideias é o processo sistemático de criar novos conceitos e soluções para problemas ou desafios, enfrentados por um indivíduo, grupo ou organização. A expectativa é a de que surjam muitas ideias, para resolver problemas e/ou melhorar o desempenho (Barbieri et al., 2009).*

ii) *A **Geração de Ideias** inclui comportamentos como (Luecke, 2003):*

- Orientação para metas — decorrentes das necessidades do próprio trabalho (solução de problemas, melhoria de desempenho) ou de estratégias da organização (prioridades competitivas, mudanças disruptivas etc.).

- Preparação — indivíduos bem preparados (por estudos, pesquisas e experiências) têm maior probabilidade de formular novas ideias.

- Imersão — o que inclui olhar a questão por todos os lados e ignorar a "sabedoria convencional".

- Utilização do pensamento divergente, para explorar novas associações, inclusive com novas tecnologias e com outros campos de conhecimento.

- Colaboração — disposição para o trabalho em equipe e intercâmbio de conhecimentos.

- Persistência — capacidade de continuar a perseguir objetivos, mesmo diante de dificuldades imprevistas.

Capacitação para a Descoberta

Na maioria das organizações, a capacitação para a geração de ideias faz parte dos Programas de Educação e Treinamento (MASP, técnicas de criatividade, *brainstorming*, polinização cruzada, projetos individuais próprios etc.). Já as organizações guiadas por ideias se preocupam também, e principalmente, em desenvolver a **sensibilidade** — a capacidade de as pessoas descobrirem os problemas e as oportunidades. A capacitação para a **descoberta** tem três componentes (Robinson e Schroeder, 2004; 2014): expertise, sensibilidade e aperfeiçoamento contínuo.

Expertise. É o conjunto dos conhecimentos especializados de uma pessoa. Engloba tudo o que a pessoa sabe e pode fazer em seu campo de atividades. No limite, a expertise leva à "maestria intelectual e paixão na área escolhida, com domínio sobre os pressupostos, substância, relações e linhas de pensamento" (Rhodes, 2001). O domínio dos pressupostos habilita a pessoa para a **compreensão** dos fenômenos e para a **percepção** dos problemas e oportunidades.

Sensibilidade. O fator-chave para a geração de ideias é a **sensibilidade** — a capacidade de enxergar problemas e oportunidades, os quais, de outro modo, permaneceriam invisíveis (Robinson e Schroeder, 2004; 2014).

Quando uma organização inicia um Sistema de Ideias, há, muitas vezes, um rápido surgimento de ideias, dirigidas a problemas que têm aborrecido as pessoas há muito tempo. Mas, depois que os problemas óbvios já foram tratados, as pessoas começam a ficar sem ideias. Para que isso não aconteça, é necessário o <u>treinamento para criar sensibilidade</u>. Os métodos adotados para tanto podem ser agrupados em três categorias (Robibson e Schroeder, 2004; 2014):

▫ Modelos de treinamento que proporcionam às pessoas um conhecimento mais profundo das áreas em que suas ideias podem ser mais úteis (ativadores de ideias).

▫ Adoção de novas perspectivas — sobre a organização e o próprio trabalho.

▫ Método de análise de situações conhecidas, na busca de novas ideias (mineração de ideias).

Esses métodos estão apresentados no **Quadro 8.5**.

Aperfeiçoamento Contínuo. É o processo de acumulação — de forma continuamente aprimorada — dos resultados dos aperfeiçoamentos incrementais e radicais feitos por todas as pessoas, alcançando padrões cada vez mais altos de desempenho (ver **Quadro 6.6**). O processo de aperfeiçoamento contínuo começa com a alta administração e é disseminado por toda a organização, com a utilização dos Ciclos SCDA e PDCA (ver **Quadro 8.6**). Uma vez estabilizado e padronizado um processo (com o SCDA), inicia-se o ciclo (ou espiral) de aperfeiçoamento contínuo (com o PDCA).

A filosofia do aperfeiçoamento contínuo consiste em "desafiar os padrões", ou seja, criar mecanismos organizacionais que tragam à superfície os problemas ocultos, de forma planejada, para que possam ser tratados adequadamente. Exemplos desses mecanismos são apresentados no **Quadro 8.7**.

d) Processos de Criação de Ideias

Assim como os Processos de Inovação, os Processos de Criação de Ideias incluem:

- *Atividades, que podem ser agrupadas nas etapas de Ideias + Ação + Resultados.*

- *Recursos (consumidos pelas Atividades) — de capital, conhecimento e parcerias.*

- *Gerenciamento — Comando operacional das atividades e recursos que compõem o processo de inovação.*

Nas organizações guiadas por ideias, a análise dos processos de criação de ideias também incluem etapas e atividades, recursos consumidos pelas atividades e gerenciamento do processo de criação de ideias.

Atividades

O processo de criação de ideias inclui basicamente as seguintes etapas e atividades (Robinson e Schroeder, 2004; 2014; Barbieri *et al.*, 2009):

- **Ideias** — percepção + geração de ideias + submissão.
- **Ação** — validação + registro + avaliação + implantação.
- **Resultados** — reconhecimento e comemorações.

Percepção e **Geração de Ideias**. Estão descritas na seção **8.4.c** — Pessoas.

Submissão. Há duas maneiras de submeter ideias: em papel (colocadas em caixas coletoras especiais) e *online* (em computadores e terminais disponibilizados para esse fim). Um caso especial é o do "Registro de Ideias Executadas". Por esse sistema, o funcionário que introduziu melhorias em seu próprio local de trabalho pode submetê-las ao programa, mesmo após sua implantação (Barbieri *et al.*, 2009).

Validação. Exame para certificar que a proposta está completa ou verificar se requer maiores esclarecimentos.

Registro. As ideias validadas dão entrada no sistema e passam então a ser acompanhadas.

Avaliação. Verificação sobre se a ideia atende aos critérios de aprovação estabelecidos (Ex.: aplicabilidade, relação custo/benefício etc.). A avaliação resulta em uma de cinco situações possíveis:

1) A ideia já foi executada. Neste caso, a ideia é apenas registrada e os autores recebem o *feedback*.

2) A ideia é aprovada. E segue para a implantação.

3) A ideia é considerada **especial**. São ideias que podem levar a importantes inovações radicais ou semirradicais. Essas ideias apresentam um alto grau de novidade — tecnológica e/ou mercadológica — e podem implicar altos investimentos e altos riscos. Merecem, portanto, um exame mais aprofundado. As que ganham um "sinal verde" seguem um caminho semelhante ao dos projetos de investimento: (i) recebem recursos específicos — financeiros, materiais e humanos e (ii) são conduzidos por equipes especiais, formadas de acordo com as especificações da ideia (Barbieri e Álvares, 2016).

4) A ideia é reprovada. Nesse caso, os autores recebem comunicação explicativa.

5) A ideia é repetida. Também neste caso, os autores recebem comunicação explicativa.

O avaliador pode ser o supervisor, gerente ou diretor da área, dependendo dos custos previstos para cada ideia. Ideias corporativas, que se aplicam a mais de uma área, são avaliadas pela diretoria.

Implantação. Em princípio, o controle da implantação de cada ideia é de responsabilidade do respectivo avaliador. Ou do próprio autor, no caso das "ideias executadas".

Reconhecimento e Comemorações. Nos Sistemas de Ideias bem-sucedidas, a recompensa financeira é coletiva (ver Meio Inovador Interno), representada pela participação de todos os funcionários nos resultados da organização. Além disso, o reconhecimento simbólico é um importante fator de motivação e pode ser expresso por meio de:

- Prêmios às melhores ideias (de valor simbólico, não relacionado com o valor financeiro da ideia).

- Celebrações — festas periódicas para comemoração, com participação de todos os funcionários.

Recursos

As necessidades mais comuns, de recursos para a criação de ideias, são dinheiro, tempo e funções de apoio (Robinson e Schroeder, 2014).

Financiamento das Ideias. Mesmo as pequenas ideias muitas vezes precisam de um pouco de dinheiro ou de alguns suprimentos para serem implementadas. As organizações guiadas por ideias criam condições para que os funcionários possam obter esses recursos com facilidade e, assim, desenvolver e implementar suas ideias (Robinson e Schroeder, 2014). Exemplos:

- Autorização para gastos até limites estabelecidos. Essa autorização pode ser expressa em um pequeno orçamento mensal para cada equipe. Ou pode ser incluída no orçamento de cada ideia aprovada.
- Normas e procedimentos. A autoridade das equipes para pequenas compras é expressa em normas, e os procedimentos respectivos são agilizados. Robinson e Schroeder (2014) afirmam que: "Em nossa experiência, as equipes da Linha de Frente normalmente apreciam a confiança nelas depositada, são muito cuidadosas com o dinheiro, e o período de retorno para suas compras é em geral muito curto."

Tempo para as Ideias. As pessoas precisam de tempo para desenvolver e implantar ideias, o que não é fácil encontrar, especialmente na Linha de Frente. As organizações guiadas por ideias adotam algumas medidas para proporcionar esse tempo. Exemplos (Robinson e Schroeder, 2014):

- Tempo para projetos individuais. Esta política foi criada originalmente pela 3M (ver **Seção 3.3.a**). Consiste em permitir que cada pessoa dedique parte de suas horas de trabalho ao desenvolvimento de suas próprias ideias. A 3M aplica a "Regra dos 15%". A maioria das empresas pesquisadas por Robinson e Schroeder (2014) adota níveis entre 4% e 7%.
- Tempo para reuniões de equipe. Consiste em incorporar formalmente um tempo para ideias na programação semanal do trabalho. Apenas com exemplo (Robinson e Schroeder, 2014), "Em uma das fábricas da Scania, na Suécia, a linha de montagem é fechada por 26 minutos, uma vez por semana, para que cada equipe tenha sua reunião de ideias".

- Desafio. Esta tática consiste em pedir aos funcionários que produzam ideias sobre "como economizar tempo" ou "como eliminar tarefas sem valor". Robinson e Schroeder (2014) afirmam que: "Em quase todas as vezes em que vimos essa tática ser utilizada, as ideias resultantes liberaram mais tempo por semana do que o tempo que as equipes precisavam para trabalhar nas ideias."

Funções de Apoio. Muitas ideias exigem a ajuda de funções de apoio, como TI, manutenção, engenharia ou compras. Essas áreas precisam estar preparadas e dimensionadas para atender às novas demandas criadas pelo Sistema de Ideias. Dois fatos devem ser considerados: (1º) de início, não é possível saber qual a carga adicional que cada área de apoio terá, e em quais momentos, e (2º) as novas demandas crescem gradativamente à medida que sistema vai se consolidando.

Assim, os principais recursos de que a alta administração precisa são:

- **Atenção** — para detectar a tempo os pontos de tensão que aparecerem.

- **Agilidade** — para redimensionar e realocar recursos para onde forem necessários.

- **Determinação** — para manter a nau no rumo, mesmo com as dificuldades naturais da fase de aprendizagem.

Gerenciamento do Sistema

Consiste no comando operacional do processo de criação de ideias. Suas funções principais são (Barbieri *et al.*, 2009):

i) **Definição de objetivos** como:
   - Manter o estímulo à geração de um número sempre crescente de ideias.
   - Garantir que nenhuma ideia fique sem avaliação ou resposta.
   - Garantir que todas as ideias aprovadas sejam implementadas no tempo adequado.

ii) **Projeto do Sistema**, incluindo as definições de:
   - Formas de acesso ao sistema e submissão de propostas.
   - Critérios e níveis de aprovação das ideias.
   - Classificação das ideias, em relação aos resultados da avaliação.
   - Políticas de disponibilização de recursos.

iii) Planejamento e Controle:

- Dos prazos das atividades de cada etapa.
- Da adequação de recursos.
- Das medidas corretivas, em caso de desvios.

iv) Feedback, incluindo:

- Informações aos autores, em tempo real, sobre o andamento das respectivas propostas.
- Prestação de contas periódica (mensal, trimestral etc.), pela qual todos os funcionários são informados sobre os resultados do último período (ano, semestre etc.).

v) Estímulo à Geração de Ideias, incluindo:

- Sistemas de indução de ideias, a partir de temas ou desafios lançados pela direção (economia de recursos, segurança etc.).
- Reconhecimento (escolha de brindes ou outro prêmio simbólico) e celebrações (planejamento das reuniões e festas de celebração).

vi) Recursos de Gerenciamento. Incluem a equipe e o *software* de administração do Sistema de Ideias.

Equipe. Para executar as funções citadas, cada organização (ou cada unidade geográfica) deve contar com uma equipe dedicada, reportando diretamente à alta administração. Dependendo das características da organização, e do estágio de evolução do Sistema de Ideias, cada equipe poderá ter integrantes fixos (representante da área de pessoal, técnicos especialistas, auxiliares administrativos) e temporários (pessoas que atuam de modo voluntário).

Software. A partir de um certo ponto do desenvolvimento do sistema, passa a ser imprescindível a implantação de um *software* de administração de ideias. Algumas funções e características importantes desse *software* devem ser:

- Registro e memória da evolução de todas as ideias, desde sua submissão até a implantação.
- Registro e memória de todas as melhorias introduzidas em cada posto de trabalho (incluindo as provenientes das "ideias executadas"). Com isso, o *software* passa a ser um autêntico **Banco de Conhecimentos**.

□ Transparência, pela disponibilização de informação, a tempo real de (i) andamento de cada projeto, (ii) histórico de cada posto de trabalho e (iii) totalizações — por funcionário, área ou unidade.

□ Acesso livre a qualquer momento a todos os funcionários, que podem, assim, verificar o andamento de suas ideias e das equipes, obter totalizações etc.

e) Resultados dos Sistemas de Ideias

Os resultados das inovações podem ser analisados sob quatro prismas complementares: "resultados diretos das inovações", "impactos das inovações", "cumprimento de objetivos e planos de inovação", e "resultados relacionados com o propósito da organização" (Vasconcellos, 2015).

De forma análoga, podemos classificar os resultados dos sistemas de ideias em quatro categorias:

Resultados diretos dos Sistemas de Ideias

São medidos pelo número de ideias captadas por funcionário/ano. Como referência, podemos considerar os seguintes níveis mais significativos:

- Uma ideia por funcionário/ano. Quando o número de ideias chega a este nível, torna-se fisicamente impossível continuar a processá-las de modo centralizado e sem o apoio de um *software* adequado (JHRA, 1988).

- Doze ideias por funcionário/ano (uma por mês). O Sistema de Ideias que atinge este nível é considerado de alto desempenho.

- Cinquenta e duas ideias por funcionário/ano (uma por semana). As empresas que atingem ou ultrapassam este patamar são as que apresentam um desempenho excepcional. Ex.: Toshiba, Toyota, Brasilata.

Uma organização pode usar este indicador, por exemplo, para estabelecer objetivos e avaliar a maturidade de seu sistema.

Impactos dos Sistemas de Ideias

São os efeitos dos Sistemas — nas pessoas, no trabalho e em seu ambiente (JHRA, 1988; 1989).

Efeitos nas pessoas (em sua educação, desenvolvimento e engajamento). São de três tipos:

- Efeitos educacionais. Incluem o aumento da capacidade de reflexão, da consciência sobre o trabalho e a organização e da percepção sobre o próprio potencial.

- Efeitos do desenvolvimento pessoal. Incluem o reforço da expertise de cada pessoa, das habilidades em solução de problemas e da capacidade de inovar.

- Efeitos no engajamento. Incluem o aumento da motivação intrínseca, da motivação para a participação e dos sentimentos de *Empowerment* (ver **Seções 5.2** e **6.6**) e *Ownership* (ver **Box 4.D**).

Efeitos no Trabalho (nos produtos e processos). Podem ser divididos em duas categorias:

- Efeitos nos métodos de trabalho. Incluem o aumento da produtividade, a redução de custos, o aumento da segurança etc.

- Efeitos na satisfação dos consumidores. Incluem a eliminação de defeitos e o aumento da qualidade de produtos e serviços.

Efeitos no ambiente do trabalho e no clima organizacional. Incluem:

- Melhoria nas comunicações — horizontais e verticais.

- Fortalecimento do espírito de cooperação entre pessoas e entre equipes.

Cumprimento de Objetivos Específicos

Estes resultados dizem respeito a **temas** e **desafios** lançados pela administração, com a finalidade de aproveitar oportunidades e resolver problemas específicos.

Um exemplo de desafio ocorreu com a Brasilata em meados de 2001, quando irrompeu uma crise na geração de energia elétrica e o Governo Federal impôs a redução do nível de consumo, das famílias e das empresas, em 20%. Barbieri *et al.* (2009) relatam a reação da empresa e os resultados alcançados:

> "O Projeto Simplificação [o Sistema de Ideias da Brasilata] foi acionado com o **tema** "Redução do Consumo de Energia Elétrica". Centenas de ideias foram aventadas, sendo que algumas produziram efeitos permanentes, como a substituição de chuveiros elétricos pelo sistema de aquecimento a gás, enquanto outras, como o desligamento dos aparelhos de ar-condicionado, aliviaram o consumo temporariamente. Somados os efeitos permanentes e os temporários, a empresa obteve em poucas semanas uma redução de 35% no consumo de energia, o que lhe permitiu vender no mercado as sobras da quota de energia elétrica."

Resultados Relacionados com o Propósito da Organização

Toda organização tem um **propósito** (sua razão de existir), sendo esse propósito **dual**, composto de duas dimensões — "eficiência econômico-financeira" e "harmonia com o meio" (ver **Quadro 8.8**). Para avaliar se a organização está ou não cumprindo seu propósito, precisamos, portanto, de dois conjuntos de indicadores: "econômico-financeiros" e "socioambientais".

Indicadores econômico-financeiros. A avaliação da eficiência econômico-financeira de uma organização compreende a análise de dois fatores: o desempenho e a saúde econômico-financeira.

- O **desempenho** econômico-financeiro diz respeito à capacidade atual de criação de valor. Pode ser medido diretamente, por meio de indicadores como lucro líquido, rentabilidade e crescimento.

- A **saúde** econômico-financeira representa o potencial da organização para criar valor, tanto hoje como no futuro. Pode ser inferida por meio de indicadores como fluxo de caixa, produtividade, cultura de aperfeiçoamento contínuo e existência de planos de contingência, além da capacidade de inovar em produtos e serviços, processos, tecnologias, modelos de negócios.

Indicadores socioambientais. A avaliação dos resultados socioambientais também pode ser feita sob dois prismas: "resultados diretos" e "impactos" das ações da organização. Sendo que, neste contexto:

- **Ações** — compreendem os projetos e atividades executadas pela organização, para gerar benefícios às pessoas, à sociedade e ao ambiente.

- **Resultados diretos (*outputs*)** — incluem os produtos e serviços oferecidos, que satisfazem às necessidades dos beneficiários diretos das ações da organização.

- **Impactos (*outcomes*)** — são as mudanças na vida das pessoas, famílias e comunidades, bem como nas condições de uma sociedade ou de um ecossistema, resultantes das ações da organização.

- **Indicadores** — Avaliam o grau em que uma organização atingiu os resultados pretendidos, sendo quantitativos ou qualitativos.

A identificação dos indicadores mais adequados a cada caso depende muito da cultura, da estratégia e das circunstâncias de cada organização. Depende também do tipo de organização (empresa, empresa social, organização do terceiro setor ou organização pública), conforme exposto do **Quadro 8.8**.

| Quadro 8.4 • Projeto Simplificação: o Sistema de Ideias da Brasilata[1] | 1/11 |

◀ A Empresa

A Brasilata S.A. é uma empresa de capital 100% nacional, fabricante de embalagens metálicas de aço (latas e baldes). Fundada em 1955, e adquirida pelo atual grupo controlador em 1963, conta atualmente com cerca de mil funcionários, distribuídos em quatro unidades fabris, localizadas em São Paulo (SP), Estrela (RS), Rio Verde (GO) e Recife (PE).

A indústria de latas de aço é considerada madura e se caracterizou, durante quase todo o Século XX, pela quase ausência de inovações em produtos (até o início dos anos 1090, a última patente registrada nos Estados Unidos, referente ao fechamento de latas de aço, datava de 1905). No entanto, a Brasilata desafia o estereótipo de manufatura tediosa e rotineira. Na verdade, tem uma das melhores reputações por inovação entre as empresas do Ocidente (Heath e Heath, 2010; Robinson e Schroeder, 2014). A partir de 1997, introduziu vários produtos inovadores: Fechamento Plus, Biplus, Baldes Plus e UN, Latas TOP e TOP GUN, Ploc Off etc.

Não por acaso, o ritmo de produção da Brasilata, nas últimas décadas, tem crescido a uma taxa bem maior do que o ritmo de consumo brasileiro de latas de aço. Como resultado, a Brasilata é hoje a primeira empresa de um setor altamente competitivo e pulverizado, abarcando cerca de 15% do mercado total.

Além da competência tecnológica, a empresa é reconhecida também pelas inovações em gestão, entre as quais podem ser destacadas:

- Adoção de um modelo de administração participativo, que resultou em um ambiente caracterizado pelo livre fluxo de ideias voltadas para a melhoria e a inovação.
- A mudança cultural como um processo contínuo e permanente. A cultura de inovação não surgiu da noite para o dia. Foi, e continua sendo, um processo gradativo de transição cultural.
- Constância de Propósito (Princípio N° 1 de Deming). Foram necessários vários anos para a Brasilata atingir o atual nível de desempenho, ao longo dos quais teve de enfrentar várias crises. Seria plenamente "desculpável", em cada uma dessas ocasiões, o abandono do princípio das relações de longo prazo em nome dos resultados imediatos. Somente a determinação de sua liderança garantiu a constância de propósito e o não abandono do rumo traçado.
- Envolvimento de todas as pessoas. A participação dos funcionários sempre foi incentivada e ganhou grande impulso em 1987, quando surgiu o Projeto Simplificação e foram abertos os canais de comunicação. Em 2002, os funcionários passaram a ser considerados "inventores". Hoje, a inovação permeia todos os aspectos do que é feito em todas as áreas. Em 2014, os aproximadamente mil inventores produziram cerca de 170 mil ideias, 90% das quais foram implementadas.

| [Cont.] **Quadro 8.4** • Projeto Simplificação: o Sistema de Ideias da Brasilata[1] | 2/11 |

◀ O Projeto Simplificação

O Projeto Simplificação foi criado em 1987, com o propósito inicial de estabelecer um canal de comunicação de duplo sentido, entre os funcionários e a administração. Além disso, foram adotadas quatro orientações básicas (Barbieri e Álvares, 2005):

- É considerado um programa de educação continuada, pois todo Sistema de Ideias é uma excelente forma de treinar as pessoas e tornar o ambiente mais dinâmico.

- O Sistema de Ideias deve estar entre as principais prioridades da administração, e ser visto como tal por todos os funcionários.

- As recompensas individualizadas podem ser simbólicas, desde que os funcionários estejam conscientes de que o fortalecimento da empresa beneficia a todos. A distribuição dos resultados e a garantia de emprego são recompensas econômicas coletivas.

- O sistema deve ser gerido profissionalmente, para dar respostas rápidas e pertinentes aos criadores de ideias, não frustrando suas expectativas. Isso implica sinceridade e comprometimento da direção.

O número de ideias geradas e aproveitadas é o principal parâmetro para medir o sucesso de um Sistema de Ideias. O Projeto Simplificação, em particular, tem apresentado os seguintes resultados (Barbieri *et al.*, 2009):

- As ideias apresentadas versam sobre os assuntos mais diversos, tais como dispositivos de máquinas, modelo de uniformes, horário das refeições, cardápio, sistema de cobrança bancária, serviços de assistência técnica etc.

- Como a Brasilata adota um relacionamento de longo prazo, em que demissões só ocorrem por motivos muito sérios (e não por redução de demanda ou aumento de produtividade), são comuns as ideias que reduzem postos de trabalho, não raro com a extinção do posto do próprio autor da ideia.

- Embora grande parte sejam ideias simples, ocasionalmente surge uma "joia da coroa", que pode dar origem a uma inovação radical. Um exemplo é o Sistema Ploc Off, premiado e patenteado mundialmente, que nasceu de uma ideia de uma funcionária da área administrativa.

- Muitas ideias visam melhorar a vida das pessoas no trabalho. Exemplos são as ideias sobre redução de ruídos, vibrações, odores, particulados e outros elementos que degradam a qualidade do ambiente interno.

Na gestão do Projeto Simplificação, entram as cinco competências das organizações inovadoras, a seguir descritas.

Liderança

A Brasilata apresenta uma estrutura familiar e conta com uma administração profissionalizada. Na época da criação do Projeto Simplificação, o controlador (Waldemar Accacio Heleno) ocupava o cargo de diretor-presidente, mas não participava diretamente do dia a dia operacional. As operações eram coordenadas pelo diretor-superintendente (Antônio Carlos Teixeira Álvares). Entretanto, quando se tratavam de decisões estratégicas, como decidir os rumos da empresa, definir novos investimentos e avaliar o desempenho global, a presença do diretor-presidente era imprescindível.

| [Cont.] **Quadro 8.4** • Projeto Simplificação: o Sistema de Ideias da Brasilata[1] | 3/11 |

[Cont.] Liderança

Essa característica demonstrou ser a principal força que impulsionou a trajetória de crescimento da empresa — de um pequeno fabricante de tampas de folhas de flandres à terceira maior empresa do setor brasileiro de latas de aço. A aliança da estrutura familiar com a administração profissionalizada proporcionou à empresa:

1º) A **determinação** para permanecer no rumo (Princípio Nº 1 de Deming — Constância de Propósito), mesmo tendo que enfrentar resistências internas e crises externas.

2º) A **agilidade** para tomar decisões críticas, tais como:

- A aquisição, em 1981, das instalações da empresa gaúcha Killing Reichert S./A. (que constituíram a Unidade Estrela/RS), vencendo a corrida com outras empresas interessadas, que dependiam de processos lentos de tomada de decisão.

- O fechamento, em 1995, da Unidade Baruerí, assim que ficou clara sua inviabilidade, evitando assim maiores prejuízos.

Meio Inovador Interno

Em 1985, a Brasilata deu início à adoção das chamadas técnicas japonesas de produção, com a introdução do Sistema Just-in-Time e das fichas KANBAN (ver, a propósito, a **Seção 6.4** — STP). Logo ficou claro que a simples aplicação das técnicas não era suficiente para a melhoria do desempenho operacional — era indispensável o envolvimento de todos os operadores. Um funcionário não envolvido poderia, por distração, esquecer um cartão KANBAN no bolso, em uma troca de turno, e assim provocar uma parada de produção.

A partir dessa constatação, as ações da empresa evoluíram para a implantação de um Modelo de Administração Participativa. Para isso, era necessário abrir canais de comunicação com os funcionários (o que deu origem ao Projeto Simplificação). Diversas inovações se seguiram, dando origem ao Meio Inovador Interno da Brasilata, com destaque para:

- (1987) Introdução do Projeto Simplificação.

- (1988) Revisão dos objetivos da empresa, de forma participativa, com a adoção do princípio de relações de longo prazo com os stakeholders, que estabelecia o seguinte:
  - Para os acionistas, uma política baseada na excelência em lucratividade.
  - Para os funcionários, uma política de não demissão.
  - Para os clientes, o contingenciamento nas crises.
  - Para os fornecedores, uma relação de parceria.

- (1991) Implantação do sistema de Participação nos Resultados.

- (1995) Invenção da Reengenharia Participativa, pela qual os funcionários tomavam parte nas decisões sobre a (então necessária) reestruturação administrativa.

| [Cont.] **Quadro 8.4** • Projeto Simplificação: o Sistema de Ideias da Brasilata[1] | **4/11** |

[Cont.] Meio Inovador Interno

- (2008) Instituição do Banco de Férias.

- (Ao longo do tempo) Introdução de benefícios econômicos coletivos, como banco de horas, plano de saúde, creche etc.

A criação de um meio inovador interno, um ambiente que favorece as iniciativas individuais e de grupos, e a cultura de alto envolvimento, não é tarefa fácil. E não existe "receita de bolo". No caso da Brasilata, foi um processo de quase vinte anos, sustentado pela determinação da liderança.

Pessoas

A Brasilata considera que sua vantagem competitiva está centrada nas pessoas. Há muito tempo aboliu a expressão mão de obra, e, em 2002, substituiu formalmente o termo funcionário por **inventor**. Todos os mil funcionários, além de inventores potenciais, são auxiliares de laboratório, pois, em muitos momentos, realizam atividades experimentais para desenvolver novos produtos e os seus métodos de produção.

A empresa acredita no espírito de equipe e incentiva todos os inventores a trabalhar juntos para produzir sempre mais ideias.

A administração participativa subverte as tradicionais relações de poder verificadas nas estruturas formais das organizações. Na Brasilata, os inventores exercem continuamente a prerrogativa de indagar, sugerir e criticar (muitas vezes, os próprios chefes). Com a abertura dos canais de comunicação (1987) e a reengenharia participativa (1997), os níveis hierárquicos foram reduzidos, e as decisões ficaram mais próximas do local onde surgem os problemas. Quando é necessária uma argumentação ou negociação com diretores ou gerentes, geralmente é a pessoa que detém os dados e informações que negocia com os superiores hierárquicos.

Duas condições (além da determinação da liderança e do clima criado pelo meio inovador interno) são indispensáveis para o funcionamento desse sistema: o alto envolvimento (que é a própria razão de ser dos Sistemas de Ideias) e a capacitação de todos os inventores.

- **Alto Envolvimento**. É decorrente de todas as inovações em gestão citadas, especialmente o Projeto Simplificação, a garantia de emprego e o reconhecimento individual aliado aos benefícios coletivos (como a participação nos resultados).

- **Capacitação**. Logo que ficou claro que o envolvimento de todos era condição indispensável para o funcionamento do sistema KANBAN, todos os funcionários — do ajudante ao Diretor — foram treinados em curto espaço de tempo, mesmo aqueles que nada tinham a ver com as operações produtivas (como o pessoal de escritório). A partir daí, foi instituído um programa permanente de educação e treinamento, por meio do qual os inventores são capacitados a executar com maestria seu trabalho, perceber problemas e oportunidades de melhoria, analisar e solucionar problemas e elaborar e implementar melhorias incrementais e inovações.

[Cont.] **Quadro 8.4** • Projeto Simplificação: o Sistema de Ideias da Brasilata[1]	**5/11**

Processos

Na Brasilata, os itens de maior destaque no processo de criação de ideias são as etapas e atividades e os recursos de gerenciamento do processo (Barbieri *et al.*, 2009).

◀ Atividades

As atividades que compõem o processo de criação de ideias, na Brasilata, são submissão, validação, registro, avaliação, implantação e celebração. Os seguintes prazos devam ser observados: validação e registro: dois dias; *feedback*: uma semana; execução da ideia: trinta dias. Em caso de não cumprimento de prazos, os responsáveis são chamados a se explicar junto à administração.

Validação. Assim que uma ideia chega à equipe administradora (por meio do sistema online ou pelas caixas coletoras), ela passa por um exame formal de validação, que verificará se está completa ou se faltam dados (da pessoa ou da sua seção). Na falta de algum elemento que prejudique a identificação ou o entendimento da ideia, a equipe entra em contato com o autor, diretamente ou por meio de voluntários. Validada a proposta, ela é submetida ao avaliador.

Avaliação. Da **avaliação**, podem resultar as seguintes situações:

1) A ideia já foi executada. O avaliador apenas toma conhecimento, e os inventores recebem cartas com os cumprimentos.

2) A ideia é aprovada. Os inventores recebem carta comunicando o fato.

3) A ideia é reprovada. O avaliador envia comunicação aos inventores, com as justificativas da recusa.

4) A ideia é repetida. O avaliador comunica o fato e mostra que houve repetição de uma ideia apresentada anteriormente.

São dois os **critérios** para aprovação das ideias: **Aplicabilidade** e **relação custo/benefício**. Em princípio, a relação de retorno de uma ideia não deve ultrapassar três anos.

Aprovação e execução. Os responsáveis e os limites para a **aprovação** das ideias (em termos de custos da execução) obedecem aos seguintes critérios (U.M. = Unidades Monetárias — valores apenas de referência):

1) Ideias executadas (que em geral implicam custos não superiores a 50 U.M.). São aprovadas diretamente pelos inventores e comunicadas para registro até trinta dias após a implementação.

2) Ideias que impliquem custos de até 100 U.M. São avaliadas pelo coordenador da área, que é também responsável pela sua implantação.

3) Ideias que impliquem custos entre 100 e 1.000 U.M. São aprovadas pelo gerente da área, que é também responsável pela sua implantação.

4) Ideias acima de 1.000 U.M. devem seguir o roteiro normal de qualquer projeto de investimento, respeitados os limites orçamentários da unidade. A responsabilidade pela implantação é do gerente da área.

[Cont.] **Quadro 8.4** • Projeto Simplificação: o Sistema de Ideias da Brasilata[1]	**6/11**

[Cont.] **Processos**

5) Ideias corporativas, que se aplicam à empresa como um todo, são avaliadas pela diretoria. A responsabilidade pela implantação é do diretor da área.

Celebrações. Sempre foram um ponto forte do Projeto Simplificação. Na visão da diretoria, é um dos principais estímulos para manter elevada a média de propostas. Anualmente, são programados os seguintes eventos:

- A cada mês, é escolhida uma ideia vencedora em cada unidade.
- Ao final de seis meses, uma grande festa é realizada, para a qual todos os inventores são convidados. Acontece em um sábado, para que todos possam participar. Nela são entregues prêmios (de valor simbólico) (i) aos autores de cada uma das melhores ideias do semestre; (ii) ao inventor com maior número de ideias e (iii) ao coordenador com maior média de ideias por inventor.
- Cada inventor explica a todos a sua ideia, mostrando a situação antes e depois da implantação.
- A entrega solene fica a cargo dos diretores e gerentes.
- Além das duas festas anuais celebradas em cada unidade, realiza-se também, anualmente, cada vez em uma unidade diferente, uma festa global em que são premiadas as melhores ideias do ano em cada unidade. Participam todos os inventores premiados. É denominada Supercopa.

◀ Recursos de Gerenciamento

Os principais recursos de gerenciamento do Projeto Simplificação são sua estrutura administrativa e o sistema de informações.

Estrutura administrativa. O Projeto Simplificação é administrado, em cada unidade, por uma equipe que se reporta diretamente ao diretor superintendente. A coordenação de cada equipe fica a cargo da pessoa que exerce a chefia da Coordenadoria de Desenvolvimento de Pessoal da unidade. Cada equipe conta com um auxiliar técnico, um auxiliar administrativo, um eletricista e até dois mecânicos. Cada unidade conta também com uma equipe indireta, composta por, no mínimo, cinco pessoas, que atuam de modo voluntário.

Sistema de informação. Para auxiliar as atividades da equipe e dar transparência às suas decisões, foi desenvolvido um *software* específico, que exerce as seguintes funções:

- Registro e acompanhamento de todos os processos.
- Consolidação de todas as melhorias introduzidas em cada posto de trabalho.
- Informações sobre o status das ideias de cada inventor.
- Totalizações por inventor ou inventores, por área e por unidade.

O acesso ao sistema é livre para todas as pessoas, que podem verificar o status de suas ideias e obter totalizações.

Como registra todas as ideias, inclusive as já executadas, o *software* é de fato um sistema de gestão do conhecimento, no qual nenhuma ideia corre o risco de ser perdida.

412 ··· INOVAÇÃO PELAS PESSOAS

| [Cont.] **Quadro 8.4** • Projeto Simplificação: o Sistema de Ideias da Brasilata[1] | **7/11** |

Resultados

◀ Resultados Diretos

Em 1987, ano de sua implantação, o Projeto Simplificação captou 136 ideias, uma média de 0,15 ideia por funcionário/ano. Atualmente, o número de ideias por funcionário/ano [**I/fa**] é da ordem de 60 (**um índice 400 vezes maior**). Os principais momentos dessa evolução, e as correspondentes inovações em gestão, são indicados a seguir (Barbieri *et al.*, 2009):

Fase	Ano	Nº Ideias	I/fa	OBS.
I. Primeiros Passos (1987–1996)	1987	136	0,15	[1]

[1] 1987 foi o ano de lançamento do Projeto Simplificação. Nos primeiros dez anos, o índice oscilou entre 0,04 e 0,31 **I/fa**. Embora pequeno, o número de ideias era então considerado normal pela diretoria.

Nessa época, as premiações eram realizadas duas ou três vezes ao ano, em uma pequena festa para a qual eram convidados os inventores premiados e alguns outros, escolhidos para representar os demais colegas.

	1997	243	0,30	[2]
II. Celebrações reformuladas (1997–2000)	2000	896	0,97	[3]

[2] Em 1997, o Projeto Simplificação foi reforçado. Para incentivar a participação, as celebrações passaram a ser marcadas aos sábados, sendo convidado todo quadro de inventores. Em 1999, foi criada a Supercopa.

[3] No ano 2000, foi atingida a marca de **uma ideia por funcionário/ano**, nível a partir do qual o processo de avaliação precisou ser descentralizado (JHRA, 1988).

	2001	2.453	2,7	[4]
	2002	10.387	11,6	[5]
III. Grande Salto (2001-2005)	2003	28.940	31,8	[6]
	2004	45.364	48,7	[7]

[4] Em 2001, foram tomadas medidas corretivas para eliminar demoras que estavam ocorrendo nos processos de avaliação e implantação de ideias: realização de um mutirão para acabar com o *backlog*, criação do sistema de gerenciamento, reforço da estrutura administrativa e criação o sistema de indução de ideias.

[5] Em 2002, foi atingida a marca de uma **ideia por funcionário/mês (12/ano)**, considerada um indicativo dos Sistemas de Ideias de Alto Desempenho (JHRA, 1988). O índice de aprovação nesse ano foi de 47%.

[6] Em 2003, a empresa comemorou a marca de **30 I/fa**, com 62% de aprovações.

[7] Em 2005, foi praticamente alcançada a marca de uma **ideia por funcionário/semana (52/ano)**, considerada excepcional mesmo entre os sistemas de alto desempenho.

	2006	105.402	121,7	[8]
IV. Registro de Ideias Executadas (2006-2014)	2010	205.536	212,1	[9]

[8] Em meados de 2005, o Projeto Simplificação passou a aceitar o **Registro de Ideias Executadas**. A medida provocou notável crescimento no número de ideias registradas, sobretudo a partir de 2006. Nesse ano, mais de 70% do total de ideias foram primeiro executadas e só depois registradas. Segundo Robinson e Schroeder (2014), esses são números expressivos, que colocam a Brasilata na posição de empresa com maior número de ideias geradas e implementadas por funcionário/ano no mundo ocidental.

[9] Em 2010, a Brasilata atingiu a marca de **100% dos inventores engajados** no processo de geração de ideias.

[Cont.] **Quadro 8.4** • Projeto Simplificação: o Sistema de Ideias da Brasilata[1]				8/11
[Cont.] Resultados				
Fase	Ano	Nº Ideias	I / fa	OBS.
V. Estabilidade (2015–2019)	2019	51.836	56,7	[10]

[10] A partir de 2015, com o objetivo de melhorar a relação custo/benefício de cada ideia aprovada, a Brasilata decidiu efetuar ajustes nos critérios de aceitação. Com isso, o número de ideias se estabilizou. Em 2019, foi de **56,7 I/fa**, com **90% de aprovações**.

◀ **Resultados Indiretos**

Os principais resultados indiretos do Projeto Simplificação dizem respeito a inovações e patentes, participação no mercado e exportações e premiações.

◀ **Ambidestria**

Este talvez tenha sido o resultado mais significativo. O Projeto Simplificação contribuiu tanto para a competência competitiva como para a competência inovadora, tornando a Brasilata uma organização ambidestra. Pelas suas características, o modelo de ambidestria da Brasilata se aproxima bastante da ambidestria contextual, apresentada no **Quadro 8.3**.

◀ **Inovações e Patentes**

Fechamento Plus. A partir de 1997, início da Fase II do Projeto Simplificação, a Brasilata entrou em uma nova fase de crescimento, passando a produzir, de forma intensa, inovações em produtos e processos. A realização mais expressiva dessa época foi o lançamento do **Fechamento Plus**, uma inovação radical que viria a ser constituir no novo padrão de tampas de embalagens de lata. Vale a pena, portanto, analisar a história dessa invenção, que ilustra bem a importância do meio inovador interno da Brasilata (Barbieri, 2003).

*História da Invenção. "No início da década de 1990, a Brasilata começou a receber de seus maiores clientes (Suvinil e Coral) demandas no sentido de produzir embalagens que dificultassem, ou impedissem, a falsificação de tintas. Em resposta, a Brasilata desenvolveu um novo tipo de fechamento, que evidenciava claramente qualquer violação da embalagem. Essa lata foi batizada de **First Open**. O sucesso foi grande e, em 1994, ganhou o prêmio Embanews de Tecnologia. A reação da concorrência foi imediata, o que obrigou a equipe técnica da Brasilata a desenvolver uma segunda geração da First Open. O que foi conseguido com a introdução de uma trava mecânica entre o anel da lata e a tampa. Esta inovação melhorava sobremaneira a condição de fechamento da lata, evidenciava ainda mais a violação (primeira abertura), e resolvia outro problema, que era a existência de cantos vivos de aço nas bordas do anel. A nova lata foi batizada de **First Open Plus** e, já em 1995, ganhou o segundo prêmio Embanews de Tecnologia. Nessa mesma época, outro grande cliente (Saye Lack) estava solicitando uma lata redonda para tintas mais baratas e que, ao mesmo tempo, tivesse um esquema de vedação mais eficiente. Foi preciso muita imaginação para transportar a solução First Open Plus para a lata redonda; muitas tentativas foram feitas e, cerca de três meses depois, foram fornecidas ao cliente as primeiras latas redondas com capacidade de 900ml e o novo fechamento por trava mecânica. Para ser diferenciado do sistema da latas quadradas, recebeu o nome de **Fechamento Plus**.*

[Cont.] **Quadro 8.4** • Projeto Simplificação: o Sistema de Ideias da Brasilata[1]	**9/11**

[Cont.] **Resultados**

No final de 1995, foi formada uma parceria com a Tintas Coral para o desenvolvimento do novo fechamento. Foi um trabalho árduo: a ideia original teve de ser modificada várias vezes. O processo de produção de tampas em alta velocidade teve de ser modificado mais de uma vez; um equipamento especial teve de ser projetado. Após todo esse esforço, a Brasilata passou a contar com um sistema de fechamento exclusivo, com um desempenho superior e uma economia de 19% a 25% de material."

Patenteamento. *"O **Fechamento Plus** é uma invenção que só pode ser protegida pela patente, dada a possibilidade de imitação por meio de engenharia reversa. Por ser uma concepção de fechamento totalmente nova, a Brasilata entendeu que deveria protegê-la em âmbito internacional. Foram requeridas patentes junto aos seguintes países: Brasil, Argentina, EUA, Canadá, México, Japão, China, Coreia do Sul, Áustria, Espanha, França, Inglaterra e Itália. As primeiras patentes concedidas foram as da Argentina (12.10.97) e da Europa (25.11.98). A Carta Patente americana foi concedida 04.05.99. A brasileira em 19.10.99. Para se ter uma ideia do significado da patente americana, basta lembrar que a última patente de fechamento de latas de aço, concedida naquele país, datava de 1905 — foram decorridos 94 anos até aquela patente ser "destronada" pelo **Fechamento Plus**."*

Os Inventores*. "O **Fechamento Plus** foi um marco na história da empresa. Mesmo assim, é difícil encontrar o nome de um inventor ou de uma equipe exclusiva que tenha sido responsável pelo seu desenvolvimento. É mais adequado atribuir a origem do Fechamento Plus à cultura de inovação desencadeada pelo Projeto Simplificação."* O mesmo fenômeno ocorreu com o **Fechamento Ploc Off**, uma adaptação da tampa plástica Biplus para produtos alimentícios em pó (leite, café, chocolate etc.) — a ideia se originou com uma funcionária da contabilidade e foi desenvolvida pela equipe técnica, em dois anos de pesquisas e experimentos. Robinson e Schroeder (2014), em visita à Brasilata, estudaram o desenvolvimento do **Ploc Off** e tentaram entender como tinha surgido a ideia de um processamento particularmente engenhoso. Eis o seu relato: *"Perguntamos a um grupo de trabalhadores da produção quem tinha pensado naquela solução. A resposta foi que eles não conseguiam lembrar de quem tinha sido a ideia, se deles ou do P&D. Na área de P&D tivemos a mesma resposta — ninguém lá conseguia se lembrar também!"*

Inovações radicais em produtos. A maioria das ideias de qualquer Sistema de Ideias se relaciona com os processos operacionais e administrativos. No Projeto Simplificação, entretanto, muitas vezes surgem ideias para inovações radicais de produtos e processos. Na década de 1990, esse fenômeno se intensificou. Ao **Fechamento Plus**, seguiram-se inúmeras inovações radicais (quase todas agraciadas com prêmios nacionais e internacionais), sendo de se destacar:

[Cont.] **Quadro 8.4** • Projeto Simplificação: o Sistema de Ideias da Brasilata[1]	**10/11**

[Cont.] **Resultados**

- Família Fechamento Plus.
- Família BiPlus; Lata SuperbiPlus; Lata tira-teima.
- Latas Top e Top Gun, Lata Ploc Off, Lata para Produtos Perigosos; Lata ET (Easy Take).
- Balde PlastPlus; Balde UN; Balde BarricAço.
- Galão New Plus.
- Lata Aerossol com dois diâmetros; Lata Aerossol com fundo revestido.

Inovações radicais em processos. Como foi dito antes, o desenvolvimento do **Fechamento Plus** exigiu diversas mudanças no processo de produção das tampas e em alta velocidade, inclusive um equipamento especial teve de ser projetado. Toda uma nova tecnologia de processo acabou sendo desenvolvida em função da nova concepção de fechamento. Ocorreu, portanto, um processo inverso ao que é típico das indústrias dependentes de fornecedores. Ou seja, a Brasilata desenvolveu ela própria inovações radicais em processos, decorrentes da inovação radical em produto. Outros exemplos de inovações radicais de processo foram:

- Sistema de Secagem UV — Litografia de latas com tintas UV (tintas que permitem a secagem por radiação ultravioleta). Essa inovação implica grande economia de combustível e eliminação de impactos ambientais adversos.
- Latas Expandidas — As latas produzidas pelo processo de expansão geram uma redução importante no consumo de matérias-primas.

◀ Participação no Mercado e Exportações

O mercado brasileiro de latas de aço vem decrescendo, por conta da perda de segmentos importantes (como o de óleo comestível). Considerando o ano de 1995 como referência, a redução foi da ordem de 30% do mercado. Em contrapartida, as vendas da Brasilata quase dobraram no mesmo período. Como resultado, a Brasilata é hoje a primeira empresa de um setor altamente competitivo e pulverizado, abarcando cerca de 15% do mercado total (com mais de um bilhão de latas vendidas). O crescimento se deveu basicamente às inovações, em especial aos fechamentos Plus e BiPlus.

Desde a década de 1990, a Brasilata exportou produto para os mercados vizinhos da Argentina e do Uruguai. Na Itália, a fabricação do Fechamento Plus está licenciada para o Grupo Asa, de San Marino, desde março de 2006.

◀ Premiações

Graças às suas inovações — tanto tecnológicas como em gestão —, a Brasilata tem recebido praticamente todos os prêmios conferidos às empresas do setor, entre os quais se destacam:

[Cont.] **Quadro 8.4** • Projeto Simplificação: o Sistema de Ideias da Brasilata[1]	**11/11**

[Cont.] **Resultados**

- Prêmios Internacionais: WorldStar — World Packing Organization, Cans of the Year, LatinCan, Sherwin-Williams.

- Empresas mais Inovadoras do Brasil — *Época Negócios.*

- Inovação Tecnológica: Prêmio FINEP; Brasil Premium; Homem do Aço; 1º lugar Índice Brasileiro de Inovação.

- Prêmios de Embalagens: Embanews; Artesp; Paint & Pintura; Embalagem Marca; Abeaço; Basf.

- Design de Embalagem: Prêmio ABRE.

- Fornecedor do Ano: Sitivesp; Tintas e Vernizes.

- Excelência em Gestão — Prêmio IPEG (Instituto Paulista de Excelência em Gestão).

- Melhores Empresas para se Trabalhar no Brasil: GPTW — Great Place to Work; *Você S/A.*

Entre os prêmios mais importantes, no entendimento da diretoria da Brasilata, estão os relacionados com a inovação e com os melhores lugares para se trabalhar, pois há uma relação muito forte entre esses dois itens. Muitos autores consideram que as melhores empresas para se trabalhar são também as mais inovadoras. A Brasilata confirma essa tese.

(1) Barbieri (2003); Barbieri e Álvares (2005; 2013; 2016); Barbieri *et al.* (2008; 2009); Robinson e Schroeder (2014); site da Brasilata (acessado em 2020)

| Quadro 8.5 • Formas de Participação | 1/2 |

Os métodos de treinamento para criar sensibilidade podem ser agrupados em três categorias: Ativadores de Ideias, Novas Perspectivas e Mineração de Ideias.

Ativadores de Ideias

Ativadores de Ideias (expressão cunhada por Robinson e Schroeder, 2004) são modelos de treinamento que proporcionam às pessoas um conhecimento mais profundo das áreas em que suas ideias podem ser mais úteis. Alguns exemplos são:

Células de Produção e de Serviços. A organização em células muda a lógica do trabalho: de "operações separadas trabalhando em série" para "equipes colaborativas compostas de operadores multifuncionais". O que gera a necessidade de novas ideias, para novos tipos de problemas e oportunidades.

Programas 5S. Os 5S são: SEIRI (Organização — separar as coisas desnecessárias); SEITON (Ordenamento — arrumação eficiente das coisas); SEISO (Limpeza — monitoramento do ambiente e prevenção de problemas); SEIKETSU (Asseio — manutenção e limpeza após o trabalho); e SHITSUKE (Disciplina — cumprimento das regras).

A adoção do **5S** torna possíveis mudanças de comportamento e de atitudes, contribuindo para uma cultura de envolvimento (Ribeiro, 1994). Um bom programa de treinamento em **5S** melhora a percepção das pessoas sobre as formas possíveis de aumentar a própria produtividade (Robinson & Schroeder, 2004).

Mudanças. O que foi dito para as células vale para qualquer tipo de mudança (da organização, de métodos e processos, tecnológicas etc.). Toda mudança gera novos tipos de problemas e oportunidades, e, portanto, a necessidade de novas abordagens e novas ideias.

Programas de Sustentabilidade Ambiental. A adoção, por exemplo, de um "Programa de Produção Limpa e Ecoeficiente" leva a empresa e as pessoas envolvidas a buscar ideias para atingir os objetivos de (i) otimização do uso produtivo dos recursos naturais (materiais, energia, água) e (ii) minimização dos impactos ambientais (causados pelas operações, instalações e "produtos indesejados").

Novas Perspectivas

Existem diferentes métodos que podem levar as pessoas a verem seu trabalho sob novos ângulos. Exemplos:

Momentos da Verdade. Momento da Verdade (MDV) é o momento em que um cliente entra em contato com um empregado de uma organização e tem uma imagem sobre o atendimento. Assim, a imagem de uma organização é "criada" na mente dos clientes milhares — ou milhões — de vezes por ano. Esses MDV são os que basicamente determinam se a organização será ou não bem-sucedida (Carlzon, 1985).

| [Cont.] **Quadro 8.5** • Formas de Participação | **2/2** |

[Cont.] Novas Perspectivas

Adotar a perspectiva do cliente significa adotar a "voz do cliente" em todas as etapas do processo — desde o Projeto do Serviço até o treinamento da Linha de Frente. As manifestações dos clientes são as melhores fontes de ideias.

Rotação de Tarefas (Job Rotation). Os indivíduos são treinados para executar várias das tarefas necessárias para o trabalho em grupo; em alguns casos, todas elas. O treinamento e a rotação do trabalho adicionam variedade e melhoram a compreensão do significado do trabalho (Vasconcellos, 2015). Esse recurso proporciona aos empregados diferentes perspectivas, permitindo que façam conexões, que de outra forma não teriam como fazer (Robinson e Schroeder, 2004).

Benchmarking. É o processo de identificar, compreender e adaptar conhecimentos de práticas e processos exemplares, de organizações de todo o mundo, para ajudar uma organização na melhoria de seus produtos e processos (Wescott, 2013).

Benchmarking não é imitação; é, sim, um fator estimulante de ideias. Quando as pessoas olham para fora e veem o que outros estão fazendo, abrem os olhos para o fato de que há espaço para aperfeiçoamento nas próprias operações (Robinson e Schroeder, 2004).

Mineração de Ideias

A "mineração" (expressão de Robinson e Schroeder, 2004) nada mais é do que um procedimento sistemático de busca de ideias, sempre que surge um problema (ou o sintoma de um problema). Alguns exemplos de "gatilhos" para a mineração são:

- **Clientes** — situações em que um cliente se sente confuso, desinformado ou pede algo fora da linha "normal" de produtos e serviços.

- **Processos** — situações em que estão acontecendo desperdícios, erros e demoras indesejáveis.

| **Quadro 8.6** • Estabelecimento de Padrões: Ciclos SCDA e PDCA | 1/1 |

Padronização é o ponto de partida para o Aperfeiçoamento Contínuo. O estabelecimento de processos e procedimentos padronizados é a principal chave para criar um desempenho consistente. É somente quando um processo está estabilizado que o ciclo de Aperfeiçoamento Contínuo pode ser iniciado (Liker e Meier, 2006).

Em outras palavras, o primeiro passo para a criação de um processo enxuto é alcançar um nível básico de **estabilidade**. Esta é definida como a capacidade de um processo produzir resultados consistentes ao longo do tempo. Já a instabilidade é o resultado da variabilidade do processo.

A **variabilidade** pode ser atribuída a diversas causas, relacionadas com equipamentos, materiais, treinamento etc. Ou pode ainda ser devida à falta de um padrão de trabalho, que pode permitir grandes variações de desempenho — de uma pessoa para outra ou ao longo do tempo (Liker e Meier, 2006).

Qualquer processo de trabalho apresenta desvios no início, e são necessários esforços para estabilizá-lo. Isto é feito com o **Ciclo SCDA**, cujas etapas são:

Standardize — estabelecer o padrão a ser alcançado.

Do — implementar os padrões.

Check — comparar o padrão com a situação atual.

Act — modificar (ou registrar) o padrão com base nos resultados.

O Ciclo SCDA pode ser necessário também no caso de ocorrer alguma anormalidade em um processo já em andamento. Nesse caso, as seguintes perguntas devem ser feitas: (i) Não havia um padrão? (ii) O padrão não foi seguido? (iii) O padrão não era adequado? (Imai, 1997).

Somente depois de um padrão ter sido estabelecido e seguido, estabilizando o processo atual, é que se deve passar para a fase seguinte, que é aplicar o **Ciclo PDCA** para elevar o padrão (ver **Quadros 6.3** e **6.4**). Note-se que o Ciclo PDCA gira continuamente — assim que um melhoramento é feito, ele se torna o padrão que será desafiado com novos planos e mais melhoramentos (Imai, 1986; 1997).

Os Ciclos SCDA e PDCA devem trabalhar em harmonia o tempo todo (ver Figura a seguir). O SCDA estabiliza e padroniza o processo atual. O PDCA aperfeiçoa o processo. Nos dois casos, o estágio final — ACT — refere-se à estabilização e padronização do trabalho.

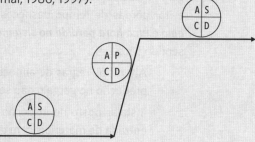

Quadro 8.7 • Filosofia do Aperfeiçoamento Contínuo: Trazer os Problemas à Superfície | 1/2

Exemplos de mecanismos organizacionais que trazem os problemas à superfície são:

Supermercados KANBAN. No Sistema Just-in-Time, Supermercados são os estoques disponíveis na saída de cada célula de produção. A variedade e a quantidade de itens em cada supermercado são calculadas em função do fluxo de produção estabelecido. São os parâmetros que deixam o sistema em equilíbrio ou estabilizado. E assim são padronizados.

Uma forma de "desafiar" esse padrão é reduzir o número de itens no supermercado (eliminando, por exemplo, uma ficha KANBAN). Isso pode forçar, por exemplo, uma frequência maior de trocas de ferramental, o que leva à necessidade de trocas mais rápidas. Essas e outras mudanças serão feitas até que se encontre um novo equilíbrio, que definirá um novo padrão.

Gerenciamento das Restrições. Restrição é qualquer coisa que restringe o desempenho de um sistema em relação à sua meta (ou que limita a capacidade de uma organização para atingir seus objetivos). Em particular, gargalo é qualquer recurso com capacidade menor ou igual à demanda de mercado. **Gerência das Restrições** é um processo (ou ciclo) de Aperfeiçoamento Contínuo, composto de cinco etapas (Goldratt e Cox, 1984):

1ª) **Identificar as restrições do sistema**. Em uma organização, temos quatro categorias de possíveis restrições: Recursos internos (gargalos), mercado (demanda inferior à capacidade de produção), fornecedores (com capacidade inferior à demanda do mercado) e políticas (normas rígidas que impedem que os objetivos sejam alcançados).

2ª) **Decidir como explorar as restrições do sistema**. Esta etapa consiste em gerar ideias para aproveitar ao máximo a capacidade da restrição e, assim, evitar perdas de tempo desnecessárias (*"Uma hora perdida em um gargalo é uma hora perdida no sistema inteiro"*). Exemplos de medidas nesse sentido são:

- Alterar as regras de almoço e de troca de turmas, de forma que a produção no gargalo não seja interrompida nesses horários.

- Instalar posto de inspeção na entrada do gargalo, para impedir a entrada de materiais com defeito.

- Instituir a troca rápida de ferramental nos equipamentos utilizados no gargalo.

| [Cont.] **Quadro 8.7** • Filosofia do Aperfeiçoamento Contínuo: Trazer os Problemas à Superfície | **1/2** |

- Instituir esquemas especiais de manutenção dos equipamentos do gargalo etc.

3ª) Subordinar tudo às decisões tomadas na Etapa 2. Esta etapa consiste em gerar ideias para adaptar o ritmo dos demais recursos ao ritmo do garga-lo e, assim, evitar a formação de estoques intermediários desnecessários (*"Uma hora economizada onde não é gargalo é uma miragem"*).

4ª) Elevar as restrições. Depois de obtida a sincronização com o gargalo, com as etapas 2 e 3, é hora de elevar a capacidade da restrição. Isso pode ser feito, por exemplo, adquirindo-se mais um equipamento ou substituindo--se o atual por outro mais moderno.

5ª) Se uma restrição for quebrada na Etapa 4, voltar à Etapa 1. Iniciando as-sim um novo ciclo de aperfeiçoamento vontínuo, a partir do novo gargalo.

Quadro 8.8 • Propósito das Organizações	1/8

Propósito é a razão de ser de uma organização. É o que responde à pergunta: por que uma organização existe? Por que seus fundadores a criaram? Por que os atuais mantenedores a sustentam?

O conceito de propósito pressupões alguns atributos (Birkinshaw *et al.*, 2014; Hollensbe *et al.*, 2014; Ebert *et al.*, 2018):

- **Permanência**. A Visão e a Missão podem eventualmente mudar, mas o Propósito permanece constante enquanto a organização existir.

- **Significado**. O Propósito dá significado e contribui para o engajamento das pessoas.

- **Unidade**. O Propósito une e motiva os stakeholders relevantes.

- **Norte**. O Propósito proporciona um senso de direção, orienta as tomadas de decisões diárias e alinha os esforços em uma única direção.

- **Escopo**. Define a amplitude das atividades da organização. Por exemplo: "Melhorar a saúde da população infantil" gera um conjunto de atividades mais amplo do que "Fornecer iogurte à população infantil".

◀ **Dualidade do Propósito**

Fazendo analogia com a Empresa Viva, de Arie de Geus (1997), podemos dizer que uma organização — qualquer que seja sua natureza — "existe primeiramente para procurar sua própria sobrevivência e desenvolvimento — para realizar seu potencial e crescer o máximo possível". Se a verdadeira finalidade de uma organização é sobreviver e prosperar no longo prazo ("próspera longevidade"), então sua gestão deve observar duas condições principais: "eficiência econômico-financeira" e "harmonia com o meio".

Eficiência Econômico-Financeira. Esta condição implica princípios tais como (de Geus, 1997):

- Combate sistemático a toda forma de desperdício (ver **Seção 6.4** — STP).

- Conservadorismo financeiro (cuidado rigoroso com os déficits orçamentários e capitais de empréstimo).

- Reservas de caixa, para não perder as oportunidades que surgem.

- Acima de tudo, não comprometer o futuro em nome de resultados imediatos (Princípio N° 1 de Deming).

Harmonia com o Meio. As organizações são sistemas abertos, adaptativos e complexos. Como tal, mantêm intercâmbio permanente com o meio, sendo esse intercâmbio um fator essencial que lhes sustenta a viabilidade, a continuidade e a capacidade de mudar (Buckley, 1967).

| [Cont.] **Quadro 8.8** • Propósito das Organizações | **2/8** |

A organização com propósito tem consciência de que faz parte de um sistema mais amplo e que dele depende para sobreviver (Matias, 2014). As organizações dependem dos agentes externos (comunidades, pessoas, outras instituições, o próprio ambiente físico) para: (i) receber os inputs necessários (pessoas, dinheiro, informação, materiais e bens de capital) e (ii) absorver os produtos e serviços organizacionais (Katz e Kahn, 1966).

Em contrapartida, as organizações (de todos os tipos) desempenham um papel-chave no desenvolvimento. Suas atividades são centrais para (i) o crescimento econômico local, (ii) a geração de empregos, (iii) o aporte de investimento, conhecimento e inovação e (iv) a provisão dos produtos e serviços necessários às pessoas e comunidades (Lucci, 2012).

O foco no propósito reconhece essa interdependência entre a "próspera longevidade" das organizações e a saúde do ambiente físico e das comunidades com as quais interagem. Uma não acontece sem a outra (Porter e Kramer, 2011) (Hollensbe *et al.*, 2014). As organizações com propósito buscam, portanto, permanecer em harmonia com o mundo à sua volta, com ações que contribuam efetivamente para a criação de um mundo um pouco melhor (de Geus, 1997; Matias, 2014).

Quais ações empreender dependerá da natureza e das circunstâncias de cada organização. Dois fundamentos, entretanto, parecem ser universais: (i) respeitar e procurar atender às necessidades de todos os **stakeholders** — consumidores, empregados, investidores, fornecedores, comunidades, a sociedade e o meio ambiente e (ii) observar os princípios éticos nas relações, inclusive o de salvaguarda dos recursos naturais.

O Propósito Dual caracteriza um outro tipo de **ambidestria**, que pode ser definida como a capacidade de uma organização em criar competências para atingir a excelência, tanto no desempenho econômico-financeiro como nas relações com o meio.

◀ Propósito e a Natureza da Organização

De acordo com sua natureza, podemos considerar quatro tipos de organizações (Vasconcellos, 2015):

- **Empresa**. *Organização que coloca produtos e serviços no mercado, com fins lucrativos.*

- **Empresa Social**. *Empresa fundada com o objetivo de criar benefícios sociais. É uma empresa em todos os sentidos, pois tem de recuperar todas suas despesas, a par de alcançar seus objetivos sociais. Os investidores não retiram eventuais lucros, exceto a quantia equivalente à recuperação do investimento original (Yunus, 2007).*

- **Organização do Terceiro Setor**. *Organização sem fins lucrativos, não estatal, com atividades de interesse público.*

- **Organização Pública**. *Unidade da administração direta ou outra atividade exclusiva do Estado.*

Qualquer que seja a natureza da organização, as duas dimensões do propósito são igualmente importantes para a "próspera longevidade". Entretanto, em cada tipo de organização, uma das dimensões é mais reconhecida e mais divulgada. Chamamos essa dimensão de "Propósito Declarado". Conforme indicado a seguir:

[Cont.] Quadro 8.8 • Propósito das Organizações		3/8
Organização	**Propósito declarado**	**Dimensão correspondente**
Empresa	**Gerar valor para os investidores**	Econômico-financeira
Empresa Social	**Melhorar a vida das pessoas**	Harmonia com o meio
Organização do 3º Setor	**Criar benefícios sociais e ambientais**	
Organização Pública	**Criar valor público**	

Analisaremos em seguida o Propósito Dual de cada tipo de organização.

Propósito das Empresas

A consideração do Propósito Dual é especialmente relevante no caso das empresas, pois, até fins do Século XX, o pensamento dominante foi aquele caracterizado pela máxima de Godratt (1990): "A meta de uma empresa é ganhar dinheiro agora, assim como no futuro. Servir aos clientes é apenas um meio para a tarefa real de servir aos acionistas." Desse ponto de vista, não era papel das empresas se preocupar com questões sociais ou ambientais.

O quadro começou a mudar na virada do século, muito por força da gestão Kofi Annan nas Nações Unidas. Annan (2003) estava convencido de que "soluções para a pobreza, a degradação ambiental e outros desafios não poderão ser encontradas se o setor privado não estiver envolvido". Em consequência, a ONU lançou, em julho de 2000, o Global Compact, para encorajar empresas de todo o mundo a adotarem políticas sustentáveis e socialmente responsáveis. Essa visão passou a ser corroborada por empresários expressivos, como (para citar apenas dois):

- Bill Gates (2008) — "Não há dinheiro do governo, ou da filantropia, suficiente para resolver todos os problemas do mundo. Um sistema capitalista revisto deveria tanto gerar lucros como melhorar a vida dos mais pobres."

- Raymundo Magliano Filho (2014) — "Em um quadro em que governos sofrem limitações — ou falham —, é fundamental oferecer soluções complementares às ações governamentais. As conquistas do mercado de capitais (e do próprio crescimento econômico) precisam ser acompanhadas por avanços de igual magnitude nos campos social e ambiental."

Além da disposição para a "boa cidadania", o fator econômico também pesa na decisão de uma empresa de integrar políticas sociais e ambientais em seus modelos de negócios (Serafeim, 2014). Por um lado, problemas sociais e ambientais podem criar custos internos para as empresas; por outro, atender às necessidades de todos os *Stakeholders* pode resultar em colaboradores mais engajados, consumidores e comunidades mais satisfeitos (Porter e Kramer, 2011; Keller, 2015). Pesquisa conjunta EY-Harvard, junto a 474 executivos globais, indicou que as empresas com propósito claramente articulado e entendido são melhores em inovação e mudança transformacional, têm melhor posicionamento competitivo e apresentam maior rentabilidade (Keller, 2015).

[Cont.] **Quadro 8.8** • Propósito das Organizações	**4/8**

[Cont.] **Propósito das Empresas**

Indicadores Econômico-Financeiros. Os indicadores mais relevantes do desempenho econômico-financeiro de empresas são (Goldratt, 1990):

- Lucro Líquido — medida absoluta do desempenho financeiro.
- Rentabilidade — medida relativa do desempenho financeiro.
- Fluxo de Caixa — condição necessária para que a empresa possa operar de forma tranquila, sem crises de falta temporária de recursos (Nutini, 2015).

Outros indicadores de interesse podem ser:

- Retorno do Investimento ao Acionista (ou Proprietário), já que o Propósito Declarado é gerar valor para o acionista.
- Índice de Solvência — mede a capacidade de honrar os compromissos de longo prazo (potencial de longevidade).

Indicadores Socioambientais. Medidas dos resultados diretos (*outputs*) e dos impactos (*outcomes*) das ações da empresa, decorrentes de:

- Filantropia — doações para causas sociais responsáveis.
- Responsabilidade Social Corporativa (CSR) — benefícios à sociedade, ao ambiente e demais *stakeholders*, em ações independentes da missão da empresa.
- Criação de Valor Compartilhado, por meio, por exemplo, de (Porter e Kramer, 2011):
  - Produtos, serviços e modelos de negócios que atendem às necessidades de comunidades carentes.
  - Inovações sociais e ambientais na cadeia de valor.
  - Criação de melhores condições sociais para as comunidades em que a empresa opera.

Propósito das Organizações

A Empresa Social é uma empresa projetada para atender a uma meta social. Em sua estrutura organizacional, a empresa social é basicamente igual às empresas tradicionais — emprega funcionários, cria bens e serviços, e os fornece aos clientes a um preço compatível com o seu propósito. O que a diferencia é o "propósito declarado" de contribuir para a solução de problemas sociais e ambientais específicos (Yunus e Weber, 2007). A Empresa Social é estruturada com base nos seguintes princípios, referentes à dimensão social do propósito (Yunus e Weber, 2008; Yunus, 2010):

1) Seu objetivo é a superação da pobreza, ou de um ou mais problemas que ameaçam as pessoas e a sociedade, em áreas como educação, saúde, acesso à tecnologia, meio ambiente etc. (não é a maximização dos lucros).

2) A Empresa Social será ambientalmente consciente.

3) A força de trabalho deve receber salários de mércado e desfrutar de condições de trabalho melhores que as usuais.

[Cont.] **Quadro 8.8** • Propósito das Organizações	5/8

[Cont.] **Propósito das Organizações**

Embora seja movida por uma causa, a Empresa Social não é uma instituição de carida-de. Ela é uma empresa em todos os sentidos – tem que recuperar todas suas despesas, ao mesmo tempo em que alcança seus objetivos sociais (Yunus e weber, 2008). Em re-lação à dimensão econômico-financeira do propósito, a Empresa Social é pautada pelos seguintes princípios (Yunus e weber, 2008; Yunus, 2010):

1) A Empresa social é autossustentável. Não há necessidade de se injetar capi-tal nela todos os anos. É uma empresa que caminha, mantém-se e desenvol-ve-se por si só. Uma vez estabelecida, ela cresce por conta própria.

2) Os investidores recebem de volta apenas o montante investido. Não se paga nenhum dividendo além do retorno do investimento inicial.

3) Quando o montante do investimento é recuperado, o lucro fica com a empre-sa para cobrir expansões e melhorias.

Indicadores Socioambientais. Medidas dos resultados diretos (*outputs*) e impactos (*outcomes*) das ações da empresa, ao oferecer (Yunus e Weber, 2008; Yunus, 2010):

- Às pessoas — inclusão social, pela capacitação, acesso a emprego e outros meios de subsistência.

- Às famílias — produtos e serviços que melhoram o acesso à saúde, educação, alimentação nutritiva, habitação, informação, serviços financeiros.

- Aos empreendedores autônomos, microempresas e pequenos fazendeiros — participação na cadeia de valor da empresa;

- À comunidade — acesso à água tratada, saneamento, energia, ambiente despo-luído.

Indicadores Econômico-Financeiros. São os mesmos das empresas com fins lucrati-vos. A menos do "Retorno ao Acionista", que é substituído pela "Aplicação dos saldos de cada exercício".

Propósito das Organizações do Terceiro Setor (OTS)

OTSs são organizações projetadas para atender objetivos sociais, culturais e ambien-tais (propósito declarado). São de natureza privada (não governamental) sem fins lucra-tivos e caracterizadas pela participação amplamente voluntária. Têm recebido diversas outras denominações como organizações não governamentais, organizações sem fins lucrativos, organizações voluntárias etc.

De acordo com a sua finalidade, as OTSs podem ser classificadas em diferentes cate-gorias, tais como:

[Cont.] **Quadro 8.8** • Propósito das Organizações	6/8

[Cont.] **Propósito das Organizações do Terceiro Setor (OTS)**

Tipo de OTS/Âmbito de Atuação	Propósito Declarado
Associações orientadas para os associados. **Ex.**: Associações esportivas, culturais, espirituais, profissionais, trabalhistas.	▪ **Serviços aos associados** (não a "terceiros" ou ao "público em geral")
Associações orientadas para as comunidades a que pertencem. **Foco**: Necessidades de segurança, direitos civis, erradicação da pobreza. **Ex.**: Comunidade Monte Azul	▪ **Desenvolvimento** ▪ **Mudanças de comportamento**
Organizações filantrópicas, beneficentes e de caridade. **Foco**: Necessidades da comunidade — orfanatos, distribuição de alimentos etc. **Ex.**: AACD, santas casas, Exército da Salvação.	▪ **Qualidade de vida** ▪ **Mudanças de comportamento**
Fundações privadas **Foco**: Preservação de patrimônios históricos, culturais e artísticos. **Ex.**: Museu Villa Lobos	▪ **Preservar a memória ou promover a imagem de pessoas e instituições**
ONGs — Organizações Não Governamentais **Foco**: Objetivos orientados para a sociedade — desenvolvimento, meio ambiente, cidadania, políticas públicas.	▪ **Transformação social** ▪ **Mudança de comportamento**

O propósito (declarado) da organização pública é criar valor público (Moore, 1995). Portanto, para entender o propósito, precisamos primeiro entender o conceito de valor público. Qualquer que seja a natureza de uma organização, o valor de seus produtos é sempre definido pela perspectiva do consumidor: "Valor é a percepção de um consumidor sobre os benefícios proporcionados por um produto ou serviço, cotejados com os custos de sua obtenção" (Zeithaml, 1988). No caso do valor público, destacam-se dois tipos de aspirações a serem satisfeitas (Moore, 1995):

a) Necessidades atendidas pelos produtos e serviços oferecidos (necessidades dos indivíduos enquanto consumidores ou beneficiários daqueles produtos e serviços).

b) Aspirações públicas, como justiça, equidade e uso adequado do dinheiro dos impostos (necessidades dos indivíduos enquanto cidadãos).

Note-se que o valor público é definido em função de quem o consome ou dele se beneficia, não em função de quem o produz. A rigor, portanto, o valor público pode ser produzido por qualquer tipo de organização, não apenas pela organização pública. Com a ressalva de que a organização pública atende à sociedade como um todo, não se limitando a segmentos ou comunidades (Alford e O'Flynn, 2010).

Em relação à dimensão social do propósito, alguns princípios devem ser observados (Moore, 1995):

1) Capacitar a organização para identificar e satisfazer as aspirações dos indivíduos, como consumidores ou cidadãos.

[Cont.] **Quadro 8.8** • Propósito das Organizações	**7/8**

[Cont.] **Propósito das Organizações do Terceiro Setor (OTS)**

2) Atender às necessidades atuais, por meio de duas atividades diferentes, direcionadas a dois "mercados" diferentes:

- Gerar produtos de valor para clientes e beneficiários específicos como parques para famílias, tratamento de viciados, segurança pública etc. (para os indivíduos enquanto consumidores ou beneficiários).

- Criar e manter instituições ordenadas, igualitárias, justas, eficientes, produtivas e responsáveis (para os cidadãos).

3) Buscar a melhoria de desempenho e o aumento do valor público, tanto no curto como no longo prazo.

4) Preparar o futuro — capacitar a organização para (i) saber se adaptar a mudanças externas e a novas necessidades e (ii) introduzir continuamente inovações que aumentem o valor público.

É claro que não é satisfatório levar em conta apenas os benefícios proporcionados. É preciso também considerar seus custos. De fato, as organizações públicas não podem produzir os resultados desejados sem utilizar recursos, sendo que o dinheiro necessário é levantado por meio do poder coercitivo da tributação (Moore, 1995).

Logo, não basta afirmar que as organizações públicas criam resultados que têm valor. Elas precisam ser capazes de demonstrar que os resultados valem o preço pago por eles por meio dos impostos. Só assim poderão ter certeza de que o valor público foi realmente criado (Moore. 1995).

Em relação à dimensão econômico-financeira do propósito, alguns princípios devem ser observados (Moore, 1995):

1) Habilitar a organização para aumentar continuamente a eficiência no uso do dinheiro público, o que implica esforços permanentes para (i) reduzir os custos e (ii) aumentar a quantidade ou a qualidade das atividades públicas por recurso dispendido.

2) Dispor de mecanismos de avaliação do desempenho, com a finalidade de subsidiar (i) os esforços permanentes de otimização e (ii) os mecanismos de prestação de contas à sociedade (*Accountability*).

Indicadores Socioambientais. Medidas dos resultados diretos (*outputs*) e impactos (*outcomes*) dos projetos e atividades da organização, para atendimento das necessidades de:

- Pessoas — Formação profissional, emprego, previdência.
- Famílias — Saúde, educação, habitação, assistência social, cultura, esporte.
- Comunidades — Água, energia, saneamento, meio ambiente, segurança.
- Sociedade — Justiça e equidade, direitos humanos, serviços financeiros, defesa, relações internacionais.
- Desenvolvimento — Ciência, tecnologia e inovação, cadeias produtivas, transporte, urbanismo.

[Cont.] **Quadro 8.8** • Propósito das Organizações	8/8

[Cont.] **Propósito das Organizações do Terceiro Setor (OTS)**

Indicadores Econômico-Financeiros. Neste caso, os mais relevantes são as avaliações da eficiência econômico-financeira e da responsabilização pública (*Public Accountability*).

- **Eficiência**. A utilização eficiente do dinheiro dos impostos pode ser avaliada pela demonstração de que:

  i) Das despesas totais, a maior parte se destina aos programas que criam valor, e não às despesas administrativas.

  ii) Os recursos orçamentários são aplicados prioritariamente nos programas que proporcionam maiores benefícios — aos consumidores e aos cidadãos.

  iii) Os custos são controlados e os recursos são aplicados de forma otimizada.

  iv) Existe programa permanente de aperfeiçoamento e redução de custos.

- **Responsabilização pública (*Public Accountability*)**. De forma concisa, *Accountability* pode ser definida como "a obrigação de explicar e justificar a conduta". Isso implica uma relação entre um "ator" (a organização em questão) e um "fórum" (a sociedade e demais *stakeholders*), relação que, em princípio, ocorre *ex post facto* (Bovens, 2006). O grau de *Accountability* de uma organização pode ser avaliado pela demonstração de que a conduta dessa organização é caracterizada por:

  i) **Integridade** — entendida como a disposição — de gestores e equipes — para agir em conformidade com princípios éticos, leis e regulamentos, e deveres que lhes foram confiados (Bovens, 2006).

  ii) **Legitimidade** — corresponde à aceitação social resultante da aderência aos valores e expectativas da sociedade e demais *stakeholders*, o que inclui a **confiabilidade** (capacidade de cumprir o prometido) e a **equidade** (capacidade de tratar questões de forma justa e imparcial) (Käyhkö, 2011).

  iii) **Abertura** — o que significa que as "contas" da organização são abertas ao público em geral. Implica: (i) **transparência** — informação ampla e acessível sobre a conduta e o desempenho da organização; (ii) **diálogo** — canais abertos de comunicação com os *stakeholders*; e (iii) **feedback** — aceitação e consideração de críticas e recomendações (Bovens, 2006; Bovens *et al.*, 2014).

  iv) **Participação** — um degrau acima da Abertura. Processo pelo qual os cidadãos, ou seus representantes, têm condições de participar e influenciar processos de tomadas de decisão que afetam sua vida (Damgaard e Lewis, 2014).

  v) **Aprendizagem** — além de avaliar o passado, a *Accountability* é também um mecanismo de aprendizagem que habilita a organização a lidar adequadamente com as mudanças do ambiente e com o *feedback* sobre o seu próprio desempenho (Bovens, 2006). A *Accountability* como controle pode ser vista como um processo de aprendizagem com realimentação simples. Já ao contribuir para a pavimentação do futuro, é vista como um processo de aprendizagem com realimentação dupla (ver **Quadro 2.2**).

8.6 Implantação dos Sistemas de Ideias

Todo Sistema de Ideias é composto de dois subsistemas:

- Um subsistema operacional — conjunto de regras e procedimentos, cujas características principais estão descritas na **Seção 8.3**.
- Um subsistema de gestão — baseado nas competências descritas na **Seção 8.4**.

Sua implementação, portanto, não é simples. O Sistema de Ideias não é um dispositivo que se "liga na tomada" e funciona automaticamente, ao contrário, é uma **jornada sem fim**, que é influenciada pela cultura vigente e que, ao mesmo tempo, induz mudanças na cultura da organização.

Outros fatores que influenciam um empreendimento dessa natureza são (Robinson e Schroeder, 2014):

- O tamanho e a complexidade da organização.
- O nível de maturidade do seu modelo de administração participativa.
- O grau de convicção e comprometimento da liderança com essa iniciativa.
- O sentido de urgência e a disposição da administração em comprometer recursos para o sistema.

O objetivo dessa jornada é construir um Sistema de Ideias com as características descritas nas **Seções 8.3** e **8.4**, como meio seguro de garantir:

- O cumprimento do propósito da organização (rentabilidade, no caso de empresas).
- O desenvolvimento pessoal e profissional de seus subordinados.

O caminho a seguir para a implantação de um Sistema de Ideias pode variar de organização para organização, de acordo com suas histórias, suas culturas e demais características. Não obstante, alguns fundamentos são universais e devem ser observados por todas as organizações em qualquer situação. Destacamos aqui os seguintes: determinação da liderança, princípios de gestão da inovação e estágios de desenvolvimento do sistema de ideias.

I. Ponto de Partida — Determinação da Liderança

Como vimos na seção anterior, a determinação da liderança se baseia em três condições:

- Crença nas pessoas — na sua capacidade de pensar, resolver problemas e melhorar (**Seção 8.4.a**).
- A convicção de que o Sistema de Ideias é o melhor caminho para a organização.
- A firmeza para enfrentar qualquer tipo de obstáculo.

A **crença nas pessoas** se traduz em **confiança** dos líderes em seus funcionários para as tomadas de decisão e dos funcionários no posicionamento claro e previsível da Liderança. **Confiança** é a liga que sustenta a harmonia e possibilita que as organizações prosperem (Bennis e Nanus, 1985).

II. Princípios de Gestão da Inovação

Princípios relevantes para a implantação e gestão de Sistemas de Ideias, como já vimos, são:

Constância de propósito (Princípio N° 1 de Deming)

Até que o Sistema de Ideias atinja um alto grau de desempenho, podem se passar muitos meses ou anos (veja o exemplo da Brasilata, no **Quadro 8.4**). Ao longo desse tempo, a organização pode ter de enfrentar resistências internas e crises externas. Seria plenamente "desculpável", em cada uma dessas ocasiões, o abandono do princípio de relações de longo prazo, em nome dos resultados imediatos. Somente a determinação da liderança pode garantir a constância de propósito e o não abandono do rumo traçado.

Envolvimento de todas as Pessoas

Um Sistema de Ideias de alto desempenho, que busca sempre superar os níveis de excelência já alcançados, só pode ter sucesso se todas as pessoas — em todas as áreas e todos os níveis — estiverem envolvidas e comprometidas com os objetivos da organização (ver, a propósito, a **Seção 6.4.e** — Envolvimento de todas as pessoas no STP). O envolvimento de todas as pessoas implica, ainda, cultura de colaboração, espírito de equipe e canais de comunicação abertos e transparentes.

A mudança cultural é um processo contínuo e permanente

Os Sistemas de Ideias, como qualquer modelo de administração participativa, não se institui "por decreto" — ele vai sendo construído e aperfeiçoado ao longo dos anos. Da mesma forma, a cultura de inovação, reforçada pelo Sistema de Ideias, não surge da noite para o dia — o que ocorre é um processo sem fim de transição cultural.

Educação e treinamento

Os dois processos são fundamentais para garantir, a cada pessoa, (i) o aperfeiçoamento contínuo de seu trabalho e (ii) seu próprio desenvolvimento pessoal e profissional (ver **Seção 6.5.b.II** — Fundamentos da Qualidade). Especialmente nas organizações guiadas por ideias, os processos de educação e treinamento visam fornecer a cada pessoa (ver **Seção 8.4.c**):

- O crescimento da **expertise** para a realização do próprio trabalho.
- O desenvolvimento da **sensibilidade** para identificar problemas e oportunidades.
- A capacitação para análise e solução de problemas.
- A capacidade de gerar e implementar ideias.

Relação entre os Sistemas de Ideias e as Competências Inovadoras (ver Quadro 4.1)

A implantação dos Sistemas de Ideias tem relação estreita com as competências inovadoras, como segue (Vasconcellos, 2015):

i) A **Liderança** define os rumos e introduz inovações em gestão, que proporcionam um ambiente adequado à participação.

ii) O **Meio Inovador Interno** estimula e dá suporte às pessoas para a criatividade e a inovação.

iii) As **Pessoas** sentem-se estimuladas a propor e implementar ideias — para solução de problemas e aproveitamento de oportunidades.

iv) **Os Processos de Criação de Ideias** proporcionam os resultados esperados pela organização.

v) Os **Resultados** permitem o aperfeiçoamento da organização em todos seus aspectos e, portanto, realimentam o processo de criação de ideias e a obtenção de novos resultados.

III. Estágios

De modo geral, a implantação de um Sistema de Ideias ocorre basicamente em três estágios (JHRA, 1989):

Estágio 1 — Participação

- O primeiro e mais importante objetivo de um Sistema de Ideias é a participação de todas as pessoas. Neste primeiro estágio, os empregados são encorajados simplesmente a participar das atividades.

- A participação consciente e voluntária contribui para aumentar o senso de *ownership*, o espírito de colaboração e a motivação pelo trabalho em si.

- Neste momento, são importantes as iniciativas da organização visando a motivação para o trabalho e para a participação (ver **Quadro 5.2**).

- Os indicadores de progresso mais adequados são o "número de propostas apresentadas" e a "porcentagem de empregados que participam".

Estágio 2 — Desenvolvimento de habilidades

- O segundo objetivo do Sistema de Ideias é apoiar o desenvolvimento de habilidades dos empregados. Uma condição para tanto é o fluxo contínuo de propostas. Se estas forem poucas e espaçadas, oferecerão poucas oportunidades para o treinamento no trabalho (OJT). Os empregados desenvolvem sua capacidade de propor e executar ideias praticando todo o tempo.

- O desenvolvimento de habilidades contribui para melhorar a compreensão do empregado sobre o seu próprio trabalho e para reforçar sua capacidade de apresentar propostas de melhorias e inovação.

- Aqui são importantes as iniciativas da organização visando a educação e treinamento em todos os campos indicados na **Seção 8.4.c**.

- Neste estágio, os principais indicadores são a "porcentagem de propostas aprovadas" e a "porcentagem de propostas efetivamente implementadas".

Estágio 3 — Efeitos das propostas

- O terceiro objetivo do Sistema de Ideias é o seu efeito no desempenho da organização — as propostas devem apresentar alguns resultados efetivos, desde melhorias incrementais até inovações radicais.

- Os resultados, se a organização dispuser de um sistema eficaz de reconhecimento individual e recompensas coletivas, contribuem para elevar o moral e o envolvimento de todos — com o trabalho e com a organização.

- Nesta fase se acentua a importância das iniciativas da organização para o alto envolvimento de todas as pessoas (ver **Capítulos de 5 a 7**).

- Os indicadores nesta fase são os "resultados tangíveis" (como a melhoria da qualidade e produtividade), os "resultados intangíveis" (como a melhoria nas condições de segurança e no ambiente de trabalho) e os "efeitos econômicos das propostas".

O **Quadro 8.9** apresenta um guia passo a passo, proposto por Robinson e Schroeder (2014), para a implantação de Sistemas de Ideias. É um guia apropriado para empresas de médio e grande porte, com várias unidades operacionais. Organizações com outras características podem adotar diferentes modelos de implantação.

SISTEMAS DE IDEIAS • • • 435

| Quadro 8.9 • Implantação de um Sistema de Ideias: Guia Passo a Passo[1] | 1/3 |

Este é um guia particularmente apropriado para empresas de médio e grande porte, com várias unidades operacionais (Robinson e Schroeder, 2014).

Passo 1 — Compromisso de longo prazo da liderança com o Sistema de Ideias

- O compromisso de longo prazo exige paciência e perseverança da equipe de liderança, para que o sistema de Ideias seja implantado de maneira estratégica.

- A administração pode propor um tema inicial (Ex.: segurança da Linha de Frente) para estimular as pessoas a darem ideias. O que não impede que o sistema se desenvolva e passe a incluir ideias sobre outras áreas.

- É também papel da liderança (i) dedicar tempo e esforço e garantir os recursos necessários para tornar o Sistema de Ideias bem-sucedido e (ii) manter atualizado um plano plurianual para continuar melhorando o sistema.

Passo 2 — Formação e treinamento da equipe que projetará e implementará o sistema

- A equipe deve ter o poder, a credibilidade e o conhecimento coletivo para projetar um sistema integrado à maneira como a organização já trabalha.

- A equipe de projeto deve receber educação integral sobre gestão de ideias. Seus membros precisam ter um forte entendimento sobre o que são os processos de ideias de alto desempenho e como funcionam e sobre como abordar os desafios que enfrentarão durante a implantação.

Passo 3 — Avaliação da organização da perspectiva da gestão de ideias

- A avaliação tem dois propósitos:

    1º) Identificar os **desalinhamentos** — políticas, normas e procedimentos atuais que dificultam ou impedem que a Linha de Frente possa executar suas ideias.

    2º) Encontrar oportunidades para **integrar** o Sistema de Ideias aos sistemas já existentes na organização.

- A avaliação inicial permite identificar os principais desalinhamentos, que precisam ser corrigidos **antes** de começar. Outros aparecerão ao longo do percurso. Este é um processo contínuo, que nunca termina.

Passo 4 — Projeto do sistema

O sistema deve ser simples para ser acessível a todos e, ao mesmo tempo, capaz de lidar eficazmente com um grande número de ideias. O projeto deve incluir decisões sobre:

- Quem será responsável por supervisionar o sistema?

[Cont.] **Quadro 8.9** • Implantação de um Sistema de Ideias: Guia Passo a Passo[1]	**2/3**

[Cont.] Passo 4 — Projeto do sistema

- Como as ideias serão coletadas, avaliadas e implementadas?
- Quais serão os níveis de autoridade para aprovar e implementar quais tipos de ideias?
- Que recursos serão destinados a cada nível?
- Como o processo será integrado a outros mecanismos de solução de problemas?
- Como as ideias serão replicadas?
- Que métricas serão utilizadas para avaliar o desempenho?
- Como será o sistema de reconhecimento e recompensa?
- Qual será o papel dos gestores de cada nível?
- Que tipo de treinamento, inicial e contínuo, será dado aos funcionários, supervisores, gerentes e à equipe de liderança?
- Como o desempenho do próprio Sistema de Ideias será avaliado e melhorado?

Passo 5 — Correção dos desalinhamentos

- De início, corrigir os mais críticos (como os níveis de autoridade para pequenas compras).
- Outros se tornarão claros depois do lançamento do sistema.

Passo 6 — Teste-piloto

- É um teste em pequena escala (um setor, um período de tempo) **antes** de o sistema ser adotado por toda a organização. Um teste-piloto deve:
  - Oferecer um teste real em pequena escala do Sistema de Ideias, para identificar oportunidades de aperfeiçoá-lo.
  - Gerar evidência do **valor** do sistema, que possa ser usada para construir apoio a ele.
  - Desenvolver um quadro de treinadores e defensores, experientes na gestão de ideias, para apoiar o sistema à medida em que se estende por toda a organização.
  - Ajudar a substituir as incertezas por expectativas.
- As áreas selecionadas para o piloto devem ser as mais entusiasmadas com a iniciativa. As áreas mais problemáticas devam ser enfrentadas **depois** que a organização já desenvolveu experiência na gestão de ideias.
- O período do piloto costuma ser de três a quatro meses, tempo suficiente para que as pessoas aprendam seus novos papéis e o projeto possa ser efetivamente testado.
- É importante fazer as correções necessárias assim que os problemas venham sendo identificados, e não esperar o término do período de teste.

[Cont.] **Quadro 8.9** • Implantação de um Sistema de Ideias: Guia Passo a Passo[1]	**3/3**

Passo 7 — Avaliação do piloto, ajustes, preparação para o lançamento

Uma revisão completa do piloto deve ser feita com a intenção de:

- Identificar quaisquer problemas com o Projeto.
- Determinar se há necessidade de recursos adicionais em quaisquer áreas críticas.
- Capturar "lições aprendidas" que ajudarão a estender o sistema para toda a organização.

Passo 8 — Extensão do sistema para toda a organização

Como já vimos, o ritmo de implantação de um Sistema de Ideias depende das características da organização e do sentido de urgência da direção. Se a unidade é pequena, pode fazer sentido treinarem todos juntos e lançar o sistema completo de uma vez. Entretanto, mesmo em unidades de porte médio, estender o sistema gradualmente tem várias vantagens, como:

Treinamento. Gestores, supervisores e funcionários, todos precisam receber treinamento e coaching. Poucas organizações têm condições de treinar a todos de uma só vez.

Recursos. A implantação em fases permite que as funções de apoio (tais como TI, manutenção, compras e engenharia) ajustem-se gradualmente às suas novas responsabilidades.

Experiência. A implantação gradual permite que cada área se beneficie da experiência adquirida pelas suas predecessoras.

Áreas mais críticas. Os gestores mais relutantes podem ser agendados para mais próximo do final. Nessa altura, eles já devem ter ouvido o depoimento de colegas e testemunhado o sucesso do sistema nas áreas "pioneiras".

Atenção da direção. Os gestores de mais alto nível têm mais tempo para se envolver no lançamento de cada área, fazendo com que cada grupo se sinta valorizado.

Passo 9 — Melhoria contínua do sistema

Por mais cuidado que se tenha no lançamento, qualquer Sistema de Ideias necessitará sempre de evolução e melhorias. Um sistema que é projetado para o aperfeiçoamento contínuo da organização precisa, ele mesmo, ser continuamente aperfeiçoado.

(1) Robinson e Schroeder (2014)

Referências

ALFORD, J.; O'FLYNN, J. **Public Value: A Stocktake of a Concept**. 12th Annual Conference of the International Research Society for Public Management, 2010.

ÁLVARES, A. C. T. **Inovação Horizontal**. Dissertação de Mestrado. FGV–EAESP, 2018.

ÁLVARES, A. C. T.; BARBIERI, J. C.; MORAIS, D. O. C. **Inovação Horizontal e Ambidestria Organizacional: Estudo de Caso em uma Empresa Brasileira**. XXI ENGEMA, 2019.

ANNAN, K. **Corporate Citizenship in a Global Society**. In: "Management: Inventing and Delivering its Future" (T. A. Kochan e R. L. Schmalensee, Eds.). Cambridge, MA: MIT Press, 2003.

ANSOFF, H. I. Strategies for Diversification. **Harvard Business Review**, 35 (5), 1957.

AUDI, R. **The Cambridge Dictionary of Philosophy**. Cambridge: Cambridge University Press, 1995.

BARBIERI, J. C. **Organizações Inovadoras: Estudos e Casos Brasileiros**. RJ: Editora da FGV, 2003.

BARBIERI, J. C.; ÁLVARES, A. C. T. **O Retorno dos Sistemas de Sugestão: Abordagens, Objetivos e um Estudo de Caso**. Cadernos EBAPE.BR, Edição Especial, 2005.

_____; _____. **Um Case de Excelência em Inovação**. Insight Case Studies, jul./ago. 2013.

_____; _____. **Modelo de Inovação Contínua: Exemplo de um Caso de Sucesso**. Anais SIMPOI, 2014.

_____; _____. **Sixth Generation Innovation Model: Description of a Success Model**. RAI — Revista de Administração e Inovação, 2016.

BARBIERI, J. C.; ÁLVARES, A. C. T.; CAJAZEIRA, J. E. R. **Geração de Ideias para Inovações: Estudos de Casos e novas abordagens**. FGV–EAESP. SIMPOI, 2008.

_____; _____; _____. **Geração de Ideias para Inovação Contínua**. Porto Alegre, Bookman, 2009.

BENNIS, W.; NANUS, B. **Líderes**. SP: Harbra, 1988 (1985).

BIRKINSHAW, J.; FOSS, N. J.; LINDENBERG, S. Combining Purpose with Profits. MIT-Sloan Management Review, vol.55, n. 3, spring 2014.

BOVENS, M. **Analyzing and Assessing Public Accountability: a Conceptual Framework**. Europapers n. C-06-01, 2006.

BOVENS, M.; SCHILLEMANS, T.; GOODIN, R. E. **Public Accountability**. In: "The Oxford Handbook of Public Accountability" (Bovens **et al.**; Eds.). Oxford: Oxford University Press, 2014.

BUCKLEY, W. **A Sociologia e a Moderna Teoria de Sistemas**. São Paulo: Cultrix, 1971 (1967).

CARLZON, J. **A Hora da Verdade**. RJ: COP Editora, 1990 (1985).

COHEN, W. M.; LEVINTHAL, D. A. Absorptive Capacity: a New Perspective on Learning and Innovation. **Administrative Science Quarterly**, 35 (1), 1990.

CHRISTENSEN, C. M. **The Innovators Dillema**. Boston, MA: HBS Press, 1997.

_____. **Innovation and the General Manager**. Boston, MA: Irwin McGraw-Hill, 1999.

CHRISTENSEN, C. M.; ANTHONY, S. D.; ROTH, E. A. **Seeing What's Next**. Boston, MA: HBS Press, 2004.

DAMGRAARD, B.; LEWIS, J. M. **Accountability and Citizen Participation**. In: "The Oxford Handbook of Public Accountability" (Bovens **et al.**; Eds.). Oxford: Oxford University Press, 2014.

DE GEUS, A. **A Empresa Viva**. RJ: Editora Campus, 1998 (1997).

DE JONG, J. P. J. **Individual Innovation**. Ph.D. Thesis. Amsterdam University, nov. 2007.

DRUCKER, P. F. **Administração de Organizações sem Fins Lucrativos**. São Paulo: Pioneira, 1997 (1990).

_____. **Terceiro Setor: Exercícios de Autoavaliação para Empresas**. São Paulo: Editora Futura, 2001 (1999).

DUNCAN, R. B.; **The Ambidextrous Organization: Designing Dual Structures for Innovation**. In: "The Management of Organization Design" (R.H. Kilmann **et al.**, Eds.). NY: North Holland, 1976.

EBERT, C.; HURT, V.; PRABHU, S. **The What, the Why and the How of Purpose**. London: Chartered Management Institute, jul. 2018.

EDELMAN, B.; EISENMANN, T. Google Inc. **Harvard Business Review**, 77, 2011.

FAGERBERG, J. **Innovation: A Guide to the Literature**. In: "The Oxford Handbook of Innovation" (J. Fargerberg **et al.**, Eds.). Oxford: Oxford University Press, 2005.

GATES III, W. H. **Capitalismo Criativo**. Discurso proferido no World Economic Forum. Davos, 24 jan. 2008.

GIBSON, C. B.; BIRKINSHAW, J. The Antecedents, Consequences and Mediating Role of Organizational Ambidexterity. **Academy of Management Journal**, 47, 2004.

GOLDRATT, E. M.; COX, J. **A Meta**. São Paulo: IMAM, 1986 (1984).

GOLDRATT, E. M. **A Síndrome do Palheiro**. São Paulo: IMAM, 1991 (1990).

GUNDLING, E. **The 3M Way to Innovation**. Tokyo: Kodansha International, 2000.

HAMPTON, J.; DUBOIS, D. **Psychological Models of Concepts**. In: "Categories and Concepts" (Van Mechelen **et al.**, Eds.). London: Academic Press, 1993

HAYEK, F. A. **The Use of Knowledge in Society**. The American Economic Review, vol. XXXV, n. 4, set .1945.

HEATH, C.; HEATH, D. **A Guinada**. RJ: Best Business, 2010.

HOLLENSBE, E. **et al.** Organizations with Purpose. **Academy of Management Journal**, vol. 57, n. 5, out. 2014.

HOUAISS, A; VILLAR, M. S. **Dicionário Houaiss da Língua Portuguesa**. RJ: Editora Objetiva, 2001.

HUGHES, M. Organizational Ambidexterity and firm Performance: Burning Research Questions for Marketing Scholars. **Journal of Marketing Management**, fev. 2018.

HUNTZINGER, J. **The Roots of Lean. TWI: The Origin of Japanese Management and Kaizen**. TARGET, vol.18, n. 2, Second Quarter, 2002.

HUNTZINGER, J. **Why Standard Work is not Standard: Training Within Industry Provides an Answer**. TARGET, vol. 22, n. 4, Fourth Quarter, 2006.

IMAI, M. **KAIZEN: A Estratégia para o Sucesso Competitivo**. São Paulo: IMAM, 1988 (1986).

IMAI, M.; **GEMBA KAIZEN**. NY: McGraw-Hill, 1997.

ISHIKAWA, K. **Controle de Qualidade Total à Maneira Japonesa**. RJ: Campus, 1993 (1985).

JHRA. **O Livro das Ideias**. Porto Alegre: Bookman, 1997 (1988).

_____. **Kaizen Teian 1**. Cambridge, MA: Productivity Press, 1992 (1989).

KAPLAN, A. **A Conduta na Pesquisa**. São Paulo: Editora Herder, 1969 (1964).

KATZ, D.; KAHN, R. L. **Psicologia Social das Organizações**. São Paulo: Atlas, 1970 (1966).

KATZENBACH, J.; OELSCHLEGEL, C.; THOMAS, J. **10 Principles of Organizational Culture**. Strategy+Business, Issue 82, fev. 2016.

KÄYHKÖ, E. **Public Accountability to Citizens: from Performance Measures to Quality Thinking**. Syracuse, NY: Public Management Research Conference, 2011.

KELLER, V. **The Business Case for Purpose**. EY Beacon Institute. HBR Analytic Services Report. Cambridge. MA: HBS Publishing, 2015.

LAVIE, D.; ROSENKOPF,L. Balancing Exploration and Exploitation in Alliance Formation. **Academy of Management Journal**, 49 (4), 2006.

LAVIE, D.; STETTNER, U.; TUSHMAN, M. L.;Exploration and Exploitation within and Across Organizations. **The Academy of Management Annals**, vol. 4, n.1, 2010.

LEVINTHAL, D. A; MARCH, J. C. The Myopia of Learning. **Strategic Management Journal**. 14, 1993.

LIKER, J. K.; MEIER, D. **The Toyota Way Fieldbook**. NY: McGraw-Hill, 2006.

LONGMAN; **Longman Dictionary of Contemporary English**. Essex, England: Longman Group, 1995, 3. Ed (1978).

LUCCI, P. **Post-2015 MDGs: What role for Business?** London: Overseas Development Institute, jun. 2012.

LUECKE, R. **Managing Creativity and Innovation**. Boston: HBS Press, 2003. MACEY, W.H.; SCHNEIDER, B. **The Meaning of Employee Engagement**. Society of Industrial and Organizational Psychology, 2008.

MAGLIANO FILHO, R. **A Força das Ideias para um Capitalismo Sustentável.** Barueri, SP: Editora Manole, 2014.

MARCH, J. G. Exploration and Exploitation in Organizational Learning. **Organization Science**, vol. 2, n. 1, fev. 1991.

MATIAS, E. F. P. **A Humanidade contra as Cordas**. São Paulo: Paz e Terra, 2014.

MOORE, M. H. **Criando Valor Público**. RJ: Uniletras; Brasília: ENAP, 2002 (1995).

NUTINI, M. A. **Transformando o Sistema de Indicadores**. São Paulo: FNQ, 2015.

O'REILLY III, C. A; TUSHMAN, M. L. The Ambidextrous Organization. **Harvard Business Review**, abr. 2004.

_____; _____. Organizational Ambidexterity: Past, Present and Future. **Academy of Management Perspectives**, Nov 2013.

PORTER, M. E.; KRAMER, M. R. Creating Shared Value. **HBR**, jan.–fev. 2011.

RHODES, F. H. **The Creation of the Future**. Ithaca, NY: Cornell University Press, 2001.

RIBEIRO, H. **5S: Um Roteiro para a Implantação Bem-sucedida**. Salvador, BA: Quality House, 1994.

ROBINSON, A. G.; SCHROEDER, D. M. **Training, Continuous Improvement, and Human Relations: The U.S. TWI Programs and the Japanese Management Style**. California Management Review, 35 (2), Winter 1993.

ROBINSON, A. G.; SCHROEDER, D. M. Ideas Are Free: How the Idea Revolution Is Liberating People and Transforming Organizations. San Francisco: Berret-Koehler Publishers, 2004.

_____; _____. **Organização Guiada por Ideias: Inovação a partir de Todas as Pessoas**. São Paulo: M. Books do Brasil, 2016 (2014).

ROBINSON, A. G.; STERN, S. **Strategic National HRD Initiatives: Lessons from the Management Training Programs of Japan**. Human Resource Development Quarterly, vol. 6, n. 2, Summer 1995.

_____; _____. **Corporate Creativity**. San Francisco: Berret-Koehler Publishers, 1997.

ROGERS, E. M. **Diffusion of Innovations**. NY: Free Press, 1995.

SERAFEIM, G. **The Role of the Corporation in Society: An Alternative View and Opportunities for Future Research.** Working Paper 14-110. Harvard Business School, maio,2014.

TUSHMAN, M. L.; O'REILLY III, C. A. The Ambidextrous Organization: Managing Evolutionary and Revolutionary Change. **California Management Review**, 38, 1996.

TUSHMAN, M. L.; O'REILLY III, C. A. **Winning through Innovation**. Boston, MA: HBS Press, 1997.

TWI SERVICE; **The Training Within Industry**. Report 1940-1945. Washington, DC: War Manpower Comission, set. 1945.

VASCONCELLOS, M. A. Coord. **Gestão da Inovação**. São Paulo: FNQ, 2015.

WESCOTT, R. T. **Certified Manager of Quality/Organizational Excellence Handbook**. Milwaukee, WI: ASQ Quality Press, 2013 (4th Ed.).

YUNUS, M.; WEBER, K. **Um Mundo sem Pobreza: A Empresa Social e o Futuro do Capitalismo**. São Paulo, Ática, 2008 (2007).

YUNUS, M. **Criando um Negócio Social**. RJ: Campus, 2010.

ZACHARIAS, N. A. **The Good and Bad of Ambidexterity: In which Domains should Firms Be Ambidextrous or not for Foster Innovativeness**. Proceedings. 50th Hawaii International Conference on System Sciences. 2017.

ZEITHAML, V. A. Consumer Perceptions of Price, Quality and Value. **Journal of Marketing**, vol. 52, jul. 1988.

Índice

A

absenteísmo 211
ações voltadas para metas 65
Adaptive Learning 73
ajuste
  pessoa-ambiente 229–230
  pessoa-grupo 230
  pessoa-organização 224, 228–229, 234
  pessoa-trabalho 234
ambidestria organizacional 373, 376
aprendizado institucionalizado 109
aprendizagem de grupo 66
apropriação
  congênita 95
  experimental 95
Aristóteles, filósofo 37
autonomia 46–47
avaliação de desempenho 257

B

Balzac, escritor 40
bases para a ação bem-sucedida 32

C

cadeia da qualidade 272
capital intelectual 92
categorias lógicas de aprendizagem e comunicação 79
Centro de Excelência em Humanização da Produção (CEHP) 21
ciclo
  criador
    fases 159
  de aprendizagem 66
  de Deming 283
  PDSA de Aprendizagem e Aperfeiçoamento 284
ciência normal 52–53, 76
coaching 257, 333
colaboradores internos 93
combinação do conhecimento 99
competência

443

individual 149
inovadora 122–123
comportamento
empreendedor 161–163
inovador 137
interpretativo 103
compreensão e compartilhamento da
visão e dos valores 211
confiabilismo, teoria 36
conhecimento
definição 34–35
explícito 42–44, 55–56, 98
tácito 42–47, 55, 99
tipos 39–41
consideração das características das pessoas 197
contrato psicológico 233–234
tipos 234–235
conversão de conhecimento tácito em
explícito 95
Crença Verdadeira Justificada (CVJ) 36
cultura
corporativa 94
organizacional 111, 124

D

desenhos dominantes 97
Diagrama de Causa e Efeito 273
dimensões
da inovação no local de trabalho
308–310
do conhecimento tácito 44–45
Double Loop Learning (DLL) 73, 76

E

Edmund Gettier, filósofo 36
efeito de exclusão 54
elementos da empresa produtiva 205
empresa
econômica 198–199
viva 198–199, 203
conceito 195–196
Escola de Relações Humanas, movimento

197, 241, 258–259, 271, 327
espírito empreendedor 164
estados psicológicos críticos 211
estilo de trabalho 154
estratégias de ação 74
estrutura de repositórios da memória 109
expertise 156–157

F

falta de medidas cautelares e previsão
tecnológica 169
fatores de humanização 209, 238
força de trabalho flexível 264
formação do autoconceito 217
forma continuamente aprimorada 121
Fórum de Inovação da FGV–EAESP 136
fronteira tecnológica 54

G

GemBa 134
Generative Learning 73
gestão, definição 119

H

habilidade, definição 46
humanização do trabalho 197

I

ideia 38, 121, 293
identificação psicológica 240
incubação 158
infraestrutura física 93
inovação
baseada na prática 325–326
disruptiva 23
horizontal 372
incremental 373–374
sistemática 122, 136
tecnológica 53
insight 130
institucionalização do conhecimento 109
intensidade moral 167
intraempreendedorismo 162–163, 315

J

jornada de transformação organizacional 25

K

Kaizen, aperfeiçoamento contínuo 267–268

L

laboratórios de P&D 130
liderança
e estratégia 122–123
mobilizadora 122–124, 310, 386–387
participativa 201

M

manifestações da tradição 111
Matriz de Crescimento de Ansoff 378
meio inovador interno 122
memória humana 107
mentoring 257, 333
modelo
de aprendizagem
experiencial 70
organizacional
estágio 70
de cinco fatores 226
de Jones 173, 181
de Lewin do processo de aprendizagem 64
de Rokeach 225
de Schein 290
de cultura 289
HEXACO 226
modelos mentais 81
modos de conversão 101
motivação
e qualidade de vida no trabalho, movimento 197
extrínseca 200
intrínseca 200
mudança cultural 291

N

necessidades de Maslow 340
negligência de princípios éticos fundamentais 169
neurobiologia 107–108

O

objetivos desejados 65
obrigação de reciprocidade 234
organização inovadora 121–122
orientação
para objetivos 65, 68
para o mercado 285
origens das organizações de alto envolvimento 258–260

P

papel da liderança 282
paradigma
definição 52
tecnológico 51, 53–54
participação financeira 165
pensamento
divergente 138, 142
sistêmico 81, 82, 83
pessoa-trabalho 230
pirâmide invertida 266
planejamento estratégico 49
Platão, filósofo 36
poder de influência 131
polinização cruzada 396
pressupostos sobre o ambiente 105
Princípio de Melhoria 80/20 354
princípios norteadores para a vida 223
processo
de inovação por pessoas e grupos 120
de interpretação 103
organizacional 105
SECI 101
programas
5S 417
organizacionais 244
TWI Training Within Industry 360–361

propósito dual 423–425
propriedade intelectual 128

Q

qualificação e aprendizagem 124

R

reconhecimento de questões morais 182
recursos estruturais 93
redes
  internas informais 124
  líquidas 129
Regra dos 15% 142, 163, 335, 400
relações com stakeholders 93
relatórios anuais 49
responsabilidade
  como uma virtude 219–220
  moral 167
  pela inovação 166, 168
Revolução Industrial 52
revoluções científicas 53
Roda de Deming 283, 287
Russell, filósofo 39–40

S

senso de propriedade 164, 356
serendipitia 128, 141
  estruturada 130–131
Single Loop Learning (SLL) 73, 75
sistema
  de Puxar (Pull System) 265
  Just-in-Time 408, 420
  Toyota de Produção 258, 261–264, 316,
    377
sistemas
  de ideias 27
  de sugestões 319, 335
  de trabalho de alto desempenho 256
  sociotécnicos, movimento 197, 201
Skunk Works 162

T

taxonomias, tipos 224–225

Teoria
  Componencial da Criatividade 155–156
  da Motivação Humana 208
  de Maslow 340
  de Relações Humanas 258
  dos Dois Fatores de Herzberg 201, 203,
    214
  dos Objetivos de Realização 65, 68
tipos de responsabilidade 167–169
trajetória tecnológica 51, 53–54, 54–55,
    76
turnover 108

U

uso inadequado do modelo Technology
    Push 169

V

valores da organização 111
variáveis de controle 74
visão sistêmica do conhecimento 92
vontade de investir esforço 242

W

Workplace Innovation (WPI) 306–307,
    327

Projetos corporativos e edições personalizadas
dentro da sua estratégia de negócio. Já pensou nisso?

Coordenação de Eventos
Viviane Paiva
viviane@altabooks.com.br

Assistente Comercial
Fillipe Amorim
vendas.corporativas@altabooks.com.br

A Alta Books tem criado experiências incríveis no meio corporativo. Com a crescente implementação da educação corporativa nas empresas, o livro entra como uma importante fonte de conhecimento. Com atendimento personalizado, conseguimos identificar as principais necessidades, e criar uma seleção de livros que podem ser utilizados de diversas maneiras, como por exemplo, para fortalecer relacionamento com suas equipes/ seus clientes. Você já utilizou o livro para alguma ação estratégica na sua empresa?

Entre em contato com nosso time para entender melhor as possibilidades de personalização e incentivo ao desenvolvimento pessoal e profissional.

PUBLIQUE SEU LIVRO

Publique seu livro com a Alta Books.
Para mais informações envie um e-mail para: autoria@altabooks.com.br

 /altabooks /alta-books /altabooks /altabooks

CONHEÇA OUTROS LIVROS DA **ALTA BOOKS**

Todas as imagens são meramente ilustrativas.

ROTAPLAN
GRÁFICA E EDITORA LTDA
Rua Álvaro Seixas, 165
Engenho Novo - Rio de Janeiro
Tels.: (21) 2201-2089 / 8898
E-mail: rotaplanrio@gmail.com